国际经济学

INTERNATIONAL ECONOMICS

杜宽旗 = 主编

蒙肖莲 徐莎莎 刘素霞 = 副主编

21世纪高等学校国际经济与贸易系列教材

INTERNATIONAL ECONOMY & TRADE

人民邮电出版社

北京

图书在版编目（CIP）数据

国际经济学 / 杜宽旗主编. -- 北京 : 人民邮电出版社, 2017.1
21世纪高等学校国际经济与贸易系列教材
ISBN 978-7-115-44016-7

Ⅰ. ①国… Ⅱ. ①杜… Ⅲ. ①国际经济学—高等学校—教材 Ⅳ. ①F11-0

中国版本图书馆CIP数据核字(2016)第290357号

内 容 提 要

本书以国际经济关系为研究对象，系统地介绍了国际经济学的一般理论与方法。全书由国际贸易理论、国际金融以及开放条件下的宏观经济政策三大部分内容组成，共十章。在系统把握国际经济学基本理论框架的基础上，本书以微观经济学和宏观经济学为理论基础，在介绍国际经济学理论和政策的同时，着重介绍了规范的经济学思维方式和分析方法，并且严格按照教材的编写体例，除了针对一些关键和常用专业术语用双语标注以外，在每章内容之后还设计了复习思考题，供读者实践、练习。

本书可作为高等院校国际经济学相关课程的教科书，也可作为从事涉外经贸工作者的学习参考用书。

◆ 主　　编　杜宽旗
副 主 编　蒙肖莲　徐莎莎　刘素霞
责任编辑　孙燕燕
责任印制　沈　蓉　彭志环
◆ 人民邮电出版社出版发行　　北京市丰台区成寿寺路 11 号
邮编　100164　　电子邮件　315@ptpress.com.cn
网址　http://www.ptpress.com.cn
北京圣夫亚美印刷有限公司印刷
◆ 开本：787×1092　1/16
印张：13.5　　　　2017 年 1 月第 1 版
字数：352 千字　　　　2017 年 1 月北京第 1 次印刷

定价：36.00 元

读者服务热线：(010)81055256　印装质量热线：(010)81055316
反盗版热线：(010)81055315

前 言

国际经济学是在开放经济条件下研究经济学基本问题的一门科学。作为经济学的一个独立学科分支，它以国际经济关系为研究对象，研究和解释各个经济社会之间经济联系的内在机制及其政策含义。其主要研究内容包括国际贸易理论、国际金融以及开放条件下的宏观经济政策等。

本书结合课堂教学和国际经济与贸易专业课程体系设置的实际，打破传统篇章结构安排习惯，将国际贸易理论与政策、国际投资与国际资本流动，以及国际金融与宏观开放经济政策分析等主要内容，分十章集中体现。

本书特点如下：

（1）将经济学基本原理与国际贸易中的新思路进行了有机结合，突出了当代国际贸易理论的新发展。通过分析国际贸易中相应的竞争行为，为战略性贸易政策分析奠定基础。读者能够从一种比较新颖的、不同于传统分析的方法上来分析和认识贸易政策理论。

（2）坚持宏观分析与微观分析相结合，并将静态分析、比较静态分析与动态分析结合，通过国际贸易产品生命周期分析、战略性贸易、汇率超调理论等模型分析，以及国际投资中的边际产业扩张理论和发展阶段理论分析予以充分体现。同时，还吸收了博弈论和产业组织理论中的新方法，有利于读者从整体内容逻辑上掌握国际经济学理论和政策分析方法。

（3）强调了国际财政与税收理论，重点突出了开放经济条件下的宏观经济政策分析。通过对宏观开放经济的财政政策与货币政策理论的系统学习，读者可提高对国际经济政策及其协调问题的分析能力。

本书由杜宽旗任主编，蒙肖莲、徐莎莎、刘素霞任副主编。具体分工如下：南京理工大学经济管理学院杜宽旗教授负责第一章、第九章和第十章的编写工作；南京理工大学蒙肖莲副教授负责第二章、第三章的编写工作；南京信息职业技术学院信息服务学院徐莎莎教师负责第四章、第五章和第六章的编写工作；郑州大学商学院刘素霞教师负责第七章、第八章的编写工作。

本书在编写过程中，主要参考了国内外有影响的、成熟的前沿理论和相关研究成果，以及该领域最有影响的相关教材和专著，吸收了南开大学、南京大学、清华大学、东北财经大学等同类精品课程教学中的优秀成果，我们在此一并表示最诚挚的感谢。

由于时间和编者水平所限，书中难免存在错误之处，恳请广大读者给予批评指正。

杜宽旗

于南京理工大学

2016 年 8 月

目 录 Contents

第三章 国际贸易政策

第四章 国际投资

第五章 开放经济下的国民收入核算与国际收支

第六章 外汇市场与汇率决定理论

第十章 宏观经济政策与国际协调

参考文献

第一章 国际经济学微观基础与现代国际贸易理论

【格言】

当你能衡量你所谈论的东西并能用数字加以表达时，你才真的对它有了几分了解；而当你还不能衡量、不能用数字来表达它时，你的了解就是肤浅和不能令人满意的。这种了解也许是认知的开始，但在思想上则很难说已经步入了科学的阶段。

——Lord Kelvin

【学习目标】

（1）正确理解国际经济学的微观基础，掌握国际贸易理论的基本分析方法；

（2）掌握国际贸易的一般均衡分析和贸易收益的分解方法；

（3）学会用要素禀赋理论分析一国的贸易模式并预测贸易结果；

（4）正确理解和掌握古典和现代国际贸易理论，能够运用不同的理论解释国际贸易的发生与贸易收益的分布等。

【引导案例】

托马斯·A. 普格尔曾经指出："只要国家存在，国际经济学就需要采用一套不同于其他经济学学科的分析框架与方法。国际经济学的特殊性使其既有趣味又很难学。未来发生的事件一定会不断地使我们认识到这一领域的特殊性。"世界上多次爆发的国际金融危机（Financial Crisis）就是最好的例证。

所谓国际金融危机，是指由一国所发生的金融危机，通过各种渠道传递到其他国家，从而引起国际范围内金融危机爆发的一种经济现象。国际金融危机通常会表现为全球金融资产价格的大幅下跌，或金融机构倒闭或濒临倒闭，或某个金融市场如股市或债市暴跌等。1930年的西方经济大萧条和1997年爆发的亚洲金融危机以及2007年由美国的次贷危机（Subprime Crisis）所引起的全球金融危机等，均属于国际金融危机范畴。特别是，由美国次贷危机引发的国际金融危机，尽管其原因解释可能有很多，如从微观层面可以概括为金融创新、全球金融一体化和放松监管，从宏观上则可以解释为是全球的储蓄和投资失衡等。但问题的关键在于，这与国际金融危机作为国际经济问题的独特性密切相关，在国际金融高度一体化背景下，与拥有主权的国家之间宏观经济的独特性关系密切相联。要清楚地理解或解释这些国际金融危机问题，仅靠传统的经济学分析框架与方法，是很难实现的。

通过国际上这些多次发生的金融危机事件来看，值得深入思考的问题是：

（1）金融危机包括美国的次贷危机，一开始发生在一个国家，但为什么很快会波及并蔓延到其他国家呢？

（2）如何看待和分析诸如国际金融危机此类国际经济现象的相互作用机理？

（3）正如托马斯·A. 普格尔所指出的那样，要正确分析和认识诸如此类特殊的国际经济现象，需要哪些必要的国际经济学理论准备？

国际贸易理论（International Trade Theory）是国际经济学的微观理论部分（Microscopic Theory），它是以微观经济学（Microeconomics）为理论基础来解释国际贸易的起因和影响的。关于国际贸易发生的原因与影响，最早是由英国古典学派经济学家（Classical Economists）在劳动价值学说（Labor Value Theory）基础上提出来的，他们从生产成本（Production Cost）方面，提出了绝对优势与比较优势学说（Absolute Advantage and Comparative Advantage Theory），并以此来说明国际贸易发生的原因及其影响。古典学派的劳动价值学说认为劳动是唯一的生产要素（Production Factors），生产成本取决于劳动生产率（Labour Productivity），劳动生产率是国际贸易的重要决定因素。从本质上讲，古典贸易理论是从技术差异（Technological Gap）的角度来解释国际贸易起因的，只不过，当假设劳动是唯一的生产要素时，生产技术差异就具体表现为劳动生产率差异。在微观经济学中，关于供给面的分析通常分为短期分析和长期分析两种（Short Term Analysis and Long Term Analysis）。短期和长期并不是完全按时间长短划分的，而主要视生产要素的流动性（Mobility）而定。在长期条件下，假设生产要素是同质的（Homogenous），由于同质性，不同部门中的生产要素可以互相使用，厂商所使用的所有生产要素投入量都可以自由调整。也就是说，长期条件下，生产要素在不同部门间可完全自由流动。因此，要素禀赋理论（Factor Endowment Theory）实际上是一种长期分析。在长期条件下，人们可从供给方面来探讨要素禀赋与国际贸易间的关系。要素禀赋理论出现之后，随着时间的发展，经济学家又将短期因素引入要素禀赋理论框架中，进一步丰富了原有的理论。为了正确把握国际贸易理论的研究范围、研究方法和所采用的一些主要分析工具以及相关的理论发展，本章主要介绍国际经济学的微观理论基础和现代国际贸易理论。

第一节 国际贸易理论的基本分析方法与模型框架

在世界范围内，不同国家或地区之间主要通过市场的结合，把国内市场扩展为国际市场，形成一个国际经济社会。在这样的国际大市场上，商品的跨国流动将各个经济社会连接在一起。可移动的生产要素，如资本、劳动力及服务的国际流动，也是各个经济社会之间的另一种重要联系方式。因此，狭义地讲，国际贸易就是指商品的跨国流动；广义地讲，国际贸易不仅包括商品贸易，而且也包括要素贸易。在理论体系上，国际贸易理论主要以商品贸易作为研究对象，但也涉及一些国际要素的流动问题。

一、国际贸易理论与微观经济学

作为国际经济学理论的微观基础，国际贸易理论与微观经济学系既有密切联系又有区别。

（一）国际贸易理论与微观经济学的联系

国际贸易理论（International Trade Theory）与微观经济学（Microeconomics）之间存在着内在联系。微观经济学主要研究的是单个经济社会的资源配置问题（Problem of Resources Allocation），而国际贸易理论则研究两个或两个以上经济社会之间的资源配置问题，即世界范围内的资源配置问题。根据微观经济学理论，在单个经济体内部，经济资源是通过价格机制（Price Mechanism）进行配置的，而市场价格又是由各种市场上的供求力量共同决定的。同理，世界范围内的资源配置也是通过市场的运行来进行的，各个经济社会的价格体系共同决定了国际市场的运行。因此，微观经济学的基本原理是研究国际贸易相关问题的理论基础。

（二）国际经济学与微观经济学的区别

虽然国际贸易理论与微观经济学的基本原理存在着一致性，但二者之间还存在着一定程度的区别。

第一，生产要素在国际间的流动程度要比其在国内的流动程度低得多，特别是由于各国制度、法律、语言、文化、宗教和习俗等因素的影响，劳动力的国际流动性会受到诸多限制，在不同国家之间很难像在国内一样自由流动。因此，关于要素流动性的假设，是国际贸易理论区别于微观经济学的一个重要方面。在一国情况下，生产要素价格的任何差异，都会引起资源的重新配置，要素会从报酬低的部门流向报酬高的部门，最终导致要素价格的均等。虽然在每个国家，要素价格都趋于一致，但由于要素在国际间不能自由流动，各国之间的要素价格可能并不一致。因此，要素价格在国际间的差异表明，国际经济学在关于国际间的资源配置问题的研究上，不可能完全照搬微观经济学关于资源配置的理论，也就是说，国际贸易需要有一种不同于国内贸易的解释。

第二，在现实当中，由于国际贸易常常会受到一些诸如关税和非关税壁垒（Tariff and Non-Tariff Barriers）的影响，而这种主要由政府构筑的贸易壁垒在国内贸易中并不常见。因此，一般情况下，国内贸易会给交易各方带来好处，改善人们的福利（Welfare），但国际贸易并不一定会给参与贸易的各国都带来利益。对国际贸易利益和贸易政策的经济影响和福利效应的说明与解释，既是国际贸易理论中一个十分重要的研究问题，也是国际贸易理论不同于微观经济理论的一个重要体现。

第三，与一般经济学的研究方法相同，国际贸易理论在分析上也分为实证分析和规范分析（Positive Analysis and Normative Analysis）两种。前者主要针对某一与国际贸易有关的现象，提供理论分析框架，旨在解释诸如国际贸易发生的原因、贸易形态的决定、贸易政策措施对国内经济活动的影响等问题；后者则就某一与贸易有关的现象进行价值判断，即说明其好坏。另外，在研究内容上，国际贸易理论又区分为国际贸易纯理论（The Pure Theory of International Trade）和国际贸易政策理论（The Theory of International Trade Policy）两部分。国际贸易纯理论主要说明国际贸易产生的原因和从事贸易的利益及贸易利益的分配问题。它所探讨的主要问题包括贸易动机、贸易方向及贸易结构的决定因素、国际市场的均衡（International Market Equilibrium），以及贸易对各国生产、消费与福利的影响。而国际贸易政策理论则主要探讨诸如关税、配额、区域一体化等贸易政策对各国各项经济活动与福利的影响，以及在不同条件或环境下政府在贸易政策制定中的最佳选择（Optimal Choice）。

二、国际贸易研究方法的特点

国际贸易理论在研究方法上主要以微观经济分析为基本工具。微观经济学通常是以单个消费者和厂商为基本单位，研究个体之间的经济关系。经济行为主体背后并无政治文化背景的差异，而国际贸易则涉及国家的界限，所以，国际经济学在研究国际贸易时，以国家为单位，既考虑个体的行为又考虑国家或政府的行为。

概括起来，国际贸易理论在研究方法上，具有以下几个基本特征。

第一，没有货币幻觉（No Money Illusion）。国际贸易理论分析不涉及货币因素，不考虑各国货币制度的差异与关系的影响。在分析时，假定这是一个物物交易的世界，至于货币因素的影响，则在国际金融理论部分专门探讨。这种处理方法，与微观经济学的分析方法是一致的。其主要理由是基于这样一个假设：经济行为主体的决策取决于所有价格而没有货币幻觉，在"实际"经济没有变动的情形下，它不会改变决策。也就是说，理性经济行为主体不会被某些货币变化因素所蒙蔽，能够做出正确判断。经济行为主体的行为只取决于相对价格，而与名义价格无关。

第二，在分析框架上，通常使用较多的是"2×2×2"模型，即各种贸易理论模型通常都假定世界上只有两个国家、两种商品或部门以及生产要素不超过两个。这种处理方法与所选择的经济模型形式有关。经济模型作为对经济行为模式的抽象描述，有很多不同的表达方式，既可以是一种纯粹的语言文字表达形式以便于大多数人理解，也可以采用数学表达形式以便于严密的逻辑推理（Logical Reasoning）。其中，数学表达形式又区分为几何形式模型和代数形式模型两类。

第三，国际贸易理论多采用一般均衡分析方法（General Equilibruim Analysis）和实证研究方法（Empirical Study）。并且，大多数贸易理论都是一种静态或比较静态分析（Static or Comparative Static Analysis），时间因素在国际贸易理论分析中较少体现。

三、国际贸易的主要分析工具

人们从事国际贸易的动机，与其从事国内贸易的动机一样，都是为了自身利益的改善。消费者追求个人效用的最大化（Utility Maximization），而厂商则追求利润最大化（Profit Maximization）。因此，微观经济学中的消费者行为理论（Theory of Consumer's Behavior）和厂商理论（Firm Theory），对于分析国际贸易的相关问题都是十分有益的基础工具。

（一）生产可能性边界与供给

生产可能性边界（Production Possibility Frontier，PPF）是一个在分析生产和供给时十分有用的工具。它表示在一定技术条件下，一国的全部资源所能生产的各种物品或劳务的最大产量。假设所研究的经济社会只生产两种商品：X 和 Y；并且只使用两种生产要素：资本（K）和劳动（L）。其他的一些基本假设如下所述。

① 所有商品市场（Commodity Market）和生产要素市场（Production Factor Market）都是完全竞争的（Perfect Competition）。

② 所有商品的生产技术条件都是既定的（Constant Technology），并且规模收益不变（Constant Returns to Scale）。

③ 所有生产要素的总供给都是固定不变的。

④ 生产要素可在各部门间自由流动。

⑤ 所有生产要素都被充分利用。

⑥ 经济活动中不存在外在性（Externality）。

根据假设，X 和 Y 两种商品的生产函数可表示成如下形式：

$$X = F_X(K_X,\ L_X) \tag{1.1}$$

$$Y = F_Y(K_Y,\ L_Y) \tag{1.2}$$

其中，K_X、L_X、K_Y、L_Y 分别表示 X 和 Y 两种商品所使用的资本和劳动投入。$F_X(\cdot)$ 和 $F_Y(\cdot)$ 分

别代表 X 和 Y 的生产技术条件，由于生产技术遵循规模收益不变（Constant Returns to Scale）的规律，因而，$F_X(\cdot)$ 和 $F_Y(\cdot)$ 均为线性齐次函数（Linear Homogeneous Function）。假设资本和劳动的总供应量分别为 $\bar{K}$ 和 $\bar{L}$，那么，充分就业（Full Employment）意味着两个部门所使用的资本及劳动之和分别等于资本和劳动的总供给量，即：

$$\bar{K} = K_X + K_Y \tag{1.3}$$

$$\bar{L} = L_X + L_Y \tag{1.4}$$

X 和 Y 商品的产出由两个部门的生产要素投入量决定，而生产要素在两个部门之间的配置取决于两个部门的要素报酬之间的关系。如果一开始两个部门的生产要素报酬不一致，那么生产要素将会从报酬低的部门流向报酬高的部门，直至两个部门的要素报酬达到一致，生产要素的流动才会停止下来。这时，生产要素在两部门中的投入便确定了下来。

上述过程可通过图 1-1 埃基沃斯盒状图（Edgeworth Box）来描述。

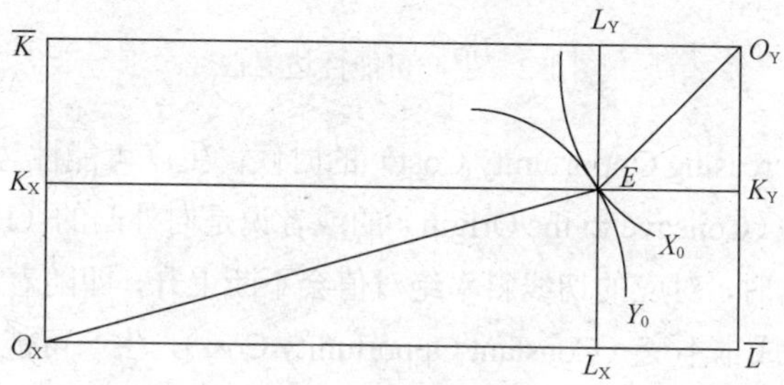

图 1-1　埃基沃斯盒状图

在图 1-1 中，方框的长度表示劳动的总供应量 $\bar{L}$，宽度表示资本的总供应量 $\bar{K}$，图中曲线 X_0 表示以 O_X 为原点的 X 的一条等产量曲线，Y_0 表示以 O_Y 为原点的 Y 的一条等产量曲线（Isoquant Curve）。对一个单个生产者来说，其均衡状态即利润最大化是由等产量曲线与等成本曲线（Isocost Curve）的切点决定的。也就是说，在厂商达到利润最大化时，要素边际技术替代率（Marginal Rate of Technical Substitution）等于要素价格之比或相对价格（Ratio of Factor Price or Relative Price），即：

$$MRTS = w / r \tag{1.5}$$

式（1.5）中，$MRTS$ 表示 X 部门的要素边际技术替代率；w、r 分别表示 L 和 K 的价格。在两个厂商或两种商品的情况下，上式条件仍然成立。因此，当生产要素通过自由流动，导致两个部门的要素价格趋同时，两个部门所采用的要素投入组合点所对应的要素边际技术替代率应当相同。

事实上，在图 1-1 中，类似 E 点的均衡点，不止一个，而有无限多个，所有这些点连成一条曲线，即契约线（Contract Curve）。在契约线上，任何一点都表示生产要素得到了充分利用，并且所有生产者都实现了利润最大化。

根据契约线上所有各点对应的商品 X、Y 的产出组合，可在图 1-2 中绘制出表示商品 X 和商品 Y 各种可能组合的一条曲线，这条曲线就是所谓的生产可能性边界。这条生产可能性边界线描述了一国的供给条件，它说明在一国的技术、要素总量和某一个商品的产出水平既定的情况下，另一商品的最大产出或供应能力。

生产可能性边界包含了在前述基本假设下资源配置达到均衡的各项条件。给定一国的资源总数，该国的生产只能发生在这条曲线上[见图 1-2（a）中的 A 点]或处于曲线内部（如 C 点）。生产可能性边界线以内的点所反映的是资源未被充分利用（Non Optimal Utilization）、生产无效率

（Ineffciency）；生产可能性边界线以外的点，仅就现有资源和技术而言是无法实现的（Infeasible）；当生产处于生产可能性边界线上，资源则得到了充分利用，这时，要想增加某一商品的生产，必须降低另一商品的生产。也就是说，增加某一商品的生产必须以牺牲另一商品的生产为代价。

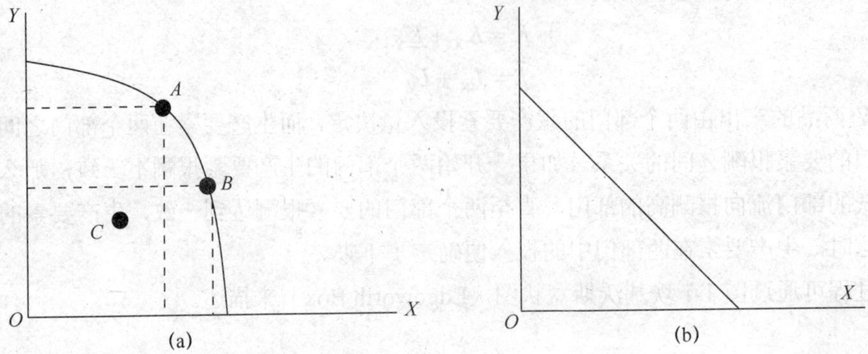

图 1-2　生产可能性边界曲线

在机会成本递增（Increasing Opportunity Cost）的时候，生产可能性边界的曲线就是图 1-2（a）所示形状，它是凹向原点（Concave to the Origin）的或者说是向外凸的（Bow Out to the Origin）。当生产点由 A 向 B 方向移动时，对应的切线斜率绝对值会不断上升，即随着商品 X 的生产增加，其机会成本是递增的。当机会成本不变（Constant Opportunity Cost），生产可能性边界的曲线就是一条直线，生产边界线上处处切线斜率（Slope）相同，即图 1-2（b）所示的形状。有一种情况可以导致这种结果，即如果生产商品 X 和商品 Y 的两个部门采用的生产要素比例完全相同，那么一个部门所释放出的资本和劳动，正好可以被另外一个部门完全吸收。在规模收益不变的条件下，两个部门的生产数量减少或增加都是固定不变的，即 $-\Delta Y / \Delta X$ 保持不变，因而机会成本是固定不变的，这时对应的生产可能性边界就是一条直线。

在图 1-2 中，假设现在该国的生产点位于生产可能性边界上的 A 点，它可以通过将生产要素从 Y 部门转向 X 部门来增加 X 的生产，这样一来，生产点就会改变，如生产点转移到 B 点，这时增加商品 X 生产的机会成本就是以商品 Y 的生产的减少量来衡量的，即机会成本为 $-\Delta Y / \Delta X$。如果商品 X 的生产仅增加一个微小的量，那么机会成本就可以用通过 A 点的生产可能性边界线的切线斜率的绝对值来表示，即 $|\mathrm{d}y/\mathrm{d}x|$。

生产可能性边界上任何一点都表示生产效率和充分就业得以实现，但究竟选择哪一点，还要看两个商品的相对价格（Relative Price），即它们在市场上的交换比率。假设商品 X 和商品 Y 的价格分别为 P_X 和 P_Y。根据假设，商品市场和要素市场都是完全竞争的，在均衡时，商品的价格应等于其边际成本。如果用 Y 来衡量商品 X 的价格和成本，则相对价格 P_X/P_Y 就是用 Y 衡量的商品 X 的价格，X 的机会成本则是以 Y 衡量的商品 X 的边际成本。因此，当两者相等，即相对价格等于机会成本时，生产点在生产可能性边界上的位置也就确定了。

在图 1-3 中，当相对价格线 $P_0 = P_X / y_Y$ 与生产可能性边界相切时，切点 E 就是生产均衡点。在这一点时商品 X 和商品 Y 供给分别为 X_E 和 Y_E。另外，无论商品 X 和商品 Y 的名义价格是多少，商品 X 和商品 Y 的供给仅取决于相对价格水平，与名义价格无关。如果商品 X 的相对价格上升，如图 1-3 中 P_1 线所示，生产均衡点由 E 转移到 E'，商品 X 的供给增加，而商品 Y 的供给下降。

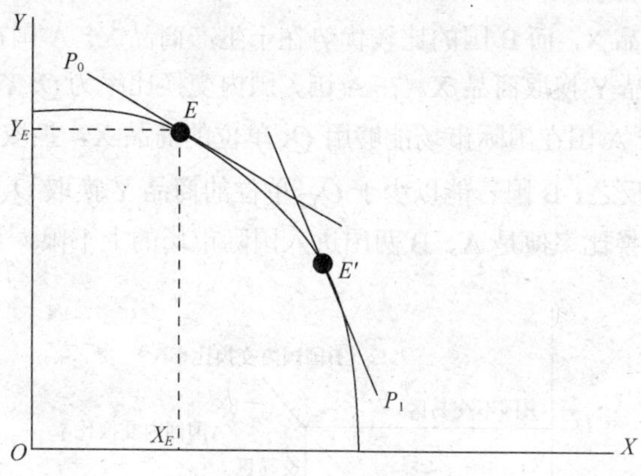

图 1-3　生产均衡

（二）消费者偏好与社会无差异曲线

个体无差异曲线（Individual Indifference Curve）是描述单个消费者偏好（Individual Consumer Preference）与福利（Welfare）的重要概念，用来表示消费者的福利水平。在研究国际贸易问题时，需要一种能衡量整个社会需求与福利的分析工具。我们通常是通过对个体无差异曲线的加总，来构造一条可反映整个社会需求条件与福利的无差异曲线，即社会无差异曲线（Community Indifference Curve）。假设所有个体的偏好都相同，则集体的偏好与单个个体的偏好保持一致。由于每个人的无差异曲线形状都是相同的，因而社会无差异曲线的形状与性质与个人无差异曲线一致，如图 1-4 所示。

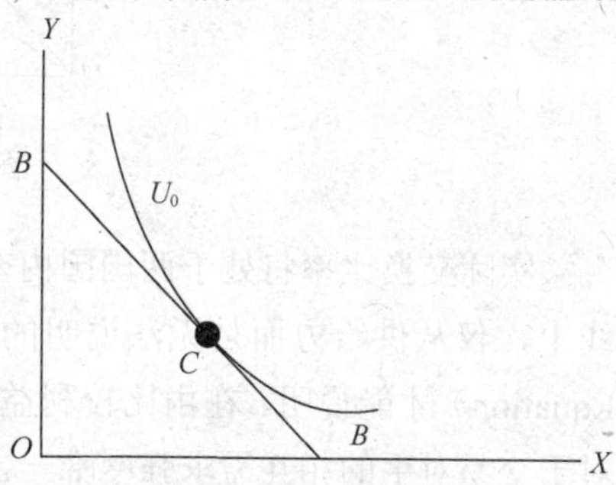

图 1-4　社会无差异曲线

社会无差异曲线主要有两种用途：①社会无差曲线可以用来确定一国的均衡消费点。在图 1-4 中，*BB* 线表示在 X 和 Y 的价格既定情况下，一国的国民收入预算线（Budget Line），该预算线与社会无差异曲线的切点 *C* 表示整个社会消费处于均衡状态，这时对 X 和 Y 的总需求也就随之确定。②社会无差曲线可以用来衡量整个社会的福利，这与个体无差异线衡量个体福利是一样的。贸易的开展导致社会无差异曲线向远离坐标原点的方向移动，则贸易对该国是有益的，因为它提高了该国的福利水平。但必须指出，社会无差异曲线由低处向高处移动，虽然表明国家的整体福利水平提高了，但并不意味着所有社会成员的福利水平也跟着同时提高。同样，消费点在同一条社会无差异曲线上移动，表示整个国家的福利水平不变，但也并不意味着所有社会成员的福利不变。

（三）国际贸易的其他几个基本分析工具

基于微观经济学理论从供给和需求来分析国际贸易时，除了上述关于生产和消费的几个主要分析工具以外，国际贸易分析还要应用到以下几个必要的基本分析工具，包括贸易条件和国际市场价格的确定以及相互需求分析等。

1. 贸易条件与国际市场价格确定

贸易条件（Terms of Trade，TOT）是指单位出口能够换得的进出口商品数量，即商品的国际交换比率。在实际中，常用出口价格指数（Export Price Index）去比进口价格指数（Import Price Index）来确定贸易条件。

假设用单位劳动可以生产的商品 X 和商品 Y 的数量代替单位商品所需要使用的劳动量，则 A

国的比较优势在于生产商品 X，而 B 国的比较优势在于生产商品 Y。A 国在贸易中用商品 X 换取商品 Y，B 国在贸易中用商品 Y 换取商品 X。在 A 国，国内交换比率为 $Q_X X / Q_{Y1} Y$，在 B 国，国内交换比率为 $Q_{Y2} Y / Q_X X$，若 A 国在国际市场能够用 Q_X 单位的商品 X，换取多于 Q_{Y1} 单位的商品 Y，A 国就会进入国际市场。反之，B 国若能以少于 Q_{Y2} 单位的商品 Y 换取 Q_X 单位的商品 X，B 国就会进入国际市场。国内的交换比率便是 A、B 两国进入国际市场的上下限，如图 1-5 所示。

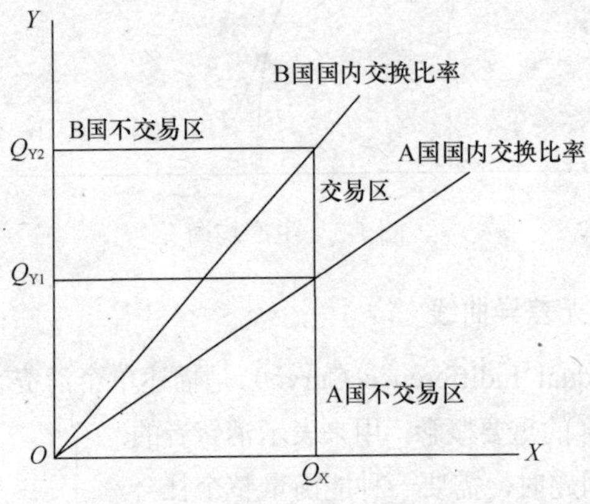

图 1-5　A、B 两个国家交易情况

实际交换比率将处于两国国内交换比率界定的两国交换区内，但具体的交换比率会在哪条射线上，仅从供给方面是无法说明的。确定交换比率只能用相互需求方程式（Reciprocal Demand Equation）才能说明。在由比较利益决定的两国交换比率的上、下区域内，均衡贸易条件是由两国对于交易对手的相互需求强度唯一决定的，在双方正好能够吸收掉对方的出口时，均衡得以实现。如果对手对本国商品的需求强度大于本国对对手商品的需求强度，则交换比率越接近于外国国内的交换比率；反之，则越接近于本国国内的交换比率。越接近对方国内的交换比率，则本国的贸易利益越显著；越接近本国国内的交换比率，则本国的贸易利益越小。图 1-6 显示了相互需求方程式的均衡条件。

P_E 和 P'_E 决定了世界价格的上下限，而 P_w 是均衡的世界价格，在图 1-6 中，A 国出口商品 X，B 国进口商品 X，在商品 X 相对价格高于均衡水平时，A 国的商品 X 出口将超过 B 国商品 X 进口需求量，商品 X 的相对价格将降到均衡价格水平。反过来，商品 X 的进口量将超过商品 X 的出口量，价格将回升到均衡水平。相互需求论从供求角度说明了价格的变化及均衡的条件，它是贸易理论中供求理论的先驱。

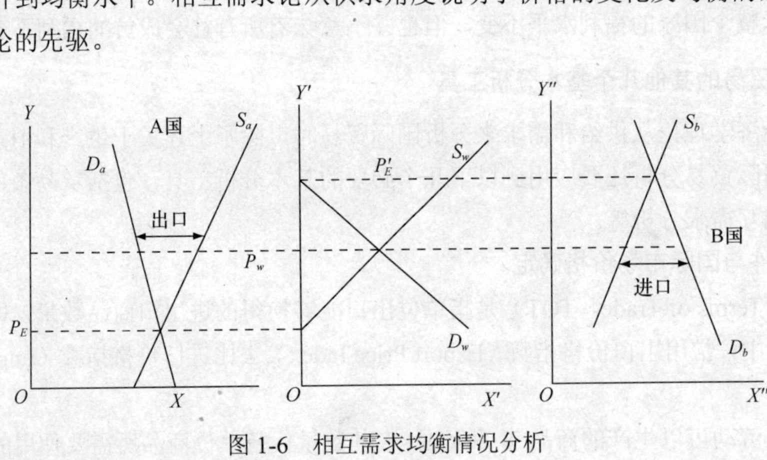

图 1-6　相互需求均衡情况分析

2. 提供曲线与弹性

一国的提供曲线（Offer Curve），或称相互需求曲线（Reciprocal Demand Curve），表示该国在所有可能的相对价格水平上，愿意在国际市场上购进和卖出的进口商品和出口商品数量。提供曲线是需求曲线（对进口商品的需求）和供给曲线（对出口商品的供给）的组合。因此，该曲线表明一国在各种可能的贸易条件下愿意进行的贸易情形。

提供曲线的绘制方法有几种，这里只介绍贸易三角形方法（Trade Triangle Method）。

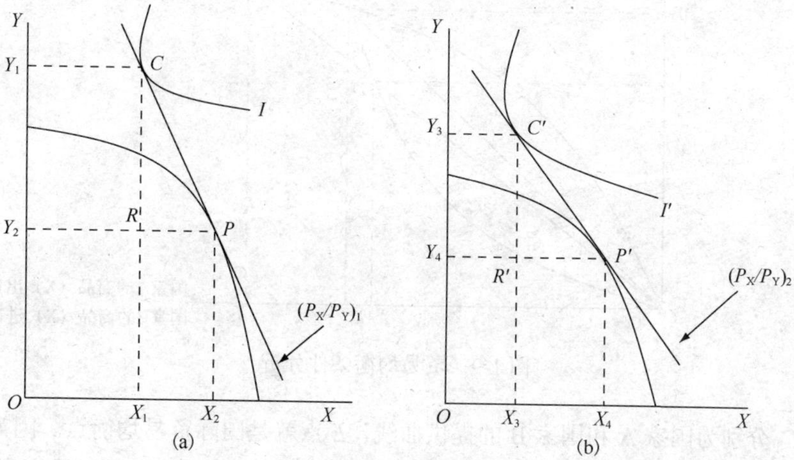

图 1-7　提供曲线

在图 1-7（a）中，当国际交换比率为 $(P_X/P_Y)_1$ 时，生产组合点为 $P(X_2, Y_2)$，消费组合点为 $C(X_1, Y_1)$。商品 X 中需出口 X_2-X_1，商品 Y 中需进口 Y_1-Y_2。在贸易三角形 RCP 中，RP 和 CP 分别代表该国愿意按贸易条件 $(P_X/P_Y)_1$ 出口商品 X 和进口商品 Y 的数量。在图 1-7（b）中，当国际交换比率为 $(P_X/P_Y)_2$ 时，生产组合点为 $P'(X_4, Y_4)$，消费组合点为 $C'(X_3, Y_3)$。商品 X 中需出口 X_4-X_3，商品 Y 中需进口 Y_3-Y_4。在贸易三角形 $R'C'P'$ 中，$R'P'$ 和 $R'C'$ 分别代表该国愿意按贸易条件 $(P_X/P_Y)_2$ 出口商品 X 和进口商品 Y 的数量。

按照同样的方法，我们可以确定无数个贸易条件与进出口规模之间的组合，将这些组合点连接起来就形成一个国家的提供曲线（National Offer Curve）。具体做法如图 1-8 所示。

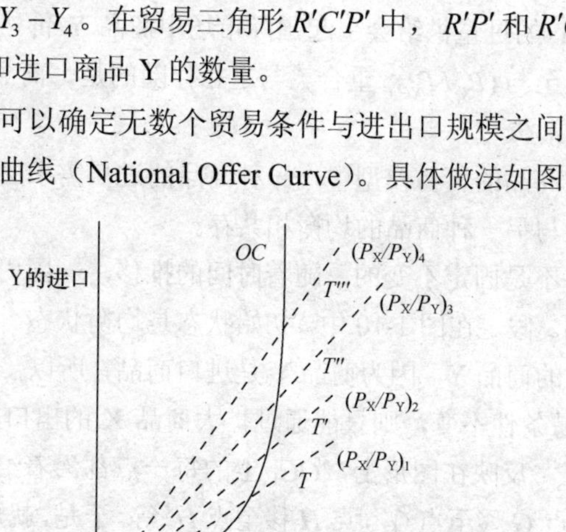

图 1-8　多种贸易条件下的提供曲线

提供曲线的最大用途，是可以用它来说明国际贸易均衡及其对应的条件。如将两个贸易伙伴国家 A 和国家 B 的提供曲线绘制在同一坐标图上，在两个国家的贸易模型中，国家 A 出口的商品就是国家 B 进口的商品，所以两条提供曲线分布在贸易线的两边，如图 1-9 所示。

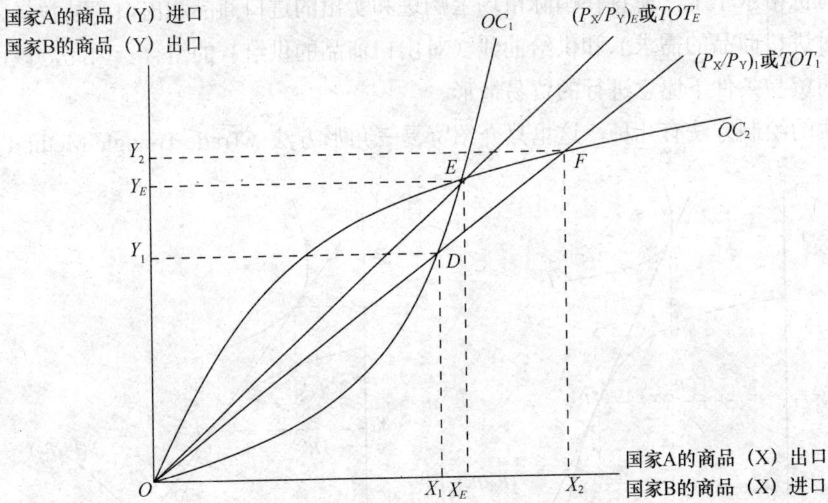

图 1-9　贸易均衡条件分析

OC_1 和 OC_2 分别为国家 A 和国家 B 的提供曲线，E 点就是国际贸易均衡点。因为，在 E 点上，国家 A 愿意出口的数量刚好等于国家 B 愿意进口的数量 (X_E)，国家 A 愿意进口的数量刚好等于国家 B 愿意出口的数量 (Y_E)。价格比率 $(P_X / P_Y)_E$ 既是市场出清的相关价格，又是国际贸易均衡的条件。其他贸易条件都不具有均衡的特性，例如，当贸易条件为 $(P_X / P_Y)_1$ 时，国家 A 愿意在 D 点进行贸易，即它愿意出口的商品 X 是 X_1，愿意进口的商品 Y 是 Y_1。但是在这一贸易条件下，国家 B 愿意在 F 点进行贸易，即它愿意进口的商品 X 是 X_2，愿意出口的商品 Y 是 Y_2。所以，在贸易条件为 $(P_X / P_Y)_1$ 时，商品 X 存在过量需求 $X_2 - X_1$，而商品 Y 存在过量供给 $Y_2 - Y_1$。商品 X 的过量需求会抬升国际市场商品 X 的价格，商品 Y 的过量供给会引起国际市场中商品 Y 价格的下降。这些变化会使贸易条件 $(P_X / P_Y)_1$ 向上移动，直至与 $(P_X / P_Y)_E$ 重合。与之相伴随的是，商品 X 的过量需求和商品 Y 的过量供给会逐渐减少，直至消失。

值得注意的是，在两种商品的贸易模型中，一种商品的过量需求必定对应着另一种商品的过量供给，一种商品的均衡必定与另一种商品的均衡相共存。

一个国家的提供曲线并不是固定不变的，随着时间的推移，一国内部的一些变量会发生变化，最终会使提供曲线发生移动。假定在图 1-10 中，初始状态是均衡状态。若国家 A 的消费者改变他们的偏好，他们愿意购买更多的商品 Y，因为商品 Y 是进口商品，所以，商品 Y 需求的增加会促使商品 Y 的进口增加。如果贸易条件不变，则只能通过扩大商品 X 的出口来换取更多商品 Y 的进口。这进一步扩大了贸易三角区。反映在图形上，OC_1 上的每一点都沿着给定的贸易条件线向外移动一段距离，如点 F 移至点 F'，点 G 移至点 G'，点 H 移至点 H' 等。于是，就形成了另一条提供曲线 OC_1'。除偏好外，国民收入的增加和出口产业生产率的提高，也会产生相似的结果。当然，如果国家 A 的消费者偏好朝反方向变化，或者国家 A 对进口征收关税等都会使 OC 向左移动，从而形成另一条提供曲线 OC_1''。不过，OC_1' 与 OC_1'' 的性质有所不同，前者反映国家 A 贸易的递增意愿，后者反映国家 A 贸易的递减意愿。国家 A 的提供曲线的移动，如图 1-10 所示。运用同样的方法，也可以分析国家 B 提供曲线的移动。

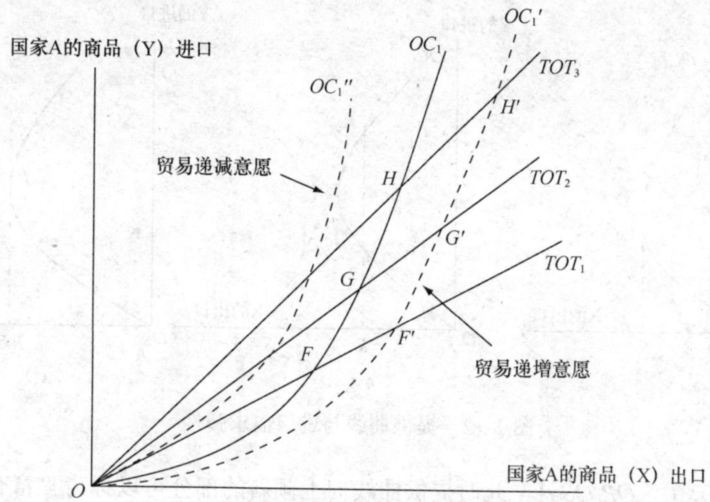

图 1-10　国家 A 提供曲线的移动

当两国的提供曲线发生移动以后，贸易均衡条件和贸易规模也会发生相应的变化。

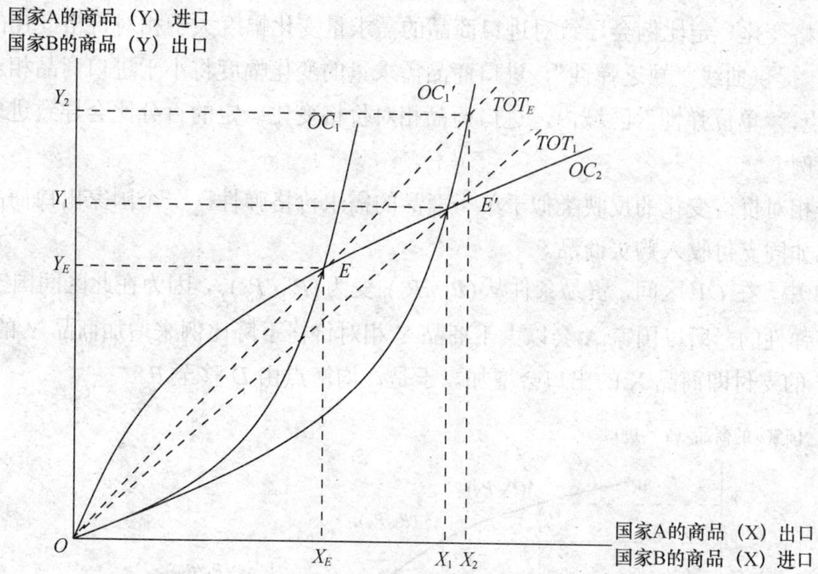

图 1-11　提供曲线的移动和贸易均衡条件的变化

在图 1-11 中，初始均衡点为 E 点，贸易均衡条件为 TOT_E，贸易规模：商品 X 为 X_E，商品 Y 为 Y_E。现假定国家 A 对进口商品 Y 的偏好增强，则提供曲线 OC_1 会移至 OC_1'，国家 A 愿意以出口 X_2 的商品 X 换取 Y_2 的商品 Y 进口，但国家 B 的提供曲线没有移动，所以，在贸易条件 TOT_E 下，商品 Y 出现了过量需求，商品 X 出现了过量供给。这会改变商品 X 和商品 Y 的相对价格，贸易条件 TOT_E 不能再维持下去了。当商品 X、商品 Y 的过量得以消除，新的贸易均衡条件 TOT_1 就形成了，新的均衡点就移至 E'。

提供曲线上各点的弹性即为进口需求弹性（Import Elasticity of Demand），是进口数量的变化率与相对价格变化率之比。在几何上进口需求弹性可以按下面的方法度量，即从提供曲线 OC_1 上的任意一点 P 出发向横轴作垂直线，相交于横轴线 R。以 P 点为切点作切线，交横轴线于 S。则弹性系数 $E = OR / OS$，如图 1-12 所示。

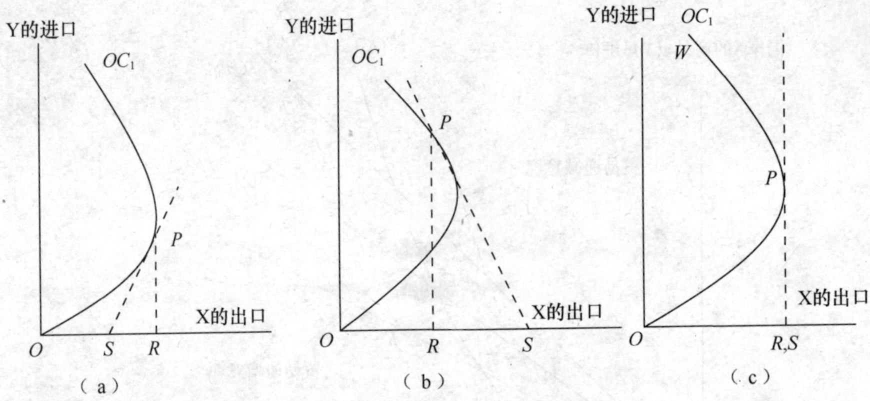

图 1-12　提供曲线与进口需求弹性

在图 1-12（a）中，*OR*/*OS*>1，此时提供曲线向上倾斜的部分可以称为“富有弹性”（Elastic）的区域。在图 1-12（b）中，*OR*/*OS*<1，提供曲线向后弯曲的区域“缺乏弹性”（Inelastic）。在图 1-12（c）中，*OR*/*OS*=1（*OR*=*OS*），此时提供曲线在 *P* 点是“单位弹性”（Unit Elasticity）。

图 1-12（c）中，从原点到 *P* 点，提供曲线上任意一点都是“富有弹性”的，在此区域该国进口商品相对价格变化一定比例会导致对进口商品的需求量变化幅度大于相对价格变化的百分比。从 *P* 点到 *W* 点，提供曲线“缺乏弹性”，进口商品需求量的变化幅度将小于进口商品相对价格变化的比例。在 *P* 点，“单位弹性”区域内，进口商品相对价格变化一定的百分比会导致进口商品需求量变化同样的比例。

出口对于相对价格变化的反映类似于单一商品的需求价格弹性。一个国家出口商品是为了交换进口商品，这如同支付收入购买商品。

在图 1-13 中，在 *OV* 区间，贸易条件从 $(P_X / P_Y)_1$ 变为 $(P_X / P_Y)_2$，因为在此区间国家 A 对商品 Y 的需求是富有弹性的，所以国家 A 会以大于商品 Y 相对价格下降比例来增加商品 Y 的进口。由此，对进口商品 Y 的支付即商品 X 的出口会增加。于是，均衡点由 *D* 移至 *B*。

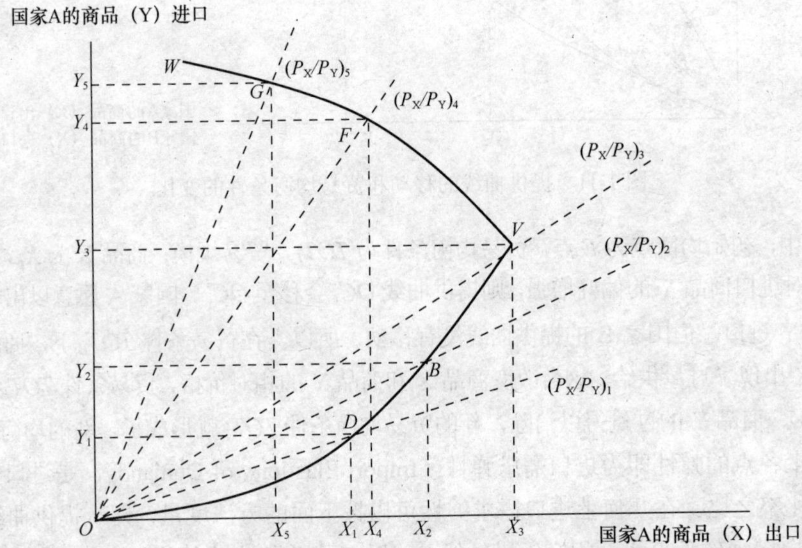

图 1-13　提供曲线的形状

在 *VW* 区间提供曲线缺乏弹性，商品 Y 的相对价格水平下降，贸易条件从 $(P_X / P_Y)_4$ 变为 $(P_X / P_Y)_5$，则国家 A 对商品 Y 的进口增加比例小于相对价格变化比例，所以对进口商品 Y 的支付即商品 X 的出口会减少，所以出口由 X_4 下降到 X_5。

在 *V* 点表现的是单位弹性的情形，由于单位弹性的特征是进口商品相对价格的变化比例与其需求量的变化比例相等，因而商品 Y 的相对价格变化不会引起对其支付的商品 X 的出口量的改变。

3. 要素密集度和要素丰裕度

要素密集度（Factor Intensity）是指生产不同商品所需投入的生产要素之间的比率，是一个相对的概念，与生产要素的绝对投入量无关。

在一个只有两种商品 X 和商品 Y 和两种要素 *L*（劳动）与 *K*（资本）的世界中，如果生产 Y 时 *K/L* 的比率大于生产 X 时 *K/L* 的比率，则商品 Y 是资本密集型（Capital Intensive）商品。如果为了生产一单位 Y 需要两个单位的资本（2*K*）和两个单位的劳动（2*L*），则其资本/劳动比率为 1，即 *K/L*=2/2=1。如果生产一单位 X 需要 1*K* 和 4*L*，则商品 X 的资本/劳动比率 *K/L*=1/4，那么 Y 就是资本密集型商品，而 X 是劳动密集型（Labour Intensive）商品。一般情况下，在衡量两种商品的劳动密集度（Labour Intensity）和资本密集度（Capital Intensity）时，重要的是一单位劳动所需资本（*K/L*），而不是生产商品 X 和商品 Y 所需的劳动和资本的绝对数量。

如果把资本 *K* 放在坐标系的纵轴，把劳动 *L* 放在坐标系的横轴，而且生产沿着一条从原点出发的射线进行，则该射线的斜率就是生产该种商品的资本/劳动比率（*K/L*）。

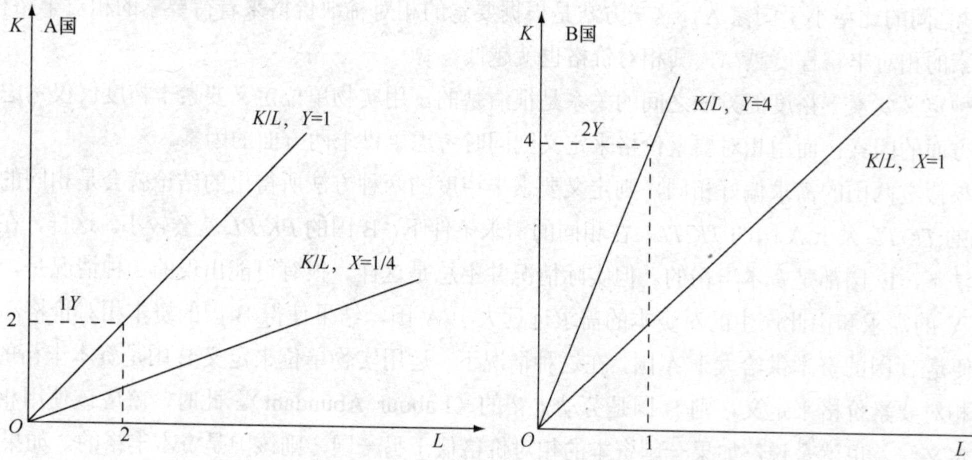

图 1-14　A 国和 B 国商品 X 和商品 Y 的要素密集度

如图 1-14 所示，在 A 国生产商品 Y 的 *K/L*=1，生产 X 的 *K/L*=1/4，A 国的商品 Y 就是资本密集型商品。在 B 国，Y 的 *K/L*=4，而 X 的 *K/L*=1。因此，两个国家的 Y 都是资本密集型商品，而 X 都是劳动密集型商品。B 国在生产两种商品时的 *K/L* 都要高于 A 国，这是因为 B 国资本的相对价格比较低。如果资本价格或租金（*r*）与劳动价格（*w*）之间的比率即 *r/w* 下降，生产者在生产两种商品时都将会用 *K* 来替代 *L*，以降低其生产成本。这样，就导致生产两种商品的资本/劳动比率都有所上升。

从图 1-14 中可以看出，A 国可以用 2*K* 和 2*L* 生产 1Y，当规模报酬不变的时候，它可以用 4*K* 和 4*L* 生产 2Y。*K/L*=2/2=4/4=1，表示的是 A 国商品 Y 从原点发出的射线的斜率。另一方面，对于 A 国，用 1*K* 和 4*L* 可以生产 1X，用 2*K* 和 8*L* 可以生产 2X。这样 A 国生产 X 的 *K/L*=1/4，这也正是 A 国商品 X 从原点发出的射线的斜率。商品 Y 的 *K/L* 比率，或者表示该商品的自原点发出的射线的斜率要大于商品

X的这一比率，故商品Y是资本密集型商品，而商品X是劳动密集型商品。在B国，*K/L*这一比率对于商品Y是4，对于商品X是1。因此在B国，Y是资本密集型商品，X是劳动密集型商品。

尽管Y相对于X来说在两个国家均为资本密集型商品，B国生产X和Y时所用的*K/L*比率都比A国生产X和Y时要大。但是，生产商品Y时，B国的*K/L*=4，而A国的*K/L*=1。生产商品X时，B国*K/L*=1，A国*K/L*=1/4。一个明显的问题是：为什么B国在生产两种商品时都使用了比A国资本密集程度高的生产技术？答案是B国的资本相对于A国来说一定较为便宜，故B国的生产者为了减少生产成本而增加资本的使用。但是为什么B国的资本相对便宜？要回答这个问题，必须给出要素丰裕度的定义，并研究其与要素价格之间的关系。

有两种定义要素丰裕度（Factor Abundance）的方法：实物定义（Physical Definition）和价格定义（Price Definition）。

以实物单位定义要素丰裕度的方法是，以两国可供使用的资本与劳动的实物相对数量来解释要素的丰裕程度。如果B国的可用总资本和总劳动的比率（*TK/TL*）大于A国的这一比例，就说B国是资本丰裕的（Capital Abundant）。但使用该方法定义要素丰裕度，要使用总资本和总劳动比率，而不是可用资本和可用劳动的绝对数量。所以，如果B国的*TK/TL*大于A国的*TK/TL*，即使B国拥有资本的绝对量少于A国，B国仍是资本丰裕的。

以相对要素价格定义要素丰裕度的方法是，如果B国的资本租用价格和劳动时间价格的比率（*PK/PL*）小于A国的这一比率，则B国是资本丰裕的，即国家B的资本价格或租金（*r*）与劳动价格（*w*）之间的比率小于国家A。这一方法是根据要素的相对稀缺价格来看待要素的相对丰裕程度。一种要素的相对丰裕程度越高，其相对价格也就越低。

两种定义要素丰裕度的方法之间的关系是很清楚的。用实物单位定义要素丰裕度仅仅考虑了供给这一方面的因素；而用相对要素价格来定义则同时考虑了供求两方面的因素。

如果假定两国的需求偏好相同，则定义要素丰裕度的两种方法所得出的结论就会是相同的。因为B国的*TK/TL*大于A国的*TK/TL*，在相同的需求条件下，B国的*PK/PL*就会较小。这样，在两种定义方法下，B国都是资本丰裕的。但实际情况并不总是这样。很有可能出现的一种情况是，B国对商品Y的需求和由此产生的对资本的需求远远大于A国，结果使得B国的资本相对价格高于A国；即便是B国的资本供给大于A国，在这种情况下，运用实物单位来定义B国是资本丰裕的，如果运用相对要素价格来定义，则B国是劳动丰裕的（Labour Abundant）。此时，就应该使用相对要素价格定义法。也就是说，如果一国资本的相对价格低于另一国，则该国是资本丰裕的。如果B国是资本丰裕的，而且商品Y是资本密集型商品，B国就可以比A国生产相对更多的商品Y。另一方面，如果A国是劳动丰裕的，而且商品X是劳动密集型商品，A国就可以比B国生产相对更多的商品X。如果用横轴度量X的话，A国的生产可能性曲线与B国的生产可能性曲线相比就较为平坦，在横轴上也扩展得较宽。

图1-15绘出了A国和B国的生产可能性曲线。由于A国是劳动丰裕国，而且X是劳动密集型商品，A国的生产可能性曲线偏向度量商品X的横轴。由于B国是资本丰裕的国家，而且Y是资本密集型商品，B国的生产可能性曲线偏向度量商品Y的纵轴。将其绘在同一坐标系中，可以清晰地比较其形状上的差异。从图1-15中可以看出，A国的生产可能性曲线比B国的要平坦，而且在横轴方向上扩展得较宽，这反映了A国可以比B国生产更多的商品X。因为A国是劳动丰裕的国家，X是劳动密集型商品。

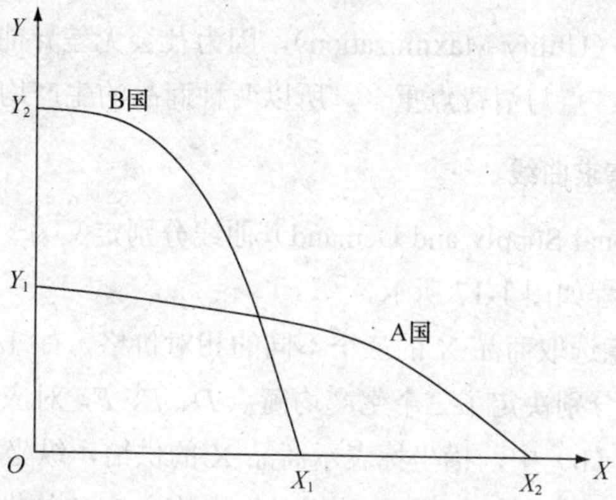

图 1-15　A 国和 B 国的生产可能性曲线的形状

四、封闭条件下的一般均衡

这里所谓封闭指的是没有发生国际贸易的一种经济，即封闭经济（Closed Economy）。封闭条件下的经济是一种自给自足（Autarky）的经济。考察分析封闭经济条件下的一般均衡，是分析国际贸易发生以及贸易模式的基础。

（一）封闭条件下的一般均衡

一个国家在封闭条件（Closed Economy or Autarky）下，其经济的一般均衡条件基本上有 3 个：①生产达到均衡；②消费达到均衡；③市场出清。与之相对应的数学表达方式如下：

$$MRT = P_X / P_Y \tag{1.6}$$

$$MRS = P_X / P_Y \tag{1.7}$$

$$X_C = X_P,\ \ Y_C = Y_P \tag{1.8}$$

其中，带下标 C 的变量分别表示对应商品的消费；带下标 P 的变量分别表示对应商品的产出。

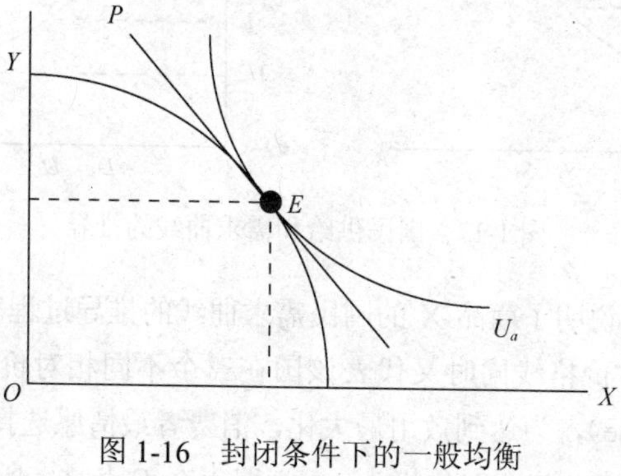

图 1-16　封闭条件下的一般均衡

图 1-16 描述了满足上述 3 个条件的一般均衡状态。一般均衡解为生产可能性边界与社会无差异曲线相切的切点 E。在 E 点，两条曲线拥有共同的切线（Tangent Line），该切线斜率（Tangent Slope）的绝对值等于商品 X 的相对价格 P，也就是说，这两条曲线共同决定了均衡状态下一国的相对价格水平、生产及消费。

在 E 点，生产者利润达到了最大化，因为生产可能性边界在该点的机会成本等于相对价格；消费者也同样达到效用最大化（Utility Maximization），因为社会无差异曲线在该点的边际替代率也等于相对价格。另外，图中生产点与消费点重合，所以两种商品的生产均等于消费，即市场出清。

（二）国民供给曲线与需求曲线

国民供给与需求（National Supply and Demand）曲线分别定义为一国某一商品对应于其相对价格的供给与需求，其推导过程如图 1-17 所示。

在图 1-17（a）中，任意选取商品 X 的三个不同的相对价格，如 1/2、1 和 2，三条相对价格线与生产可能性边界线的切点分别决定了三个生产均衡点 D、E、F，对应于这三点的商品 X 的产出分别为 S_1、S_2、S_3。在图 1-17（b）中，横坐标表示商品 X 的供给，纵坐标表示商品 X 的相对价格，根据（a）图，就可以在图（b）中画出对应于各种相对价格的商品 X 的供给，最后得出一条曲线 NS_X，表示该国商品 X 的供应曲线。该曲线斜率为正，表示随着商品 X 的相对价格的提高，其供给水平也随之提高。该曲线表明商品 X 的供给只取决于其相对价格，与绝对价格水平无关。

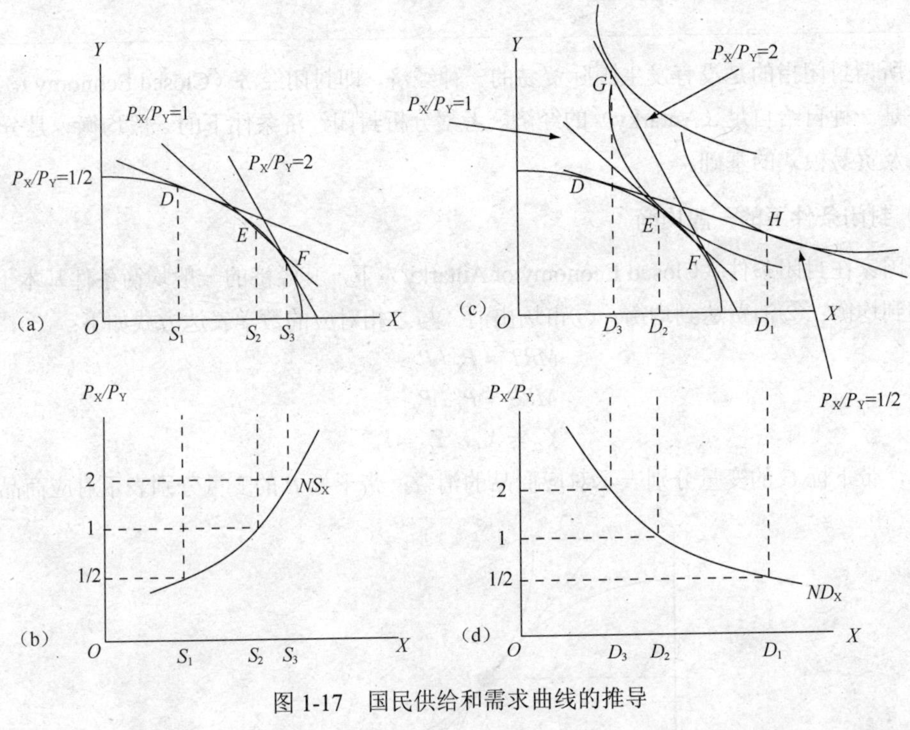

图 1-17　国民供给和需求曲线的推导

图 1-17（c）和（d）则说明了商品 X 的国民需求曲线的推导过程。在图 1-17（c）中，通过生产点 D、E、F 的三条相对价格线同时又代表该国在三个不同相对价格水平下的国民收入预算线（National Income Budget Line），为达到效用最大化，消费者最情愿选择的消费应是国民收入预算线与社会无差异曲线相切的切点。当相对价格为 1，消费点在 E 点时，所有国民消费的商品 X 数量为 D_2；当相对价格升为 2 时，很显然，消费者将不愿再消费 D_2 单位的商品 X，如果可能的话，宁愿选择 D_3 单位的商品 X；同样，当相对价格降为 1/2 时，消费者愿意接受的商品 X 消费为 D_1 单位。在封闭条件下，消费点 H 是无法达到的，因为它超出了该国生产可能性边界线。将对应于商品 X 不同相对价格与消费者希望得到的消费数量两者之间的关系绘制出来，得到一个曲线 ND_X，该曲线就是商品 X 的国民需求曲线。如图 1-17 所示，需求曲线 ND_X 的斜率为负，表示商品 X 的消费与其相对

价格成反比关系。

国民供给曲线与国民需求曲线反映的是一国供给与需求的各种潜在可能，实际发生的供给与需求只是众多潜在可能中的一种。将图 1-17 中推得的国民供给和需求曲线合并在一起，由国民供给曲线与国民需求曲线的交点决定了封闭条件下的均衡生产、消费水平以及相对价格。

（三）国际贸易的发生

假设国际上只有两个国家 A 和 B 分别生产两种商品 X 和商品 Y。图 1-18 描述了 A 和 B 两个国家各自在封闭条件下的一般均衡（General Equilibrium under the Conditions of Autarky）。

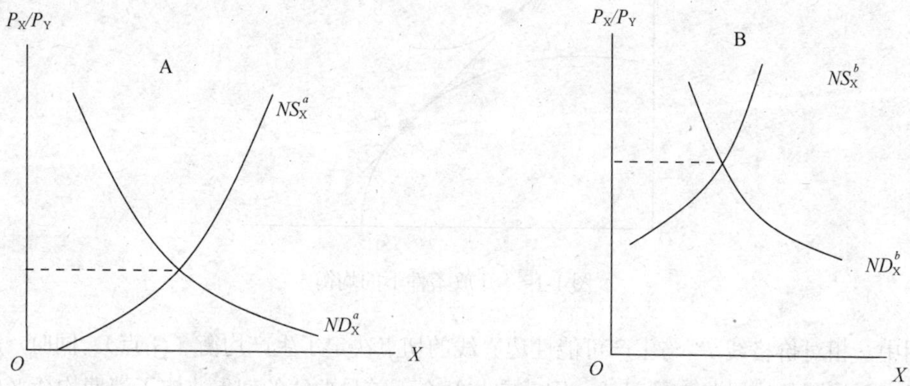

图 1-18　A、B 两国在封闭条件下的各自均衡

在各自封闭条件下的均衡实现时，假设 B 国商品 X 的相对价格为 2，大于 A 国商品 X 的相对价格 1。一旦允许商品在两国之间自由流动，在一开始的时候，A 国商品 X 的相对价格要低于 B 国，所以 B 国的消费者会发现，从 A 国生产者那里购买商品 X，要比从本国生产者手里购买商品 X 便宜，因此 B 国会从 A 国进口商品 X；反过来，B 国的商品 Y 的相对价格（Y 的相对价格 P_Y/P_X=1/2）要低于 A 国商品 Y 的相对价格（P_Y/P_X=1），同样，A 国的消费者也会发现从 B 国购买商品 Y 要比在本国购买便宜，所以 A 国也会从 B 国进口商品 Y，于是两国之间便发生了贸易。因此，国际贸易的发生是以两国相对价格存在差异为先决条件，也即国际贸易是建立在相对价格差异的基础之上的。

五、开放条件下的一般均衡

在开放条件下，假设 A 国面对一个新的相对价格水平为 p^w，$p^w = P_X^w / P_Y^w$ 且该国的生产者和消费者的目标都是追求利益的最大化，生产者决定其最佳生产的条件是机会成本等于相对价格，消费者决定最佳消费的条件是边际替代率等于相对价格。则开放条件下的一般均衡条件可表述为如下形式：

$$MRT = P_X^w / P_Y^w \tag{1.9}$$

$$MRS = P_X^w / P_Y^w \tag{1.10}$$

$$P_X^w(X_C - X_P) = P_Y^w(Y_P - Y_C) \tag{1.11}$$

式（1.11）表示贸易平衡条件，其中（X_C-X_P）和（Y_P-Y_C）分别表示商品 X 的过剩需求和商品 Y 的过剩供给。上式表明，如果 $X_C-X_P>0$，则必定有 $Y_P-Y_C>0$，即该国进口商品 X（国内消费超出国内生产），出口商品 Y，等式左右两边分别表示进口支出与出口收入；反之，如果 $X_C-X_P<0$，则必定 $Y_P-Y_C<0$，即该国出口商品 X（国内生产超出国内消费），进口商品 Y，等式左右两边分别

表示出口收入与进口支出。总之，不论哪种情况，贸易平衡条件都可由式（1.11）来描述。对式（1.11）加以变换，可写成下列形式：

$$P_X^w X_P + P_Y^w Y_P = P_X^w X_C + P_Y^w Y_C \tag{1.12}$$

式（1.12）左边表示开放条件下，该国的国民生产总值或国民收入；右边则表示该国在开放条件下的总支出。因此，贸易平衡条件也可转化为一国国民收入与总支出相等这一条件。

在开放情况下，一国经济的一般均衡如图 1-19 所示。

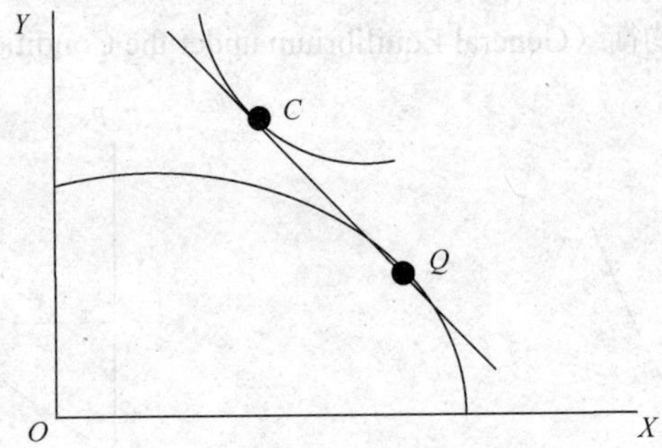

图 1-19　开放条件下的均衡

在图中，相对价格线 P^w 与生产可能性边界线的切点决定了生产均衡（Q 点）。同时，这条相对价格线又表示该国的国民收入预算线，因此它与社会无差异曲线的切点决定了消费均衡（C 点）。

图 1-19 与图 1-16 相比，最大的差别是在开放条件下，生产均衡点与消费均衡点不再重合。图 1-19 表明，商品 X 的生产大于其国内消费，商品 Y 的消费大于其国内生产，因此，该国在开放条件下，出口商品 X 进口商品 Y。

在开放情况下，均衡价格由两国共同决定。A 国在封闭状态下商品 X 的相对价格较低，一旦展开贸易，B 国的进口导致了商品 X 的需求增加，A 国国内市场上商品 X 供应减少。因此，在开放条件下 A 国商品 X 的价格会上涨；同样，A 国从 B 国进口商品 Y，也会引起 B 国的商品 Y 价格上升。由此，原来两国商品 X 的相对价格之间所存在的差异就会不断缩小，这一趋势会一直持续下去，直至两国的相对价格完全趋于一致，两国国民之间的交易就达到了新的均衡，生产与消费也达到均衡。因此，国际贸易建立在相对价格差基础上但又会消除相对价格差异，导致国际间商品价格的均等化。当两国达到均衡时，一国某一商品的进口（或出口）必等于另一国家的出口（或进口），而一国的进口（或出口）等于该国的过剩需求（或过剩供给）。当一国的过剩需求（供给）等于另一国的过剩供给（需求）时，对应的相对价格就是国际均衡价格。

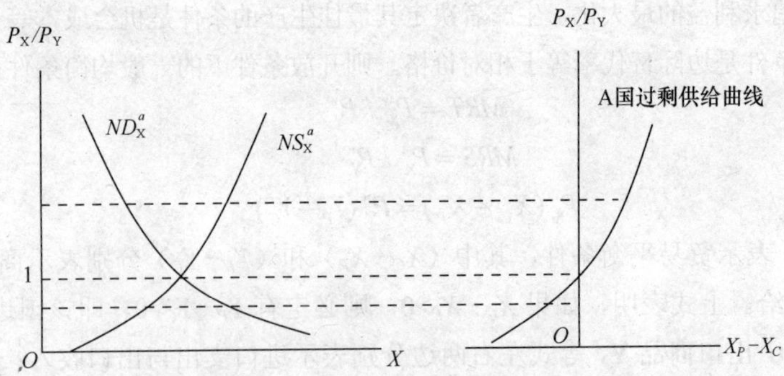

图 1-20（a）　A 国过剩供给曲线的推导

图 1-20（a）与图 1-20（b）分别显示了如何根据一国的国民供给曲线与国民需求曲线，确定其过剩供给曲线和过剩需求曲线（Excess Supply and Demand Curves）。图中横坐标表示商品 X 的过剩需求或过剩供给，纵坐标表示商品 X 的相对价格。A 国过剩供给曲线的形状说明其过剩供给与相对价格成正比，当相对价格大于 1 时，过剩供给大于零，即国内生产大于国内消费，多出的部分靠出口他国解决；当相对价格等于 1 时过剩供给等于零，即国内生产恰好等于国内消费，整个经济处于自给自足状态；当相对价格小于 1 时过剩供给小于零，即国内生产小于国内消费，不足的部分靠进口弥补。B 国的过剩需求曲线的形状则刚好相反。

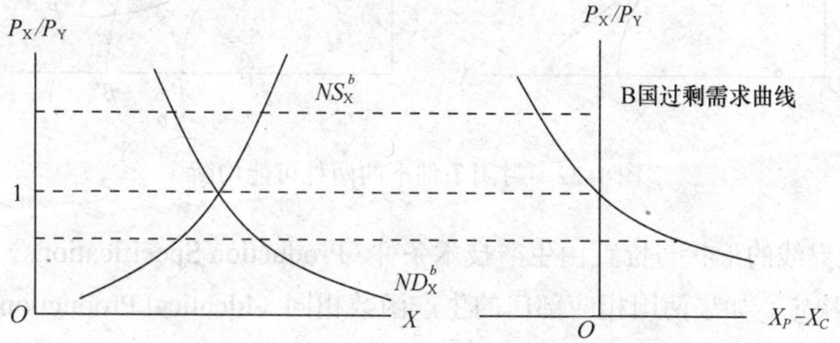

图 1-20（b） B 国过剩需求曲线的推导

若把 A 国的过剩供给曲线与 B 国的过剩需求曲线放在同一坐标图中，则可说明国际均衡价格的决定。

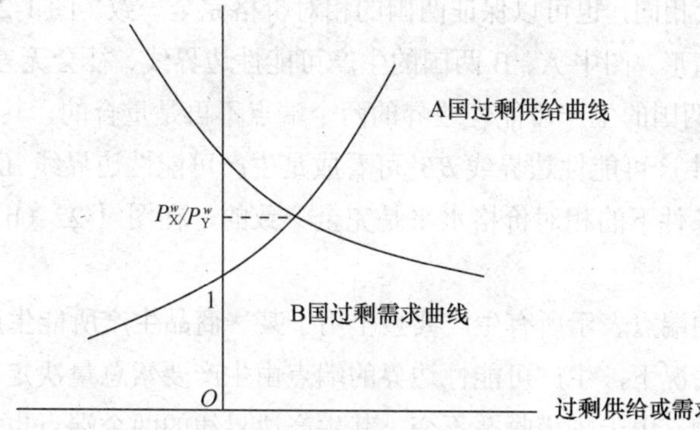

图 1-21 国际均衡价格的决定

在图 1-21 中，两条曲线交点对应的相对价格为国际均衡价格，从图中可以发现，国际均衡价格一定处于两国贸易前的相对价格水平之间，即：$1 \leqslant P_X^w / P_Y^w \leqslant 2$。

六、国际贸易的起因与贸易收益及其分解

基于上述封闭条件下的一般均衡分析和开放条件下的一般均衡分析，即可给出如下关于国际贸易的起因和贸易收益的分析以及贸易收益的分解。

（一）国际贸易的起因

假设世界上只有两个国家，若两国在封闭条件下（Closed Economy）的相对价格完全一致（Identical Relative Price），即使允许商品在两国之间自由流动，贸易也不会发生。若两国生产可能性

边界和社会无差异曲线（Community Indifference Curve）都完全相同，则两国在封闭条件下的相对价格也一定相同，两国在封闭条件下的一般均衡均可由图 1-22（a）来表示。

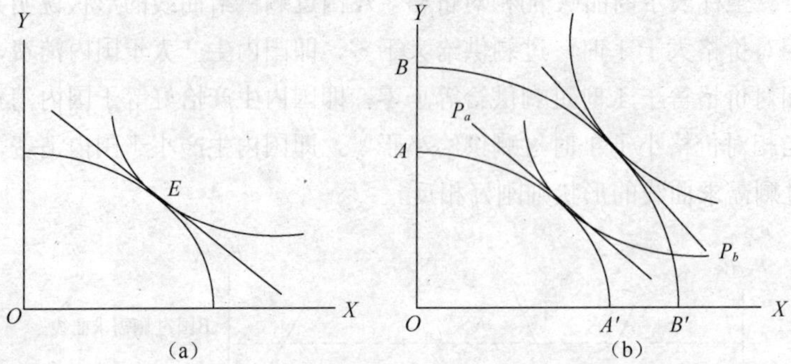

图 1-22　封闭条件下的两种可能均衡

生产可能性边界线的形状与位置由生产技术条件（Production Specifications）和要素禀赋（Factor Endowment）共同决定。如果两国相应部门的生产函数相同（Identical Production Function），两国两种生产要素的总供应量分别相同，那么两国的生产可能性边界也完全相同；同样，如果两国消费者偏好相同，那么两国的社会无差异曲线的形状也完全一致。在规模收益不变和完全竞争（Perfect Competition）的情况下，当上述这些条件都成立时，就会出现图 1-22（a）所示的情景。

上述条件是两国相对价格相同的一组充分条件，但不是必要条件。事实上两国的生产边界线即使位置不同，但只要形状相同，也可以保证两国的相对价格完全一致。图 1-22（b）描述的是另外一种两国相对价格相同的情形。图中 A、B 两国的生产可能性边界线、社会无差异曲线的形状都相同，但与图 1-22（a）不同，两国的生产可能性边界的两个端点不再是重合的，其中，B 国的生产可能性边界位于 A 国的之外，生产可能性边界线 *BB′* 可看成是生产可能性边界线 *AA′* 平行外移的结果。在此情形下，两国在封闭条件下的相对价格水平是完全一致的，在图 1-22（b）中，两条相对价格线 P_a 与 P_b 是平行的。

生产可能性边界线的端点表示所有生产要素全用于某一商品生产所能生产出的最大产量，因此，在生产技术条件既定的情况下，生产可能性边界的端点由生产要素总量决定。如果一国的资本与劳动的总供应量同比例增加，由于规模收益不变，其生产边界线的两个端点也会以同样的比例延伸出去，即其生产可能性边界将平行向外移动。同理，如果两国的资本与劳动总量之比即相对要素禀赋相同，在相应商品的生产技术条件相同的假设下，两国生产可能性边界线之间的差异就呈现出图 1-22（b）所描述的那样。

根据上述讨论，可以引入以下五个条件。

（1）两国相同商品的生产函数相同。

（2）两国相对要素禀赋相同。

（3）两国消费偏好相同。

（4）规模收益不变。

（5）两国的商品市场和要素市场都是完全竞争的，并且不存在外部经济性。

上述 5 个条件对应于图 1-22（b）所示的情形，它们保证了两国在封闭条件下相对价格完全相同，在这些条件下，国际贸易是不可能发生的。

如果放松上述 5 个条件中的任何一个，贸易基础就产生了。假如放松第一项条件假设，保持其他四条假设不变，两国间的生产技术就不再相同，生产可能性边界的形状也随之不同。由于社会无差异曲线的形状仍是相同的，因而两国在封闭条件下的相对价格肯定不同，两国开展贸易的基础也就产生了。因此，在这种情形下，生产技术差异便是国际贸易的一个重要起因。若放松第二项条件，其他条件不变，这时两国生产可能性边界形状就会不相同，相对价格差就会出现，相对要素禀赋差异就是国际贸易的另一个重要起因。生产技术差异或相对要素禀赋差异反映了两国供给方面的差异。在国际贸易理论的发展史上，从供给方面，即从生产技术差异和要素禀赋差异这两个方面来解释国际贸易的起因和影响的两类贸易理论，占据着极其显著的地位。如果两国的供给条件一样，需求方面的差异也同样可引起国际贸易的发生。

需要指出的是，当放松第（4）项或第（5）项假设条件时，会遇到一些新问题。在规模收益递增（Increasing Returns to Scale）或不完全竞争（Imperfect Competition）条件下，相对价格差不再是国际贸易的唯一基础，在这种情形下，即使两国不存在相对价格差，国际贸易仍可发生，因为规模经济会导致国际分工的完全专业化（Full Specialization），不同的国家可以选择生产不同品种的商品然后互相交换。另外，在不完全竞争的情况下，上述基于完全竞争的分析方法和模型也不再适用。因此，国际贸易理论实际上包括两类不同的理论体系：国际贸易的完全竞争理论（Perfect Competition Theory）和国际贸易的不完全竞争理论（Imperfect Competition Theory）。

（二）贸易收益

一个自给自足的经济（Closed Economy or Autarky）一旦对外开放，原先国内的相对价格（Relative Price）就会受到国际相对价格的冲击，国内的生产者和消费者会依国际相对价格调整生产和消费结构。由此，必然导致资源的重新配置。贸易所得与两组相对价格的差异程度呈正相关关系。图 1-23 描述了生产和消费的调整与贸易所得。

在封闭状态下，经济的均衡点为 E 点，生产、消费组合为 (X_1, Y_1)，福利水平用无差异曲线 I_1 表示，国内相对价格为 $(P_X / P_Y)_1$。假定国际相对价格为 $(P_X / P_Y)_2$，国际交易价格线比国内相对价格线陡峭，反映出商品 X 的国内价格较国际市场低，商品 Y 的国内价格较国际市场高。本国在商品 X 上有比较优势，在商品 Y 上有比较劣势。

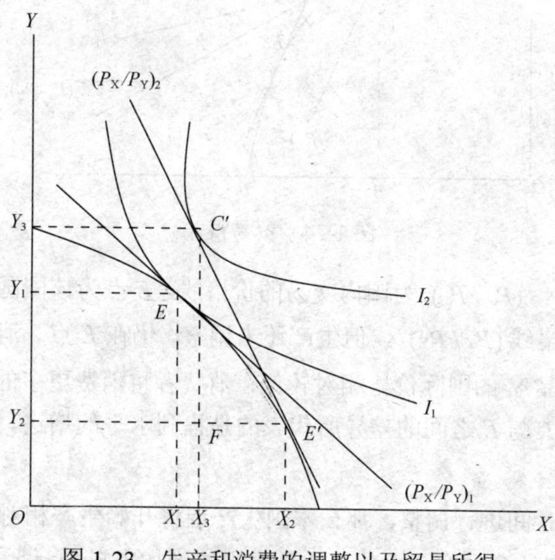

图 1-23　生产和消费的调整以及贸易所得

在开放条件下，生产者面对国际价格较高的商品 X 会做出一个转换，即将原来生产商品 Y 的一部分资源用于生产商品 X 以期获得更多收益，生产组合会从 E 移至 E' 点。生产者对生产组合进行调整的激励来源于条件：$(P_X / P_Y)_2 > MC_X / MC_Y$，在 E' 点，$(P_X / P_Y)_2 = MC_X / MC_Y$，调整终止，新的生产组合为：$(X_2, Y_2)$。

在开放条件下，消费者面对国际价格较低的商品 Y 也会调整消费结构。切于 E' 点的 $(P_X / P_Y)_2$ 线既是相对价格线又是消费可能线，它会与另一条无差异曲线相切，这条无差异曲线就是 I_2，切点为 C' (X_3, Y_3)，C' 点就是通过贸易而形成的新的消费组合。

生产结构和消费结构的调整是同时进行的，也是同时完成的，在满足条件 $MRT = MC_X / MC_Y = (P_X / P_Y)_2 = MU_X / MU_Y = MRS$ 时，经济实现均衡。C' 远离生产可能性曲线，说明国际贸易允许消费者超出本国的生产范围进行消费。如果没有国际贸易，消费的组合就被严格地限定在生产可能性曲线上。贸易使无差异曲线处于一个更高位置，说明贸易提高了参与国的福利水平。

分工和贸易的效果可以通过贸易三角形（Trade Triangle）$FC'E'$ 来概括，底边 FE' 代表出口，直角边 FC' 代表进口，而斜边 $C'E'$ 则是贸易线，其斜率代表世界价格比率即贸易条件。

（三）贸易收益的分解

贸易得益可以分解为消费得益（Consumption Gain）或称交换得益（Gains from Exchange）和生产得益（Production Gain）或称专业化得益（Specialization Gain）。

消费得益是指，根据新的相对价格水平，即便不改变产出，贸易也能增进一国的福利水平。这种得益情形可以用图 1-24 加以解释。

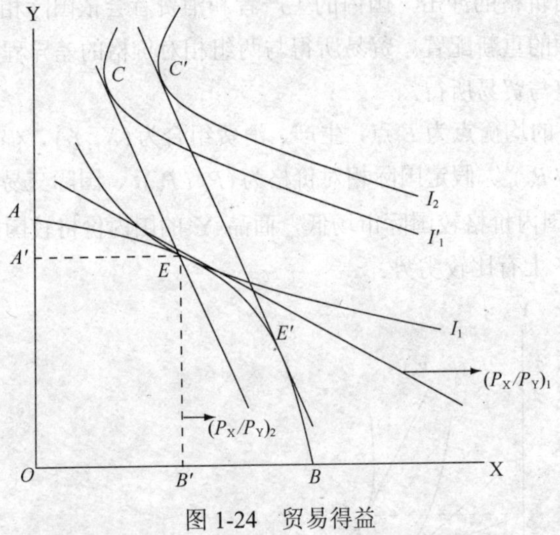

图 1-24　贸易得益

从图 1-24 中可以看出，$(P_X / P_Y)_1$ 为国内交易的价格线，E 点为该国国际贸易前的均衡点。假设该国面临一个国际贸易价格线 $(P_X / P_Y)_2$，但生产还未调整，仍在 E 点。消费者可在国际贸易价格线上超越 E 点消费。由于商品 Y 的国际价格相对较低，消费者将消费更多的商品 Y，而减少对商品 X 的消费，将会选择 C 点。I_1 与 I'_1 之间的差异所代表的是福利水平的增进，被称为消费者得益或者交换得益。

如果生产有足够长的时间进行调整，那么本国生产者将开始生产相对价值更高的商品 X，而减少商品 Y 的生产，在 E' 点达到利润最大化。福利水平的增加来自于商品 X 专业化生产后消费者能

达到 I_2 和 C' 点。从 C 到 C'（I_1' 到 I_2）的福利增加被称为生产得益或者说专业化得益。

第二节 古典国际贸易理论

古典国际贸易理论（Classical International Trade Theory）产生于18世纪中叶，是在批判重商主义（Mercantilism）的基础上发展起来的，主要包括亚当·斯密的绝对优势理论（Adam Smith's Theory of Absolute advantage）和大卫·李嘉图的比较优势理论（David Ricardo's Theory of Comparative Advantage）。古典国际贸易理论从技术差异（Technological Gap）的角度说明了国际贸易产生的原因、结构和利益分配。

一、古典国际贸易理论的含义

作为古典经济学理论（Classical Economical Theory）的一部分，古典贸易理论是英国古典经济学家在劳动价值论的基础上，从生产成本方面提出的贸易理论。其基本的观点就是，当劳动是唯一的生产要素时，生产技术差异就具体地体现为劳动生产率的差异，劳动生产率是国际贸易的决定因素。

从生产技术差异即劳动生产率差异是产生国际贸易的原因来看，古典国际贸易理论主要是指亚当·斯密的绝对优势理论和大卫·李嘉图的比较优势理论。

自17世纪下半叶，以威廉·配第、大卫·休谟和弗朗索瓦·魁奈等人为代表的一批优秀的思想家，开始有目的地探索资本主义市场经济发展规律，寻求对经济现象的理论解释。亚当·斯密对这些理论界所形成的理论发现和研究观点进行整理汇集，研究形成了一个完整、系统的经济学体系，后经大卫·李嘉图的加工和改造，从而形成了具有古典意义的政治经济学。“它是整个经济学发展的基础和出发点。古典政治经济学强调劳动是财富的源泉，是交换价值的唯一尺度，是各阶级收入分配的源泉。”同时，它还阐述了市场机制的工作原理，并广泛而又系统地论述了市场运行的机制作用是如何在一个靠利己心驱动、以利润为导向的社会系统里将微观个体行为转化为社会经济生活所需要的秩序。

二、绝对优势理论

亚当·斯密1776年在其代表作《国民财富的性质和原因的研究》即《国富论》中对重商主义的思想进行了深刻的批判，并提出了绝对优势理论（Theory of Absolute Advantage）。

绝对优势理论是建立在一系列假设基础之上的，这些严格的假设是为了在不影响结论的前提下，使分析更加严谨，主要有：

（1）世界上只有两个国家，这两个国家都能生产两种商品，只有劳动力一种生产要素；

（2）劳动力在一国之内是完全同质的，且劳动力市场始终处于充分就业状态；

（3）劳动力在一国之内可以自由流动，但在国与国之间不能流动；

（4）劳动的规模收益不变；

（5）商品和劳动力市场都是完全竞争的；

（6）国家间实行自由贸易，不存在政府对贸易的干预或管制；

（7）不考虑运输费用和其他交易费用。

斯密认为，两国间的贸易基于绝对优势。所谓绝对优势是指，如果一国相对另一国在某种商品的生产上有更高的效率，则称该国在这一商品上有绝对优势。绝对优势可以通过劳动生产率来度量。如果一国生产某单位商品所需投入的劳动更少，或者投入单位劳动所获得的产出更多，则表明该国在生产这一商品上具有绝对优势。因此，绝对优势产生于国家间的劳动生产率的差异。

绝对优势理论认为，国际贸易产生于各国之间生产商品的劳动生产率的绝对差别。每个国家由于先天或后天的条件不同，都会在某一种商品的生产上有绝对优势。如果每一个国家都把自己拥有的全部生产要素都集中到自己拥有绝对优势的商品的生产上来，然后通过国际贸易，用自己商品的一部分去交换自己所需要的其他商品，则各国资源都能被最为有效地利用，每一个国家都能从中获利。贸易惠及双方是一种正和博弈（Positive-Sum Game），因此，斯密主张实行自由贸易政策，反对国家对外贸的干预，认为自由贸易能有效地促进生产的发展和产量的提高，一切限制贸易自由化的措施都会影响国际分工的发展，并降低社会劳动生产率和国民福利。斯密认为，国家为了保护某一产业，限制某种外国商品的进口，这说明该产业没有国际竞争力，生产效率较低。这种保护表面上看保护了本国的产业，但实质上使本国的资源从效率高的部门转移至效率低的部门，从而造成了资源的不合理配置和使用。

绝对优势理论具有开创性意义。它第一次从生产领域阐述了国际贸易的基本原因，揭示了国际分工和专业化生产能使资源得到更有效的利用，从而提高劳动生产率的规律。各国利用自己的优势进行专业化生产，然后进行国际贸易，各国都能从中获利。

但绝对优势理论也存在明显的局限性，它只能解释经济发展水平相近国家之间的贸易。斯密的绝对优势理论存在着一个必要的假设：一国要参加国际贸易，就必然要有至少一种商品在生产上与贸易伙伴相比处于绝对优势。如果 A 国在两种商品的生产上都具有绝对优势，而 B 国在两种商品的生产上都有绝对劣势，则 A、B 两国之间还会不会产生贸易呢？如果两国发生贸易，B 能不能从贸易中获利呢？贸易利益从何而来？

大卫·李嘉图用比较优势（Thoery of Comparative Advantage）原理，回答了绝对优势理论回答不了的问题，更好地解释了贸易基础和贸易所得。

三、比较优势理论

根据绝对优势理论，如果一个国家在两种商品的生产上均处于绝对优势地位，另一个国家均处于绝对劣势地位，则这两个国家之间不会进行贸易。根据这一理论，国际贸易可能只会发生在发达国家之间，发达国家与发展中国家之间就不会发生任何贸易。这显然与国际贸易的现实不符。1871 年，大卫·李嘉图发表了《政治经济学及赋税原理》一书，提出了比较优势理论。

在国际分工中（Specialization），如果两个贸易参与国生产能力不相等，在生产任何商品时 A 国成本均低于 B 国，劳动生产率均高于 B 国，故 A 国处于绝对优势，而 B 国则相反，其劳动生产率在任何商品上均低于 A 国，处于绝对劣势。这时，两个国家间进行贸易的可能性依然存在，因为两国劳动生产率之间的差距，并不是在任何时候都一样的。这样，处于绝对优势的国家不必生产全部商品，而应该集中生产本国国内具有最大优势的商品，处于绝对劣势的国家也不必停止生产所有的商品，而只应该停止生产在本国国内处于最大劣势的商品，也就是所谓的“两利相权取其重，两弊相权取其轻”（Greatest Advantage，Least Disadvantage），通过自由交换，参与交换的各个国家均可以节约社会劳动，增加商品的消费，世界也因为自由交换而增加产量，提高劳动生产率。这就是古典和新古典国际贸易理论的传统基础。

在李嘉图比较优势理论中，假设有 A、B 两国，每个国家均生产 X、Y 两种商品。假如在分工之前的情况是，A 国生产 1 单位商品 X 需要 6 单位的劳动，而生产 1 单位商品 Y 需要 5 单位的劳动，相应地，B 国生产商品 X 和商品 Y 分别需要 1 单位的劳动和 2 单位的劳动，则 B 国劳动生产率在商品 X 和商品 Y 均高于 A 国。在贸易发生之前，在 A 国内 1 单位商品 X 可以换 6/5 单位商品 Y；而在 B 国 1 单位商品 X 可以换 1/2 单位商品 Y。因此，如果 A 国专门生产商品 Y，按照 1 单位商品 Y 换 2 单位商品 X 的比例从 B 国换取商品 X，该国将从中获利。同样的，B 国通过专业化生产商品 X 出口到 A 国，B 国也会从中获益，因为 1 单位商品 X 可以换 6/5 单位商品 Y，而非贸易前的 1/2 单位商品 Y。尽管国际贸易并非限于这一基本分析中的两种商品，但在更为复杂的分析中类似的贸易得益也可以看得到。其中的关键是，贸易的基础以及贸易得益基础源于比较优势，而非绝对优势。

如果将 A 国与 B 国各自的比较优势进一步用数学语言来表达的话，就可以用如下方式来理解李嘉图的比较优势学说，即：就 A 而言，虽然 $L_X^A > L_X^B$、$L_Y^A > L_Y^B$ 即在商品 X 和商品 Y 上的成本均高于 B 国的成本；但是，$L_Y^A / L_Y^B > L_X^A / L_X^B$，即 A 国在商品 Y 的生产上具有比较优势。就 B 国而言，虽然 $L_X^B < L_X^A > L_Y^B < L_Y^A$，即在商品 X 和商品 Y 上的成本均低于 A 国的成本；但是 $L_X^B / L_X^A < L_Y^B / L_Y^A$，即 B 国在商品 X 的生产上有比较优势。进一步地，我们可以将上述的分析用图形解释方法做进一步的揭示。图 1-25 为两个国家 A、B 两种商品 X、Y 的不完全分工模型（Incomplete Specialization Model）。

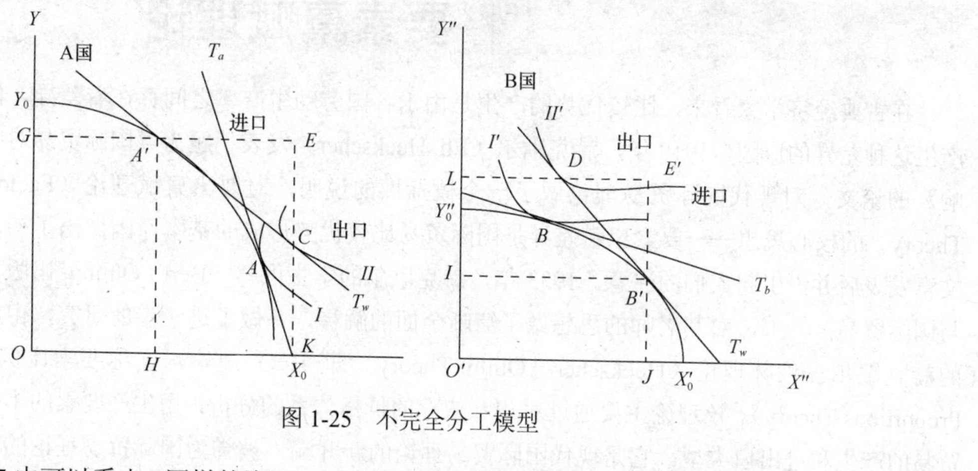

图 1-25　不完全分工模型

从图 1-25 中可以看出，同样的资源，A 国的优势在于生产商品 Y，B 国的优势在于生产商品 X。原国内交换比率分别为 T_a 和 T_b，分工前国内生产组合及消费组合点分别为 A 点和 B 点。按照比较优势进行专业化分工，A 国的生产组合从 A 点移至 A' 点，放弃部分商品 X 的生产而增加商品 Y，B 国的生产组合从 B 点移至 B' 点，放弃部分商品 Y 的生产而增加商品 X。在 A'、B' 点上，两国的国内均衡价格等于国际价格（均为 T_w），A 国分工以后的生产组合点和消费组合点分别为 A' 和 C，即生产 $GA' = OH$ 的商品 X 和 $HA' = OG$ 的商品 Y，用 CE 的商品 Y 交换 $A'E$ 的商品 X，共消费 CK 的商品 Y 和 $GA'+A'E=GE$ 的商品 X。B 国分工后的生产组合点和消费组合点分别为 B' 和 D，即生产 $IB' = O'J$ 的商品 X 和 $JB' = O'I$ 的商品 Y，用 DE' 的商品 X 交换 $B'E'$ 的商品 Y，共消费 LD 的商品

X 和 $JB'+B'E'=JE'$ 的商品 Y，消费点在 D。A 国商品 X 的消费中，$A'G$ 为本国生产，$A'E$ 从国外进口。B 国商品 Y 消费中，$O'I$ 为本国生产，$B'E'$ 从国外进口。可以看出，两国的无差异曲线都有提高，即 II 高于 I，II' 高于 I'，表示通过贸易总体福利水平均有所提高。

上述分析表明，比较优势也可以进行贸易，并且在比较优势基础上的国际贸易具有互利性（Mutually Beneficial）。不难证明，当两国生产商品时，只要它们的机会成本有差别，国际贸易就会产生，各国通过出口相对成本较低的商品，进口相对成本较高的商品就可以实现贸易互利。

李嘉图理论问世以后，使绝对优势理论成为了特例或特殊形式，极大地提高了理论的解释力。但是，从劳动价值论的角度来看，该理论并未从根本上揭示出国际贸易发生的原因。从国内贸易、国际贸易的功能来看，它们都是为了实现商品的价值，因此，即便不存在超额利润（Excess Profit），即比较利益（Comparative Advantage），只要能使商品价值得到实现，国际贸易就会发生。在逻辑上，厂商先要收回投资、获取平均利润，然后再追求超额利润，将国际贸易的目标仅仅限定在追求超额利润上，人为地割裂了国内贸易与国际贸易的功能。另外，在李嘉图的理论当中没有完全贯彻劳动价值论，出现了同一商品国内价值和国际价值的差异，国内交换比率和国际交换比率不同。当李嘉图发现这一现象后，他表示无能为力，认为适用于国内贸易的规则不适用于国际贸易。

还需要特别指出的是，在李嘉图的理论中存在着一个隐含的命题，即越是落后的国家，参与国际贸易后受益越大。因此，李嘉图没有看到国际贸易具有不等价交换（Unequivalent Exchange）的倾向和价值流向的复杂性。由于这一缺陷，比较利益学说难以被相对落后的国家所接受。

第三节 要素禀赋理论

在古典经济学家看来，比较优势的产生是由于各国劳动生产率之间存在着差异。但并没有解释产生这种差异的原因。1919 年，赫克歇尔（Eli Heckscher）发表了题为《国际贸易对收入分配的影响》的论文，对现代国际贸易理论做了一个概括性的说明，对要素禀赋理论（Factor Endowment Theory）的核心思想——要素禀赋差异是国际贸易比较优势形成的基本原因做出了初步的分析。但文章发表后并没引起人们的注意。1933 年，赫克歇尔的学生俄林（Bertil Ohlin）出版了《区域贸易与国际贸易》一书，对其老师的思想做了清晰全面的解释，并做了进一步的研究，由此形成了著名的赫克歇尔—俄林理论（Heckscher－Ohiln Theory）即 H-O 理论，又称要素比例学说（Factor Proportions Theory）。该理论主要通过对相互依存的价格体系的分析，用生产要素的丰缺来解释国际贸易的产生和进出口类型。它是现代国际贸易理论的新开端，被誉为国际贸易理论的又一里程碑。要素禀赋理论的基本内容有狭义和广义之分。狭义的要素禀赋论用生产要素丰缺来解释国际贸易的产生和一国的进出口贸易类型；广义的要素禀赋论包括狭义的要素禀赋论及其推论即要素价格均等化学说（Theory of Factor Equalization）。

一、H-O模型的基本内容

赫克歇尔—俄林模型简称 H-O 模型，该模型的主要假设条件如下。

（1）贸易中有两个国家（A 国与 B 国）、两种商品（X 与 Y）、两种生产要素（劳动 L 与资本 K）。

这一假设的目的就是用一个二维的平面图来说明这一理论。

（2）两国在生产中都使用相同的技术（Identical Technology）。该假设意味着两国都可以使用相同的生产技术。这样，如果要素价格在两国是相同的，两国在生产同一种商品时就会使用相同数量的劳动和资本。由于要素价格通常是不同的，因此各国的生产者都将使用更多的低价格要素以降低生产成本。

（3）在两个国家中，商品 X 都是劳动密集型商品（Labour Intensive Product），商品 Y 都是资本密集型商品（Capital Intensive Product）。这一假设表明，在两个国家中生产商品 X 相对于生产商品 Y 来说，使用的劳动比例较高。也就是说，在相同的要素价格下，生产商品 X 的劳动/资本比率要高于生产商品 Y 的该比例。或者可以说，生产商品 X 的资本/劳动比率要低于生产商品 Y 的比例。但这并不意味着两国生产商品 X 的资本/劳动这一比例是相同的，而是在各国生产商品 X 的资本/劳动均低于该国生产商品 Y 的资本/劳动比例。

（4）在两个国家中，两种商品的生产都是规模报酬不变（Constant Returns to Scale）的。这意味着增加生产某一商品的劳动和资本投入，会带来该商品的产量同比例增加。

（5）两国在生产中均为不完全分工（Incomplete Specialization）。即使在自由贸易条件下，两国也要继续生产两种商品。这一假设也表明两国都不是很小的国家。

（6）两国需求偏好相同（Identical Tastes）。该假设表明，由无差异曲线的位置和形状所反映的需求偏好在两国是完全相同的。也就是说，如果两国的相对商品价格是相同的，两国消费商品 X 和商品 Y 的比例是相同的。

（7）在两个国家中，两种商品与两种要素市场都是完全竞争的。这意味着商品 X 和商品 Y 的生产者、消费者和贸易者都很小，他们的行为不会影响这些商品的价格。对于劳动和资本的使用者和提供者也是一样。完全竞争还表明，在长期中商品价格将与生产成本相等，减去包括隐含成本在内的所有成本之后，生产者将不会获得任何超额利润。并且，在完全竞争条件下，所有的生产者、消费者、要素所有者对各地和各行业的商品价格和要素收入是完全了解的。

（8）在一国内，要素可以自由流动，但要素不能在国际间自由流动。这表明劳动和资本可以自由、快速地从低收入的地区和产业流向高收入的地区和产业，直到该国各个地区和产业、同类劳动和资本的收益相等为止。同时，国际要素流动为零，也就是在国与国之间没有要素流动，因而在不存在国际贸易的情况下，国际要素收入差异将会永久存在。

（9）没有运输成本、没有关税或影响国际贸易自由进行的其他壁垒。该假设说明的是，在贸易存在的条件下，当两国的相对（或绝对）商品价格完全相等时，两国的生产分工才会停止。如果存在运输成本和关税，则当两国的相对价格差不大于每单位贸易商品关税和运输成本时，两国的生产分工才会停止。

（10）两国资源均得到了充分利用。也就是说，在两国中均不存在未被利用的资源和要素。

（11）两国的贸易是平衡的。这意味着，每一国的总进口额等于其总出口额。

根据上述基本假设，H-O 定理可以表述如下，即一国应当出口该国相对丰裕和便宜的要素密集型商品，进口该国相对稀缺和昂贵的要素密集型商品。也就是说，劳动相对丰裕的国家应当出口劳动密集型商品，进口资本密集型商品。该定理意味着 A 国出口商品 X 是因为 X 是劳动密集型商品，而且劳动是 A 国比较丰裕和便宜的要素。同样的，B 国出口商品 Y 是因为 Y 是资本密集型商品，而且资本是 B 国比较丰裕和便宜的要素。也就是说，B 国的利率/工资小于 A 国的这一比例。

在所有可能造成国家之间相对商品价格差异和比较优势的原因中，H–O 理论认为各国的相对要素丰裕度即要素禀赋是国际贸易中各国具有比较优势的基本原因和决定因素。正是因为这个原因，H–O 理论又常被称为要素比例或要素禀赋理论，即每一国家都应分工生产并出口该国相对丰裕和便宜的要素密集型商品，进口该国相对稀缺和昂贵的要素密集型商品。

H–O 理论解释了比较优势产生的原因，而不像古典经济学家那样只是假设其成立。H–O 理论认为，相对要素丰裕度和相对要素价格之间的差异，是导致两国贸易前相对商品价格不同的原因。这种相对要素价格和相对商品价格之间的差异可以转化成为两国间绝对要素价格和绝对商品价格的差异。H–O 理论的一般均衡特性可以用图 1-26 加以刻画。

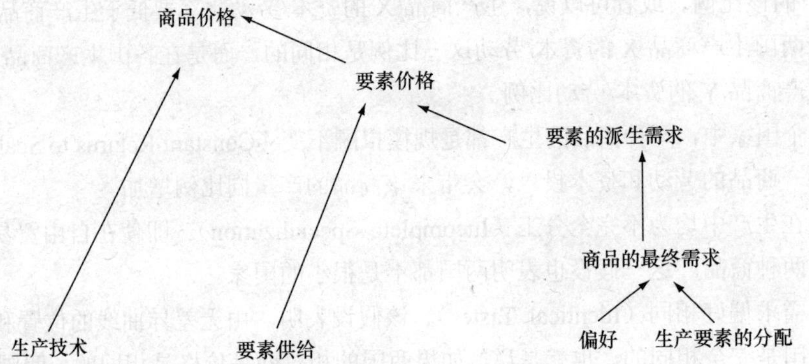

图 1-26　H–O 理论的一般均衡框架

从图 1-26 的右下角出发，可以看到需求偏好和生产中要素所有权的分配（即收入分配）共同决定了对商品的需求，对商品的需求决定了生产该商品所需要素的派生需求。生产中对要素的需求与供给共同决定了完全竞争条件下的要素价格。要素价格和生产技术水平共同决定了最终商品的价格。不同国家之间相对商品价格的差异决定了比较优势和贸易模式，即一国应该出口何种商品。该图清晰地表示出了所有经济力量是如何共同确定最终商品价格的。所以说，H–O 模型也就是所谓的一般均衡模型（General Equilibrium Model）。

在所有上述这些共同作用的因素之外，H–O 理论单独把各国生产所需要素的实物可用量或供给量的差异提出来，以解释各国相对商品价格之间的差异及贸易发生的原因。特别地，俄林假设各国需求偏好是相同的，这使得各国对最终商品和生产要素的需求相等，这样，不同国家对各种生产要素的不同供给就成为导致各国相对要素价格不同的唯一原因。最后，相同的生产技术和不同的要素价格导致了不同的相对商品价格，从而导致贸易的进行。在图 1-26 中，由要素相对供给量的差异导致的要素价格差异和商品价格差异的过程用细线表示。

值得注意的是，得出这些结论的 H–O 模型并不要求各国需求偏好、收入分配和生产技术完全相同。相同偏好、相同收入分配和相同生产技术这些假设确实简化了对该理论的解释。对此，我们可以用图 1-27 对 H–O 模型做出进一步的说明。

图 1-27 中 A 国的生产可能性曲线斜向 X 轴，因为 X 是劳动密集型商品，而 A 国是劳动丰裕的国家。两个国家均使用相同的技术。另外，因为两国有相同的需求偏好，它们的无差异曲线图是完全一样的。无差异曲线 I 与 A 国生产可能性曲线切于点 A，与 B 国生产可能性曲线切于 A'。无差异曲线 I 是 A 国和 B 国在无贸易条件下所能达到的最高无差异曲线，点 A 和点 A' 反映了两国在无贸易发生时各国生产和消费的均衡点。无差异曲线 I 与两国生产可能性曲线的切点 A 和 A' 确定了两国

的孤立均衡时的相对商品价格，A 国为 P_A，B 国为 $P_{A'}$。由于 $P_A < P_{A'}$，A 国在商品 X 上具有比较优势，B 国在商品 Y 上具有比较优势。

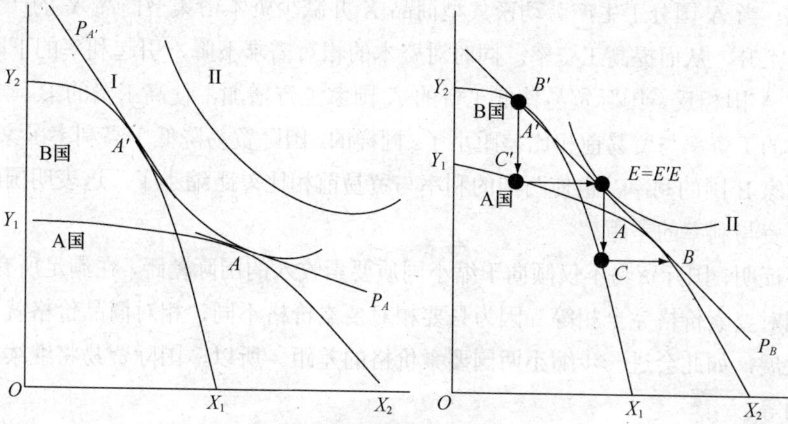

图 1-27　H-O 模型

图 1-27 的右边图型表明，贸易中，A 国分工生产商品 X，B 国分工生产商品 Y。两国的分工将进行至 A 国达到点 B，B 国达到点 B' 为止。这时，两国的转化曲线与其共同相对价格线 P_B 相切。A 国出口商品 X 以交换商品 Y，最终消费组合为无差异曲线Ⅱ上的点 E（见贸易三角 BCE）。同时，B 国会出口商品 Y 以交换商品 X，最终消费组合为与 E 点相重合的点 E'（贸易三角 $B'C'E'$）。

注意：A 国对商品 X 的出口等于 B 国对商品 X 的进口（$BC = C'E'$）。同样的，B 国对商品 Y 的出口等于 A 国对商品 Y 的进口（$B'C' = CE$）。当 $P_X/P_Y > P_B$ 时，A 国对商品 X 的出口供给将会大于 B 国在这个相对较高的价格上愿意进口的数量，P_X/P_Y 将会向 P_B 回落。如果 $P_X/P_Y < P_B$，A 国对商品 X 的出口供给将会低于 B 国在这个相对较低价格下愿意进口的数量，P_X/P_Y 将会向 P_B 移动。P_X/P_Y 向 P_B 移动的趋势也可以用于商品 Y 做同样解释。

同时也应当注意到，对于 A 国而言点 E 与点 A 相比，消费商品 Y 的数量有所增加，而消费商品 X 的数量却下降了。但是，A 国在贸易中仍然有所得，这是因为 E 点在较高的无差异曲线Ⅱ上。同样的，虽然点 E' 比点 A' 包含了更多的商品 X 和较少的商品 Y，B 国仍从贸易中获利，原因也是因为点 E' 在较高的无差异曲线Ⅱ上。这种生产分工、贸易与消费的模式将保持不变，除非其中一国或两国的商品市场和要素市场的供求状况发生了变化。

二、H-O-S定理

H-O 定理的一个重要推论就是“要素价格均等定理”（Factor Price Equalization Theorem），因保罗·萨缪尔森严格证明了该定理，它通常被称为赫克歇尔—俄林—萨缪尔森定理，简称 H-O-S 定理。

根据前述假设，要素价格均等定理可以描述为：国际贸易会使各国同质要素获得相同的相对和绝对收入，国际贸易是国际要素流动的替代。在假设成立的前提下，国际贸易会使贸易各国的同质劳动（相同水平的培训、技能和生产率）获得等量工资。同样的，国际贸易会使贸易各国的同质资本（具有同等风险和生产率的资本）获得均等收益。也就是说，国际贸易会使 A 国和 B 国的工资相等，会使贸易各国的利率相同，会使相对要素价格和绝对要素价格相等。

在前述分析中，没有贸易的条件下，A 国商品 X 的相对价格低于 B 国，因为 A 国的劳动价格，即工资率比较低。当 A 国分工生产劳动密集型商品 X 并减少资本密集型商品 Y 的产量时，对劳动的相对需求就会上升，从而提高工资率。同时对资本的相对需求下降，引起利率的下降。而在 B 国所发生的一切与 A 国相反。国际贸易使低工资的 A 国家工资增加，使高工资的 B 国家工资下降。国际贸易使两国的工资率与贸易前相比差距小了。同样的，国际贸易降低了高利率国家 A 国的利率，提高了低利率国家 B 国的利率，也使两国的利率与贸易前相比差距缩小了。这表明国际贸易倾向于缩小两国间的工资与利率的差距。

可以进一步证明，国际贸易不仅倾向于缩小同质要素收入的国际差距，在满足所有假设前提下，一定会使各国相对要素价格完全相等。因为只要相对要素价格不同，相对商品价格就会不同，从而使贸易进一步发展，如此会进一步缩小两国要素价格的差距。所以，国际贸易将继续发展直到相对商品价格完全相等。

贸易使两国要素价格相等的过程可以用曲线来表示。如图 1-28 所示，横轴表示的是劳动的相对价格（工资/利率即 w/r），纵轴表示的是商品 X 的相对价格（P_X/P_Y）。

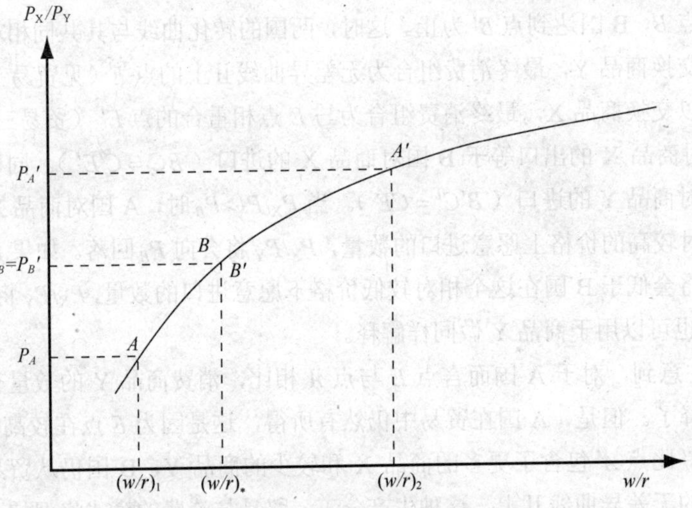

图 1-28　要素均等化过程

由于各国都处于完全竞争条件下，并且使用相同的生产技术，在 w/r 和 P_X/P_Y 之间存在着一一对应的关系，即对于每一个 w/r 都有唯一的 P_X/P_Y 与之对应。在贸易之前，A 国位于点 A，$w/r=(w/r)_1$，$P_X/P_Y=P_A$；B 国位于点 A'，$w/r=(w/r)_2$，$P_X/P_Y=P'_A$。在无贸易条件下，A 国的 w/r 低于 B 国，$P_A<P'_A$，所以 A 国在商品 X 上具有比较优势。当劳动丰裕的 A 国分工生产劳动密集型商品 X 并同时减少其商品 Y 的产量时，对劳动的需求相对于资本的需求将提高，从而使得 A 国的 w/r 上升，这也使得 A 国的 P_X/P_Y 上升。另一方面，当资本丰裕的 B 国分工生产资本密集型商品 Y 并同时减少其商品 X 的产量时，其对资本的相对需求将上升，从而使得 r/w 上升，即 w/r 下降，这也使得 B 国 P_Y/P_X 上升，即 P_X/P_Y 下降。该过程将持续进行到点 $B=B'$，这时 $P_B=P'_B$。两国的 w/r 比率均为 $(w/r)_*$。注意由于两国的生产均处于完全竞争下，而且使用的是同一技术，故只有两国的 w/r 相同时才有 $P_B=P'_B$。也要看到 $P_B=P'_B$ 位于 P_A 和 P'_A 之间，$(w/r)_*$ 位于 $(w/r)_1$ 和 $(w/r)_2$ 之间。

简而言之，贸易会使两国的 P_X / P_Y 相等，但这只有在两国 w/r 相等的前提下才能发生。

以上分析的是相对要素价格均等，而不是绝对要素价格均等的过程。绝对要素价格均等意味着：自由贸易会使贸易两国同类型的劳动的实际工资相等，使两国同类资本的实际利率相等。已知贸易相对要素价格相等，商品市场和要素市场都是完全竞争的，如果假设各国使用相同的生产技术，在所有商品生产过程中均保持规模报酬不变，则贸易就会使同质要素的绝对收入相等。

由于贸易会提高各国相对丰裕和便宜的要素的价格，降低各国相对稀缺和昂贵的要素价格。因而，在上述例子中，A 国工资上升而利率下降，B 国的工资下降而利率上升。在假设各国贸易前后劳动和资本都是充分利用的前提下，劳动者的真实收入和资本所有者的真实收入将与要素价格同方向变动。因此，贸易使 A 国劳动者的真实收入上升，资本所有者真实收入下降。同时，国际贸易使 B 国劳动者的真实收入下降，资本所有者的真实收入上升。

一方面，由于在发达国家中资本是相对丰裕的要素，国际贸易将会降低这些国家劳动者的真实收入，提高资本所有者的真实收入，因而发达国家的工会一般都会赞成和主张贸易保护。另一方面，在欠发达国家，劳动是相对丰裕的要素，国际贸易会提高劳动者的真实收入，降低资本所有者的真实收入。但是，这些结论都是基于要素可以在各国和各产业之间自由流动的假设之上的。这在长期是可能的，而在短期，一些要素，如资本，可能是不流动的，上述结论就不能成立。在这种情况下，以上结论就需要进行修改。

因此，国际贸易会降低资本丰裕、劳动稀缺的国家的真实工资和劳动的真实收入。那么这些国家政府是否应当限制贸易？回答是否定的。其原因是贸易导致的劳动者的损失小于贸易导致的资本所有者的收入。用合适的税收政策可以使收入在资本所有者和劳动者之间重新分配（Redistribution），使得两种生产要素的所有者都可以在国际贸易中获利。这种再分配政策可以是重新培训被进口所替代的劳动，也可以是对劳动和某些社会服务业的减税。

在现实世界中，即使是最粗略的观察材料也会显示，国际贸易不会使各国同质要素收入相等。在西方发达国家，医生、工程师、技师、机械师和秘书的工资要高于其在欠发达国家的同行。出现这一情况的原因是，上述定理所依赖的一些假设在当今现实世界大多是不成立的。各国并非使用同样的生产技术，各国间的运输成本和贸易壁垒也阻碍着各国相对商品价格相等。另外，许多企业处于不完全竞争的市场上，其运作也不是规模报酬不变。国际贸易没有使各国同质要素的工资和利率变化均等化。在这种情况下，国际贸易减小了同质要素受益的国际差异，而不是将其完全消除。尽管国际贸易似乎减小了发达工业国家之间制造业的真实工资差异，但这并不能被认为是对该定理的证明。尽管国际贸易在缩小各国要素受益的绝对差异中发挥了作用，但许多其他因素也在同时起着作用。

三、对H-O模型的评价与检验

一般来说，H-O 模型是建立在比较优势基础上的，关于要素流动的假设也和比较利益学说是基本一致的。不过，H-O 模型认为仅仅一种要素无法进行生产，至少应该为两种要素。国内和国际贸易都是不同区域间的商品交换，本质是相同的，交换的原则也是相同的。李嘉图认为国内等量劳动相交换原则不能应用于国际贸易，认为劳动生产率的差异是国际贸易产生的原因，而 H-O 模型则将劳动生产率的一致作为理论分析的出发点。

H–O 模型的价值突出体现在以下 3 个方面：①从一国基本资源优势解释国际贸易发生的原因；②从实际优势出发决定贸易模式；③从贸易对经济的影响分析贸易的作用。但是，禀赋并不是贸易发生的充分条件，H–O 理论强调比较静态分析，排除了技术进步因素的影响和许多实际因素的作用，在很大程度上影响了该理论的广泛性和应用性。特别是，H–O 模型并没有对需求因素给予充分的重视，影响了它对实际的解释能力。

H–O 模型的政策含义则表明各国在参与国际分工体系的时候，必须要遵循比较优势原则，注意发挥自身的优势，寻找发挥本国优势的贸易模式。如果不切实际地追求所谓高附加值商品的出口规模，有的时候反而会损害贸易利益。

列昂惕夫（Wassily W. Leontief，1951）利用美国 1947 年数据对 H–O 模型进行了第一次经验检验。由于美国是世界上资本最丰裕的国家，列昂惕夫期望能得出美国出口资本密集型商品，进口劳动密集型商品的结论。

为进行这一检验，列昂惕夫利用了美国经济的投入产出表来计算美国在 1947 年每一百万美元进口替代品和出口商品中劳动和资本的数量。因为美国进口的外国商品的数量不全，列昂惕夫估算的是美国进口替代品的资本/劳动比率，而不是美国进口商品的资本/劳动比率。所谓进口替代品就是美国自己可以制造的，同时也可从国外进口的商品。

列昂惕夫通过研究分析得出了以下结论：如果 H–O 理论成立，尽管美国进口替代品比美国实际进口呈更加资本密集状，但其密集程度仍将低于美国的出口商品。根据列昂惕夫的检验结果显示，美国进口替代品的资本密集程度比美国出口商品的资本密集程度高出大约 30%。这意味着，美国进口的是资本密集型商品，出口的反而是劳动密集型商品。这与 H–O 理论的预测完全相反，这就是著名的列昂惕夫悖论（Leontief Paradox）。

尽管实际检验结论不支持 H–O 理论，但列昂惕夫不是去推翻 H–O 模型，而是努力去解释这一结果。他认为在 1947 年，美国工人的劳动生产率是外国工人的三倍，如果把美国劳动数量乘以 3，再和国内可用资本比较，就会发现美国其实是一个劳动丰裕型的国家。但这只在美国出口商品比美国进口替代品的劳动密集程度更高时才正确。但是，当美国的劳动生产率比他国劳动生产率更高时，资本的生产力也比其他国资本的生产率要高。美国的劳动和资本都应乘以差不多大的乘数，这就是说美国的资本相对丰裕程度变化不会太大。所以，列昂惕夫的解释并没有被广泛接受，后来列昂惕夫自己也否定了它。

围绕列昂惕夫之谜，经济学家们或者提出新要素或者赋予要素以新的含义来对之进行研究，伴随着一些主要方面的论证和探讨，也相继产生了国际贸易的新要素理论，极大地丰富了比较优势的内容。这些理论主要包括了人力资本理论（Human Capital Theory）和 R&D 理论等。

第一，列昂惕夫用来进行检验的 1947 年距离第二次世界大战太近，因而没有代表性。为此，列昂惕夫在 1956 年重做了这一检验，但这次用的是 1947 年美国经济的投入产出表和 1951 年的贸易数据。1951 年被认为是战后各国重建全面完成的一年。这次分析表明美国出口商品比起进口替代品的劳动密集程度高出 6%。这样，列昂惕夫部分但不是完全解释了这一矛盾。

第二，产生偏差的更一般的原因是列昂惕夫使用的是两种要素即劳动、资本模型，忽略了其他要素如自然资源包括土壤、矿产、森林等的影响。一种商品如果是自然资源密集型的，在两要素模型中将其划分为资本或劳动密集型，显然是不正确的。另外，许多生产过程需要使用自然资源，如采矿业、钢铁业、农业等，同时也需要大量的实物资本。美国对许多自然资源的进口依赖性很强，这或许有助于解释美国进口产业的较高资本密集程度。这一解释被人们称为资源稀缺说（Resource Scarcity Thoery）。

第三，美国的关税政策（Tariff Policy）也是产生列昂惕夫之谜的一个重要因素。关税实际上就是对进口征税，它可以减少进口，刺激国内进口替代品的生产。克拉维斯（Kravise）在 1954 年的研究中发现，美国受贸易保护最严密的产业就是劳动密集型产业（Labor-Intensive Industry）。这就影响了美国的贸易模式（Trade Pattern），降低了美国进口替代品的劳动密集程度。这对解释列昂惕夫之谜有一些帮助，并且由此所形成的基于关税对商品的要素密集度的影响分析理论，就是当前所熟知的关税结构说（Tariff Structure Theory）。

第四，产生矛盾的最重要原因可能是列昂惕夫所定义的资本仅仅只包含了实物资本，而完全忽略了人力资本。这事实上就意味着美国劳动比外国劳动含有更多的人力资本。如果把人力资本这一部分加到实物资本上，就会使美国的出口高于其进口替代品的资本密集程度。围绕这一解释又形成了新要素理论即所谓的人力资本理论。

在基于人力资源分析方法的研究中，最重要的就是克拉维斯、基辛、肯恩和鲍得温的研究。克拉维斯指出，1947 年和 1951 年，美国出口产业的工资水平要比美国进口竞争产业的工资水平高 15%。克拉维斯得出了一个正确的结论，即美国出口行业的高工资反映了美国出口行业比美国进口替代行业有较高的劳动生产率和较多的人力资本。基辛、肯恩等分别实际估计了美国出口和进口竞争商品中人力资本的含量，并把其加在实物资本需求上，然后重新计算美国出口和进口替代品的资本/劳动比率。使用 1947 年数据，不排除需求大量自然资源的商品即与列昂惕夫最初研究条件相同，肯恩成功地解释和消除了列昂惕夫之谜。鲍得温在 1971 年的研究中，使用的是美国 1958 年的投入产出表和 1962 年的贸易数据。鲍得温发现，仅仅除去自然资源产业并不能完全消除列昂惕夫之谜，只有再把人力资源包括进去以后，才能彻底消除列昂惕夫之谜。这一矛盾在许多发展中国家以及在加拿大仍然存在。使用其他国家的数据也会得到同样矛盾的结果。1977 年，由布朗逊和莫挪尤斯所作的研究对为了验证 H-O 贸易模型而把人力资本和实物资本混合的做法提出了质疑。

在 1980 年和 1984 年，利摩尔研究认为在一个多要素世界中，应该比较生产和消费的资本/劳动比率，而不是对进出口的资本/劳动比率进行比较。用这种方法对列昂惕夫 1947 年的数据进行研究，利摩尔发现美国生产中的资本/劳动比率确实远远大于消费中的资本/劳动比率，这就解决了这一矛盾。1981 年，斯特恩和马斯库斯用 1972 年数据所作的研究，1990 年萨尔瓦托和巴拉扎什用 1958 年至 1981 年的各年数据所作的研究（自然资源产业被排除在外）都证实了这一结论。

在 1987 年，波温、利摩尔和斯维考斯卡斯使用了 1967 年 27 个国家，12 种要素（资源）和多种商品的更完整的贸易、要素投入需求和要素禀赋的剖面数据进行考察，最终发现 H-O 模型只在一般情况下成立。

因此，人力资本理论认为，通过对劳动力进行投资，可以提高劳动力的素质和技能，从而形成一种具有更高生产率的新要素。一国的人力资本素质和结构会对该国参与国际分工产生重要影响。只有重视人力资本投资，不断形成新的比较优势，才能够在国际分工中占据有利的地位。

第五，和人力资本相关的另一个因素就是科学研究对美国出口的影响。科学研究和技术进步带来的“知识”资本提高了从等量材料和人力资源中获得的产出水平。即使是最粗略的统计也会表明美国的大部分出口商品都是科研和技术密集型的。由此，人力资源和知识资本在决定美国贸易模式上起着重要的作用，而列昂惕夫在其研究中并没有考虑这些。所以，研究和开发也是一种生产要素，研究与开发的规模也可以改变一个国家在国际分工中的比较优势，其变化也可以产生新的比较优势。由此，就形成了 R&D 理论，它强调了科技在国际贸易优势形成中的作用，符合国际贸易发展的趋势。

第六，要素密集度的逆转（Factor-Intensity Reversal，FIR）。当一种商品在一国通过资本相对密集的方式生产，但在另一国却是通过劳动密集的方式生产时就发生了要素密集度逆转的现象。例如，如果商品 X 在 A 国（低工资国家）是劳动密集型商品，同时其在 B 国（高工资国家）是资本密集型商品，要素密集度的逆转就发生了。

由于替代弹性表示的是一种要素价格下降时，这种要素可用来替代另一种要素的程度。假设在生产商品 X 时劳动对资本的替代弹性大于生产商品 Y 时劳动对资本的替代弹性，这意味着生产商品 X 时用劳动替代资本要比在生产商品 Y 时用劳动替代资本更容易些。两种商品生产中劳动对资本的替代弹性越大，要素密集度的逆转就越容易发生。如果在生产商品 X 时劳动对资本的替代弹性很大，A 国就会用劳动密集型技术生产商品 X，因为它的工资水平低。另一方面，B 国将会用资本密集型技术生产商品 X，因为 B 国的工资水平高。如果在同一时间生产商品 Y 的劳动对资本的替代弹性很低，尽管两国的相对要素价格差异很大，两国仍将被迫使用同样的技术生产商品 Y。其结果是，商品 X 在 A 国是劳动密集型商品，在 B 国是资本密集型商品，这样就发生了要素密集度的逆转。

要素密集度的逆转一旦发生，则 H-O 理论和要素价格均等理论就都不再成立。因为 A 国分工生产商品 X，从而需要更多的劳动，低工资国家 A 国相对和绝对工资就会上升。另一方面，由于 B 国不能向 A 国出口商品 X，他就不得不分工生产商品 X 和出口商品 Y。而在 B 国 X 是相对劳动密集型商品，故 B 国对劳动的需求以及工资率也会上升。两国相对工资与绝对工资之间的差异会缩小、扩大或保持不变，所以，要素价格均等理论不再成立。

要素密集度的逆转在现实世界确实是存在的。如果要素密集度的逆转非常普遍，则整个 H-O 模型就会被推翻。如果要素密集度的逆转只是偶尔发生，H-O 模型可以把要素密集度的逆转作为例外。不过，明哈斯（Minhas）（1962）等研究发现，要素密集度的逆转是非常普遍的。1964 年，列昂惕夫改正了明哈斯研究中导致偏差的一个重要因素，结果发现要素密集度的逆转在其所研究例子中只占 8%，而且如果除去生产中大量需要自然资源的两个产业，要素密集度逆转发生的概率就会降至 1%。Ball（1966）所做的研究中，检验了明哈斯结论的另一方面，证实了列昂惕夫的要素密集度颠倒在现实世界中很少发生。因此，在所有可能的相对要素价格水平下，一种商品是劳动密集型，而另一种是资本密集型的假设一般是成立的，所以，H-O 模型是适用的。

第四节 现代国际贸易理论

H-O 理论是建立在各国要素禀赋差异引起的比较优势的基础上的。这一理论本身还存在着两个问题。一个问题就是对该理论的经验检验如何解释；另一个更重要的问题就是，该理论赖以存在的一些假设不符合当代国际贸易发展的实际，这使得 H-O 理论在解释当代国际贸易问题时遇到了许多困难。因此，建立在规模经济（Economies of Scale）、不完全竞争（Imperfect Competition）、新技术在各国传播和发展速度（New Technology International Diffusion and Development）不同等基础上的一些新的贸易理论弥补了这一缺陷。

一、规模经济理论

H–O 模型的一个重要假设就是两国、两种商品的生产都是规模报酬不变的。在规模报酬递增条件下，即使是两国在各方面完全相同，互利贸易也会发生。当代国际贸易的形式是 H–O 模型所不能解释的。

规模报酬递增（Increasing Returns to Scale）指的是产出水平增长比例高于要素投入增长比例的生产状况。也就是说，如果所有的投入多增加 1 倍，产出将增加 1 倍以上。如果所有的投入都增加 2 倍，产出的增加将超过 2 倍。由于大规模生产可以更有效地利用劳动力进行专业分工，因而规模报酬递增是有可能发生的。即每一个工人可以专门从事一项简单的重复性工作，从而提高生产效率。另外，大规模的企业可以使用更加专业化和高效率的机器，而小企业却不行。

图 1-29 表明了如何在规模报酬递增的基础上进行互利贸易。如果两国在各个方面完全相同，仍然可以用同样的生产可能性曲线和同样的无差异曲线图来表示两国的情况。规模报酬递增使得生产可能性曲线凸向原点。由于生产可能性曲线和无差异曲线图完全相同，两国的无贸易均衡相对商品价格也是相同的。

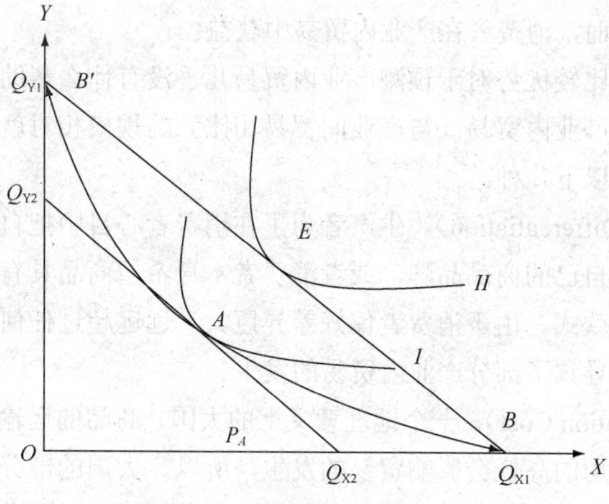

图 1-29　基于规模经济的贸易

图 1-29 中，两国孤立均衡商品价格为 $P_X / P_Y = P_A$。这也是两国生产可能性曲线和无差异曲线 *I* 在点 *A* 的公切线的斜率。在贸易中，A 国将在 *B* 点完全分工生产商品 X。而 B 国将在 *B′* 点完全分工生产商品 Y。然后通过彼此间的商品交换，每个国家的最终消费组合均将达到无差异曲线 *II* 上的点 *E*。两国在贸易过程中均获利。只有各国都在一种商品上面临规模经济时，贸易互利才会发生。在无贸易条件下，由于各国均想消费两种商品，因而每一个国家都不会完全分工生产其中的一种商品。

需要说明的是，如果在某种原因下 A 国沿着生产可能性曲线向 *A* 点右侧移动，则商品 X 的相对价格就会不断下降直至 A 国在商品 X 上实现完全分工为止。同样的，如果 B 国沿着生产可能性曲线向 *A* 点左侧移动，P_X / P_Y 就会不断上升直至 B 国在商品 Y 上实现完全分工。所以，两国的孤立均衡点 *A* 是不稳定均衡点。不过，两国不论是在商品 X 还是商品 Y 上实行完全分工都是没有区别的。在现实世界中，这两种分工模式可能是由于某种历史原因造成的。在规模报酬递增条件下，两国要进行互利贸易并不需要两国在各方面完全一致。如果规模经济在很大的产出水平上仍然存在，一国的少数几个企业就会获得某种商品的整个市场，从而导致完全垄断或寡头垄断。

在相同的凸向原点的生产可能性曲线上，两国的孤立均衡商品价格也是相同的为 P_A。贸易中，A 国可以于点 B 完全分工生产商品 X，B 国可以于点 B' 完全分工生产商品 Y。通过彼此间用 Q_{X2} X 相交换 Q_{Y2} Y，两国最终消费组合为无差异曲线 II 上的点 E，在贸易中均获利。

二、产业内贸易理论

当一国同时进口和出口同一种商品分类目录中的商品时，就出现了产业内贸易（Intra-Industry Trade）。这种贸易不同于产业间贸易（Inter-Industry Trade），后者是指一国进口和出口的是属于不同商品分类目录中的商品。传统贸易理论仅涉及产业间贸易，但产业内贸易显然已经构成了国际贸易的重要组成部分。产业内贸易的产生是为了利用生产的规模经济，也就是说，国际竞争迫使工业化国家的各企业或工厂只生产某一商品的一种或少数几种款式，而不是生产全部款式，这可以保持单位成本很低。若只生产少数几种款式，企业就可以长期持续生产使用更专业化和快捷的机器设备。该国可以从他国进口其他款式和种类的商品。由于消费者可以在生产的规模经济所带来的较低价格水平上有更多的选择，因而，消费者在产业内贸易中获益。

以要素禀赋为基础的比较优势对于预测产业内贸易几乎没有什么帮助。事实上，所研究的国家资本和劳动禀赋越相似，产业内贸易（与产业间贸易相比）的规模相对就越大。针对发生产业内贸易的原因解释，大体上有以下几种。

商品差异（Product Differentiation）。生产者为了在消费者心目中把自己的商品与其他商品区分开，从而使消费者忠诚于自己的商品品牌，或者消费者本身希望商品具有多样化特征以供选择，一种商品就会有很多不同的款式。由于消费者偏好差异巨大，远远超过任何一个国家可能生产的商品品种数目，商品差异化就导致了部分产业内贸易的发生。

运输成本（Transportation Cost）。一个地理意义上的大国，商品的运输成本对于产业内贸易的形成也有重要作用。运输费用的高低会影响贸易的发生，所以，大国的部分地区会进口邻近国的某些商品而非消费国内距离偏远地区生产的商品，同时国内也向国外出口同类商品。

动态经济模型（Dynamic Economic Model）。如果产业内贸易发生在一种商品的不同款式之间，那么每一位生产厂商（一个在本国，另一个在外国）都在经历“干中学”（Learning by Doing）的过程，就是所谓的动态规模经济（Dynamic Economics of Scale）过程。这就意味着由于生产某种商品的经验积累就可以降低其单位商品的成本。由于成本降低，每款商品的销售都可能随时间流逝而增长。对两国而言，由于一种款式是出口商品，另一种款式是进口商品，随时间的推移，产业内贸易因这种生产经验的积累而不断发展。

商品加总程度（Products Aggregation）。这种解释认为产业内贸易是依据如下观察而得出的结果，即由于对贸易数据进行记录和分析的方式而造成的。如果商品目录定得宽泛些，与目录定得较细致的情况相比，就会出现更多的产业内贸易。因此，大多数的贸易分析人员认定产业内贸易是贸易的一种经济特征，从根本上看不是分类加总而出现的结果。

各国不同的收入分配。对于产业内贸易的这种解释是由 Herbett Grubel（1970）提出的。即使两国人均收入相似，但两国不同的总收入分配还会导致产业内贸易的发生，如图 1-30 所示。

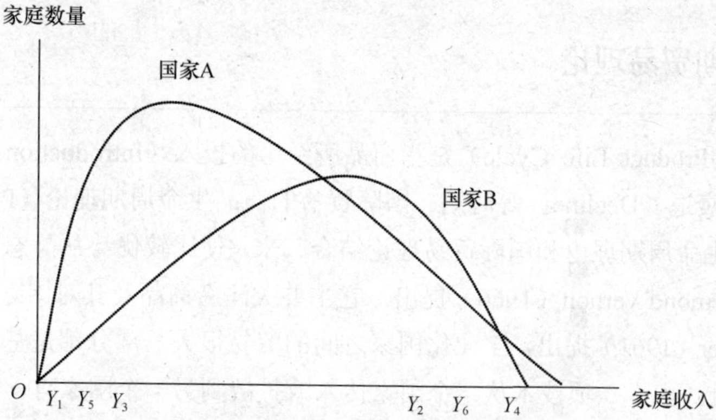

图 1-30　不同收入分配情况下的产业内贸易

图 1-30 给出了假设的收入分配情况，国家 A 分配的重心是低收入家庭，而国家 B 的分配呈“正态”分布或非偏分布（Normal or Non Biased Distribution）。国家 A 的生产者主要关心如何满足本国大部分人的需求，因此他们将在一定范围内生产各种能够迎合收入的产量。如处在 Y_1 和 Y_2 之间消费者的商品。国家 B 的生产者则将迎合本国大部分收入处在 Y_3 和 Y_4 之间的家庭需求。因此，国家 B 的厂商生产的品种具有满足这部分人群需要的特征。对于国家 A 中具有较高收入如 Y_6 的家庭和国家 B 中具有较低收入如 Y_5 的家庭，那么这些消费者将从另一国生产者那里购买商品，因为他们所在国的厂商并不生产能满足这部分消费者需要的各类商品，所以，两国在该种商品上就产生了产业内贸易。

Falvey（1981）和 Kierzkowski（1987）的研究试图将产业内贸易与 H-O 理论结合起来，他们设计了一个模型，在模型中，每个国家出口具有不同相对要素禀赋的同种但属不同系列的商品。假设一种商品的高品质系列需要使用更多的资本密集型技术，根据模型就可以推知资本丰裕的国家出口高品质系列的商品，而劳动丰裕的国家出口低品质系列的商品。由此，在这个框架中，H-O 理论也能产生产业内贸易。在其他相关的研究中，Jones，Beladi and Marjit（1999）根据高品质商品在生产中需要的资本密集度也高的假设，认为劳动丰裕的国家可以将一种商品的资本密集型系列出口到其他高收入国家，而将低品质、劳动密集型系列商品供应国内市场。

在现实世界中，两种类型的国际贸易都在同时发生着。比较优势确定产业间贸易的模式，差别商品生产中规模经济导致产业内贸易。要素禀赋的差别越大，比较优势和产业间贸易就越重要。而当要素禀赋比较相似时，产业内贸易就会占主导地位。产业间贸易反映了自然形成的比较优势，而产业内贸易反映的是获得性的比较优势。

用来测量产业内贸易水平的一个常用指标，被称为产业内贸易指数（Intra Industry Trade Index），其计算方法如下：

$$T_i = 1 - \frac{\sum \left| X_i / X - M_i / M \right|}{\sum \left[X_i / X + M_i / M \right]} \tag{1-13}$$

其中，X_i 和 M_i 分别表示 i 类商品的出口和进口；X 和 M 表示总出口和总进口。

产业内贸易水平反映了现代社会中生产和交换的复杂性，这一复杂性无法用传统的国际贸易理论给予令人信服的使人满意的透彻解释。需要指出的是，产业内贸易似乎给参与国带来了更多的贸易利益，特别是商品的差异性向消费者提供了更加多的选择机会，选择机会的增加，应当计算到贸易利益之中。

三、商品生命周期贸易理论

商品生命周期（Product Life Cycle）是指商品所经历的投入（Introduction）、成长（Growth）、成熟（Maturity）和衰退（Decline）等时期。国际贸易的商品生命周期理论（Product Cycle Theory，PCT），是将商品的生命周期理论和国际贸易理论结合起来，使比较优势从静态发展成为动态的一种理论。该理论由 Raymond Vernon（1966）提出，它主要关注新商品及其对国际贸易的影响。

Michael V. Posner（1961）提出，工业化国家之间的贸易很大一部分都是基于新商品和新工序的引进而形成的，并且，由于一项技术从一个国家传入或扩散到另一个国家有一个时滞，新商品由一个国家的消费者接受到另一个国家消费者的接受也有一个需求上的时滞，这样会使得发明厂商和国家在世界市场上暂时处于垄断地位。这种暂时的垄断地位通常是建立在为鼓励发明创造而授予的专利和版权基础之上的。科技最发达的国家出口大量的高新技术商品（New and High-Tech Product）。

在 Posner 的理论当中，一个显著的特征就是他所特别指出的模仿时滞和需求时滞（Imitation and Demand Lag）的关系问题。考虑有两个国家 A 和 B，如果 A 国研究开发出一种新商品，由于技术上的差距，这种新商品不会马上在 B 国生产出来，B 国需要一定的时间才能模仿性生产，模仿时间一般被称为净时滞（Net Time Delay）。在净时滞期内，A 国可向 B 国出口商品。在模仿时滞期之前，国家 B 对国家 A 的新商品没有需求。在模仿时滞期之后，国家 B 已经能够生产该商品，对国家 A 的新商品需求就会逐步减少。如果 B 国是发展中国家的话，当 B 国生产者获得新技术后，就能凭借其较低的劳动力成本最终占领外国市场，甚至是 A 国的市场。与此同时，A 国厂商会获得更新的商品和生产工序，由于新的技术差距，仍能向国外出口这些新商品。

Raymond Vernon 于 1966 年推出了商品生命周期模型（Product Life Cycle Model），该模型理论从发明和模仿国的角度，把一种商品的生命周期划分为 5 个阶段。图 1-31 所示是商品生命周期模型的图示，该图形直观地给出了商品生命周期国际贸易理论的大致轮廓。

如图 1-31 所示，在第一阶段，或称新商品阶段（New-Product Stage），这种商品仅仅在发明国生产和消费。在第二阶段，或称商品成长阶段，该商品的生产在发明国得到了改进，为满足国外不断增长的需求，产量迅速提高。在这一阶段，国外还不能生产这种商品，故发明国在国内和国际市场上均处于完全垄断的地位。在第三阶段，或称商品成熟期，该商品在发明国已标准化，发明厂商发现授权本国其他厂商和外国厂商生产这种商品也是有利可图的。这样，模仿国就开始生产这一商品来满足本国消费。在第四阶段，由于该商品已变得标准化，不再需要高技术工人了，而模仿国的劳动力成本和其他成本相对于其他国要低，故模仿国开始在第三国市场上低价销售，发明国的产量开始下降，品牌竞争也让位于价格竞争。在第五阶段，模仿国在发明国市场上也开始低价销售，发明国的产量大幅度下降或完全停止。第四阶段和第五阶段通常被称为商品衰退期。技术扩散、标准化以及较低的生产成本，使一种商品的生产生命周期走向结束。发明国又会致力于新技术革命以引入新商品。

在当代经济生活中，新技术的扩散时间大大缩短，一个完整的商品生命周期已经越来越短。对于发明国自己来说，这一过程也越来越短。这使得依靠新技术和新商品来维持国际竞争力的国家陷入困境。一个发达国家从推出新技术和新商品中所获得的好处很快就被其他国家所模仿。为了避免落后，就必须越跑越快。

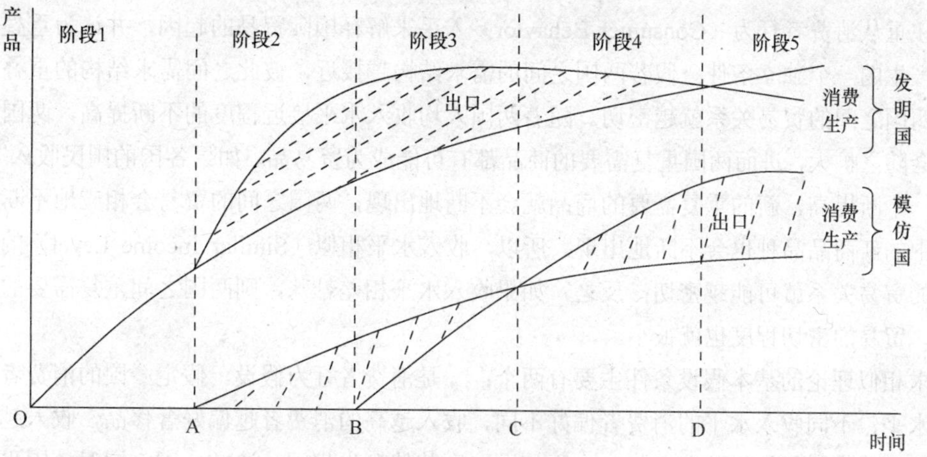

图 1-31　商品生命周期模型

根据这一模型理论可知，当一种新商品刚刚诞生时，其生产往往需要高素质的劳动力，当这种商品成熟并广为大众接受时，它就变得标准化，就可以用大规模生产技术和素质较低的劳动力进行生产。因此，对于该商品的比较优势会从最早引入它的发达国家转移到劳动力相对便宜的不发达国家。这一过程一般都伴随着发达国家向劳动力便宜的国家的直接投资（Direct Investment）。

商品生命周期理论指出，高收入和劳动密集型的商品一般在富国最先投产，因为：①这些国家进行这种生产的机会最大；②这些新商品的发展需要接近市场以迅速从消费者处获得反馈，从而进行改进；③可以提供一系列服务。模仿时滞理论（Imitation Lag Theory）强调的是模仿过程中的时间滞后性，而商品生命周期模型强调的则是商品的标准化过程（Standardization Process）。根据这些理论，工业化程度最高的国家应当出口含有新的和更先进技术的非标准化商品，进口含旧的和已普遍应用技术的标准化商品。

Grubber，Meht and Vernon（1967）研究发现，在出口和研发经费之间存在着很明显的关联性。他们把研发经费当作国家或厂商在新商品或新工序上获得暂时比较优势的决定因素。这样，这些结果就倾向于支持技术差距模型，并与商品生命周期模型密切相关。

需要指出的是，这些模型中的贸易最初都是基于工业化国家那些相对丰裕的要素（如高技能的劳动力，大量研究发展经费等）开发出的新技术。然后，通过模仿和商品标准化，不发达国家由于其廉价劳动力，在这种商品上获得比较优势。所以说，贸易是建立在随时间推移各国要素相对丰裕度的变化的基础上的。商品生命周期模型可视为 H–O 模型在技术急剧发展情况下的一个扩充，而不是它的一个替代。也就是说，与解释静态比较优势的 H–O 基本模型相对，商品生命周期模型试图解释新商品和新生产工序的动态比较优势。

四、重叠需求贸易理论

由 Staffan B. Linder （1961）提出的重叠需求理论（Overlapping Demand Theory）又称需求相似理论或偏好相似理论（Preference Similarity Theory）。该理论的提出在一定程度上解释了要素禀赋理论所不能解释的现实国际贸易中发达国家存在的产业内贸易问题。

该理论从需求结构（Demand Structure）与收入水平（Level of Income）来研究两国之间的贸易

基础，注重从消费者行为（Consumer Behavior）入手来解释国际贸易的起因，并认为重叠需求是国际贸易产生的一个独立条件。假若两国之间的需求结构越接近，彼此之间需求结构的重叠部分就越大，则两国之间的贸易关系就越密切。随着两国人均收入水平接近程度的不断提高，两国的重叠需求范围会随之扩大，进而两国重复需要的商品都有可能成为贸易品。如果各国的国民收入（National Income）不断提高，新的重复需要的商品就会不断地出现，两国之间的贸易会相应地不断扩大，进而贸易中的新商品品种也会不断地出现。所以，收入水平相似（Similar Income Level）的国家，相互之间的贸易关系就可能越密切；反之，如果收入水平相差悬殊，则两国之间重复需要的商品就可能很少，贸易的密切程度也就很小。

需求相似理论的基本假设条件主要有两个：一是消费者行为假设。假定一国的消费者需求取决于收入水平，不同收入水平的消费者偏好不同，收入越高的消费者越偏好奢侈品，收入越低的消费者越偏好必需品，但如果消费者收入水平相同，则其偏好也相同。通常，因一国对该国平均档次的商品需求量最大，这种平均档次的商品需求就会成为该国的代表性需求。二是两国需求重叠假设。厂商根据消费者的收入水平与需求结构来决定其生产方向与内容，而生产的必要条件是对其商品存在有效需求（Effective Demand）；如果两国的平均收入水平相近，则两国的需求结构也必定相似。反之，如果两国的收入水平相差很大，则他们的需求结构也必然会存在显著的差异。

在生产的商品有富余且有能力出口的情况下，若两个国家的偏好相似且需求结构接近，或者说需求结构的重叠部分越大，两国之间的贸易量就越大。两国人均收入水平相近，则需求结构就越相似，需求重叠部分就越大，两国间的贸易量就越大。所以，一国人均收入水平提高，消费者对工业制成品尤其是奢侈品的需求就会增加（恩格尔定律 Engel’s Law），进而带动本国工业制成品生产增加，其结果会促使产量的增加超过需求的增长，最终形成出口能力；又因为此类商品只有收入水平相近的国家才会有较多的需求，所以，出口的对象国就是收入水平相近需求相似的国家，由此使得两国之间贸易量增大。

重叠需求理论可以用图 1-32 予以刻画。在图 1-32 中，*DD* 表示收入水平和商品品质等级之间的关系，收入越高所需商品品质等级就越高。假设 A 国的人均收入水平为 Y_A，B 国的收入水平为 Y_B，A 国消费者所需商品品质等级处于以 b 为基本点，商品品质等级的范围为 $(d \sim a)$，B 国消费者所需商品品质等级处于以 e 为基本点，商品品质等级的范围为 $(f \sim c)$。$c \sim d$ 的阴影部分就是 A、B 两国重叠的需求区间，在该区间内，两国对商品均有共同的需求，如果某个国家在某种商品上具有比较优势，就可以向另一个国家出口，不具备比较优势的国家则通过从另一个国家进口来满足需求；反之，在 $a \sim c$ 和 $d \sim f$ 区间，不管 A 国的商品成本有多低，或者 B 国的技术有多先进，A 国无法向 B 国出口或从 B 国进口。因为对于 A 来说，$a \sim c$ 部分只存在国内需求，$d \sim f$ 部分落在了本国消费者所需商品的品质等级之外，表明商品的档次太高，消费者不能或不愿意购买。对 B 来说，道理是相同的。

图 1-32 还表明，如果两个国家的人均收入水平越接近，重叠需求范围就越大，重叠需求的商品就越多，两个国家的贸易密切度就越大。如果各个国家的国民收入不断提高，人均收入水平也会不断提高，新的重叠需要的商品也会不断出现，贸易也会相应地扩大，进而使贸易中的新商品不断出现。

重叠需求贸易理论在理论界得到了不断的检验与验证，并且得到了相似的推断结论，即进行国际贸易的国家之间的人均收入差距与贸易强度呈负相关关系。也就是说，两国的人均收入差距越小，相互之间的贸易强度就越大，反之则贸易强度越小。

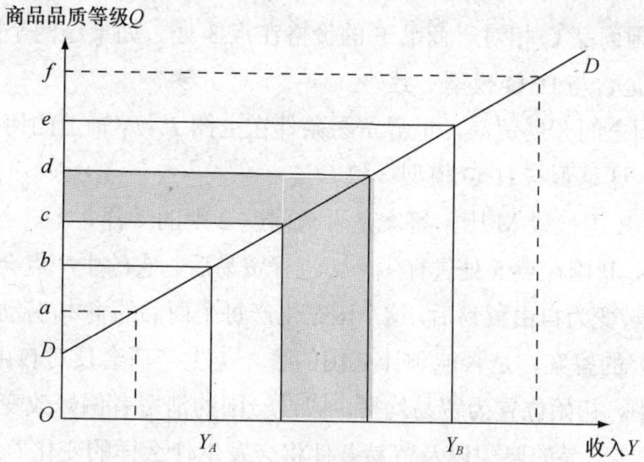

图 1-32　收入水平和国际贸易

需求重叠理论从消费者需求角度论述了国际贸易发生的原因，对比较优势的决定因素做了进一步的分析，是对其他贸易理论的有益补充。该理论关于“制成品国际贸易在人均收入水平相近的国家之间比在人均收入水平差别较大的国家之间频繁”的结论，符合商品生命周期理论的基本观点，也与第二次世界大战后发达国家之间的产业内贸易迅速发展的事实相吻合。但是，重叠需求理论与要素禀赋理论有不同的适用范围。后者主要解释发生在发达国家与发展中国家之间的产业贸易，即初级商品或资本密集型商品与劳动密集型商品之间的贸易，而前者则适用于解释发生在发达国家之间的产业内贸易，即制造业内部的一种水平式贸易。

复习思考题

1．当尝试对两种商品两个国家的李嘉图模型进行检验时，就会发现比较优势完全是由物理上的生产率决定的。任何一个国家工资率的变化都无法影响物理上决定的比较优势，从而无法影响哪个国家将会出口哪个商品。但是，当更多的商品加入到该模型中（依然只有两个国家），任一国家工资率的变化都会对各个国家出口哪种商品产生影响。应当如何解释这种反常？

2．假设已知某种要素模型如图 1-33 所示。

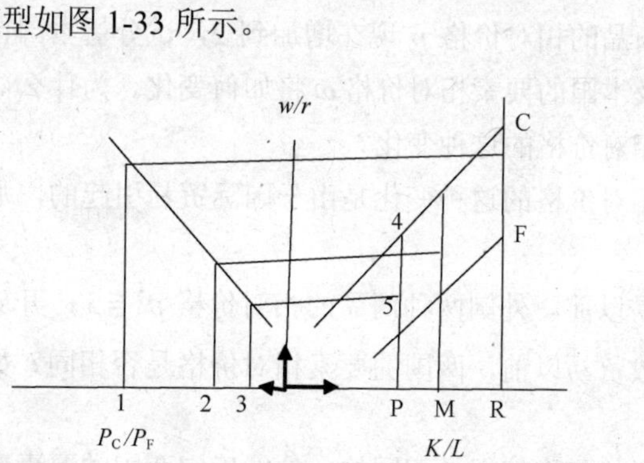

图 1-33　某要素模型图

（1）图中所示的模型中存在两个国家 P 和 R。P 相对劳动力充足，如底部右边的水平轴所示。如果 P 完全专业化于劳动密集型商品 C，它将会在点 4 处进行生产。实际上，它在点 5 处同时生产 C

和 F。封闭经济中，P 国商品 C 相对于商品 F 的价格在点 3 处。如果这两个国家之间开展贸易，哪个国家会出口商品 F？是否与 H-O 模型一致？

（2）如果 P 和 R 国之间开展贸易，世界贸易条件在上图 P_C/P_F 轴上的何处？这两个国家的相对工资（w/r）会相等吗？这是否与 H-O 模型一致？

（3）将问题 2 中的 R 国换成 M 国，答案是否与问题 2 中的一样？

（4）在封闭经济中，P 国在点 5 处进行生产。进行贸易后，它的生产点会在点的上方还是下方？为什么？当从封闭经济转变为自由贸易后，这个国家生产每个商品的资本/劳动强度比率会如何变化？

（5）根据问题（4）的答案，是否能预计 P 国的哪一类生产商会反对自由贸易？

3．提供曲线图形中，初始位置为贸易均衡，假设一国的消费者偏好改变，他们对本国出口商品更加喜欢，那么该国开展贸易的愿望以及贸易条件将会发生什么样的变化？用图解释。

4．请解释要素密集度逆转与需求逆转之间的区别。它们对于 H-O 定理是否成立的影响相似吗？

5．为什么在埃奇沃斯盒状图中的生产效率曲线上的点表示的是一个经济体实现了"生产效率"？

6．贸易利益是如何分解与衡量的?

7．假设某一国家拥有 20 000 万单位的劳动，X、Y 的单位产出所要求的劳动投入分别为 5 个单位和 4 个单位，试确定生产可能性曲线？再加上以下几个条件：X 的国际相对价格为 2；进口为 2 000 个单位，试确定该国的出口量，并在图中画出贸易三角形。

8．假定两个国家本国和外国，用资本 K 和劳动 L 两种要素生产两种商品 X 和商品 Y，两种商品的等产量线如图 1-34 所示，其中等产量线 X_1 所代表的产出水平为一个单位的商品 X，等产量线 Y_1 和 Y_2 所代表的产出水平分别为一个单位和两个单位的商品 Y。两种商品的生产都是规模报酬不变的。定义 $p=P_X/P_Y$ 为两种商品的相对价格，$\omega=w/r$ 为工资—利率之比，即要素相对价格。

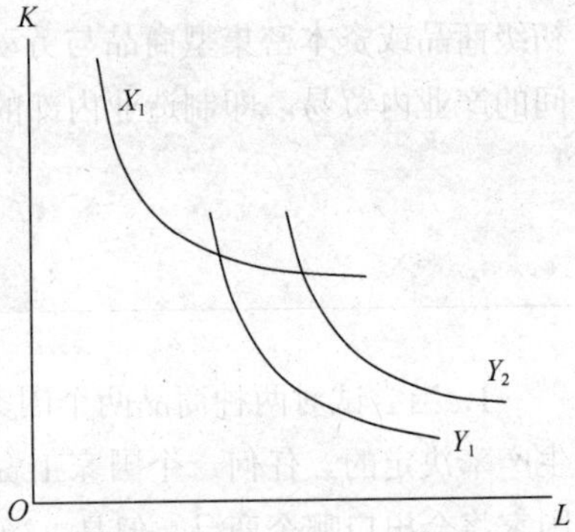

图 1-34　两种商品等产量线

（1）如果本国两种商品的相对价格 $p=1$，试在图中确定本国在这两种商品的生产中所投入的资本—劳动之比，以及本国的要素相对价格 ω。

（2）如果本国两种商品的相对价格 p 现在增加到 2，试分析本国在这两种商品的生产中所投入的资本—劳动之比，以及本国的要素相对价格 ω 将如何变化。为什么商品的相对价格的变化会引起资本—劳动之比和要素相对价格的这种变化？

（3）如果本国商品相对价格的这种变化是由于国际贸易引起的，那么在国际贸易中本国出口什么商品，进口什么商品？

（4）假定在开放贸易以前，外国两种商品的相对价格 $p^*=3$，开放贸易以后两国的商品相对价格都变为 2，那么在开放贸易以前，两国的要素相对价格是否相同？如果不同，存在什么差异？开放贸易以后呢？

（5）如果两国消费者的需求偏好是相同的，你能确定两国的要素禀赋状况吗？

第二章 经济增长与国际贸易

【格言】

生产率不等于一切，但长期看它几乎意味着一切。

——Paul .A.Krugman

【学习目标】

（1）了解生产要素对经济增长的影响；

（2）掌握小国、大国的经济增长与贸易之间的关系；

（3）熟悉经济增长和偏好改变对国际贸易的影响。

【引导案例】

来自WTO和IMF的预测——“全球贸易将迎来第五年低速增长”

据世界贸易组织（World Trade Orgnization，WTO）2016年4月的预测，2016年国际贸易增长将连续第五年低于趋势线，这将是自20世纪80年代以来最糟糕的时期。WTO发布的预测显示，预计2016年国际贸易量将仅增长2.8%，与2015年的增幅相同。但该组织表示，这一预测充满下行风险，并着重指出，贸易量增长连续5年低于3%水平，并且与全球经济整体增长大致同步的情况是不寻常的。WTO的经济学家们指出：“这样一段漫长、不间断、缓慢但保持正数的贸易增长是前所未有的。”预测标志着WTO在2016年之前的几年中首次没有预测全球贸易出现反弹。它也体现了各方对全球经济的整体忧虑。并且人们也同时普遍预期，在2016年4月的各国央行行长和财长汇聚华盛顿出席国际货币基金组织（International Monetary Fund，IMF）和世界银行（World Bank）春季会议时，IMF将下调其对2016年全球经济增长3.4%的预测。

如许多经济学家所说，截至2015年底国际贸易的异常模式，只是2008年全球金融危机爆发后传统经贸关系受到考验或者已经破裂的一个例子。在之前30年的大部分时间里，随着全球化加快，世界贸易增长速度至少两倍于全球GDP增速，得益于中国等贸易大国的崛起以及其他因素，如货运成本大幅下降。随着金融危机的余波冲击整个世界经济，全球贸易曾在2009年崩溃，虽然2010年出现反弹。但是，自那以来货运量只是缓慢增长，而按价值计算，2015年全球贸易出现金融危机以来的首次萎缩，尽管这在一定程度上是由于美元飙升和大宗商品价格下跌引起的。WTO称，根据它的计算，2015年世界贸易的总价值（按当前美元币值计算）下降13%，从2014年的19万亿美元降至16.5万亿美元。WTO首席经济学家Robert Koopman称，一部分问题是一系列危机导致一个又一个地区需求崩溃。亚洲经济体在2008年爆发危机后帮助支撑了全球贸易。但随着中国经济降温，2015年亚洲的贡献显著下降。世贸组织总干事（Director-General of the World Trade Organization）Roberto Azevedo表示，贸易复苏在一定程度上受到“爬行保护主义”的影响，各方在缓慢设置新的贸易壁垒。但是，与以往危机过后的局面相比，这些障碍仍然远远没有那么严重。库普曼表示，贸易放缓的最大因素是需求停滞，而投资复苏缓慢加剧了问题。

针对WTO和IMF对全球贸易和经济增长的预测，事实上蕴含着这样几个值得深入思考的问题：

（1）应当如何从国际贸易增长对世界经济增长的影响上来看待世界各国的经济增长和国际贸易之间的关系？

（2）为什么经济下行会导致贸易的萎缩？经济增长对国际贸易有哪些影响？

（3）应当如何从各国实现经济增长以后的比较优势、贸易分工以及贸易所得来认识国际贸易对国际经济增长的影响效应？

在一般的情况下，给定一国的要素禀赋、技术以及偏好后，就可以决定该国的比较优势、贸易分工以及贸易所得。但是，随着时间的推移，一国的要素存量（Factor Stock）会发生改变，技术会取得进步，消费者偏好也可能会发生变化，进而该国的比较优势也会随之改变。要素的增长和技术进步（Technical Progress），既是经济增长（Economic Growth）的原因，也是经济增长的结果。本章讨论当经济增长时，要素禀赋是如何发生变化的，以及技术改进如何影响一国的生产可能性曲线，并分析小国和大国两种情形下经济增长对贸易与福利的影响，最后讨论经济增长、偏好变化对两国贸易量与贸易条件的影响。

第一节 生产要素的增长与技术进步

通常一国的人口和劳动力的数量会随时间而增长，通过利用部分资源来生产资本设备，一国的资本量将增加。资本是生产投入的一部分，既包括机器、工厂、办公楼、交通和通信工具等所有人制造的生产手段，也包括劳动力的教育和培训以及金融资本（Finance Capital）等。

现实中虽然有许多不同类型的劳动和资本，还有其他可被消耗尽的自然资源以及新发现和新投入使用的资源，为了简便分析，假定所有的劳动和资本的单位都是同一类型的，由此可简单地得到两个要素即劳动和资本，以便于使用几何方法来展开分析。同时，假定国家的经济增长是在不变规模效益下生产两种商品获得的，其中商品 X 是劳动密集型，商品 Y 是资本密集型。

一、劳动增长与资本积累

随时间变化，劳动与资本禀赋的增长导致生产可能性曲线的外移。外移的形状和程度取决于劳动和资本的增长比率。如果两者增长比率相同，生产可能性曲线将按两要素的增长比率同时向两个方向外移。结果，新旧两条曲线各点的斜率相等。两条线的相同点被源于原点的射线相割。这就是平衡增长的情况。

如果仅是劳动增长，由于劳动投入于两种商品的生产过程，劳动在一定程度上可代替资本，所以两种商品产量均会增加。然而，商品 X 的增加将快于商品 Y 的增加。在仅有资本要素增长时，情况相反。如果劳动与资本以不同比率增长，外移的生产可能性曲线也可以类似地确定。

图 2-1 表明了假设 A 国各类型要素增长的情况。对 B 国的说明完全相似，由 A 可以推及 B。

图（a）表明在规模效益不变时劳动和资本增加一倍的平衡增长情况。两条生产可能性曲线具有相同形状和斜率，沿发自原点的射线 P_X / P_Y 在两曲线上相等。图（b）为只有劳动或仅有资本增加的情况。当只有劳动增加一倍时，商品 X 比商品 Y 增加的多。同样，当仅资本加倍时，商品 Y 的增长大于商品 X 的增长，但也不到一倍。

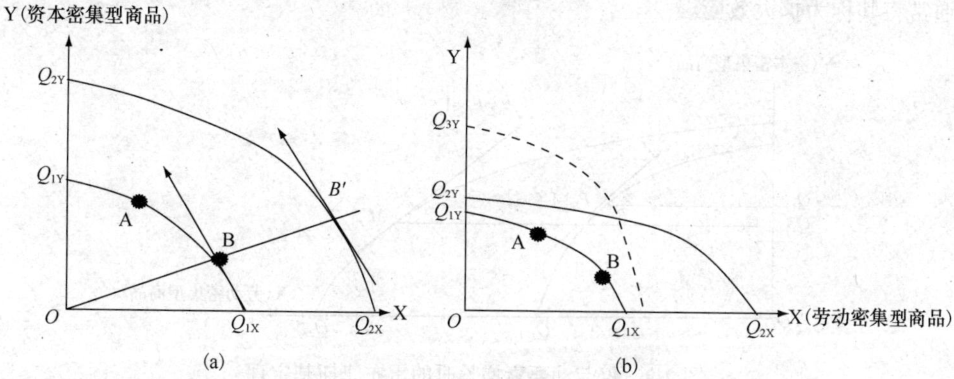

图 2-1　随时间变化的劳动与资本的增长

图 2-1 中的（a）图说明假设 A 国的劳动与资本两要素增加一倍的平衡增长情况。在规模效益不变的条件下，每一种商品的最大化产量也增加一倍。增长前后的生产可能性曲线的斜率相等，也就是说 P_X / P_Y 在点 B 和点 B' 相等，他们都被以原点出发的射线所切割。（b）图重复了 A 国增长前的生产可能性曲线，并显示了另两条分别为仅劳动或资本增加一倍时的生产可能性曲线。仅劳动增加时，曲线更多地向测度劳动密集型商品的 X 轴方向扩展。仅资本增加时，曲线更多地向测度资本密集型商品的 Y 轴方向扩展。应当说明的是，当仅劳动加倍时，商品 X 的最大化产量并不是也加倍。要使商品 X 加倍，必须让劳动和资本两要素都加倍。同样，当仅资本加倍时，商品 Y 的最大化产量也增加不到一倍。

当劳动与资本以相同比率增长时，两种商品的规模报酬不变，生产效率及劳动与资本的回报率在增长前后都不变。如果依从率（即依赖于总人口的比率）也不变，则一国的人均真实收入和福利也保持不变。如仅劳动增长，则资本/劳动比率及劳动生产率，劳动的回报率，平均每单位劳动的收入都将下降。如果反过来，仅仅资本增长，资本/劳动的比率及劳动的生产率，回报率即平均收入都将上升。

二、雷布津斯基定理

雷布津斯基定理（Rybczynski Theorem）假定商品价格不变，如果一种生产要素增加，会导致密集使用该种要素的商品会绝对扩张，密集使用另一种要素的商品会绝对缩减。例如，如果 A 国的劳动增加，在 P_X 与 P_Y 均不变的情况下，商品 X 的产量将以更大的比率增长，而商品 Y 的产量则下降。

如图 2-2 所示，在仅有劳动增长时，与资本密集型商品 Y 相比，*PPF* 曲线会更多地偏向于劳动密集型商品 X。在相对价格不变的情况下，可用劳动的增加将导致劳动密集型商品的扩张，商品 X 的产量由 Q_{1X} 增至 Q_{2X}。由于需要额外的资本才能生产出更多的商品 X，因而只能通过从资本密集型商品中移出资本才能实现。随着商品 X 的产量增加，商品 Y 的产量必然减少。

劳动的增加以及从商品 Y 中转移出的劳动和资本使得商品 X 的产量增加大于一倍。因为商品价格在单一要素增加时保持不变，所以要素价格也必须不变。但仅仅在资本/劳动比率及两种商品的劳动和资本的生产率都不变时，要素价格才不变，使增加的劳动充分就业，并且，保持两种商品资本/劳动比率不变的唯一方法，就是降低商品 Y 的产量，以转移出足够的资本来吸收由于商品 X 产量的增加而增加的所有劳动。这样，在不变的商品价格下，商品 X 量增加而商品 Y 量减少。事实上，商品 X 量增加的比率大于劳动的增加，因为有部分生产商品 Y 的劳动和资本也转移到商品 X 的生产上来，通常将其称为扩大效应。

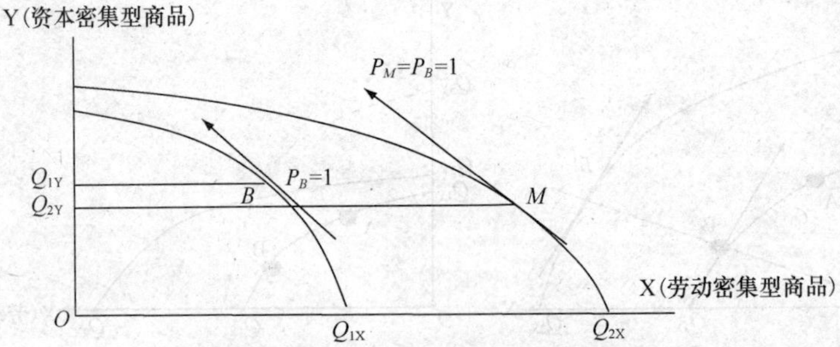

图 2-2　仅劳动要素增长时的雷布津斯基定理

为使 P_X 和 P_Y 保持不变，工资率和利率必须是常量，但是工资率和利率只有在生产两种商品时，资本/劳动比率保持不变时才能不变。这种情况发生即吸收所有新增加劳动的条件是减少使用资本/劳动过高的商品 Y 的产量，并将减少的资本和新增加的劳动用到资本/劳动较低的商品 X 生产上去。这样，商品 X 的产量增加，而商品 Y 的产量下降。事实上，商品 X 产量的增加要快于劳动的增加。相似的，只有资本增加时，商品 Y 的增加才快于商品 X 的减少。

如果一国的某种生产要素在国内不能转移，那么最终结果就会因该要素是否增加而不同。

出现雷布津斯基定理所描述的现象的原因如下：要使商品价格在单一要素增加时保持不变，要素价格就必须保持不变。要使要素价格保持不变，资本/劳动比率以及两种商品的劳动和资本的生产率就要保持不变。要使增加的劳动力充分就业，并且保持两种总商品的资本/劳动比率不变，就必须降低商品 Y 的产量从而转移出足够的资本来吸收商品 X 产量增加而增加的所有劳动。于是，在不变的商品价格下，商品 X 产量增加而商品 Y 产量减少，也就出现了雷布津斯基定理所描述的现象。事实上，商品 X 增加的比率大于劳动的增加，因为有部分生产商品 Y 的劳动和资本也转移到商品 X 的生产上来，这被称为扩大效应。

三、技术进步

过去的经验研究揭示了发达国家的实际人均收入的增加主要是依靠技术进步，而资本积累的作用则十分有限。然而，由于技术进步的类型不同，而且不同的技术进步在每一种或同时在两种商品生产过程中有着不同的比率，和要素增长分析相比，技术进步的分析比较复杂。

技术进步（Technical Progress）通常可以划分中性技术进步（Neutral Technical Progress）、劳动节约型技术进步（Labor-Saving Technical Progress）和资本节约型技术进步（Capital-Saving Technical Progress）三种类型。其中的任何一种技术进步都能在给定产量水平上既减少劳动又减少资本的使用。

（1）中性技术进步。中性技术进步是指劳动和资本的生产效率（Productivity）同比例增加。因而出现中性技术进步后，K/L 的相对要素价格比率不变。也就是说，由于工资率/利率（w/r）比率不变，生产过程中不会发生劳动替代资本的情况，因而 K/L 比率保持不变，所发生的只是生产原来的产量现在只需要较少的劳动和资本。劳动节约型技术进步时，生产中的资本要素的生产效率的增加大于劳动的生产率的增加。结果，由资本替代劳动，在 *w*/*r* 比率不变的情况下，*K*/*L* 的比率上升，由于对每单位的劳动来说，现在使用更多的资本，因而这种技术进步称为劳动节约型的，这样，达到原来的产量现在可使用较少单位的劳动和资本，但 *K*/*L* 比率上升了。资本节约型技术进步时，劳动要素的生产效率的增加大于资本的生产效率的增加，结果，在 *w*/*r* 比率不变的情况下，发生了以劳动替代资本及 *L*/*K* 比率上升的情况。由于每单位资本使用更多的劳动，这种技术进步就被称为资本节约型的。这样，达到原有产量现在只需较少的劳动和资本，但 *L*/*K* 比率上升了（*K*/*L* 比率下降）。

（2）劳动节约型技术进步。劳动节约型技术进步是指资本要素生产效率的增加大于劳动要素生产效率的增加。结果，资本替代劳动。在工资率/利率比率即 *w*/*r* 不变的情况下，资本/劳动比率（*K*/*L*）上升。由于对每单位的劳动来说，现在要使用更多的资本，因而这种技术进步称为劳动节约型技术进步，如此即可在达到原来的产量水平情况下，可使用较少单位的劳动和资本。

（3）资本节约型技术进步。资本节约型技术进步是指劳动要素生产效率的增加大于资本要素生产效率的增加。结果，劳动替代资本。在工资率/利率比率即 *w*/*r* 不变的情况下，劳动/资本比率 *L*/*K* 上升，或资本/劳动比率 *K*/*L* 下降。由于每单位资本使用更多的劳动，因而这种技术进步被称为资本节约型的，这样，达到原有产量现在只需较少的资本和劳动。

随着生产要素的增长，所有类型的技术进步都使国家的生产可能性曲线外移，外移的类型和程度取决于技术进步的类型和技术进步的速度。为了简便，本节只讨论中性技术进步下的生产可能性曲线。同时，在分析中给出这样的假设，即技术进步前后具有不变的规模经济效益，并且技术进步一旦发生就一直持续下去。

当两种商品生产中的中性技术进步速度相同时，一国的生产可能性曲线按照技术进步发生的速度向所有方向均匀外移，这与生产要素平均增长时的效应相同。这样，当旧的和新的生产可能性曲线与源自原点的射线相交时，各点都有着相同的斜率。例如，假设 A 国在商品 X 和商品 Y 的生产中，劳动和资本都呈倍增的情况并且规模收益不变，这种技术进步的类型即图 2-1（a）所示。

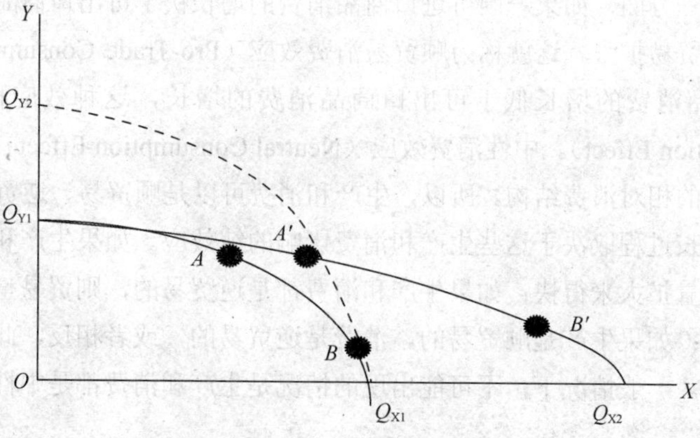

图 2-3　中性技术进步

而图 2-3 则表明：在技术进步发生前及发生后 A 国仅在商品 X 的生产中或仅在商品 Y 的生产中，劳动、资本效率增加一倍的情况。图 2-3 表明 A 国技术进步前后的生产可能性曲线，实线与虚线分别表示技术进步仅在商品 X 和仅在商品 Y 的生产中发生的情况。当 A 国把所有资源用在劳动和资本的生产效率倍增的商品生产中，则生产的商品量也增加一倍。另一方面，如果 A 国把所有的资源用于无技术进步的商品生产中，则这种商品的产量保持不变。当仅有商品 X 的资本和劳动生产效率倍增时，对于每一水平的商品 Y 产出来说，商品 X 的产出都增加一倍。当所有资源都用于生产商品 Y 时，商品 Y 的产量仍保持不变，技术进步只发生在商品 X 的生产过程中。

需要说明的一点是，在缺乏贸易的情况下，所有类型的技术进步都会增加国家福利，其原因在于有了较高水平的生产可能性曲线，而劳动和总人口不变，在合理的再分配政策下，每人都可以比以前更富有。

第二节 小国的经济增长与国际贸易

当一国在国际贸易过程中不能影响它的贸易商品价格时，这样的国家就是小国（Small Country），它只能是贸易商品价格的接受者（Price Taker），而不是贸易商品价格的制定者或者是影响者（Price Maker）。对于一个经济小国来说，经济增长对该国的生产、消费、贸易和福利的影响是国际经济学研究关注的重点之一。

一、经济增长对小国贸易的效应

要素增长和技术进步的结果是生产可能性曲线的外移，对贸易量的影响不仅要取决于一国可用于进出口商品量增长的比率，还取决于通过扩大贸易和国民收入增长后一国消费方式的变化情况。

在相对商品价格不变的情况下，如果一国可出口商品的增长比率高于可进口商品的增长比率，则增长会带来贸易规模的扩大，这被称为顺贸易生产效应（Pro-Trade Production Effect）。相反，如果一国可出口商品的增长率低于可进口商品的增长率，这种生产变化的增长具有逆贸易生产效应（Anti-Trade Production Effect）。中性生产效应（Neutral Production Effect）条件下产量扩张会带来贸易的同比率扩张。另一方面，如果一国可进口商品消费的增长快于可出口商品消费的增长，则消费效应带来更大比率的贸易扩张。这就称为顺贸易消费效应（Pro-Trade Consumption Effect）。相反，如果一国可进口商品消费的增长低于可出口商品消费的增长，这种效应称为逆贸易消费效应（Anti-Trade Consumption Effect）。中性消费效应（Neutral Consumption Effect）是指消费者没有因为经济增长而改变自己的相对消费结构。所以，生产和消费可以是顺贸易、逆贸易，或中性的。

贸易量的实际增长过程取决于这些生产和消费影响的纯效应。如果生产和消费都是顺贸易的，贸易量的扩大要比产量扩大来得快；如果生产和消费都是逆贸易的，则贸易量的扩大慢于产量的扩大，甚至有可能下降；如果生产是顺贸易的，消费是逆贸易的，或者相反，此时的贸易量取决于两种相反力量的净效应。一般情况下，不可能出现的情况是生产和消费都是中性的，这种情况下，贸易与生产同比率扩张。

由于要素增长和技术进步可以有不同的类型和比率，并且生产和消费可以是产生贸易的，反贸易的或中性的，因而取决于这些因素的贸易和福利增长的结果也是各种各样的。

二、小国的要素增长、贸易与福利

通常，我们可以用几何图形来清晰地说明小国的要素增长和国际贸易以及福利的关系。

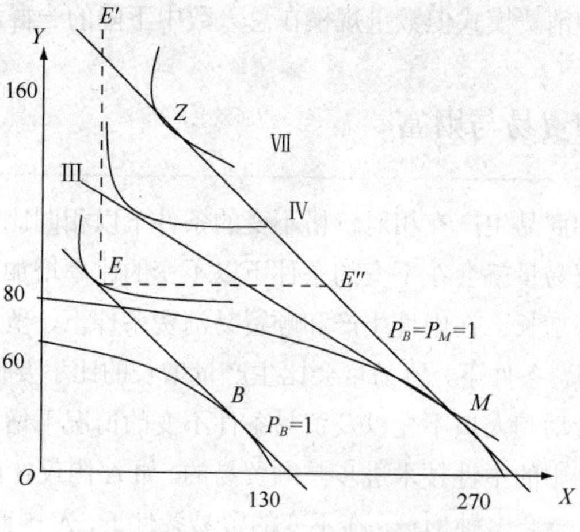

图 2-4（a） 小国的要素增长和贸易

如图 2-4（a）所示，它表明 A 国的劳动加倍，但贸易条件并不随着要素增长与贸易而变化。也就是说，在增长之前，A 国在点 B 生产，以 P_B=1 的价格用 60X 交换 60Y，并达到第三条无差异曲线的水平。当 A 国劳动加倍时，其生产可能性曲线会外移。由于 A 国是小国，因而不能影响商品的相对价格，它将在 M 点生产，此点与 P_M=P_B=1 线相切。根据雷布津斯基定理的假设，在 M 点 A 国 X 的商品产量是点 B 的 2 倍，但是少于 Y 的商品量。在 P_M=P_B=1 价格下 A 国以 150X 交换 150Y 并在无差异曲线Ⅶ的点 Z 消费。

由于商品 X 的产量增加而商品 Y 的产量下降，因此增长是顺贸易的。同样，由于商品 Y 的消费增长快于商品 X 的消费，因而消费的增长也是顺贸易的。生产与消费都是顺贸易的，贸易量的增长也就比商品 X 产量增长的比率高。

图 2-4（b）用提供曲线表示，A 国在不变的贸易条件下显示了相同的贸易增长。也就是说，在增长前的贸易条件下，A 国以 $P_X/P_Y=P_B$=1 的价格，用 60X 交换 60Y；在增长后的自由贸易下，A 国以 $P_X/P_Y=P_B$=1 的价格，用 150X 交换 150Y。图中直线表示贸易条件不变，也代表 B 国。正是因为 A 国非常之小，因而它的要素增长前后提供曲线相交于 B 国提供曲线的直线部分，同时贸易条件保持不变。

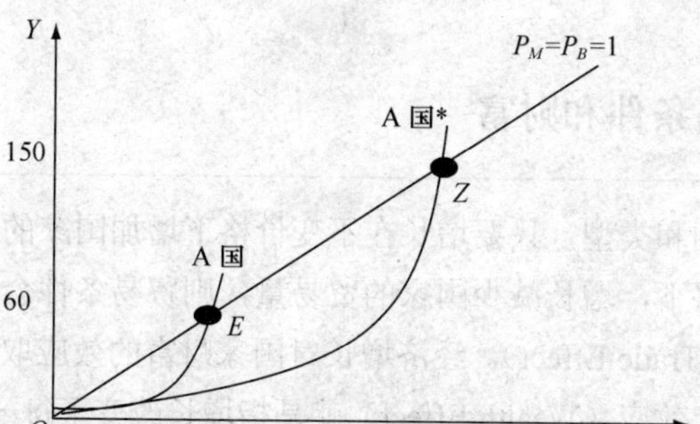

图 2-4（b） 小国的要素增长和贸易

必须要指出的是，在 A 国增长以后，由于其劳动力增加一倍而总消费量的增加却小于一倍，因而情况恶化。从这样一种增长的结果来看，A 国的代表性公民的消费和福利有所下降，代表性公民是指一国中有着相同偏好和消费模式但数量规模在总人数中下降的一群。

三、小国的技术进步和贸易与财富

中性技术进步使得两种商品生产在相对价格不变的条件下以相同比率增长。但是，如果每种商品的消费也成比例增加，贸易量就会在不变的条件下以不变的比率增加。也就是说，生产和消费的中性增长带来贸易的同比率增长。在中性生产和顺贸易消费条件下，贸易量会比生产增长的比率更高。在中性生产和逆贸易消费条件下，贸易量会比生产量增长的比率要低。但若不考虑贸易量情况，代表性公民的财富也会在劳动和人口不变以及贸易条件不变的情况下增长。

只有在可出口商品生产中的中性技术进步是顺贸易的。如A国仅在商品X生产中发生中性技术进步，它的生产可能性曲线会沿X轴增长。在不变的贸易条件下，A国商品X的产量将比图2-4（a）中所示增加更多，同时商品Y的产量下降。A国将达到比Ⅶ更高水平的无差异曲线，并且贸易量也增长更多。更重要的是在人口和劳动不变的情况下，现在代表性公民的财富提高了。另一方面，如仅商品Y发生中性技术进步，A国的生产可能性曲线将沿着Y轴扩张。如果贸易条件、偏好和人口都保持不变，贸易量将下降，但国家的财富将上升。这种相似于A国仅资本增长的情况将在后面讨论。所以，在两种商品生产中，中性技术进步发生不同速度的变化，会引起贸易量的升或降，但财富却总是增加的。通常非中性的技术进步的情况也如此。这样，不同类型的技术进步，会增加或降低贸易量，但总是会增加小国的社会财富。

第三节 大国的经济增长与国际贸易

所谓大国（Large Country）是指一个国家在商品贸易的生产贸易过程中，不仅可以影响国内的商品价格，而且可以影响贸易商品的相对价格，因此，该国在贸易上是价格的制定者或者是影响者（Price Marker）。大国的增长对其生产、消费、贸易和财富的影响和小国的情况相比是不同的。大国的增长本身可能使国家财富得以改进，但它使贸易条件恶化以至于经济增长后的国家状况不如增长以前。

一、大国的增长与贸易条件和财富

如果不考虑增长的原因和类型，只要增长在不变价格下增加国家的贸易量，那么它会使贸易条件恶化。反之，在不变价格下，增长减少国家的贸易量，则贸易条件会改善。这就是大国经济增长的贸易条件效应（Terms of Trade Effect）。经济增长对国家财富的效应取决于其对贸易条件效应和财富效应的净效应。所谓财富效应（Wealth Effect）就是指增长改变了每一工人或每人的人均产出量。正财富效应增加国家财富，负财富效应使国家财富下降或不变。如果增长和贸易条件都不尽如人意，国家的财富无疑会减少。如果财富效应和贸易条件效应两者变动方向相反，那么国家的财富是恶化、改善还是保持不变则由两种力量的相对强度来决定。

例如，如果A国仅劳动增长一倍，财富效应自身会降低A国的财富，这就是图2-4的情况。进一步说，由于在 $P_M=P_B=1$ 的价格下，这种类型的增长会增加 A 国的贸易量，但它的贸易条件会恶化。所以结果就是，A 国的财富由于这两种原因而下降，图 2-5 解释了这种情况。

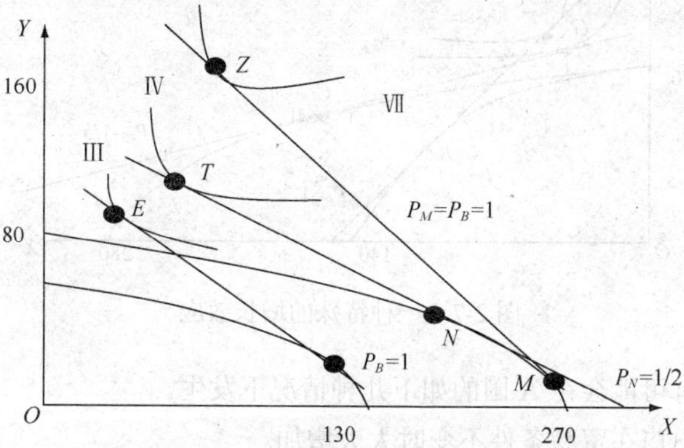

图 2-5　大国经济增长对贸易的影响效应

图 2-5 与图 2-4 完全相同，只是假设 A 国为可影响相对商品价格的大国。伴随着经济增长和贸易，贸易条件从 $P_M=P_B=1$ 恶化到 $P_N=1/2$ 时，A 国的产量由点 N 确定，以 140X 与 B 国换取 70Y，消费由无差异曲线Ⅳ上的点 T 确定。由于曲线Ⅳ的水平低于Ⅶ，现在国家财富降低了很多。

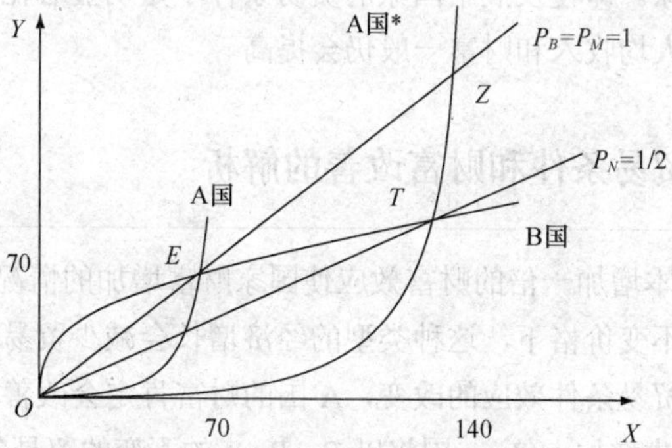

图 2-6　大国的经济增长与贸易情况

图 2-6 所给出的两条曲线分别表示了 A 国的贸易条件受影响和不受影响时的情况下经济增长对贸易量和贸易条件的影响。

二、一种增长的特殊效应

有的情况下，虽然财富效应自身可以增加国家财富，但贸易条件有可能会下降很多，以至于导致国家财富出现净的下降。这种情况就是一种所谓增长的特殊效应，也被称为“不幸的增长”。图 2-7 所表明的正是这种不幸的增长。

图 2-7 表明，A 国仅在商品 X 生产中使资本和劳动增加一倍，两条生产可能性曲线分别为中性技术进步发生前后的情况。由于 A 国在劳动和人口不变时产量上升，财富效应会在不变价格下增加 A 国的财富。然而，由于这种类型的技术进步会增加贸易量，因此 A 国的贸易条件会恶化。随着贸易条件急剧恶化，例如，从 $P_B=1$ 到 $P_C=0.5$，A 国将在 C 点生产，出口 100X 仅换来 20Y，消费点在无差异曲线Ⅱ上的 G 点。

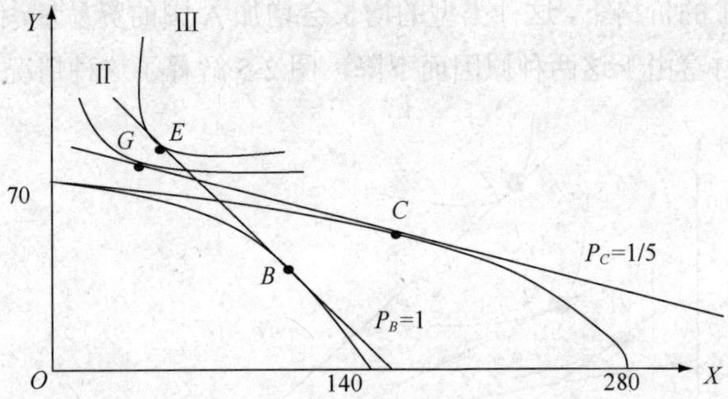

图 2-7　一种特殊的增长效应

这种特殊的增长更有可能会在 A 国的如下几种情况下发生。

（1）增长使该国的出口在贸易条件不变时大大增加。

（2）A 国是大国，出口增加过大会导致贸易条件恶化。

（3）B 国对 A 国出口商品需求的收入弹性非常低，因而 A 国的贸易条件会大大恶化。

（4）A 国对贸易的依赖性很强，以至于贸易条件的恶化将引起国家财富的减少。

这种增长情况在现实世界中似乎并不十分流行，所以把它称为特殊的增长，它更有可能发生在发展中国家而不是发达国家。即使发展中国家的贸易条件不是明显恶化，但生产的增长有可能弥补这一点，因而各国的真实人均收入和财富一般仍会提高。

三、大国经济增长与贸易条件和财富改善的解析

现在考察当 A 国仅资本增加一倍的财富效应使国家财富增加的情况。结果与仅商品 Y 发生中性技术进步时类似。由于在不变价格下，这种类型的经济增长会减少贸易量，A 国的贸易条件可能会改善。伴随着财富效应和贸易条件效应的改变，A 国的财富肯定会改善。

如图 2-8 所示，如果资本增加一倍，一国将以 $P_R=P_B=1$ 的不变的贸易条件下在 R 点生产。它以 15X 换取 B 国的 15Y，消费点在无差异曲线Ⅴ的点 U 上。但如果 A 国是大国，贸易条件会改进，因为它愿意在 $P_R=P_B=1$ 时出口较少的商品 X。在 $P_S=2$ 的时候，A 国的生产在点 S，以 20X 换取 B 国的 40Y，并且是在无差异曲线Ⅵ上的点 W 消费。由于有利的财富和贸易条件效应，A 国的财富将会增加。

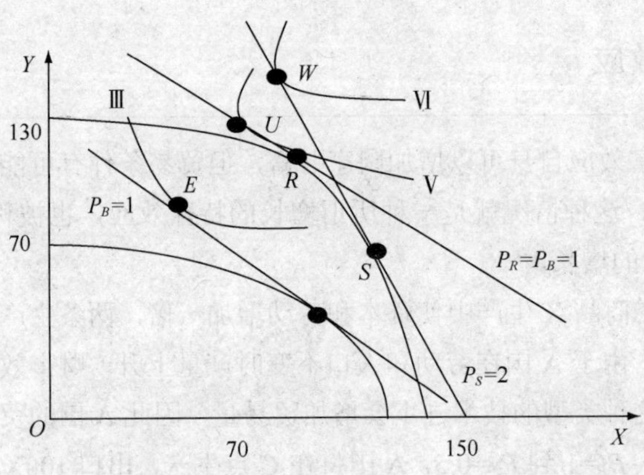

图 2-8　A 国经济增长和贸易条件改善使财富增长的情况

图 2-9 的提供曲线表明，当 A 国在影响及不影响贸易条件时这种类型的经济增长对贸易量和贸易条件的影响。经过仔细比较可以看出，前者为财富和贸易条件效应都是有利的，后者为两种效应均是不利的，因而 A 国的财富也因两种要素影响而下降。

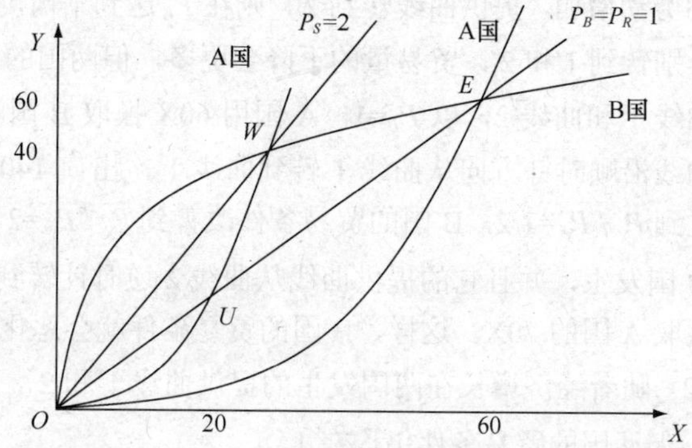

图 2-9　经济增长改进 A 国贸易条件和财富的情况

第四节　经济增长和偏好改变对贸易的影响

假设经济增长仅在 A 国发生，这样，仅有 A 国的生产可能性曲线和提供曲线变动。现在将增长的分析扩展到两国，此时，两国的生产可能性曲线和提供曲线都会变动。那么应当如何运用提供曲线来分析两国经济增长和偏好改变的国际贸易效应呢？

一、经济增长对贸易的影响

图 2-10 表明各类型的经济增长对一国或两国贸易量和贸易条件的影响。A 国在各平衡点的贸易条件可由该点商品 Y 的贸易量除以商品 X 的贸易量得出。要得到 B 国在各点的贸易条件，只需用与此相反的方法即可。

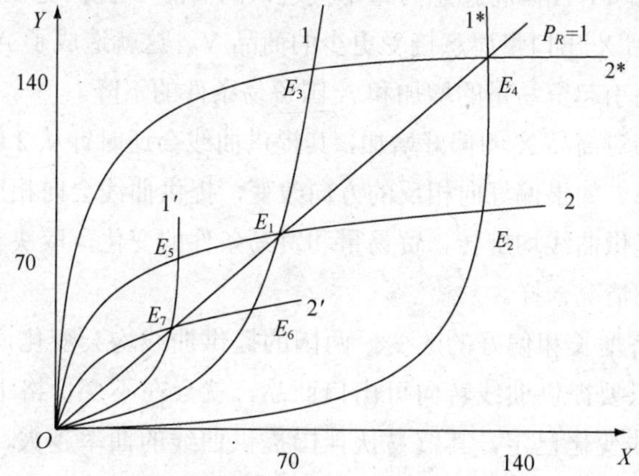

图 2-10　发生在两国的经济增长和贸易

如果劳动增加一倍，其提供曲线由 1 转到 1^*，得到均衡点 E_2，随之而来的是 A 国贸易增加而贸易条件下降。如果 B 国的资本增加，其提供曲线从 2 转到 2^*，均衡点在 E_3，此时 B 国的贸易量增加而贸易条件下降。如果相反，A 国的资本增加，提供曲线转到 1′，则贸易量减少，但 A 国的贸易条件会改善。如果 B 国的劳动增加，提供曲线转到 2′，则在 E_6 达到平衡，贸易量下降但贸易条件改善。如果两条提供曲线分别转到 1′和 2′，贸易量的下降会更多，但两国的贸易条件都不变。

根据增长前的提供曲线 1 和曲线 2，以 $P_B=1$，A 国用 60X 换取 B 国的 60Y。如果 A 国的劳动增加一倍，该国的提供曲线沿顺时针方向从曲线 1 转到曲线 1^*，出口 140X 换取 70Y。在这种情况下，A 国的贸易条件恶化到 $P_X / P_Y=1/2$，B 国的贸易条件改善到 $P_X / P_Y=2$。

如果经济增长仅在 B 国发生，并且它的提供曲线从曲线 2 逆时针转到曲线 2^*，得到均衡点 E_3。在 E_3 点，B 国以 140Y 换取 A 国的 70X。这样，B 国的贸易条件就会恶化到 $P_X / P_Y=1/2$，而 A 国的贸易条件改进到 $P_X / P_Y=2$。随着经济增长在两国发生的提供曲线 1^*和 2^*，可得到均衡点 E_4。贸易量扩大为 140X 换取 140Y，但两国的贸易条件仍均在 1。

另一方面，如果 A 国的资本增加一倍，提供曲线逆时针由 1 转到 1′，得到均衡点 E_5，A 国会用 20X 换取 B 国的 40Y，因而 A 国的贸易条件上升为 2，而 B 国的贸易条件会下降到 1/2。相反，如果 B 国的劳动增加一倍，提供曲线顺时针转到 2′，得到均衡点 E_6，B 国会用 20Y 换取 A 国的 40X，B 国的贸易条件就会增加到 2，而 A 国的贸易条件降低到 1/2。如果两国都发生这种方式的经济增长，提供曲线分别由 1 和 2 转到 1′和 2′，那么贸易量仅仅是用 15X 交换 15Y，两国的贸易水平都保持在 1 的水平上不变。

随着两国商品生产中的均衡增长和中性技术进步，两国的提供曲线都会外移，并且更接近于测度可出口类商品的 *X* 轴。此时，贸易量会增加，而且一国贸易条件不变或改善，而另一国则恶化，这取决于各国提供曲线的形状及每一条曲线旋转的程度。

二、偏好的变化对贸易的影响

随着时间的推移，不仅经济会增长，一国的偏好（Preference）也在发生变化。不仅经济增长通过影响生产可能性曲线而影响提供曲线，而且偏好的变化也会通过影响无差异曲线图影响提供曲线。

如果 A 国要增加商品 Y，A 国将愿意为每单位进口的商品 Y 提供更多的商品 X。换句话说，就是 A 国对任意给定的商品 X 出口量愿意接受更少的商品 Y。这就造成了 A 国的提供曲线如图 2-10 从 1 顺时针转到 1^*，从而引起贸易量的增加和 A 国贸易条件的下降。

另一方面，如果 B 国对商品 X 的偏好增加，其提供曲线会逆时针从 2 转到 2^*，从而引起贸易量的增加和贸易条件的下降。如果偏好向相反的方向改变，提供曲线会向相反方向变动。如果两国的偏好均变化，那么两条提供曲线均旋转。贸易量和贸易条件的变化，取决于两国偏好的变化类型和程度，正如同经济增长的情况一样。

总之，随着两国经济增长和偏好的改变，两国的提供曲线均会变化，从而改变贸易量和贸易条件。不论原因如何，只要提供曲线转向可出口商品，就会在不变价格下扩大贸易并恶化贸易条件。如果某国的提供曲线变化已定，其贸易伙伴国提供曲线的曲率越大，该国的贸易条件的改变越大。

复习思考题

1．根据雷布津斯基定理，说明增长怎样影响生产？国家的规模（在贸易中的“小国”或“大国”）对这一结果有重要的影响吗？

2．对于大国而言，增长如何导致贸易条件恶化？增长是否会改善一国的贸易条件？如果可以，在什么情况下能改善？

3．请解释增长引起的贸易条件变化如何让一国的福利状况比增长前更糟糕。

4．顺贸易生产效应与顺贸易消费效应的区别是什么？对贸易的净效应是什么？

5．假定汽车生产是一个垄断竞争的行业，任何一家厂商面临的需求曲线为：

$$Q = S\times\left[\frac{1}{n}-b\times(P-\bar{P})\right]，其中\ b=1/30\,000$$

假设生产汽车的成本函数为：$C=F+c\times Q$，其中 F=750 000 000，c=5 000。假设有两个国家，A 国的汽车年销售量为 900 000 辆，B 国的汽车年销售量为 1 600 000 辆，另外两国的生产成本相同，求出：

（1）封闭时，A 国的汽车生产商数目，以及均衡价格；

（2）封闭时，B 国的汽车生产商数目，以及均衡价格；

（3）国际贸易后，两国市场上的汽车品种数，及均衡价格。

6．有人认为用进口替代来推动长期经济增长是一个被误导的贸易政策。请解释理由。

7．A 国（小国）与 B 国（大国）的自由贸易价格为 P。A 国是资本丰富的国家而 B 国是劳动丰富的国家；钢铁为资本密集型商品，而小麦为劳动密集型商品。

（1）假设 A 国发现了一种冶炼钢铁的新方法，那么，你认为两国间的贸易量将发生何种变化?作为本国经济增长的结果，A 国的经济福利水平将发生何种变化?

（2）假设一场意外事故 B 国劳动力数量减少了 20%，那么，两国间的贸易量将发生何种变化?B 国的经济福利水平将发生何种变化?

8．试论述产业内贸易与产业间贸易的差别。

9．大国经济增长会引起该国贸易恶化，以致国家财富出现下降。出现这种情况的条件有哪些？

第三章 国际贸易政策

【格言】

在国际贸易的问题上，人们似乎都习惯于不理睬经济学家们的忠告、建议。经济学家们几乎都无一例外地站在了反对贸易保护的立场上……

——Robert E.Baldwin

【学习目标】

（1）了解关税结构理论；

（2）掌握关税效应和一般均衡分析；

（3）掌握进口配额及其保护效应分析；

（4）熟悉战略性贸易政策及其保护效应分析。

【引导案例】

中国取消七大行业出口补贴①

美国向世界贸易组织（WTO）提起申诉后，中国已经同意取消其向出口企业提供的多种补贴。两国政府为此达成了一项双边协议，结束了一场持续一年多的纠纷。美国贸易代表Michael Froman宣布这项协议时称，这“对于在从农业到纺织品的7个不同行业受雇的美国人是一个胜利”。美国于2015年2月针对中国在7个行业向本国出口企业提供的激励，向中国进行发难。中国提供激励的这些行业包括纺织、服装和鞋类；先进材料和金属；轻工业；特种化学品；医疗商品；五金建材；以及农业等。欧盟、日本和巴西后来也加入了针对中国所称的“示范基地”（接受政府补贴以达到出口目标的产业集群）的申诉。美国官员们列出了179个这样的产业集群，此前他们在一起围绕汽车零部件的WTO案件中发现了他们所称的非法补贴。为了深挖细节，美国调查人员仔细研究了5 000多页翻译成英文的中国政府文件。尽管中国正试图从依赖出口转向更加注重国内消费，但出口企业仍享受着一系列优惠，而美国认为这些优惠在WTO规则下是违法的，应被禁止。这些优惠还应当包括面向指定企业的现金补助和免费或优惠服务。

针对“中国取消七大行业出口补贴”这一案例，值得思考的问题是：

（1）出口补贴对国际贸易到底有什么影响？

（2）为什么美国会反对中国对这些行业进行出口补贴？

（3）除了出口补贴还有哪些促进出口的措施？

在现实的国际贸易中，各国为使本国尽可能地以付出较小的代价获得更多的经济利益，政府或多或少地都要干预对外贸易，实施保护本国经济利益的贸易政策（Trade Policy）。各国采取的干预

① 摘自 2016 年 4 月 15 日英国《金融时报》，戴维 · J. 林奇。

对外贸易的政策措施主要分为两大类，即关税和非关税壁垒（Tariff and Non-Tariff Barriers）。这些措施会对政策实施国以及世界其他国家的经济产生影响。

第一节 关税的局部均衡分析与关税结构理论

所谓关税（Tariff）就是指：一国政府从自身的经济利益出发，依据本国的海关法和海关税则，对通过其关境的进出口商品所征收的税。关税的种类繁多，按照不同的标准可将其划分为不同的种类。

依据关税的课征（Imposing）种类划分，主要的关税有进口税（Import Duties）、进口附加税（Import Surtax）、出口税（Export Duties）和过境税（Transit Duties）等。进口税又分为以获得财政收入为目的的财政关税（Revenue Tariff）和以保护本国相关产业为目的的保护关税（Protective Duty）两种。进口附加税是指一国海关对本国进口商在进口商品时除征收一般关税外，根据某种目的所加征的一种关税。根据针对的国家和商品的不同，进口附加税又可分为全面附加税和特别附加税两种。出口税是一国海关在本国商品出口时，为保证本国市场供应或其他特殊目的而征收的关税。一般而言，各国为鼓励本国商品出口很少征收出口税。但在特定情况下，对某些供不应求的生活必需品的出口课以重税，目的在于保证国内市场供应，稳定经济和安定社会。过境税也叫“转口税”或“通过税”，是一国对外国货物通过其关境和领土时所征收的关税。

依据关税的征收方法划分，关税又被分成从量税（Specific Tariff）、从价税（Ad Valorem Tariff）、选择税（Alternative Tariff）和混合税（Compound Tariff）。从量税是根据贸易商品的物理量（重量、体积、容积等）征收的关税。从价税是根据贸易商品的价格征收的关税。选择税是根据商品的特征确定征收关税的从价标准和从量标准，然后选择其中一种方法课征。

与开展自由贸易的作用相反，征收关税将产生一系列的经济效应。征收关税将会导致资源配置效率的降低，在各国间和各国内的不同利益集团之间进行收入的再分配，并从总体上降低贸易参加国的福利水平。关税对进出口国经济的这种多方面影响称作关税效应。在此主要分析进口关税对进口国的关税效应。

一、进口关税效应与关税结构理论

对进口商品征收关税，首先会使进口商品的价格上升。假设国内进口替代部门的商品与进口商品是完全同质的，则征税后，国内市场该商品的价格会上涨，但上涨幅度取决于征税国对世界市场价格的影响能力。

如果征税国是一个小国，即其进口量占世界市场的比例很小，因而对世界市场价格没有影响力，征税后，虽然该国会因进口商品价格上升而减少对进口品的购买，但这一变动不会对世界市场价格产生任何影响。因此征税后，国内市场价格上涨部分就等于所征收的关税，即关税作为一种间接税，会加到商品的价格之中，最后全部由国内消费者承担。此时，国内市场的价格＝征收关税前的世界市场价格（自由贸易下的价格）＋关税。

如果征税国是一个大国，即进口量占世界市场比重很大的国家，其对价格的影响表现在两个方面：一方面使得本国国内市场价格上升；另一方面，由于国内市场价格上升，使得国内需求减少，因而对进口品的需求也减少，因为该国是大国，所以，其进口量的减少将促使世界市场价格下降。在这种情况下，关税负担实际上由国内消费者和国外出口商共同承担。征收关税后，国内市场价格＝征收关税后的世界市场价格＋关税。

关税通过价格变动对经济活动产生多方面的影响，具体体现在以下几个方面。

1. 局部均衡效应

关税的局部均衡效应（Partial Equilibrium Effect）可以用图 3-1 来进行分析。

图中 D_X 为 B 国商品 X 的需求曲线，S_X 为商品 X 的供给曲线。假设 B 国为小国，其 X 行业也很小，在没有贸易的情况下，D_X 和 S_X 相交于均衡点 E，在这点上 B 国需要 Q_3 单位商品 X，供给价格为 $P_X=P_3$。通过自由贸易，商品 X 的世界价格为 $P_X=P_1$，B 国将消费 Q_5 单位商品 X 即（AB），其中 Q_1 单位（AC）由国内生产，其余 Q_5-Q_1 单位（CB）通过进口。水平线 S_P 代表在自由贸易下供给弹性无限大时外国关于商品 X 对 B 国的供给曲线。

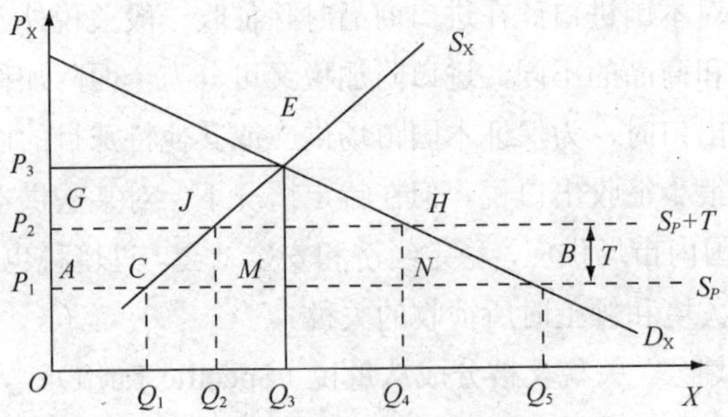

图 3-1　关税的局部均衡效应

如果 B 国对进口商品征收 100%从价税，B 国的商品 X 价格 P_X 上升到 P_2；当 $P_X=P_2$ 时，B 国将消费 Q_4 单位 X 即（GH），其中 Q_2 单位 X（GJ）由国内生产，其余的 Q_4-Q_2 单位 X 即（JH）靠进口，水平线 S_P+T 代表新的含有关税情况下的外国关于商品 X 对 B 国的供给曲线。因此，关税消费效应即由关税带来的国内消费的减少，为 Q_5-Q_4 单位 X 即（BN）；关税生产效应，即由于关税导致的国内产量增加，等于 Q_2-Q_1 单位 X 即（CM）；关税贸易效应，即由关税导致的进口量的减少，等于 $[(Q_5-Q_4)+(Q_2-Q_1)]$单位 X 即（$BN+CM$）；关税收入效应，即政府从关税中所得收入，等于多边形 $MJHN$ 的面积。

2. 消费者和生产者剩余的关税效应

在经济学中，常常用“剩余”或“盈余”（Surplus）来概括一种额外利益或福利。当某种剩余被生产者获得时，被称为生产者剩余（Producer Surplus），通常是指生产者实际接受的价格和愿意接受的价格之间的差额；当某种剩余被消费者获得时，被称为消费者剩余（Consumer Surplus），可以将其定义为消费者实际支付的价格和愿意支付的价格之间的差额。

如上所述，由于 B 国对进口商品 X 征收 100%的关税，使商品 X 价格上升，进而导致了消费者剩余的减少和生产者剩余的增加。对此，可进一步用图 3-2 加以说明。从图 3-2（a）中可以看出，关税所产生的消费者剩余的损失就是图中阴影部分的面积，即由多边形 $AGHB$ 所形成的面积；图 3-2（b）中的阴影部分则为关税带来的租金或生产者剩余的增加，即多边形 $AGJC$ 所形成的面积。并且，对于B国的生产者来说，由于在自由贸易条件下$P_X=P_1$，国内的生产者生产Q_1单位的商品X，获得的收入是多边形$OACV$的面积，征收关税以后$P_X=2$，生产者生产Q_2单位的商品X所获得的收入为多边形$OGJU$的面积；生产者所得的增加为$AGJC$的面积，亦即在Q_1和Q_2间S_X曲线下非阴影部分，代表生产者生产成本的增加量，该增加量可以被定义为：从长期来看，为了引导国内生产者提供因关税所增加的额外商品X而不用实现的支出。由关税而导致的租金或生产者剩余的增加，有时也被称为关税的附属效应。

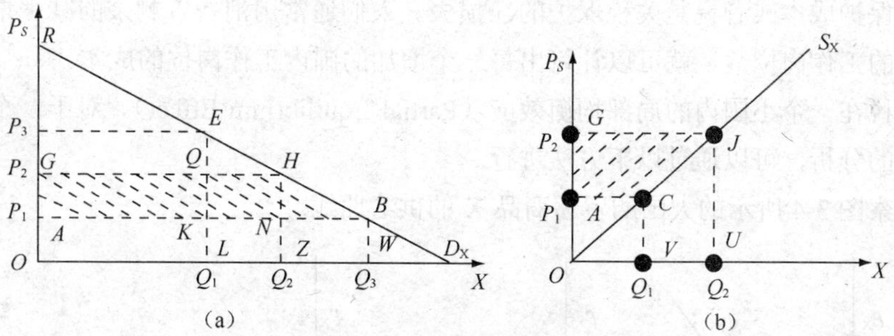

图 3-2 消费者与生产者剩余的关税效应

需要特别说明的是，征收关税后，国内市场价格上升，国内进口替代部门的生产厂商现在面对较高的价格，从而能够补偿因产出增加而上升的边际成本，于是国内生产增加，从而提高了进口国生产者的福利水平。但在大多数情况下，各国在许多商品的市场上面临的是不完全竞争的状态。自由贸易在很大程度上打破了国内厂商对市场的垄断，引进了竞争因素。如果征收进口关税，就意味着保护本国的厂商垄断或默认国内厂商的垄断。从某种意义上说，垄断削减了厂商追求技术进步的动力。从经济学的观点看，自由竞争是依靠看不见的手进行资源配置的有效机制，妨碍竞争机制发挥作用可能造成资源配置的扭曲。

3. 关税成本和利益的局部均衡

消费者剩余和生产者剩余的概念和测量方法也可以用来衡量关税的成本和利益。结合本章上述给出的两个图形，对其所提供的信息加以延伸后，即可得到图3-3。

图3-3表明，当B国对商品X征收100%的进口关税时，商品X的价格由P_1上升到P_2，消费则从Q_6减少到了Q_4，生产量从Q_1增长到了Q_2，进口从Q_5减少到了Q_3。B国政府从进口税中获得的收入是c，消费者剩余减少了$a+b+c+d$，生产者剩余增加了a。在消费者剩余减少量$AGHB=a+b+c+d$中，$MJHN=c$作为政府的关税收入，$AGJC=a$作为增加了的租金或者生产者剩余的形式再分配给了国内商品X的生产者，而剩余的$CJM=b$和$BHN=d$则代表了对经济的保护成本或者无谓损失（Deadweight Losses）。

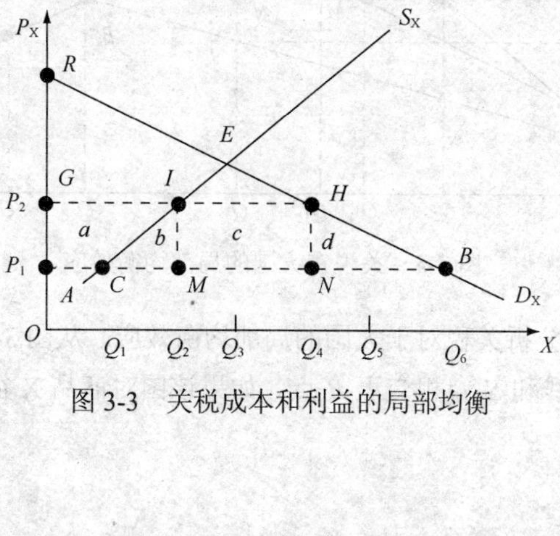

图 3-3 关税成本和利益的局部均衡

关税的保护成本（Protection Cost）或者说无谓损失中的生产部分会上升。其原因是，征收关税以后，一些国内资源从更有效的出口商品 Y 的生产部门转向了低效的进口商品 X 的生产部门。关税保护的成本或净损失中的消费部分也会上升，因为，由于关税的影响，P_X 相对于 P_Y 来说，被人为地提高了，同时也打乱了 B 国的消费模式。

因而，由于关税的影响，收入进行了再分配。这种再分配就是，收入从国内消费者转移到了国内生产者，从国家富有要素部门转移到了稀缺要素部门。如此就导致了低效率的出现，也就是所说的关税造成的保护成本或者说是关税保护的净损失。人们通常用消费者剩余的减少量除以由于关税而“节省出”的工作岗位数，就可以计算出每一个增加的国内工作岗位的成本。

以上是关税在一个小国内的局部均衡效应（Partial Equilibrium Effect）。对于一个大国来说，其局部均衡效应的分析，可以通过以下方法进行。

首先，观察图 3-4 所示的大国的贸易商品 X 的供给曲线。

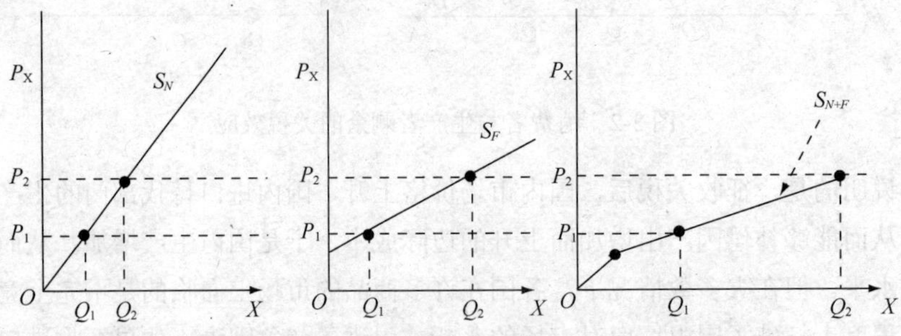

（a）国内X的供给曲线　（b）国外X的供给曲线　（c）X的总供给曲线

图 3-4　大国的贸易商品 X 的供给曲线

如图 3-4 所示，S_N 是大国的商品 X 的国内供给曲线；S_F 是外国对该商品 X 的出口供给曲线；S_{N+F} 是将国内对商品 X 的供给曲线和外国对该国的商品 X 的出口供给曲线相加得到的。可以看出，S_F 有一个正的倾斜，因为大国必须支付更高的价格以说服外国出口商供应更多的商品 X。

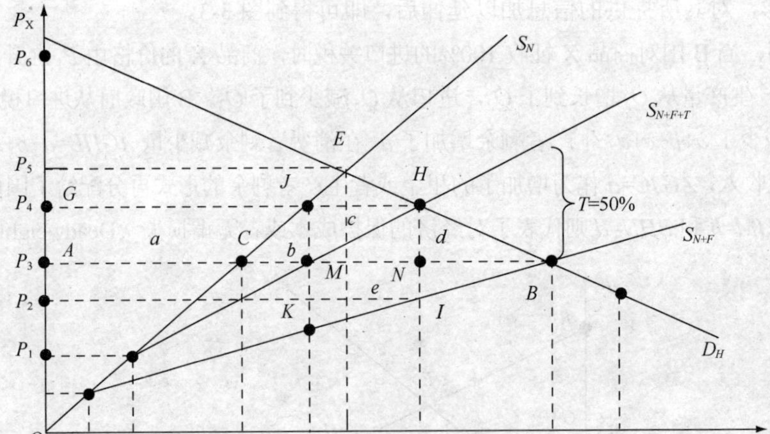

图 3-5　关税在大国的局部均衡效应

借助图 3-5 可以进一步分析关税对于大国的局部均衡效应。从图 3-5 可以看出，当自由贸易时，D_H 即国内商品 X 的需求曲线和 S_{H+F} 相交于 B 点。如果该国对商品 X 征收 50%的从价进口关税 T，总供给曲线将向上移 50%成为 S_{H+F+T} 和 D_H 相交于点 H，价格为 P_4，商品 X 的需求量为 GH，其中的 GJ 由国内提供，JH 由外商提供。关税带来的消费者剩余损失为 $a+b+c+d$。关税损失当中的 a 是国内生产者得到的较高的租金，c 是政府从消费者手中得到的关税收入，$b+d$ 是该国的贸易保护成本或无谓损失。但是，由于价格的提高，关税减少了国内对商品 X 的消费和进口，因为该国是大国，更少量的出口将以更低的价格供给，所以，该国政府从外国出口商那里可得到的收益是 e=$IKMN$。特别是在征收关税以后，国内消费者要支付比自由贸易情况下更高的价格来消费商品 X，而外国出口商所得到的收入要在比自由贸易时的价格更低的条件下实现。所以，是外国出口商和国内消费者一起承担了关税。既然这个国家是大国，对于整个国家而言，关税就会降低进口价格，国家从关税中得到了改善贸易条件的好处。

关税征收所付出的保护成本，应当与其从贸易条件改善中获得的利益相平衡。图 3-5 表明，该国从贸易条件改善中获得的 e 超过了关税的保护成本的 $b+d$，所得到的净收益是 $e-b-d$。但是，如果贸易条件改善的收益等于保护成本，关税对于该国来说既没有带来所得也没有造成损失；如果贸易条件改善的收益小于保护成本，该国将遭受损失。通常小国不能够影响出口和世界贸易，所以，其贸易条件改善的收益是 0，也即 e=0。不过，大国虽然从关税中得到了收益，但其贸易条件的改善意味着外国的损失，结果是，外国也可能会采取对自己商品征收关税的报复行动，最终可能使两国由于贸易水平的下降和国际专业化水平的下降而遭受损失。

4. 进口关税对一国经济的净影响

从上述分析中可以看到，征收关税的影响是多方面的，而且各种影响对征税国的福利会产生不同的影响。要判断关税的净影响，必须综合考虑关税各种影响的福利效应。

首先，对于小国来说，关税各种福利影响的净值＝（生产者剩余增加－消费者剩余损失＋政府财政收入）<0。其中包括：①生产扭曲，即征税后国内成本高的生产替代原来来自国外成本低的生产，从而导致资源配置效率下降所造成的损失；②消费扭曲，即征税后因消费量下降所导致的消费者满足程度的降低在扣除消费支出的下降部分之后的净额。其次，对于大国来说，关税的净福利效应＝（生产者剩余增加－消费者剩余损失＋政府财政收入）＝$e-(b+d)$。当 $e>(b+d)$时，征税国净福利增加；当 $e<(b+d)$时，征税国净福利减少。所以，在大国情况下，关税的净福利效应是不确定的，它取决于贸易条件效应与生产扭曲和消费扭曲两种效应之和的对比。

5. 关税结构理论

征收关税有利于进口竞争品的生产者，一国进口关税水平越高，对国内相关工业的保护程度越高。这种关税效应是针对最终商品贸易而言的。在没有中间商品贸易介入的最终商品贸易条件下，关税的保护容易确定，它同关税税率成正比。考虑到原料、零配件和组装件等中间商品的贸易问题，则中间商品是进口还是国内自制，对一国的价值实现具有很大影响。因此，对最终商品征收关税所产生的效果是名义上的，称为名义保护率。如果对中间商品和最终商品都征收关税，关税的实际保护效果同名义保护效果可能是不同的。由此提出了如下问题，即一国实行贸易保护政策，究竟应该保护什么？是保护市场？还是保护产业？还是保护就业？有效保护论认为，保护的对象应该是本源性生产要素所产生的附加价值，它等于最终商品的价格减去为生产这种商品投入的进口生产要素的成本。因此，衡量一种商品被保护程度的最佳指标是有效保护率。

有效保护率（Effective Rate of Protection）是指关税对某一特定工业的保护程度，它是该行业生产或加工中增加的那部分商品价值即附加价值（Value Added）受保护的情况。名义关税率（Nominal

Tariff Rate）对消费者很重要，因为它表明了关税导致的最终商品价格的增加量，而有效保护率对生产者很重要，因为它表明了关税对进口竞争品生产者的保护程度。

有效保护率通常使用下面的公式计算，即

$$g=\frac{t-a_i t_i}{1-a_i} \tag{3.1}$$

其中，g 为对最终商品生产者的有效保护率；t 为最终商品消费者的名义关税率；a_i 为无关税时进口要素成本与最终商品价格比例；t_i 为进口要素的名义利率。

对于式（3.1）中各个变量之间的关系，通过对其数理关系和经济意义的简单分析，即可推出如下结论：

（1）如果 $a_i=0$， $g=t$；

（2）对于给定的 a_i 和 t_i 值，t 值越大 g 越大；

（3）对于给定的 t 和 t_i， a_i 的值越大 g 越大；

（4）当 t_i 小于、等于或大于 t 时，g 值大于、等于或小于 t；

（5）当 a_i t_i 的值大于 t 时，有效保护率是负的。

通过上述分析和推理得出的一般化结论：进口要素的关税是一项增加国内生产者成本的税收，对最终商品给定一个名义关税，将减少有效保护率，因此对国内生产起到的是抑制作用。而在有些情况下，如上述推理结论（5），即使最终商品名义关税率是正的，国内生产的商品也要比自由贸易下更少。

很明显，有效保护率与对最终商品的名义保护率（Nominal Rate of Protection）相关，而名义关税率又颇具有欺骗性，对于与进口商品竞争的国内生产者所提供的实际保护程度，甚至不能根据它做出一个粗略的估计。同时，在其他条件不变的情况下，最终商品的名义保护率越高，有效保护率也越高；反之亦然。在最终商品关税不变的前提下，随着中间商品关税的上升，最终商品的有效保护率下降，对国内生产将起到抑制作用。因而，许多国家都有一个"瀑布式"的关税结构，对原材料制定非常低或零名义税率，随着加工程度越来越深，名义税率就越来越高。这就使得使用进口原材料生产的最终商品的有效保护率比名义保护率要大得多。

二、关税的一般均衡分析

对于一个国家来说，如果是小国的话，关税对于该国的生产和消费以及贸易和福利的影响情况如何？如果是大国的话，情况又会是如何呢？对此可通过对关税的一般均衡分析进行说明。

1. 小国关税的一般均衡分析

对于一个小国来说，征收关税不会影响世界价格，对于单个的生产者和消费者来说，征收关税会使它的可进口商品的国内价格增加一个与关税相同的数额。由于是国家自己征收了关税，从小国的整体来看，价格是不变的。例如，假设某种可进口商品国际价格是 1，这个国家对该商品征收 100% 的从价税，则只要国内生产者能以不高于 2 的价格生产和销售，就可以与进口商品竞争。税后消费者将不得不对每单位该商品支付两个单位货币。然而，由于是国家自己征收了一个单位货币的关税，不管是进口的还是国内生产的该商品，从一个整体而言，商品价格仍然是 1。

如果征收关税的小国政府由于有了关税就可以减少对国内基础服务部门征税的话，假定它是专业化生产商品Y的资本丰裕国，也就是说商品Y是资本密集型商品，该国通过出口换取货币以进口食品X。则小国关税的一般均衡情况可以通过图3-6来加以解释。

从图3-6可以看出，如果世界市场上$P_X/P_Y=1$并且B国很小，不能影响世界价格，该国会在B点生产，用Q_{Y2}的Y交换世界市场上剩下的Q_{X2}的X，在自由贸易下的无差异曲线I的E点消费。对商品X征收100%从价税以后，国内对个人而言，$P_X/P_Y=2$，生产发生在F点，该国出口（Q_{Y4}-Q_{Y2}）Y即FG来换取（Q_{X4}-Q_{X2}）X即GH'，其中HH'是政府征收的关税。假定政府将把全部的关税收入重新分配给国民，征收关税以后消费会发生在无差异曲线Ⅱ的H'点。所以，自由贸易时的消费和福利要比含关税时的消费和福利更优。

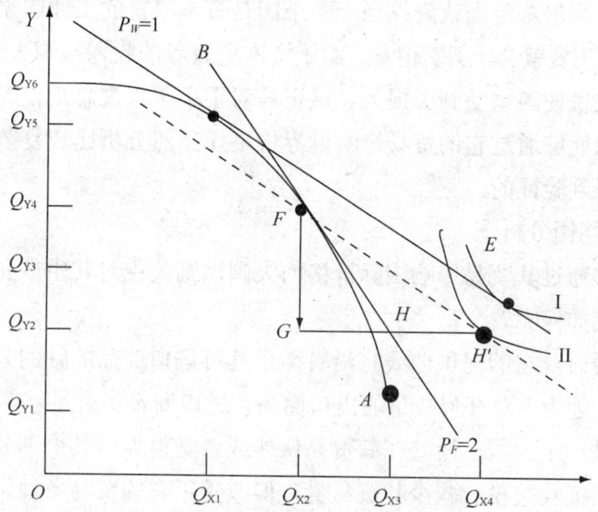

图3-6 小国关税的一般均衡效应

图3-6中的无差异曲线Ⅱ与平行于P_F=1的虚线相切。因为国内单个消费者面临的是含关税的价格$P_X/P_Y=2$。政府征收关税以后，又以公共消费或者是减税的形势再分配关税，因为整个国家作为一个整体而言所面临的仍然是$P_X/P_Y=1$的世界价格，所以无差异曲线Ⅱ必定也在P_W=1平行的虚线上。这样，新的消费点H'由两条虚线的交点决定，两条虚线的夹角就等于100%的关税率。当生产点处于F点时，该国家在征收关税以后的出口仍然是以FG数量的商品Y换取GH'的商品X。和自由贸易相比，征收关税时更多的可进口商品X是国内生产的，HH'是政府以对商品X征收100%的关税形式征收的。征收关税以后消费之所以发生在无差异曲线Ⅱ上的H'点，并且和E点相比要低，原因就是征收关税降低了生产的专业化水平和减少了贸易的收益。

当对商品X征收300%的进口关税以后，对于国内的生产者和消费者而言$P_X/P_Y=4$，作为小国，它的生产者和消费者将回到自给自足的水平A点上。如果是这类关税的话，就是一种所谓的禁止性关税。

当一个小国是资本丰富的工业国家的时候，对劳动力密集型商品征收进口关税，工资就会上升。但是，由于资本所有者的收入减少大于劳动力收益的增加，就整个国家而言，这种关税使国家受到了损失。这被称作斯托尔帕—萨缪尔森定理。

斯托尔帕—萨缪尔森定理假定，当商品相对价格上升时会增加在商品生产中密集使用的要素的回报率或收益率。因此，小国生产所使用的稀缺要素的真实回报率会随着关税而上升。原因就在于：

（见图 3-6）小国由于对商品 X 征收关税，因而，在 P_X / P_Y 上升时该国将生产更多的商品 X 和更少的商品 Y，假如商品 X 是劳动密集型商品，它的增加要求劳动与资本的比值要比商品 Y 的减少进而释放的比值更大。结果是 W/r 上升，劳动替代资本使得两种商品生产的资本/劳动比率都上升。因每单位劳动结合了更多的资本，劳动的生产率上升，工资就会上升。由于两种商品生产中的劳动生产率都提高了，因此，该国不仅货币工资增加了，实际工资也增加了。由于关税征收前后劳动力都是充分就业的，这也就意味着劳动力的总收入和它占国民收入的比例都变大了。由于关税减少了国民收入，进入劳动力的总收入份额更高，该国的利率和资本的总所得都将降低。因此，对于整个国家而言，关税使其受到损失，但其稀有资源在以丰富资源受损的代价下受益。

所以，斯托尔帕—萨缪尔森定理认为：当一个小国是资本丰富的工业国家的时候，对劳动力密集型商品征收进口关税，工资就会上升。但是，由于资本所有者的收入减少大于劳动力收益的增加，就整个国家而言，这种关税使国家受到了损失。该定理对于小国来说总是正确的，对大国通常也是正确的。不过，由于大国能够通过它的贸易影响世界价格，虽然分析比较复杂，但大多数情况下，该定理是可以在大国中得到验证的。

2. 大国关税的一般均衡分析

假定一个国家是能够通过其贸易影响国际价格的大国，则关税对其生产和消费以及贸易和福利的效应一般均衡效应到底如何呢？

当一个大国征收关税时，它的提供曲线将沿着衡量其可进口商品的轴的方向转变或者旋转一个大小等于进口关税的量。因为，对任何数量的出口商品，进口商希望有足够多的进口商品 X 来覆盖或者是支付关税。由于是一个大国，反映在其贸易伙伴或者是世界的其余部分的提供曲线上是有一定的曲率的。因此，大国征收关税会减少其贸易量，但改善了它的贸易条件。贸易量的减少使其国家财富减少，而贸易条件的改善又会使其国家财富增加，国家财富的增减结果如何，取决于这两种相反作用的净效应。这和小国的征收关税情况相比，由于小国不能通过贸易影响国际价格，所以小国的贸易量减少，贸易条件依然不变，小国的财富总是减少的。

对此，还可以通过图 3-7 的几何图形来加以说明。

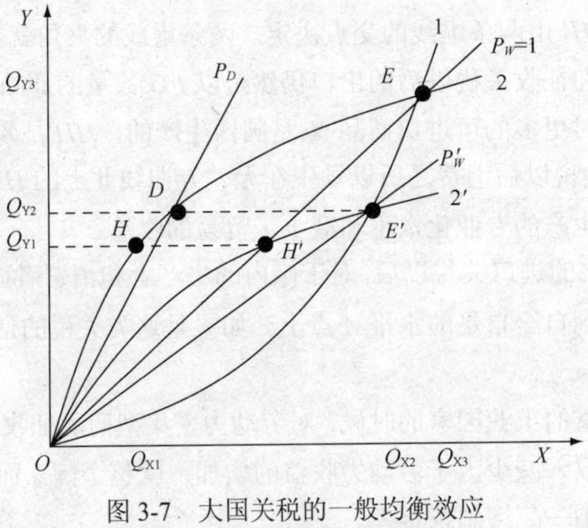

图 3-7 大国关税的一般均衡效应

自由贸易的曲线 1 和曲线 2 决定了均衡点 E 和该大国的 $P_X / P_Y = 1$。征收关税前，该国以 $P_X / P_Y = P_W = 1$ 的比例用 Q_{Y3}Y 换 Q_{X3}X。当该大国征收 100%的从价关税时，征收关税使其提供曲线旋转至2'，决定新的均衡点E'。在关税扭曲的提供曲线2'上的每一点，距离Y轴都是提供曲线2的100%或者说是2倍。在新的均衡点E'处，该国以新的世界价格$P_X/P_Y=P_{W'}$用Q_{Y2}Y换Q_{X2}X，贸易量要比在自由贸易下小。新的世界价格对于世界其他国家来说，贸易条件从$P_X/P_Y=P_W=1$恶化为$P_X/P_Y=P_{W'}$，即$P_X/P_Y=P_{W'}<1$。对于该国来说，则意味着贸易条件的改善，贸易条件从$P_X/P_Y=P_W=1$改善为$P_X/P_Y=1/P_{W'}$，即$P_X/P_Y=1/P_{W'}>1$。该国的财富的变化取决于更好的贸易条件和更少的贸易量所产生的净效应。但是，由于政府将进口商品X的一半征收关税，剩下的一半直接进入个人消费。结果，对于该大国的个体而言，从自由贸易下的$P_X/P_Y=1$升到征收关税下的$P_X/P_Y=P_{D'}$。

三、最优关税与最优关税的度量

在现实国际贸易中，如果一个国家对某种贸易商品征收进口关税以增加其福利，对于其贸易伙伴来说，就会因此而蒙受损失，受损失的国家就极有可能加以报复，其结果是所有国家都受损失。

1. 最优关税及其含义

所谓最优关税（Optimal Tariff）是指这样一种税率，它能够使一国贸易条件的改善相对于其贸易量减少的负面影响的净所得最大化。也就是说，以自由贸易为起点，当一国提高其关税税率，它的福利逐渐增加到最大值的时候，这一关税率就是最优关税率，当关税税率超过这一界限时，其福利就会逐渐下降，最终这个国家又将通过禁止性关税（Prohibited Tariff）回到自给自足的生产点。

由于贸易条件和征税国是相对的，随着关税的征收，一个国家的贸易条件改善了，而其贸易伙伴的贸易条件却恶化了。面临更低的贸易量和恶化的贸易条件，贸易伙伴的福利无疑会下降。结果是，贸易伙伴极有可能采取报复行动，也对自己的进口商品征收最优关税。当它的贸易条件的改善使其挽回大部分损失以后，它的报复性关税无疑又会进一步减少其贸易量。此时，第一个国家自己也会采取报复行为。如果该过程持续下去，最终的结果往往是所有国家损失全部或者是大部分贸易所得。假设一国征收最优关税，其贸易伙伴并不采取报复行动，征收关税国家的所得也比贸易伙伴所受的损失大，这对于整个世界来说，征收关税要比在自由贸易下的情况糟糕。

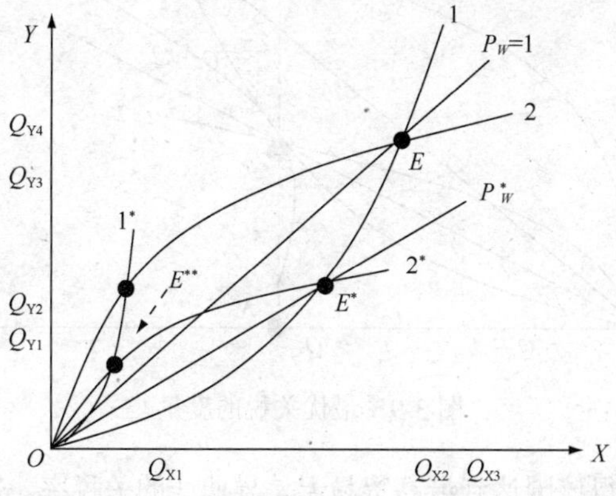

图 3-8 最优关税和报复关税

图 3-8 中的自由贸易下的提供曲线 1 和曲线 2 与图 3-7 中的相同，在 $P_W=1$ 时确定均衡点 E。假定征收最优关税后，大国的提供曲线旋转至 2^*。如果贸易伙伴国不报复，在 $P_W=1$ 时提供曲线 2^* 和提供曲线 1 相交决定新的均衡点 E^*，在这点上，该国用 $Q_{Y2}Y$ 交换 $Q_{X2}X$，这样世界市场就把它作为一个整体来看，$P_X/P_Y=P_W^*$，结果贸易伙伴国即世界其余部分的贸易条件从 $P_X/P_Y=P_W=1$ 恶化为 $P_X/P_Y=P_W^*$，该国的贸易条件则改善为 $P_X/P_Y=1/P_W^*$。

由于征收了与提供曲线 2^* 相关的关税，不仅使该国由其贸易条件的改善而增加的福利超过了由于贸易量的减少而减少的福利，而且这一关税代表了它通过征收关税能获得的最大福利。然而，由于贸易条件恶化和更小的贸易量，贸易伙伴国肯定要比在自由贸易下更糟糕。结果，贸易伙伴国可能采取报复行动，也对其进口商品征收最优关税，如曲线 1^* 所示。提供曲线 1^* 和 2^* 使均衡点移至 E^{**}。现在贸易伙伴国的贸易条件更好，而该大国的要比自由贸易下更差，贸易量大大减少。在这点，大国也可能采取报复行动。最终该国和其贸易伙伴国以回到图 3-8 的原始状态而结束，意味着两国都独立生产，自给自足，结果使得全部贸易所得都丧失了。

由于最优进口关税与最优出口关税是相等的，因而只要了解最优进口关税以后，最优出口关税就不难理解。另外，小国的最优关税是零，因为关税不会影响其贸易条件，而只会导致贸易量的减少。因此，免收关税能使小国通过自由贸易增加其福利，即使在其贸易伙伴不报复的情况下也是如此。

2. 最优关税的度量

虽然最优关税（Optimal Tariff）被定义为使一国贸易条件改善所得的收益减去贸易量减少的损失后的净收益最大化的关税，但是，对于最优关税的测度，需要借助以下的几何分析来进行推导。

在图 3-8 中的提供曲线 2 与最优关税相联系的原因在于，点 E^* 位于征收任何关税后所能达到的最高贸易无差异曲线上。在图 3-9 中用 TI 来表示，事实上它与图 3-8 是相同的。同时在该图形的几何分析中使用贸易伙伴国的贸易无差异曲线，其他贸易无差异曲线与图 3-9 中 TI 的形状是大致相同的，不同的是，或是在 TI 的左边（因此对应 B 国较低的福利），或是在 TI 的右边（这样，要比 TI 更优，但 B 国无法达到）。

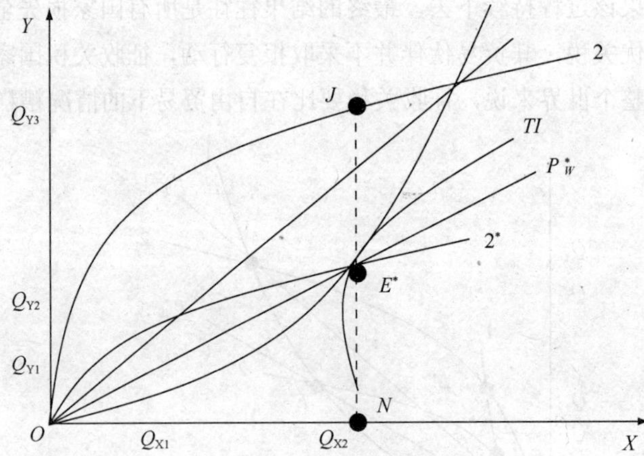

图 3-9 最优关税的度量

因此，最优关税就是使得该国达到最高贸易无差异曲线的关税率。TI 与贸易伙伴国或世界其余国家的供给曲线是相切的。为了到达 TI 和 E^* 点，B 国必须征收进口或出口关税使其供给曲线由 2

转到 2^*。

B 国通过对商品 Y 征收 100%的从价出口关税才能使其供给曲线由 2 移至 2^*。具体地说，在均衡点 E^*，B 国的出口商将出口 JN，其中 JE^*由政府征收作为出口商品 Y 的税收，其余的 E^*N 用于与外商交换 Q_{X2} 单位的商品 X。注意，B 国也能通过对商品 X 征收适当的进口税使其供给曲线从 2 移至 2^*。实际上，最优出口税率是等于最优进口税率的，尽管在图 3-9 中看起来似乎不是这样。

由于一国对其出口比对其进口更有可能拥有某种垄断权力，对最优关税进行讨论可能更适于与出口税相连，而不是与进口税相连。

最优出口或进口关税率（t^*）可用下面的公式来计算：

$$t^* = 1/(e-1) \tag{3.2}$$

其中，e 是贸易伙伴的提供曲线的弹性（绝对值）。因此，当 e 无穷大（即当贸易伙伴的提供曲线是条直线，也意味着 B 国是个小国）时，B 国的最优关税是零。另一方面，当 A 国的提供曲线有一定曲率（因此 e 并非无穷大）时，t^*是正值。e 值越小（即贸易伙伴的提供曲线的曲率越大），t^*值越大。

需要指出的是，直接使用式（3.2）来计算最优关税的可操作性比较差。一般情况下，在先确定好 E^*的位置以后，就可以直接运用了。由于一国从其最优关税中获得的收入是以其贸易伙伴的损失为代价的，其贸易伙伴可能会采取报复行动。这种报复与反报复行动可能会一直持续下去，直至最终两个国家都损失了全部或大部分的贸易所得，贸易量可能萎缩至零。因而，除非在给定贸易伙伴的关税时，两个国家才都能碰巧同时处于最优关税率上。

第二节 进口配额及其他非关税保护效应分析

尽管关税是历史上最重要的贸易措施，但仍存在许多其他类型的非关税措施，比如进出口配额（Import Quota）、进出口补贴（Import and Export Subsidies）、自愿出口限制（Voluntary Export Restriction）等。本节将着重分析进口配额及其保护效应，并与关税效应进行比较。同时，也对其他一些非关税措施及其经济效应进行分析。

进口配额（Import Quota）是指，一国政府为保护本国产业，在一定时期内对于某些商品的进口数量或金额加以直接限制。进口配额的分配方式主要有两种：一种是全球配额（Unallocated Quota），它规定该国对某种商品在一定时期内的进口数量或金额，规定适用于来自任何一国的商品进口。主要机关按本国进口商的申请次序批给一定的允许进口的数量或金额，直至发放完规定的全部限额为止。另一种是国别配额（Allocated Quota），它是进口国对来自不同国家的进口商品，规定不同的进口限额。

与征收关税比较，进口配额更有利于限制一国进口商品的数量。因为关税主要是通过价格变动来影响国内对进口品的需求，而配额则是直接限制商品的进口量和进口金额。在征收关税的情况下，国外商品只要价格或质量有竞争力，就有希望进入该国市场，但在采取进口配额的情况下，无论出口国的商品在价格和质量上竞争力有多强，都无法突破进口国的进口配额的限制。

一、小国进口配额及进口替代品生产补贴的分析

针对小国来说，实施进口配额和进口替代品生产补贴的政策效应是值得政策制定者慎重思考的，因为采取这些政策所产生的一系列经济效应往往得不偿失。

1. 进口配额分析

进口配额是对商品自由贸易设置的障碍之一，其实施的效果与关税的影响比较，在消费者剩余、生产者剩余和总效率损失方面几乎是一样的。不同的是，政府所获取的收益。在征收关税的情况下，政府获取的收益等于关税乘以进口商品的数量，但在进口配额的情况下，政府没有这样的收益。进口品的国际价格与其国内价格之差实际上是一种租金，这种租金归于进口商、外国供货商和本国政府，或在三者之间进行分配。如果外国供货商没有组织起来哄抬商品价格，或者政府不向本国进口商出售进口许可证，进口商将获得这一租金。如果外国供货商是一个垄断者，他将获得这一租金。如果出口国政府对出口商发售出口许可证，并且许可证价格等于实行进口配额国家的国内价格与国际价格之差，出口国政府也可能获得这一租金。如果外国供货商或外国政府攫取了这一租金，实行进口配额对进口国的福利损失要比征收关税的损失大。

如果进口国政府向进口商出售进口许可证，情况会如何？只要许可证的价格等于商品国内价格和国际价格之差，给政府带来的收益就与征收关税相等。实际运作时，政府可以通过竞争方式向国内进口商拍卖许可证，经过竞价，那些出价等于商品国内价格与国际价格差的进口商将获得商品进口权。这种体制称为配额拍卖机制（Quota Auction System），通过竞拍方式，进口国政府将能获得全部配额租金（Quota Rent）。值得提醒的是，实行进口配额制，尚需支付监管成本，这将增加资源消耗和减少一国福利。从经验上来看，实行进口配额制的管制成本比征收进口关税的管制成本要大。所以，实行进口配额所造成的福利损失要比征收进口关税的福利损失更大。

2. 进口替代品生产补贴分析

从前面的分析可知，如果不考虑配额租金的分配，关税和配额对国内市场和福利的影响就没有实质性差别。这一结论成立还需附加一个条件，即政府不对生产进口替代品的企业给予补贴。如果政府对国内生产同类商品的企业给予补贴，在同样的价格水平下，国内生产者愿意提供更多的供给。在图形上表现为供给曲线向右下方移动，向下移动的距离恰好等于补贴额，如图 3-10 所示。

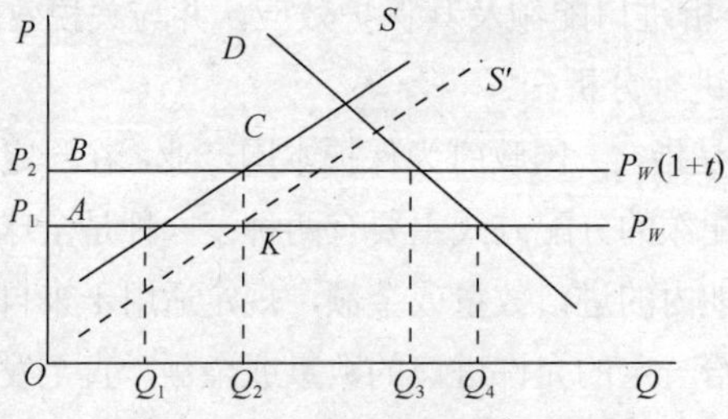

图 3-10 生产进口替代品补贴效应

等额补贴（Equivalent Subsidy）不仅给国内生产者提供了与等额关税相同的生产者剩余，而且对于追加的产量所支付的较高成本给予了补偿，政府为此支出 *ABCK*。在这种情况下，商品在国内的消费者没有承担“剩余”方面的损失。但是，产量增量部分的成本高于国际价格，所以导致了生产效率上的损失。损失的部分为 *JCK*，即政府补贴支出（*ABCK*）与增加的生产者剩余（*ABCJ*）的

差额，这一差额可视为商品从国外低价供给转向国内高价供给的成本。

从福利上来看，生产补贴比关税和配额更有吸引力。以消费者作为纳税人，在生产补贴的情况下，消费者承担补贴比征收关税和实行配额的消费者剩余损失要小，实际上，消费者一般不可能是特定商品的唯一纳税人，所以生产补贴容易被一国政府采用。从成本收益配比的角度分析，一国产业的生产成本应该为该产业的受益人来承担，一国的产业发展被视为对整个国家有益，所以产业保护被公众视为是正当的和值得的。因此，保护性政策的负担应该由全体公众来承担，而不应该由直接消费该商品的消费者来承担。

二、小国出口关税、出口配额和出口补贴分析

国家对出口商品征收关税，会导致国内生产商增加国内市场的销售，进而降低国内商品的价格，如图 3-11 所示，其中 P_D 为国内价格，P_W 为国际价格。

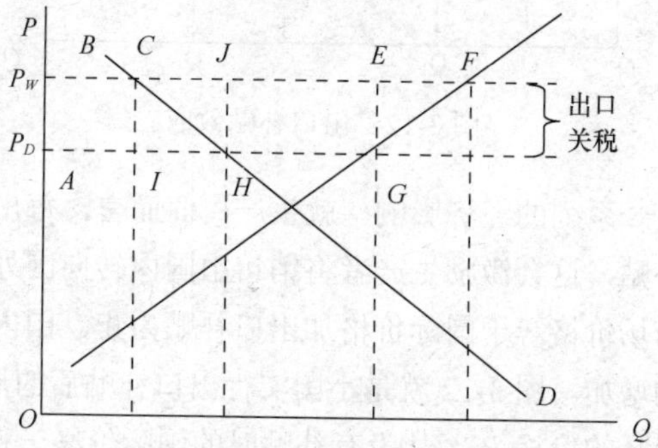

图 3-11　出口关税效应

国内价格下降，直至等于国际价格和出口关税之差，此时，收益和损失可以用生产者剩余和消费者剩余来衡量。随着国内价格的回落，生产会收缩，生产者剩余减少，在图形上为 *ABFG* 的面积；价格降低使消费者剩余增加，在图形上为 *ABCH* 的面积；政府获得的税收收益为 *HJEG* 的面积。*CJH* 的面积和 *EFG* 的面积是价格扭曲所造成的效率损失。

综合来看，出口关税的效应有正有负，但总体效应是负的。对出口征收关税引起国内的生产和消费的相应变化，从而导致出口规模减小，这会引起该国出口税收的减少。当然这里需要考虑国内供给和需求的弹性，一般而言，国内供给和需求的弹性越小，关税对商品出口数量的影响越小，政府所获得的税收收益越多，相应的，效率损失越小。

如果用出口配额（Export Quota）替代出口关税，其经济效应是相似的。但两种贸易工具所产生的福利影响是不同的。正如进口配额一样，出口配额并不能给政府带来收益。配额租金的收益去向也是不明确的。出口国政府可以通过拍卖出口许可证获取收益，在竞争的条件下，出口者可以接受的许可证价格是进口国价格与出口国价格的差额（假定不存在交易成本），这时政府出售出口许可证的收益与征收出口关税收益相同。如果出口商组织起来取得出口许可证，通过向进口国索取一个市场出清的价格，则配额租金归出口商获取。如果进口商组织起来向出口国索取一个市场出清的价格，则配额租金归进口商获取。

实行出口配额后，福利效应在本国和进口国家之间的分配依赖于配额租金的分配，如果进口国能够获取足够的配额租金，则可以从出口配额的政策中受益。

出口补贴（Export Subsidy）是一国政府为鼓励某种商品的出口，对该商品采取的直接补助或间接补助的政策。直接补助是政府直接向出口商提供补助或津贴。间接补助是政府对选定商品的出口给予财政税收上的优惠，如对出口的商品采取减免国内税收、向出口商提供低息贷款等。各国采取出口补贴的目的是降低本国出口商品的价格，提高其在国际市场的竞争能力，扩大商品的出口。

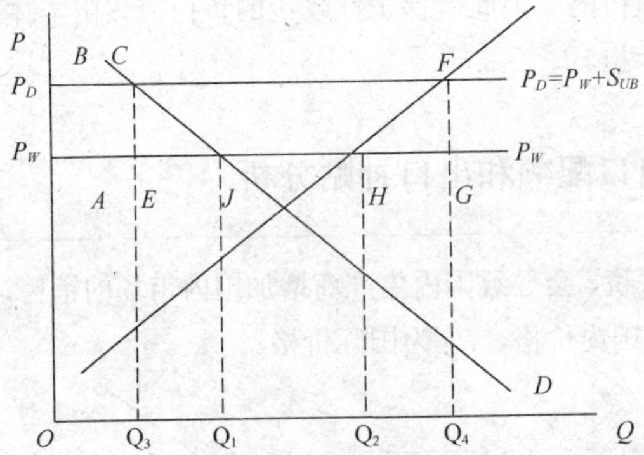

图 3-12　出口补贴效应

对出口进行补贴会产生一系列的经济影响。就生产厂商而言，每出口一单位的商品，所获得的收益等于国际价格加出口补贴，这会激励生产者将销售由国内转向国外，国内供给的减少会提升国内市场的价格，直到国内市场价格等于国际价格加出口补贴为止。国内价格的上升将会促使生产者增加供给，最终导致出口的增加。图 3-12 就是小国实行出口补贴后的局部均衡分析。

出口补贴提高了国内商品的价格 P_D，从没有补贴时的国际价格一直上升，直到等于国际价格加补贴为止，即 $P_D=P_W+S_{UB}$。国内市场价格的上升导致国内需求数量的减少，即从 Q_1 减至 Q_3；但价格上升同时导致供给的增加，即从 Q_2 增至 Q_4。结果，出口从 JH 增加到 CF。价格上升还导致消费者剩余减少，面积为 $ABCJ$；价格上升导致生产者剩余增加，面积为 $ABFH$。假定补贴来源于居民的纳税，纳税人的税负为 $ECFG$，最终结果是，出口补贴的无谓损失是两个三角形面积之和，即△ECJ 和△HFG。其中，ECJ 是转移给生产者的部分，它又被分为两部分，一是作为消费者剩余的损失，二是作为出口补贴的成本支出。ΔHFG 代表生产效率的损失，它来源于低效率生产规模的扩大，即从 Q_2 扩大到 Q_4。

三、大国进口品的需求曲线和出口商品的供给曲线

国际贸易中的大国是指该国在国际市场上是价格的决定者，而不是价格的接受者。为分析的方便，在这里引入两条特殊的曲线，即进口品的需求曲线和出口商品的供给曲线，它不同于一种商品的总需求曲线和总供给曲线，对进口商品的需求和对出口商品的供给只是市场的一个特殊部分。贸易政策的影响主要集中在进口商品和出口商品上，当然，进口商品和出口商品也对整个市场构成重要影响。

图 3-13（a）是对一大国的某商品需求和供给的描述，需求曲线 D_H 揭示的是该国消费者对某商品（不管是国内生产还是国外生产）需求和价格的关系；供给曲线 S_H 揭示的是该国生产者对该商品的供给和价格的关系。在这里，进口等于国内需求减国内供给。如果商品价格为 P_0，那么国内的消

费者和国内的生产者在数量 Q_0 上实现均衡，这时进口的数量为零。这时得到图 3-13（b）中的一点（0，P_{m0}）（$P_{m0}=P_0$）。假定商品价格为 P_1，那么国内需求大于供给，则进口为（Q_2-Q_1），于是得出图 3-13（b）中的另一点（Q_{m1}，P_{m1}）（$P_{m1}=P_1$）。

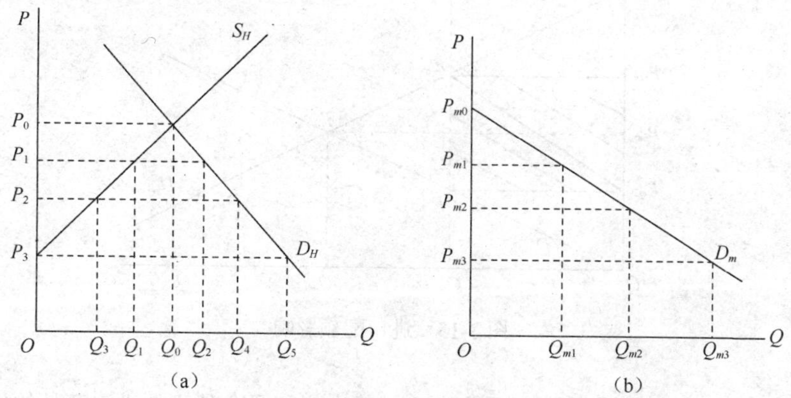

图 3-13　进口商品需求曲线

按照同样的方法可以得到点（Q_{m2}，P_{m2}）（Q_{m3}，P_{m3}）。这样就可以得到进口商品的需求曲线 D_m。可以判断出，D_m 比 D_H 更有弹性。值得注意的是，当价格低于 P_{m3} 时，国内生产停止，所以，D_m 与 D_H 重合。

出口商品的供给曲线的获得所依据的是，一国的出口等于国内的生产减去该国的消费。比照进口商品的需求曲线的做法，可以得到图 3-14（a）、图 3-14（b）。

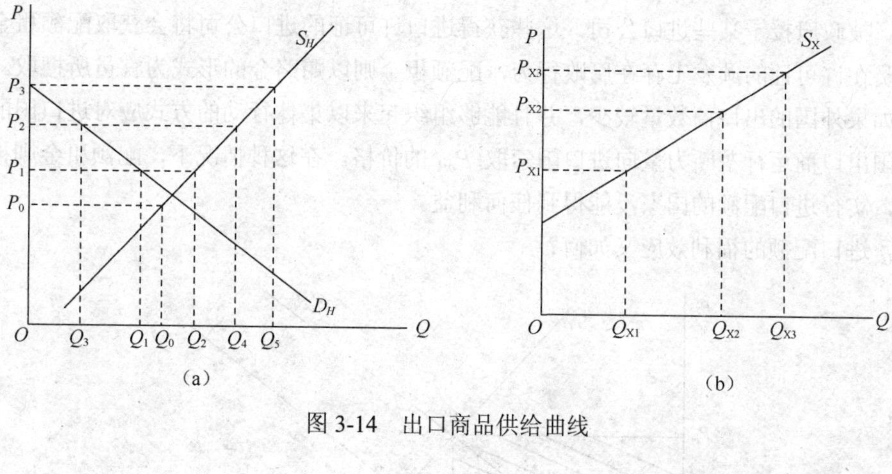

图 3-14　出口商品供给曲线

当价格低于 P_3 时，S_X 比 S_H 更有弹性；当价格超过 P_3 时，国内的需求为零，该国的生产全部用于出口，所以这时起的 S_X 与 S_H 重合。

四、大国的进口配额与自愿出口限制以及出口关税和补贴分析

由于大国在国际市场上是价格的决定者而不是价格的接受者，大国的进口配额和自愿出口限制以及出口关税和补贴的贸易政策效果与小国的情况是不同的。

（一）进口配额分析

图 3-15 所示是对进口配额影响的描述。

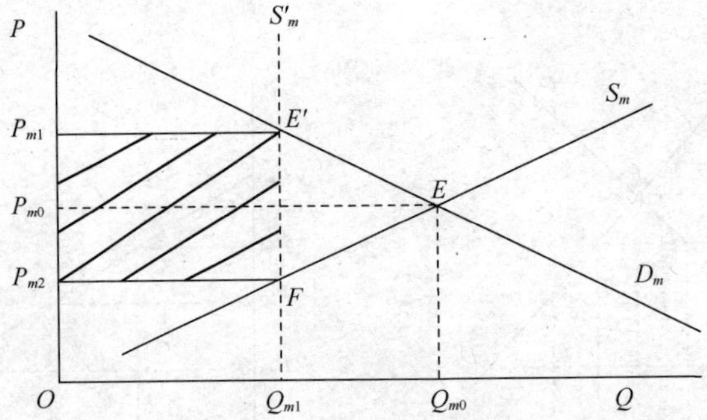

图 3-15　进口配额影响

在图 3-15 中，D_m 是进口商品的需求曲线，S_m 是自由贸易条件下的进口商品的供给曲线。在自由贸易条件下，均衡点为 E，Q_{m0} 和 P_{m0} 分别为均衡数量和均衡价格。进口国政府在国内竞争者的压力下，对进口进行配额限制，只允许 Q_{m1} 商品进口，进口商品的供给曲线变为 S'_m。新的均衡点变为 E'，均衡数量变为 Q_{m1}，均衡价格变为 P_{m1}。因为配额的实行，国内市场的商品供给量减少了，商品的价格上升了。与自由贸易比较，国内消费者每件要多支付（P_{m1}-P_{m0}）。

如前所述，关税与配额的差别主要在于后者并不一定能给政府带来收益，消费者支付的价格与出口者收取的价格存在差额，配额租金的去向不确定。如果政府对进口数量实施控制，它可以向进口企业颁发进口许可证，政府通过许可证的销售可以获取配额租金收益。如果进口许可证作为一种特权证书，被政府授予某些进口公司，这些获得进口许可证的进口公司将会获取配额租金收益。如果政府官员在许可证的颁发上存在腐败行为，配额租金则以贿赂金的形式为官员所攫取。另外一种可能是，如果外国的出口商数量较少，并且能够组织起来以集体行动的方式应对进口国的进口配额政策，外国出口商运行垄断力量向进口国索取 P_{m1} 的价格。在这种情况下，配额租金则被外国出口者所攫取，实行进口配额的国家没能得到任何利益。

那么，进口配额的福利效应又如何？

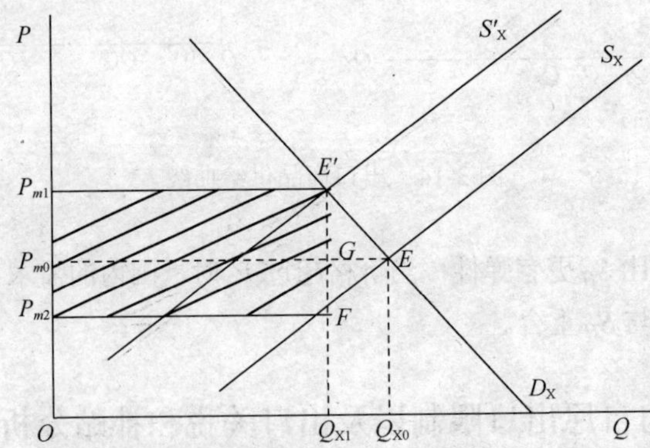

图 3-16　进口配额福利效应

在图 3-16 中，△GEE'就是这种政策的净福利损失。然而，如果政府以许可证销售攫取配额租金，或者一些进口商通过特权攫取配额租金，那么，配额租金 $P_{m2}P_{m0}GF$ 实际上来源于国外出口者，如果这部分配额租金大于福利净损失，那么进口国能从进口配额的贸易政策中获益。但是如果全部配额租金被外国生产者所攫取，对进口国而言，福利效应则肯定比关税更糟。因为在实施关税的条件下，净福利等于 $P_{m2}P_{m0}GF$ 的面积减去△GEE'的面积，而实施配额的净福利损失等于 $P_{m1}P_{m2}FE'$ 的面积。

（二）自愿出口限制分析

自愿出口限制（Voluntary Export Restraint）的影响也可以用图 3-15 来描述，因为自愿出口限制对于国内价格和出口数量的影响是相同的。但是，二者在配额租金的归属上存在明显差别，在自愿出口限制的条件下，配额租金肯定被外国出口商攫取。在进口数量被外国出口商“自愿”约束的条件下，进口国的商品价格会上升到 P_{m1}，进口国的福利损失与实行进口配额在配额租金全部被国外出口者攫取时相同。

（三）出口关税分析

沿用进口关税的分析方法，可以分析出口关税的影响。出口关税分为从量税和从价税，尽管性质有所不同，但基本原则是相同的。图 3-16 描述了从价税的影响。

在征收出口关税之前，出口商品的供给曲线为 S_X，出口商品的需求曲线为 D_X。D_X 是依据贸易伙伴国的进口需求曲线得到的。在征收关税之前，均衡点为 E，均衡数量为 Q_{X0}，均衡价格为 P_{m0}。但征收关税以后，供给曲线变为 S'_X 均衡点变为 E'，均衡数量为 Q_{X1}，均衡价格为 P_{m1}。因为是大国，该国出口数量的减少会抬升世界市场的商品价格，但国内的生产者在支付出口税以后，实际收取的价格只有 P_2。政府获取的税收收益为 $P_{m2}P_{m1}E'F$，其中，$P_{m0}P_{m1}E'G$ 来源于外国的购买者，其余的部分来源于国内的生产者。出口关税打击了国内的生产者，但国内的消费者却从价格的下降中获益。出口关税在国外购买者和国内生产者之间的分摊比例决定于供给曲线和需求曲线的斜率。

出口常常被认为有利于改善贸易平衡、增加就业等，那么一国为何会对出口征收关税？就发展中国家而言，征收出口关税可以增加政府收入，特别是难以对收入和财产征税的情况下，政府更倾向于对出口征税。另一个对出口征税的原因可能是为了抑制国内的通货膨胀，因为征税的结果增加了商品的国内供给。对出口征税还可以达到对国民收入进行再分配的目的。如果出口商品是殷实的土地所有者生产的，而这些商品又主要为城镇低收入的居民所消费，那么对出口商品征税就可以维持这些商品在国内的低价格，这是一种提高社会总福利的贸易政策。

对一个大国而言，对出口征税的一个重要理由还可能是为了改善贸易条件。在图 3-16 中，如果进口价格维持不变，征税使出口价格从 P_{m0} 上涨到 P_{m1}，则贸易条件就会提高，贸易条件的改善，使出口国的福利效应向有利方向变化。

（四）出口补贴分配

出口补贴（Export Subsidy）可以理解为反向的出口税，在分析方法上，二者相似。如图 3-17 所示，初始时出口国市场的均衡点为 E，出口均衡数量为 Q_{X0}，均衡价格为 P_{X0}，当出口国政府对出口给予补贴时，供给曲线由 S_X 变为 S'_X，这里假定单位出口品的补贴是一固定的货币金额，因此 S'_X 与 S_X 平行。现在，新的均衡点为 E'，新的均衡数量为 Q_{X1}，新的均衡价格为 P_{X2}。给予补贴以后，出口商品的生产者更有激励向国外出口，国内商品供给减少会刺激国内市场价格上升至 P_{X1}，

并且 P_{X1} 等于 P_{X2} 加单位商品的出口补贴。这样，当生产者享受出口补贴时，国内的消费者却在遭受利益损害。

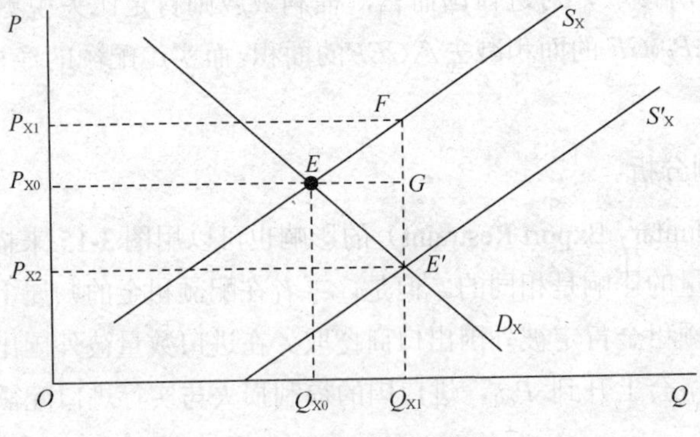

图 3-17 出口补贴分配

出口补贴对国内居民的另一个损害是，它不仅不能给政府带来收益，而且要政府承担补贴的负担。出口补贴的金额为 $P_{X2}P_{X1}E'F$，它等于单位商品的出口补贴乘以出口数量。

第三节 战略性贸易政策及其保护效应分析

在现实中，多数企业面临着不完全竞争的市场结构（Imperfect Competition Market），市场竞争变成了少数几家企业之间的"博弈"，谁能占领市场，谁就能获得超额利润（Excess Profit）。所以，一国的对外贸易政策不仅要着力于本国获取一定的经济利益和保护本国工业的成长与发展，还在于通过政府的干预措施，改变企业的战略行为，发展本国商品的出口，使本国企业在国际竞争中获胜。战略性贸易政策理论利用了博弈论和产业组织理论的分析工具和基本方法，通过模型分析来说明在一个不完全竞争市场上，厂商和政府能够以一种战略性的、自觉的方式行动，以影响一个国家的贸易平衡和国民财富。

一、寡头竞争和出口补贴

寡头市场（Oligopoly）中的出口补贴是由斯宾赛和布朗德首先提出来的。该理论指出，在某些产业中，仅由少数几家企业进行竞争，由于企业很少，不会形成完全竞争市场，在这个产业中，企业会获得超额利润，在国际上，存在着对这些超额利润的争夺。在这种市场上，原则上一国政府可以通过改变博弈规则将这些超额利润从国外企业转移到国内企业。最简单的方式是向国内企业提供补贴，以阻止外国竞争对手的投资和生产，而因此带来的国内企业利润增加会超过补贴的数额，如果不考虑对消费者的影响，这种贸易政策就增加了本国的国民财富。但国民财富的这一增加是建立在其他国家的损失之上的。

假定在某个一体化的国际市场上仅有一家本国厂商和一家外国厂商，并且由于某种原因，譬如说规模经济或技术垄断，其他厂商无法进入该市场，则该市场是一个双寡头垄断市场（Duopoly Market）。假设这两家厂商生产的是同质商品，并且具有完全相同的成本函数：

$$C = F + mq \tag{3.3}$$

其中，C代表总成本；F代表不随产量变化而变化的固定成本；m代表固定不变的边际成本；q代表产量。很明显，这个成本函数表明两家厂商存在内部规模经济。

由于是同质商品，两家厂商的商品售价必须是一样的，假设该市场具有如下线性形式的逆需求函数：

$$P = a-(q_d+q_f) \tag{3.4}$$

其中，P为商品价格；q_d和q_f分别为本国厂商和外国厂商的销售量。

a为一个常数，且$a>m$成立，否则两家厂商就没有生产的必要了。在没有政府干预的情况下，两家厂商处于完全相同的地位。假设两家厂商的决策变量是产量，在两家厂商同时决定了产量以后，商品价格由生产需求决定。由这些假设可知，两家厂商进行的是古诺寡头竞争（Cournot Oligopoly Competition）。

在古诺竞争中，两家厂商均将产量作为自己的选择变量，并且在确定各自的产量时假设对方的产量既定，这样两家厂商的利润函数分别为：

$$\pi_d(q_d,q_f)=[a-(q_d+q_f)]q_d-(F+mq_d) \tag{3.5}$$

$$\pi_f(q_d,q_f)=[a-(q_d+q_f)]q_d-(F+mq_f) \tag{3.6}$$

各自的利润最大化条件分别为：

$$\frac{\mathrm{d}\pi_d}{\mathrm{d}q_d}=a-2q_d-q_f-m=0 \tag{3.7}$$

$$\frac{\mathrm{d}\pi_f}{\mathrm{d}q_f}=a-q_d-2q_f-m=0 \tag{3.8}$$

由此可以得到两家厂商的反应函数如下：

$$q_d=r_d(q_f)(1/2)(a-m-q_f) \tag{3.9}$$

$$q_f=r_f(q_d)(1/2)(a-m-q_d) \tag{3.10}$$

解这两个反应函数，可以得到该古诺寡头竞争的纳什均衡条件如下：

$$q_d^c=q_f^c=(1/3)(a-m) \tag{3.11}$$

此时的市场总销售量（总产量）Q_C和市场价格P_C分别为：

$$Q_C=(2/3)(a-m) \tag{3.12}$$

$$P_C=(1/3)(a+2m) \tag{3.13}$$

两家厂商的均衡利润为：

$$\pi_d(q_d^c,q_f^c)=\pi_f(q_d^c,q_f^c)=(1/9)(a-m)^2-F \tag{3.14}$$

假设该利润大于零，即两家厂商获得了超额利润。

如果本国厂商能够先于外国厂商确定自己的产量，而外国厂商在观测到本国厂商确定的产量后再确定自己的产量，那么它们进行的就是斯坦克尔伯格寡头竞争（Stackelberg Oligopoly Competition），又称为斯坦克尔伯格领导者－跟随者模型（The Stackelberg Leader-Followers Model）。在这种市场结构中，本国厂商成为主导厂商，而外国厂商成为从属厂商，这种寡头竞争中的纳什均衡结果和古诺竞争中的结果有很大的不同。

斯坦克尔伯格寡头竞争是一个完全信息动态博弈（Complete Information Dynamic Game），可以使用逆向归纳法（Backward Induction）确定这个博弈的纳什均衡（Nash Equilibrium）。

首先考虑在 q_d 已经确定的情况下，外国厂商的最优选择。此时外国厂商的利润函数为：

$$\pi_f(q_d,q_f)=\left[a-(q_d+q_f)\right]q_f-(F+mq_f) \tag{3.15}$$

由利润最大化条件可以导出：

$$q_f=s_f(q_d)=(1/2)(a-m-q_d) \tag{3.16}$$

可以看出，此处的推导过程和结果与古诺模型是一样的，式（3.16）实际上就是古诺竞争中外国厂商的反应函数，但是为了区别这两种不同的博弈模型，这里用的是 $s_f(q_d)$ 而不是 $r_f(q_d)$。这里的 $s_f(q_d)$ 是当本国厂商确定 q_d 后外国厂商的实际选择，而在古诺竞争中，$r_f(q_d)$ 是外国厂商对假设 q_d 的最优反应。

本国厂商预测到外国厂商将根据 $s_f(q_d)$ 确定 q_f，因此他的利润函数为：

$$\pi_d\left[q_d,s_f(q_d)\right]=\left[a-q_d-s_f(q_d)\right]q_d-(F+mq_d) \tag{3.17}$$

由利润最大化条件可以导出：

$$q_d^S=(1/2)(a-m) \tag{3.18}$$

$$q_f^S=(1/4)(a-m) \tag{3.19}$$

此时的市场总销售量（总产量）Q_C 和市场价格 P_C 分别为：

$$\begin{aligned}Q_C&=(3/4)(a-m)\\P_C&=(1/4)(a+3m)\end{aligned} \tag{3.20}$$

两家厂商的斯坦克尔伯格均衡利润分别为：

$$\pi_d(q_d^S,q_f^S)=(1/8)(a-m)^2-F \tag{3.21}$$

$$\pi_f(q_d^S,q_f^S)=(1/16)(a-m)^2-F \tag{3.22}$$

可以看出，本国厂商在斯坦克尔伯格竞争中的利润大于古诺竞争中的利润，而外国厂商恰恰相反。这就是所谓的“先动优势”（First-Mover Advantage）。

在斯坦克尔伯格竞争中，一个很重要的结论是可信承诺的价值（Credible Commitment Value）。本国厂商之所以能够获得高于古诺利润的斯坦克尔伯格利润，是因为它首先确定产量，它的商品一旦生产出来，就变成了一种积淀成本，无法改变，从而外国厂商必然认为它的产量是可信的。如果本国厂商并没有实际生产，只是简单地承诺将生产 $q_d=(a-m)/2$ 的产量，外国厂商是否会相信他的承诺呢？假设外国厂商相信了这一承诺，从而选择产量 $q_d=(a-m)/4$，但是在外国厂商生产这个产量时，根据式（3.9）可知，本国厂商的最优选择是 $q_d=3(a-m)/8$，而不是 $q_d=(a-m)/2$。因此，外国厂商不会相信本国厂商的承诺，唯一的纳什均衡是 $q_d^C=q_f^C=(1/3)(a-m)$，即古诺竞争的均衡结果。

这里的问题是，按照假设，在没有政府干预的情况下，两家厂商处于完全相同的地位，双方只能同时选择其产出水平，谁都无法做出可信的承诺使对方确信它会选择斯坦克尔伯格主导厂商产量，因此最终只能得到古诺均衡结果。然而，一国政府却可以帮助其厂商做出可信承诺，从而使其成为斯坦克尔伯格主导厂商。政府的这种做法就是所谓的战略性贸易政策。

假设本国政府决定采取战略性贸易政策扶持本国厂商，扶持办法是给予每单位产出以补贴。并且假设外国厂商了解这一情况，但是外国政府并没有采取任何干预政策。因此，外国厂商的情况和前面完全一样。两家厂商仍然同时确定产出水平，因此进行的仍然是古诺寡头竞争。此时两家厂商的利润函数分别为：

$$\pi_d(q_d,q_f)=\left[a-(q_d+q_f)\right]q_d-(F+mq_d)+sq_d \tag{3.23}$$

$$\pi_f(q_d,q_f)=\left[a-(q_d+q_f)\right]q_f-(F+mq_f) \tag{3.24}$$

由利润最大化条件导出两家厂商的反应函数分别为：

$$q_d=r_d^*(q_f)=(1/2)(a-m+s-q_f) \tag{3.25}$$

$$q_f=r_f^*(q_d)=(1/2)(a-m-q_d) \tag{3.26}$$

解这两个反应函数，可得新古诺寡头竞争的纳什均衡为：

$$q_d^*=(1/3)(a-m+2s) \tag{3.27}$$

$$q_f^*=(1/3)(a-m-s) \tag{3.28}$$

此时的市场总销售量 Q^*和市场价格 P^*分别为：

$$Q_C^*=(2/3)(a-m)+(1/3)s \tag{3.29}$$

$$P_C^*=(1/3)(a+2m-s) \tag{3.30}$$

此时本国厂商不含政府补贴的利润为：

$$\pi_d^*(s)=(1/9)(a-m)^2+(1/9)s(a-m)-(2/9)s^2-F \tag{3.31}$$

外国厂商的利润为：

$$\pi_f^*(s)=(1/9)(a-m)^2-(2/9)s(a-m)+(1/9)s^2-F \tag{3.32}$$

即，此时两家厂商的利润均为补贴率 s 的函数。通过最大化可以导出本国政府的最优补贴率为：

$$s^*=(1/4)(a-m) \tag{3.33}$$

在这一补贴率下，两家厂商的均衡产量分别为：

$$q_d^*=(1/2)(a-m) \tag{3.34}$$

$$q_f^*=(1/4)(a-m) \tag{3.35}$$

这恰好是斯坦克尔伯格均衡结果，本国厂商生产的是斯坦克尔伯格主导厂商产量，因此攫取的是斯坦克尔伯格主导厂商利润（不含补贴收入），而外国厂商只能得到从属厂商的利润，因此，通过提供政府补贴，本国净收益提高了，而这种提高是以外国厂商利润的减少为代价的，并且外国厂商的利润减少超过本国厂商的利润增加，这是一种典型的“以邻为壑”（Beggar-Thy-Neighbor）的政策，即以牺牲其他国家的利益来提高本国福利的政策。不过，这里的分析说明，政府的战略性贸易政策使得本国厂商的高产量承诺成为一个可信的承诺，尽管两者进行的仍然是古诺寡头竞争，但是结果却是斯坦克尔伯格竞争结果。

尽管在本模型的假设下，由该模型导出的结论从逻辑上讲是完全正确的，但是模型中的一些假设的合理性却存在着问题。大量的研究表明，模型假设的改变会导致最优政策发生根本性的改变。这些假设包括所用的博弈类型，厂商所用的选择变量，厂商数目，进入壁垒，成本的外生性，是厂商还是政府先行动，厂商是否向国内市场销售商品以及外国政府是否干预等。

在上述模型中，注意把握以下几点是十分关键的。①本国政府必须能够先于厂商采取行动，也就是说，在两家厂商确定产出水平之前宣布补贴计划。只有这样，才能够影响两家厂商的产量决策。在上述模型中，假设本国厂商不能先于外国厂商行动，但是本国政府可以。该模型是一个完全信息博弈模型，但现实中如此复杂的问题很难获得充分的信息，鉴于信息问题和政府行动固有的效率低下，这一假设的现实性很令人怀疑。②该模型假设厂商之间进行的是古诺博弈，如果厂商进行的是其他博弈，政府就必须选择不同的政策。譬如说，如果两家厂商生产的是差别商品并且进行的是以价格为决策变量的伯川德博弈，本国政府最优政策就不是生产补贴，而是征税。③没有什么能够阻止外国政府进行报复。战略性贸易政策是一种以邻为壑的政策，没有什么理由认为外国政府不会报复。如果外国政府进行报复，最终的结局是两败俱伤。假设外国政府公开宣布和本国政府采取相同的政策，也以相同的方式补贴其厂商，并且选择相同的补贴率，这种情况相当于两家厂商的边际成本均下降了 s，两家厂商进行的依然是古诺寡头竞争，最终的均衡结果为：

$$q_d^{**} = q_f^{**} = (1/3)(a-m+s)$$

此时的市场总销售量 Q_C 和市场价格 P_C 分别为：

$$Q_C = (2/3)(a-m+s)$$
$$P_C = (1/3)(a+2m-2s)$$

两家厂商不含补贴的均衡利润为：

$$\pi_d^{**} = \pi_f^{**} = (1/9)(a-m)^2 - (1/9)s(a-m) - (2/9)s^2 - F$$

显然，如果补贴率 $s>0$，双方的利润（不含补贴）均低于没有补贴时的利润，这是一个两败俱伤的结局。不过，此时市场价格比没有补贴时的低，而市场供给比没有补贴时的高，也就是说，消费者以更低的价格得到了更多的商品，消费者从这种针锋相对的贸易战中受益了，特别是第三国肯定得到了福利增进。

博弈论的研究表明，能够做出可信承诺是任何子博弈精练均衡的必备特征。这意味着实施战略性贸易政策的国家必须以某种可信的方式约束自己信守承诺，保证所选择政策的连续性，以使政策确实有效地发挥作用。然而，很多国家可能会发现很难对政策做出可信的长期承诺。

二、规模经济、R&D投入、学习效应和进口保护

战略贸易政策（Strategic Trade Policy）的另一种形式就是进口关税。支持这一战略贸易政策的主要理论依据包括如下几个方面，即规模经济、R&D 投入和学习效应。

假设在某一产业中存在着一家本国厂商和一家外国厂商在全球市场上进行竞争。两家厂商生产的是同质商品，并且两家厂商具有完全相同的成本函数，在没有政府干预的情况下，两家厂商处于完全相同的地位。在各国市场是分离的情况下，没有形成一个一体化的国际市场，在每个市场上，两家厂商都是进行古诺竞争。并且，两家厂商的边际成本是其总产量的递减函数，也就是说，边际成本和总产量的这种关系如图 3-18 所示中的 MM 曲线所示。

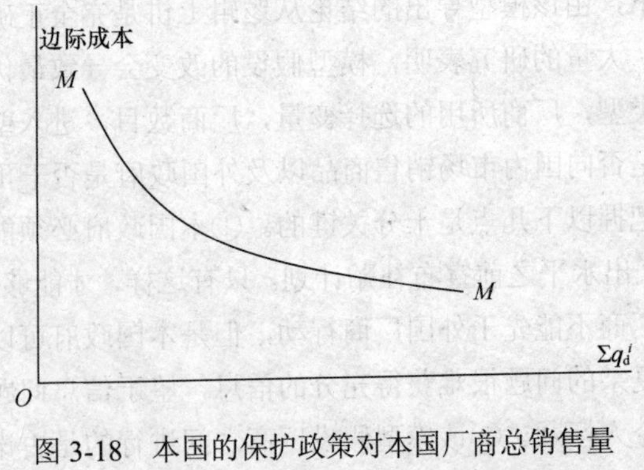

图 3-18 本国的保护政策对本国厂商总销售量

边际成本之所以是厂商总产量的递减函数，有 3 种可能的原因：第一，内部规模经济的存在。第二，学习效应的存在。所谓学习效应，是指某个厂商随着生产经验的积累导致平均生产成本

不断下降的现象。由于是随着产量的逐步积累而出现的平均成本不断下降，学习效应又被称为动态收益递增。第三，厂商用于降低成本的研发经费即 R&D 投入是其利润的增函数，而寡头厂商的利润又是其产量的增函数，也就是说，产量的增加带来利润的增加，利润的增加带来研发经费的增加，研发经费的增加导致厂商边际成本的下降。这三种原因往往又是交叉在一起的。

新贸易保护主义认为，存在不完全竞争和规模经济的条件下，利用进口关税或配额来排挤外国厂商，可以帮助本国厂商获得更大的市场份额。这样它们就可以沿着平均成本曲线和学习曲线向下移动。如果静态的和动态的规模收益都存在，本国厂商就有希望在一个受保护的国内市场中通过不断学习来降低平均成本，积累实力，最终获得国际市场上的竞争优势。新贸易保护主义相信，给本国厂商提供生产补贴或研发补贴具有相同的效果。研发活动是战略贸易政策的一个重要扶持目标。之所以如此，并不仅仅是因为研发活动带来的技术进步可以提高本国的产业竞争力。如果有足够大的净收益，厂商就有足够的激励进行研发活动，并不需要政府鼓励。研发活动的正外部性往往使得企业缺乏足够的激励来从事某些研发活动，研发活动的正外部性又被称为知识外溢，指的是某一研发活动带来的技术和知识创新被其他人或企业无偿地利用来增加收益。知识外溢可以发生在企业之间、产业之间甚至国家之间，知识外溢增加了社会收益，但是这种增加却不能形成对从事研发活动的企业的激励，如果某家企业的研发活动给他自己带来的收益低于研发成本，这是一种典型的市场失灵。只要知识外溢特别显著，政府干预就显得比较理所当然，通过采取某些措施譬如提供补贴或者实行贸易保护来增加企业从其研发活动中取得的收益，从而激励本国企业积极从事那些具有显著知识外溢的研发活动，政府就能够提高社会福利。这正是新贸易保护主义主张通过战略性贸易政策支持本国企业研发活动的依据所在。

这 3 种情况之所以成为贸易保护主义的重要理论依据，其原因可以通过下述分析加以说明。

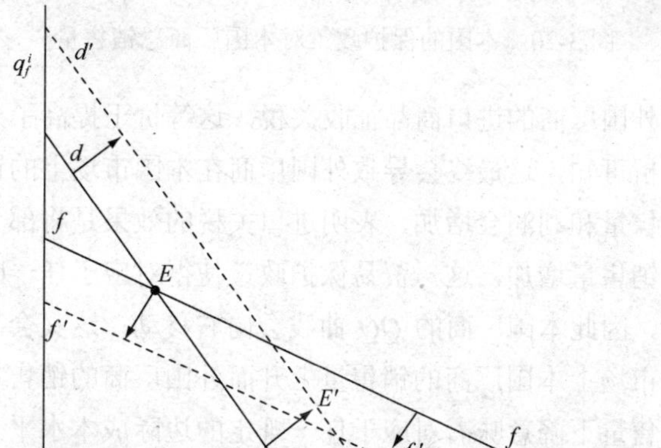

图 3-19　两家厂商第 i 个市场上的反应函数及古诺均衡销售量

两家厂商在每一个市场进行古诺竞争，因此在每一个市场上两家厂商各有一个反应函数，如图 3-19 所示。图 3-19 横轴上 q_d^i 的变量代表本国厂商在第 i 个市场上的销售量，而纵轴上的 q_f^i 代表外国厂商在该市场上的销售量。图中的 *dd* 曲线和 *ff* 曲线分别代表本国厂商和外国厂商的反应函数。需要注意的是，一个既定的反应函数对应的是一个既定的边际成本，这意味着每家厂商的总产量也是既定的，但是在任意给定市场上的销售量却是可以变化的。

在相同的分析框架中，根据式（3.9）至式（3.12）可知，在需求曲线既定的条件下，每家厂商的反应函数的位置、最终的均衡销售量及相应的均衡利润取决于这家厂商的边际成本的大小。以本国厂商为例，边际成本下降或上升会导致其反应函数向右或向左移动，从而使其古诺均衡产量及相应的利润增加或者减少，而竞争对手的均衡产量及利润却会减少或者是增加。当然，一家厂商的边际成本下降或者上升会导致其在所有市场上的销售量增加或者下降，相应的总销售量也就增加或者下降，这表明边际成本和厂商的总销售量存在着负相关关系。

现在再来分析每家厂商的总产量和其边际成本的关系。图 3-20 以本国厂商为例说明了两者的关系。图中的横轴代表本国厂商的总产量，它也是本国厂商在所有市场上的总销售量。纵轴则代表本国厂商的边际成本。图中的 *MM* 曲线反映了边际成本随着总产量的增加而递减的假设。而图中的 *QQ* 曲线则表明：边际成本的下降会带来总产量的增加。这两条曲线的交点 *A* 就是本国厂商的均衡点。在这个均衡点上，本国厂商实现了利润最大化，因此在其他条件没有发生的情况下，本国厂商不打算改变这一均衡状态。

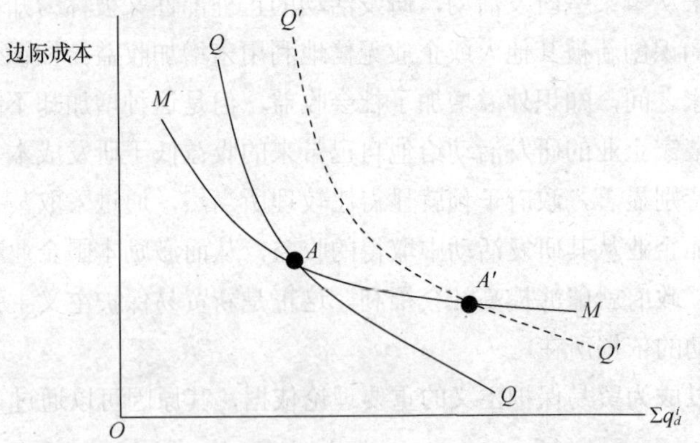

图 3-20　本国的保护政策对本国厂商总销售量

假设本国政府对来自外国厂商的进口商品征收关税，这等价于提高了外国厂商在本国市场上的边际成本，根据上面的分析可知，这最终会导致外国厂商在本国市场上的销售量和利润下降，而本国厂商在本国市场上的销售量和利润会增加，表明进口关税的效果是将部分国内市场留给了本国厂商。由于在本国市场上的销售量增加，这一贸易保护政策使得对应于任一既定的边际成本水平本国厂商的总产量均有所增长，因此本国厂商的 *QQ* 曲线会向右移动，这又会导致本国厂商的边际成本下降，进而导致在每一个市场上本国厂商的销售量上升而外国厂商的销售量下降。而对于外国厂商来说，在本国市场上的销售量下降意味着对应于任一既定的边际成本水平外国厂商的总产量均有所下降，因此外国厂商的 *QQ* 曲线会左移，这又会导致外国厂商的边际成本上升，进而导致在每一个市场上外国厂商的销售量下降而本国厂商的销售量上升，这进一步导致本国厂商的 *QQ* 曲线右移，最终一直右移到 *Q′Q′*，如图 3-20 所示，最终的均衡点为 *A′*。和原来的均衡相比，本国厂商的总销售量明显增加了，而边际成本出现了显著下降。边际成本的下降，意味着本国厂商在每一个市场上的反应函数都发生了右移，最终一直右移到 *d′d′*。而外国厂商的总产量下降导致外国厂商的边际成本上升，从而外国厂商在每一个市场上的反应函数均向下移动，最终一直下移到 *f′f′*。图 3-19 中描述了这种情况，本国政府不征收进口关税时的均衡点为 *E*，征收关税时的均衡的移到 *E′*，显然，本国政府的进口关税最终使本国厂商在所有市场上的销售量都增加了，而外国厂商在所有市场上的销售量都下降了。也就是说，本国政府通过征收进口关税，使得本国厂商占领了更多的全球市场，而这是以外国厂商的损失为代价的。进口配额的效果基本上是一样的。显然，这种贸易政策依然是一种以邻为壑的政策。

根据边际成本随着总产量的增加而递减的原因不同，可以将这种保护性关税称为通过规模经济促进出口的关税（Tariff to Promote Exports Through Economics of Scale）、通过研发促进出口的关税（Tariff to Promote Exports Through Research and Development）和通过学习效应促进出口的关税（Tariff to Promote Exports Through Learning Effects），由于这三个原因往往交叉在一起，因此这种区分只是相对的。"通过规模经济促进出口关税"这一政策通过扩大本国厂商的总产量显著降低了本国厂商的平均生产成本，既增加了本国厂商的利润，又提高了其国际竞争力。"通过研发促进出口关税"，通过增加本国厂商的产量增加了其利润，进而增加了其研发投入，最终导致了本国厂商平均生产成本的下降、利润的增加和国际竞争力的提高。"通过学习效应促进出口的关税"通过提高本国厂商的产量有效发挥了学习效应，带来了本国厂商平均生产成本的下降、利润的增加和国际竞争力的提高。

尽管具体的政策不同，但是这里的进口关税或配额依然是一种以邻为壑的政策。因此，没有理由认为这种政策不会招致外国的报复。如果外国政府实施报复，最终的结局只能是两败俱伤。

三、战略性贸易政策存在的主要问题

首先，战略性贸易政策存在着很大的发生贸易战从而使各方均受损害的风险。

假设一家本国厂商和一家外国厂商都在考虑为国际市场生产一种具有很大的内部规模经济的商品。当生产规模有限，不足以支撑两家厂商的时候。若本国厂商生产而外国厂商不生产，则本国厂商将获利；而外国厂商既无支出，也无收益，因此利润为零。若外国厂商生产而本国厂商不生产，从而外国厂商获利而本国厂商利润为零。若两家厂商均不生产，利润为零。这样的博弈结果是非常明确的。两家厂商的最优战略均为：如果对方生产我就不生产，如果对方不生产我就生产。但是如果两家厂商处于完全相同的形势，都将处于决策阶段，那么其结果就是不确定的。

但是政府可以改变这种局面，即本国政府可以用给予补贴的形式支持本国厂商。政府可以宣布一旦本国厂商为国际市场生产这种商品，它将为其提供足够的补贴。有了本国政府的这一承诺，本国厂商得到了一个有保证的利润，不管外国厂商如何行动，本国厂商都可以从生产这种商品中受益，因此它肯定会生产该商品，而外国厂商知道了外国政府的这一承诺后，也就知道了外国厂商肯定会生产该商品，在这种情况下，它如果生产肯定亏损，从而它将决定不生产。因此，最终的结果是本国厂商生产，外国厂商不生产。在本国厂商获得的利润中，即使不考虑对消费者福利的影响，扣除政府补贴以后，本国仍然可以获得一定的净收益。所以，本国政府提供补贴可以使本国厂商获得进入优势，并将外国厂商挤出这一市场。这事实上正是所谓的战略性贸易政策的理想结局。

然而，在这种战略性贸易政策下，本国的受益是以外国的损失为代价的。所以，没有理由保证外国政府不会进行报复。通常这种以邻为壑的做法都会遭到外国政府的报复。如果外国政府决定进行报复，也宣布一旦他的厂商生产该商品，他也提供足够的生产补贴。那么此时的收益将会改变。由于有了政府补贴做保障，两家厂商都发现，不管对方如何行动，生产该商品总是有利可图的。因此，最终的结局是两家厂商都生产该商品，各自都可以从生产中获利。但是，如果不考虑对消费者福利的影响，双方的获利在扣除政府补贴以后，两国都将出现净亏损。所以，这种针锋相对的战略性贸易政策的结局是两败俱伤，如果有获益者的话，那么这一受益者可能会是其他国家，其他国家的企业或居民可能会从这种贸易战中获益匪浅。这也正是 WTO 明确禁止过多地使用出口补贴的原因。

其次，即使没有外国报复，战略性贸易政策理论也存在很多问题。其中的问题之一就是，这种理论的实际运用所需要的信息要比可能得到的信息多得多。信息的不完全和不对称使得贸易各方很难做出正确的政策选择。由于政府一般都比较缺乏那些作为决策基础的公正的信息来源，即使信息是可以获得的，其真实性也很令人怀疑。错误的信息可能会导致误导性的政策，甚至导致灾难性的后果。

信息不完全的问题可以从两个方面来看。一方面，即使仅仅孤立地研究某一个产业，也很难准确地获取决策所需的所有必要的信息。如果政府在政策决策上出了什么差错的话，最终实施的政策很难取得有益的效果，而且很有可能是一种代价惨痛的错误选择。另一个方面的信息不完全问题常常被忽视。但是这绝不意味着这个问题并不重要。由于实际上并不能将某一产业单独隔离出来进行考察，信息问题也因此变得更为复杂、更为严重。由于资源是稀缺的，各个产业之间不可避免地存在着资源争夺。在一个充分竞争的市场上，资源将流向它们有最佳用途的地方，政府干预只能扭曲市场的有效作用，导致资源配置的无效率。如果某个产业得到政府扶持而获得了更多的社会资源，其他产业在资源争夺中就被置于一种劣势，从而就只能获得较少的资源，扶持一个产业就必然意味着歧视其他产业。因此，即使政府的所谓的战略性贸易政策成功地使某一产业获得战略优势，也将使其他产业处于战略劣势。政府需要权衡这两种相互冲突的政策效应。即使政府对某一产业有准确的了解，这也是远远不够的，政府还需要同样地了解与这一产业争夺资源的其他产业的情况。然而，即使解决了这些问题，它仍然面临外国报复的问题。因此，它还必须了解全世界的企业和其他国家的政府如何反应，而对于一国政府来说，这是极为困难的。

大多数经济学家认为贸易保护的做法从长远来看是破坏性的，因为这种做法很可能会诱使过多的国内厂商进入受保护产业以期获得超额利润，结果导致了过度竞争和规模经济的丧失。政府政策极可能会在无意中导致生产的低效率，方便了外国厂商和本国厂商之间的合谋，以及进行了一种对整个社会来说并不适当的收入再分配。

实际上，大多数研究战略性贸易政策的经济学家反对使用这一政策。尽管不能证明这类政策毫无作用，但从一些国家的这类政策实践来看，其效果不确定。所以，遵循一条“有条件的、合作性的”拥有主动权的贸易规则将是一国政府的明智选择。无条件的贸易自由化，很可能会招致外国以邻为壑政策（Beggar-Thy-Neighbor Policy）的损害，自己首先使用此类政策则极可能招致外国政府的报复从而两败俱伤。因此，自己不做这类政策的发起者，当外国政府积极使用战略性贸易政策时，本国政府应该做好进行报复的准备。用提供贸易自由化的胡萝卜加报复大棒支持的有条件合作战略，被认为是最有可能诱使外国政府做出合作反应的明智选择。

复习思考题

1．关税怎样影响消费者剩余，它又是如何影响生产者剩余的？

2．征收关税中谁受益，谁受损，对整个社会的净效应如何？关税的影响与配额有何不同？与生产补贴又有何不同？

3．一个大国是否有可能通过征收关税获得净福利增加？是否可能通过实施进口配额来增加贸易得益？如果有可能在什么条件下可以实现？

4．有效保护率是名义关税率和进口要素关税率的加权平均。在多数工业化国家，原材料、中间商品的名义关税要比最终商品的名义关税要低。为什么这些国家要以这样的方式设计关税结构？这种“瀑布式”的关税结构对谁有利，对谁有害？

5．简述贸易有效保护率的高低对一国产业结构变化的影响。

6．假设有一个小国，无法影响国际价格，该国以每单位 10 美元的价格进口 A 商品。其国内需求曲线为 $D=400-10P$，供给曲线为 $S=50+5P$，确定自由贸易的均衡点，然后计算出把进口配额限制在 50 单位 A 商品时对以下各项的影响：①本国价格的增幅；②配额租金；③消费扭曲损失；④生产扭曲损失。

7．作图分析贸易小国实施出口补贴的经济福利效应（局部均衡分析）。

8．你被要求对 A 国的食糖进口关税对福利的影响进行量化分析。此工作最为繁重的一部分已经完成，有人已经估算了没有食糖关税情况下的食糖生产量、消费量和进口量，你得到如下信息，见下表。

A 国食糖的生产与贸易信息表

	有进口关税的情况	无关税的情况
国际价格（在 A 国交货）	0.10 美元/千克	0.10 美元/千克
进口关税	0.02 美元/千克	0
A 国的消费（10 亿千克/年）	20	22
A 国的生产（10 亿千克/年）	8	6
A 国的进口（10 亿千克/年）	12	16

请估算：

（1）A 国消费者从取消关税中可得到的收益。

（2）A 国生产者从取消关税中遭受到的损失。

（3）取消关税导致的 A 国政府的关税的损失。

（4）取消关税对 A 国国民福利的影响。

9．假设某一行业（X_1）需要另两个行业（X_2 和 X_3）的商品作为中间投入，投入产出系数分别为 $a_{21}=0.2$，$a_{31}=0.5$，三个行业的进口关税分别用 t_1、t_2 和 t_3 表示，试计算在下列情况下 X_1 的有效保护率：

（1）$t_1=30\%$、$t_2=20\%$、$t_3=10\%$；

（2）$t_1=30\%$、$t_2=20\%$、$t_3=40\%$；

（3）$t_1=30\%$、$t_2=50\%$、$t_3=10\%$。

第四章 国际投资

【格言】

经济学家与政治哲学家的观念，无论对错，都远较一般人所了解的有力。这个世界甚少受其他人的统治。负实际责任的人尽管认为不太受知识分子的影响，但通常都是某些死去经济学家的奴隶。

——John Maynard Keynes

【学习目标】

（1）掌握国际资本流动的动因、发生机制和效果；

（2）重点学习和掌握国际投资的企业优势、交易成本及其内部化理论；

（3）了解国际投资的商品生命周期与FDI的动态演进；

（4）掌握国际投资的国际生产折中模型和综合动因模型；

（5）正确理解和掌握国际投资的资本化率理论、边际产业扩张理论和发展阶段理论；

（6）掌握发展中国家吸引外资的双缺口模型、四缺口模型的内容及意义；

（7）学会从微观和宏观两方面分析国际直接投资产生的原因及影响。

【引导案例】

来自联合国贸易和发展组织的“2015年世界投资报告”

来自联合国贸易和发展组织（United Nations Conference for Trade and Development，UNCTAD）的“2015年世界投资报告”指出，亚洲发展中经济体FDI流入量再创新高，增长9%，接近5 000亿美元。其作为全球FDI最大流入地区的地位进一步加强。其中，流入东亚及东南亚的FDI上升10%，达3 810亿美元。流入南亚的FDI大幅增长16%，达410亿美元，流入该地区制造业的外资增长强劲。

亚洲特别是东亚和东南亚基础设施以及商业活动的互联互通进一步加强，区内、区外商品、服务、信息及人员流动更加便利，交易成本继续降低。一些区域合作倡议（如大湄公河次区域经济合作倡议）加强了有关国家在高速公路、铁路、电力等基础设施领域的联通。东盟内部的经济走廊（如印尼—马来西亚—泰国经济增长大三角）也促进了地区互联互通。区内国家提出的一些新的倡议，如中国提出的“一带一路”战略及其倡导建立的亚洲基础设施投资银行、韩国提出的亚欧倡议以及日本承诺的亚洲基础设施投资等，将进一步强化亚洲的互联互通及经济一体化。

在上述背景下，亚洲基础设施领域吸引的外国投资不断上升。2014年，东亚、东南亚基础设施领域的跨境并购较上年增长近3倍，达170亿美元；绿地投资高达190亿美元。此外，截至2014年，以非股权方式（如管理、租赁合同等）对东亚、东南亚基础设施的外国投资累计达500亿美元。中国企业在亚洲的基础设施投资日益活跃，成为区域基础设施最大投资方之一。

针对该案例值得引起思考的问题是：

（1）是什么原因引起了亚洲发展中经济体FDI流入量再创新高？

（2）引起国际资本发生流动的原因有哪些？对FDI流入地有何影响？

（3）对于发展中国家来说，应当如何吸引外国投资？

国际投资（International Investment）包括直接投资（Direct Investment）和间接投资（Indirect Investment）。直接投资是指投资者对所投入资金的实际运行过程具有足够的影响力和控制权的投资。间接投资就是指投资者不直接操纵或影响资金的实际运行过程的投资。国际投资对于一个国家的经济发展有着十分关键的影响作用，几乎所有的发展中国家都把争取国际投资视为推动经济增长的重要因素。认识国际资本流动的形式和正确把握与运用国际投资理论，是研究国际经济学需要掌握的重点理论内容之一。

第一节 国际资本流动及其经济效应

国际资本流动（International Capital Movments）一般是指一个国家或地区的政府、企业或个人与另一个国家或地区的政府、企业或个人之间及国际金融组织之间资本的流入和流出（Capital Inflow and Capital Outflow）。国际资本流动无论是对于流入国还是流出国的经济影响来说，都有着各自不同的效果。

一、国际资本流动理论

在经济学原理中，投资被看作是一种推迟消费的行为，进行投资就是用当前的消费去换取未来的消费。因此，国际投资可以被视为一种国际交换，是用当前商品去换取未来商品的一种交换。

1. 相对价格与资本流动

假设有 A 和 B 两个生产者，这两个生产者同时也是消费者，他们都生产一种商品 X，其生产活动可以有选择地在两个时期进行，即当前或未来，如果选择当前生产商品，就是生产为了满足现在消费的商品，如果选择未来生产这种商品，则是生产为了满足将来消费的商品。同时，再进一步假设每个生产者都拥有一定规模的有形资本，如果增加这一资本存量，就意味着愿意放弃当前商品的生产，而增加未来商品的生产，并减少当前商品的供应。用图 4-1 来说明 A 和 B 所面临的在当前和未来的选择情景。

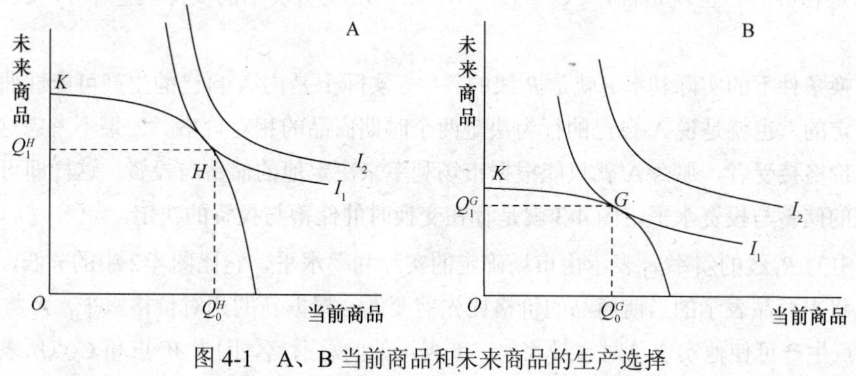

图 4-1 A、B 当前商品和未来商品的生产选择

图中纵轴表示未来商品 Q_1 的数量；横轴表示当前商品 Q_0 的数量；生产可能性曲线 K 表示现在商品和将来商品的转换关系；无差异曲线族 I_1 和 I_2 表示两个时期的消费组合的效用水平。如果二者

之间不存在交换关系的话，A 和 B 将分别在 H 点和 G 点达到各自的效用最大化的均衡。H、G 两点处的斜率则分别表示无交换条件下现在商品和将来商品的“相对价格”，通常可以用“利率”来表示这种“相对价格”。

由于 H、G 两点处的实际利率不同，从而 A 和 B 两人拥有不同的相对优势。H 点处的斜率大于 G 点处的斜率，表明 A 所面临的以将来商品表示的当前商品的价格高于 B，所以 A 在将来商品上拥有相对优势，也就是说，他可以牺牲较少的当前商品生产较多的未来商品，B 则在当前商品上拥有相对优势，即他每放弃一单位将来商品，便可享有较多的当前商品。根据比较优势原则，A 可以“出口”未来商品，“进口”当前商品，B 则相反。

2. 储蓄与投资及资本流动发生机制

为了理解从相对价格的差异到资本的流动，在 A 的生产可能性曲线图中加入有关储蓄和投资的分析，如图 4-2 所示。

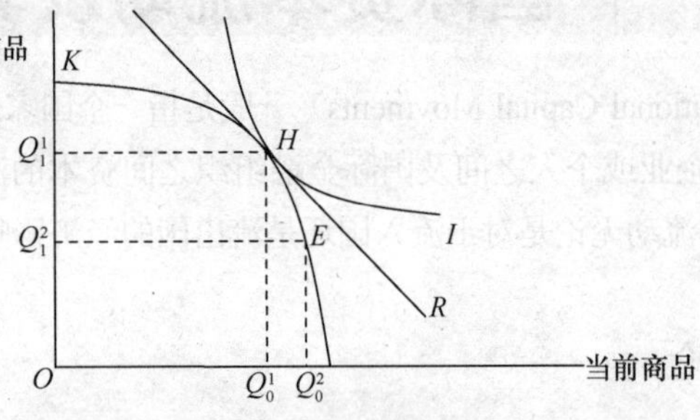

图 4-2　A 的储蓄和投资分析

图 4-2 中的 K 曲线仍表示 A 的生产可能性边界，假如给定某一有形资本存量，A 最初生产当前商品 Q_0^2，生产将来商品 Q_1^2，这一组合由 E 点表示。当前商品 Q_0^2 便是 A 当前的收入。但如果给出反映 A 在当前商品和将来商品之间的偏好的无差异曲线，则 E 点并不是最佳的均衡点，沿 K 曲线向 H 点移动会提高 A 的效用水平。在没有交换的条件下，H 点将是 A 实现效用最大化的均衡点。与 E 点相比，向 H 点移动意味着 A 将放弃生产当前商品（$Q_0^2-Q_0^1$），而增加将来商品的生产（$Q_1^1-Q_1^2$）。因为 Q_0^2 是 A 的当前收入，因此减少当前商品的生产（$Q_0^2-Q_0^1$）实际上就是他将这部分资源从当前转移到将来，（$Q_0^2-Q_0^1$）可以理解为当前收入的储蓄和对未来生产的投资，在量上储蓄和投资是相等的。也就是说，（$Q_0^2-Q_0^1$）对应于 R 线所表示的实际利息率 r，表示 A 的储蓄和投资水平。

上述交换条件下的实际利率 r 就是 R 线的斜率，实际上是由 A 自己的生产可能性曲线和无差异曲线共同决定的，也就是说 A 自己的行为决定两个时期商品的相对价格。如果不考虑这一假设，把 A 看作一个价格接受者，那么 A 就只能根据市场利率来决定他的储蓄与投资。这样即可根据市场条件来推导他的储蓄与投资水平。图 4-3 就是存在交换时的储蓄与投资的决定。

图 4-3 中的 R_1 线的斜率 r_1 表示由市场确定的实际利率水平，它比图 4-2 中的 r 低，也就是说，在该图中以将来商品表示的当前商品的价格比先前要低。根据新的相对价格水平，A 将选择 C 点生产，且在该点生产可使他实现总财富最大化。W 表示他的总财富，因为 W 点和 C 点所表示的产出组合在价值上是相等的，也就是说（$W-Q_0^1$）表示的是未来商品 Q_1 的现值。由于在图 4-3 中并没有说明横轴和纵轴的度量单位是统一的，所以从坐标图上看 R_1 线的斜率小于 1，但这并不意味着实际利率是负数。这样，A 可以根据市场利率水平沿 R_1 线以将来商品交换现在商品，交换使他获得新的商品

组合，并随之提高其效用水平，直到达到 H 点处，即 R_1 线与他的最高一条无差异曲线相切，此时，A 便实现其效用最大化。这一过程意味着 A 用将来商品（$Q_1^1-Q_1^2$）换取了现在商品（$Q_0^2-Q_0^1$）。在 r_1 的利率水平下，现在商品的生产减少了（$Q_0^3-Q_0^1$）以增加生产将来商品（$Q_1^1-Q_1^3$），那么（$Q_0^3-Q_0^1$）也就是对将来生产的投资。

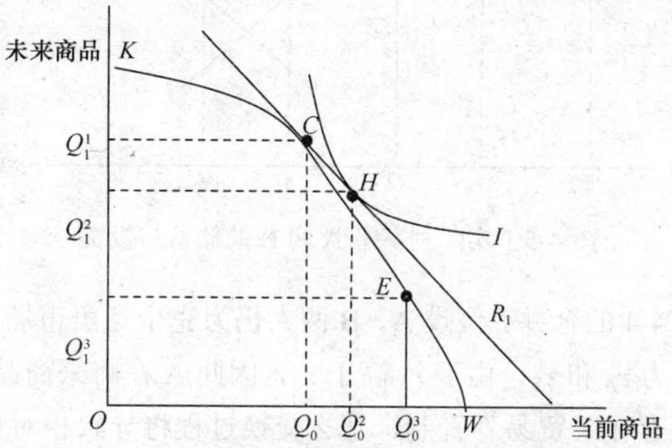

图 4-3 A 在存在有交换时的储蓄和投资的决定

由于 Q_0^3 是 A 当前的收入，而它的消费（对应于 H 点）却是 Q_0^2，也就是说它的储蓄仅为（$Q_0^3-Q_0^2$）。比较（$Q_0^3-Q_0^2$）和（$Q_0^3-Q_0^1$），所以他的储蓄低于他的投资，这个差额如何弥补呢？A 在出售将来商品时，实际上出售的不是别的，而是一种对将来商品的要求权。这种要求权通常是以股票、债券等金融资产的形式存在的，出售这些金融资产所获得的资金便可弥补 A 在储蓄和投资之间存在的差额。事实上，A 出售将来商品的过程也就是他引进“外资”的过程。对于 B 来说，也可以用同样的方法推导出他的储蓄与投资水平的决定过程。

假设一个社会只有 A、B 两个人组成，通过两者的储蓄和投资函数即可最终确定交换的条件和交换的规模。

图 4-4 中分别给出 A、B 两人的储蓄函数和投资函数，在没有交换的情况下，实际利率分别由各自的储蓄与投资曲线的交点决定。因此 r_A 和 r_B 的利率水平分别对应于图 4-1 中的 H、G 两点的利率水平。

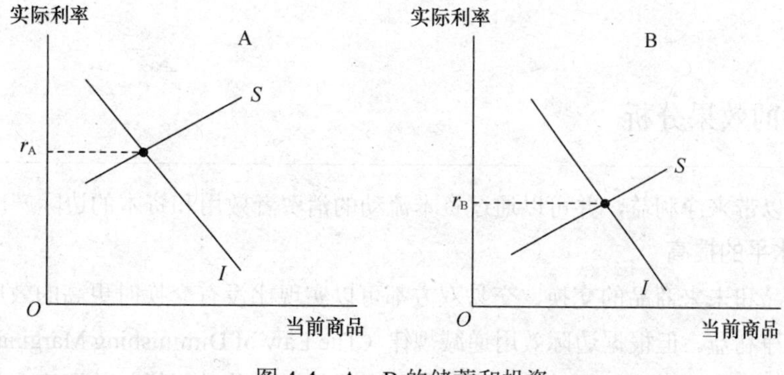

图 4-4 A、B 的储蓄和投资

对 A 来说，如果实际利率低于 r_A，便会出现现阶段储蓄小于投资的情况。在图 4-3 中，这种情况具体表现为（$Q_0^3-Q_0^2$）小于（$Q_0^3-Q_0^1$）。对于 B 来说，类似的情形也会发生。假如实际利率高于 r_B，那么 B 的储蓄便会大于他的投资。如果利率介于 r_A 和 r_B 之间，那么 B 将减少将来商品的生产而增加现在商品的生产，A 则正好相反。

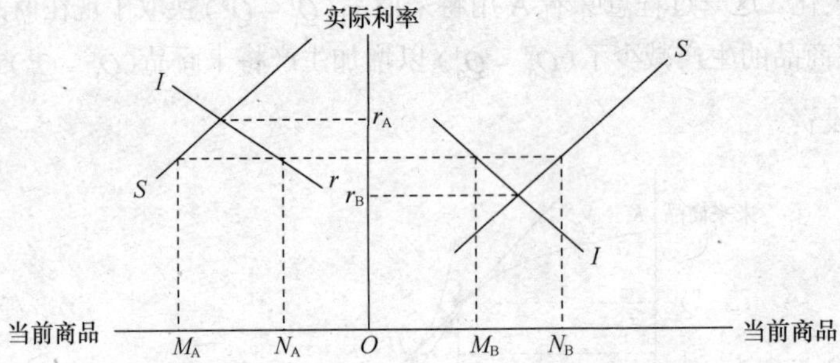

图 4-5　实际利率下 A 和 B 的储蓄与投资

图 4-5 事实上就是图 4-4 的合并。假设 A、B 两人仍为完全竞争市场上的价格接受者，在没有交换的条件下，利率分别为 r_A 和 r_B，由于 r_A 高于 r_B，因此 A 在将来商品的生产上拥有相对优势，如果不存在交易成本，不存在“贸易”管制，那么交换过程将导致相对价格即利率趋向一致。通过交换，A 购买 N_AM_A 当前商品，为此他要支付 $(1+r)\times N_AM_A$ 将来商品，B 购买 $(1+r)\times M_BN_B$ 将来商品，用 M_BN_B 现在商品来支付。当然 A 所购买的现在商品 N_AM_A 必须等于 B 所出售的现在商品 M_BN_B。

上述交换行为如果用国际金融的术语来表达，则可表述为，A 由于购买现在商品而造成贸易逆差是由其资本账户的顺差来弥补的，A 是商品的净购买者，同时也是证券（对将来商品要求权）的净出售者。B 则相反，B 用贸易账户的盈余来弥补资本账户的赤字，或者说 B 用贸易顺差支持其资本输出。无交换条件下的实际利率的差别促使 B 向 A 出售现在商品，并用所获得的资金从 A 那里购买对将来商品的要求权（金融证券），如果不存在交易成本及其他障碍的话，这一过程将一直进行到 A、B 的实际利率相等为止。

把上述这种分析扩展到两个国家间的资本流动可知，如果 A 是美国人，B 是英国人，那么分别把这两个国家所有个人的储蓄曲线和投资曲线沿水平方向加总起来，便可以得到两国的总储蓄曲线和总投资曲线，个人生产可能性边界和个人无差异曲线也可用社会生产可能性边界和社会无差异曲线来代替。这样，对 A、B 两人的行为所做的分析便可以直接用来解释两国资本流动的发生机制。

二、资本流动的效果分析

资本流动可以带来净利益，并可以通过资本流动的消费者效用和资本的边际产出加以体现。

1. 总效用水平的提高

通过当前商品和未来商品的交换，交易双方都可以实现比没有交换时更高的效用水平，表明资本流动可以带来净利益。但根据边际效用递减规律（The Law of Diminishing Marginal Utility）可知，随着消费的增加，消费者所获得的总效用水平也随之增加，其总效用增加的速度会越来越慢。假设不存在资本流动，一国的消费完全取决于本国的产出，并且消费倾向是稳定的，那么产出多消费也多，产出少消费也少，消费水平在各个时期随产出的波动而波动。

在图 4-6 中，横轴表示单位时间内的消费水平，纵轴表示总效用水平，T_u 为总效用函数。根据假设，在没有国际资本流动时，经济不景气时期，该国的消费较低，而在经济情况较好的时期，该国的消费水平较高。这样，两个时期的效用水平分别为 A_1 和 A_2。如果把两个时期作为一个完整的过程来分析的话，那么这两个时期该国消费者的平均总效用水平为 $(A_1+A_2)/2$。也就是说，不存在资本流动时，两个时期所实现的平均效用水平为 A_0。

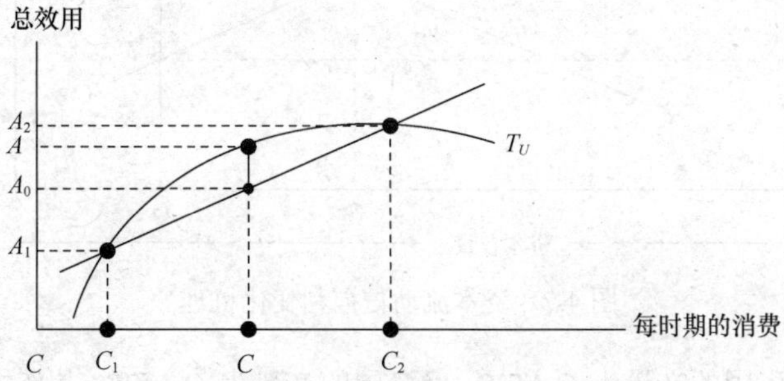

图 4-6　每时期消费和总效用

在图 4-6 中，假设存在国际资本流动，两国通过当前商品和未来商品的交换可以平抑消费水平在不同时期的波动。如果经济不景气，可以借入资金，即出售将来商品以换取现在商品，从而使消费水平保持在 C 的水平上，消费者获得的总效用为 A；如果经济高涨，可以借出资金，即出口当前商品进口未来商品，这样也可能使其消费水平保持在 C 的水平上，总效用同样也是 A。因此，不论产出量如何波动，两个时期的平均效用水平都为 A，与没有资本流动时的平均效用相比，高出的 $(A-A_0)$ 就是资本流动使效用水平提高的量，也就是资本流动带来的净利益。

2. 资本流动与资本的边际产量

由于决定一种要素价格的是该要素的边际产量（Marginal Product），因而资本流动（Capital Flow）的过程必然是从边际产量较低的国家流动到边际产量较高的国家的过程。在其他条件相同的情况下，决定资本边际产量（Marginal Product of Capital）的因素主要是资本的丰裕程度。那么资本从较丰裕的国家或地区流向较稀缺的国家或地区是如何影响资本的边际产量的呢？

在没有要素流动的情况下，通过商品的流动可以间接地实现要素价格的均等化，如果生产要素可以直接流动，那么流动的结果就是使同质生产要素的价格趋于一致。这一过程将使世界总产出水平提高，消费的可能性也因此会提高，这是资本流动所带来的福利水平提高的基本原因，这一过程的机理可以用图 4-7 进行说明。

在图 4-7 中，假定投资国和受资国都是完全竞争的经济，资本的报酬完全由资本的边际产量决定；同时国际间资本流动不受任何限制。O_1 为投资国的原点，O_2 为受资国的原点；横轴表示两国的资本存量，纵轴表示各自的资本边际产量。O_1O_2 的距离表示两国的总资本存量。图中的 C 曲线表示投资国的资本边际产量曲线，这条负斜率的曲线同时也代表这个国家的资本需求；C 曲线是受资国的资本边际产量曲线（Marginal Product Curve of Capital），它与 C 具有同样的性质。在国际资本流动发生之前，投资国利用 O_1Q 量的资本生产 O_1MTQ 单位产量；受资国则生产 O_2mUQ 单位的产量。投资国的资本边际产量为 QT，而受资国的资本边际产量为 QU，前者低于后者。由此引发资本从投资国向受资国的移动，当两国的资本边际产量达到相等时，资本流动过程便停止。这时有 SQ 资本从投资国流向受资国，两国的资本边际产量同为 $SP=O_1E=O_2e$。

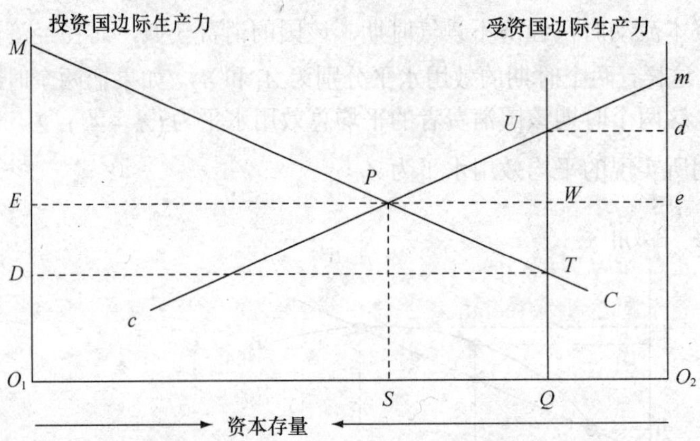

图 4-7　资本流动与福利变化机理

资本流动之后，投资国的产量为 O_1MPS，受资国的产量为 O_2MPS。与资本流动前两国总产量相比，国际资本流动使两国总产量净增加了 PUT。这说明，资本流动通过提高资本的边际产量从而增加了世界总产出水平。投资国的国内产量虽然减少，但其国民收入却增加了 $SPWQ$，大于其产值损失 $SPTQ$。同时受资国的收入也净增加了 PWU。这说明通过资本流动的自由化，在世界总产量增加的同时，投资国和受资国也有机会分享这一净福利增量。

资本流动过程也会对其他要素产生影响。随着资本的流出（Capital Outflow），投资国劳动的边际产量将下降，而受资国劳动的边际产量将上升，这使得两国的劳动受到与资本相反方向的影响。另外，尽管投资国的资本收益增加会增加其国民收入，但这部分资本收益是汇回国内还是用于国外追加投资，对本国的福利水平也有不同的影响。

第二节　国际投资的微观分析

现代跨国公司理论（Transnational Corporation Theory）研究的侧重点是企业的对外投资行为。该理论认为，对外投资的企业在自己不熟悉的环境下组织生产和经营，与当地的竞争对手相比，要承担一定的附加成本，这些成本可能是由于文化、法律、制度和语言差别以及缺少对当地市场的了解所引起的，也可能是因为远距离的经营活动所带来的通信开支和误解的增加引起的。因此，外来企业必须具有某种当地企业所不具备的优势，才能在竞争中立于不败之地。

一、企业优势与交易成本及其内部化

研究跨国公司的特有优势，是国际直接投资和跨国公司理论研究的一个出发点。

1. 垄断优势的获得和实现

在国际直接投资过程中，企业的垄断优势（Monopoly Dominant Position or Monopolistic Advantage）就是指企业所拥有的能够抵销在与当地企业竞争中不利因素的特有优势，和能够使企业拥有与保持这些优势的国内外市场的不完全性。所以，特有优势的获得和维持只有在非完全竞争的市场上（Imperfect Competitive Market）才能实现。在完全竞争的市场（Perfect Competitive Market）

条件下，国际贸易是企业参与国际市场或对外扩张的唯一方式。市场不完全条件下，对外直接投资则成为企业参与国际市场的可能。市场不完全（Incomplete Market）是企业对外直接投资的决定因素。这一市场不完全包括了商品和生产要素的市场不完全、由规模经济引起的市场不完全以及由政府的介入而产生的某些市场障碍（Market Barriers）和由关税等贸易限制措施造成的市场扭曲（Market Distortion）。因此，市场不完全性作为一个重要的理论前提，把国际直接投资同一般的国际资本流动严格地区分了开来。在这一前提下，跨国公司的优势主要来自以下几个方面：

第一，对某种技术的垄断（Technical Monopoly）。这里的技术既包括生产过程中所实际运用的具体技术，也包括诸如知识、信息、诀窍等以无形资产形式存在的技术。

第二，产业组织形式的寡占特点。跨国公司的行业分布情况表明，国际直接投资与行业集中程度有着密切的关系，因为规模经济对通过研究与开发而获得技术上的优势具有十分重要的作用。同时，在对已经获得优势的维持和保护上，由规模因素而形成的垄断也是十分重要的。

第三，企业家才能（Entrepreneurship）或管理能力的"过剩"。卓越的管理才能是企业优势的一个重要来源。由于管理能力在其发展的某些阶段常出现利用不足的现象，这种管理能力的"过剩"是推动企业不断扩大其规模并进而发展为跨国公司的重要动力源泉。因此，它比资本过剩论的解释力更强。

第四，获取廉价的原材料和资金的渠道。对特殊原材料的需求，可能使东道国的国家特有优势成为跨国公司选择投资区位的重要决定因素，但如果跨国公司已经有了获得原材料或矿产的特权，那么它就成了企业特有优势。这种优势的产生基于这样一个基本事实，即一个已经建立市场购销体系的企业，比一个在工业国没有市场渠道的当地企业，可能会从开发外国原材料中获取更多的利润，与获取原材料同样重要的是进入资本市场的能力。跨国公司的母公司由于上述各种优势，特别是与其规模优势相联系的资金实力和信用等级，能使跨国公司子公司在当地筹资中得到较优惠的条件。

跨国公司的优势的来源也可能从其他角度或方面进行概括，企业优势的获得总是与其生存发展的环境有着密切的关系。因此，考察企业特有优势就必须与考察国家特有优势相联系。在这里所强调的国家特有优势，主要着眼于一国的经济环境对该国企业的成长过程的影响。因为企业的特有优势是在特定的环境下形成的，一个企业的对外投资活动很大程度上受其国内经验的影响。只有将国家特有优势与企业特有优势结合起来，才能更加清楚地认识跨国公司垄断优势的来源。

2. 市场交易内部化

企业所拥有的特殊优势是它成功地进行对外投资的必要条件，但企业拥有优势不是其对外直接投资的充分条件。一个企业拥有某种垄断优势，并希望在国外市场实现其价值，至少有三种途径可供选择。一是在国内生产，将这种优势凝结在商品中并以出口的方式进入国外市场，使企业的优势通过商品竞争力表现出来并实现其价值；二是通过向国外独立企业发放许可证的方式将其技术优势包括其他以无形资产（Intangible Assets）形式存在的特殊优势有偿转让出去，直接在技术市场上实现其价值；三是通过直接投资到国外设分支企业，在当地生产并就地销售，把它拥有的优势就地市场化。

在不完全竞争的市场条件下，由于诸如关税和非关税壁垒的存在以及要素市场的不完全，造成了各区位间成本水平的差异。为了避免市场失灵和减少运输成本等，采用企业进行直接投资并选择成本较低的区位进行生产有着十分重要的意义，而且它还可以作为企业在出口和就地生产之间的选择的依据。特别是对于中间商品来说，由于市场的不完全性，使其交易更加难以实现。这里所说的中间商品，是指在基本投入和最终商品之间，为生产过程所不可缺少的所有中间投入，其中尤其重要的是以无形资产形式存在的诸如技术、信息（渠道）、诀窍、营销方式和经验等，正是在这些方面所存在的优势，把成功的企业同一般的企业区别开来。这些无形资产由于中间商品市场的不完全性，通过市场交易很难实现价值的原因之一，就是无形资产某种程度上都具有"公共物品"（Public Goods）的性质。一旦某个地方发明并应用了一种新知识，那么在另一个地方使用它的边际成本很低甚至为零，并且不减少原产地所能使用的这种新知识的数量。从社会的观点看来，有效配置这种资源的条件，就是根据其边际成本（Marginal Cost）定价，那么这种无形资产的价格就该为零或接近于零。这样便会出现两种情况：要么这种无形资产没有人愿意提供，要么定价不合乎效率原则；原因之二，无形资产的定价受信息不对称（Information Asymmetry）现象的困扰，交易或者难以成交或者要付出较高的交易成本（Transaction Cost）。在交易成本过高的情况下，无形资产的持有人便倾向于自己使用这种资产来实现其价值。另外，不确定性（Uncertainty）的存在也会减少无形资产成交的可能性。

上述情况如果发生在两个企业之间，转移技术的一个最好方法就是两个企业合二为一，共同分享该项技术。也就是说，在一个企业内部转移和使用这种无形资产，比通过外部市场来解决这一问题要更有效率。如果上述交易涉及的是两个不同国家的企业，那么最有效的解决办法，就是采取直接投资的方式而不是发放许可证的办法来完成这一无形资产的转移。

市场不完全性导致许多交易无法通过外部市场达成，或即使达成也要承担较高的交易成本。所谓交易成本，从狭义上说指的是通过市场进行交易时必须付出的代价，它包括寻找相应价格的成本，确定成交条件，签约、履约以及为避免对方违约而付出的成本等。由于交易成本的存在，企业作为一种组织便具备了一定意义上替代市场的功能。凡是企业内部组织交易的成本低于市场交易成本时，企业便获得了扩张的动力，这种扩张过程跨越国界就产生了跨国企业。而企业创造其内部"市场"的过程，便是所谓内部化过程。内部化理论的核心原理可以用图 4-8 加以解释。

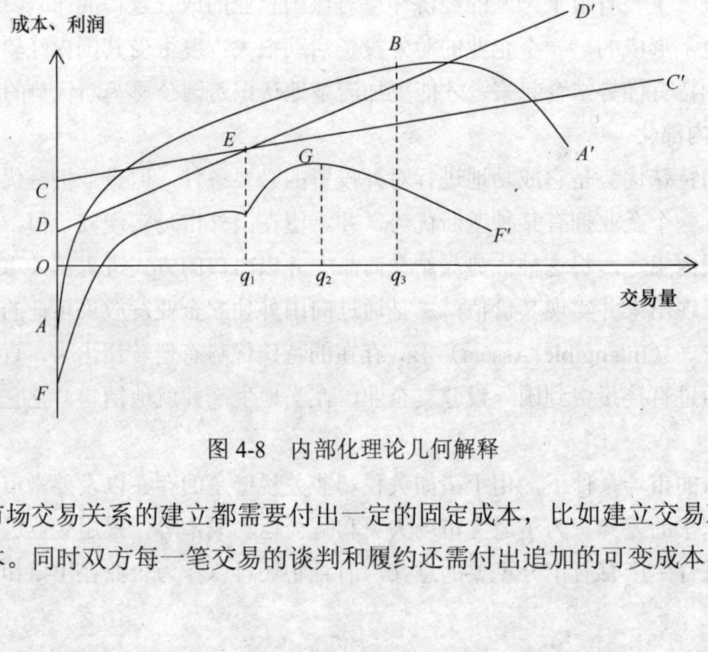

图 4-8　内部化理论几何解释

假设每一个市场交易关系的建立都需要付出一定的固定成本，比如建立交易双方联系的渠道等所必须付出的成本。同时双方每一笔交易的谈判和履约还需付出追加的可变成本。这种可变成本独立于每次交易的规模，因为谈判过程所需要的费用不会因为交易额的多少而有所不同。但每次成交额有一个最高限额，它主要受仓储和分销能力的限制。为了分析的方便，假定这一最高成交限额都非常小，因此，交易额的扩大直接表现为交易次数的增多，这样交易中所发生的总可变成本的水平就直接与交易量成正比关系。

考虑一种把生产过程的两阶段联系起来的中间商品市场。每一个生产阶段由一家独立的工厂来完成，并且市场上不存在阻碍厂商联合或合并的障碍，证券市场的均衡条件要求这两家工厂的联合利润实现最大化。如果卖方厂家的成本函数和买方厂家的成本及收益函数给定的话，即可以得到中间商品交易对联合利润贡献的曲线，即图 4-8 中的 *AA'*曲线，它在 *B* 点处达到最高点，这一点所对应的交易量 q_3 便是在没有交易成本的情况下，使联合利润最大化的中间商品交易量。

假设企业通过内部化过程建立内部“市场”的固定成本比建立外部市场交易渠道的固定成本高，但内部“市场”建立以后，随后发生的企业内部交易所需追加的可变成本则要比外部市场的交易成本低，因为在一家厂商内部不会产生违约等问题。图 4-8 中的 *CC'*代表内部市场的交易成本曲线，*DD'*代表外部市场的交易成本曲线。根据假定，*CC'*线的截距比 *DD'*大，而斜率则比 *DD'*低。*CC'*线和 *DD'*线相交于 *E* 点。在 *E* 点以左，外部市场的交易成本较低，最低成本水平由 *DE* 表示。因此随着交易量的增长，最低交易成本水平由 *DE* 段表示；在 *E* 点以右，内部市场的交易成本较低，成本水平由 *EC'*表示。因此随着交易量的增长，最低交易成本沿 *DEC'*线延伸。*E* 点对应的交易量为 q_1，那么当交易量低于 q_1 时，中间商品的交易将通过外部市场进行，两个企业为相互独立的实体；当交易量超过 q_1 时，两个企业合二为一，中间商品的市场将被内部化。

上述分析表明，交易究竟是在内部市场还是在外部市场发生，关键取决于交易的规模，而交易的规模最终取决于通过交易而实现的利润最大化的均衡点位置。图 4-8 中 *AA'*曲线与 *DEC'*线的垂直距离，即交易对利润的贡献与交易成本之差。各交易水平所对应的上述差额由 *FF'*的纵坐标给出。*FF'*曲线的最高点 *G* 对应的交易量为 q_2。从图 4-8 可以看出 $q_2 > q_1$，所以在这样的交易规模下，市场将被内部化。

内部化理论（Internalization Theory）的一个重要推论是，内部化的倾向随着交易规模的扩大而增强。但是，这一结果实际取决于同较大交易规模相联系的通过外部市场所发生的交易的频率。由于交易成本同重复出现的交易次数有关，而与每次交易的规模无关。这样，通过签订长期合同或者一次性的大规模交易都会减低交易成本的水平，从而会弱化企业内部化的动机。

因此，当把这一理论应用于技术诀窍等交易过程时，立即可以断定，那些具有大规模研究与开发能力且能连续推出创新成果的企业，比那些研究与开发能力较低偶尔有创新成果的企业具有更强的内部化的动机。因为对于前者来说，研究与开发工作的高效率决定了对外出售其成果的较高频率，这意味着它通过外部市场实现这种交易要承担较高的交易成本。一般来说，具有大规模研究与开发实力的企业更多地采用对外直接投资的方式在企业内部转移和使用这种无形资产，而研究与开发实力较低的企业则更倾向于发放许可证的方式来实现这种无形资产的价值。此外，对于那些生产和销售名牌商品的企业来说，为了保证商品的质量和商誉，对生产中投入的选择往往是严格和苛刻的，因此他们多倾向于同信誉较好的原材料供应者建立长期的联系，彼此间的交易频率较高。而对于那些生产非名牌商品的企业来说，他们更倾向于到世界市场上物色出价较低的供应商，因为即使由于投入的质量问题而影响其销售的质量，对其信誉的损失也并不像前一种企业那么明显。这样名牌厂家由于同其供应者的交易频率较高，为节约交易成本，往往有较强的动机采取后向一体化的方式进行内部化。

二、商品生命周期与FDI的动态演进

商品生命周期理论（Product Life Cycle Theory）是一种以商品的新技术为特征的对外直接投资理论。该理论把企业的垄断优势与区位因素结合起来对国际直接投资进行动态分析。一般来说，投资企业具有某种垄断优势，而东道国具有区位优势。直接投资企业必须把两者结合起来，才能克服在国外生产所产生的额外成本和风险。而在商品生命周期的成熟期尤其是标准化期，竞争的关键是降低成本，企业所具有的各种优势的作用开始下降，因此，企业必须进行直接投资，将生产转移到工资低和成本小的地区。

该理论认为，新商品从上市开始，经历诞生、发展、衰退和消亡的过程，而这一过程可以概括为四个连续的阶段，即导入期、增长期、成熟期和衰退期。在商品导入期，新商品刚进入市场，在创新企业所在国家及其他工业发达国家里产生逐渐增加的需求，这一时期的创新企业占据着技术垄断地位。在商品增长期，销售量上升，利润迅速增加，外国生产者开始仿制这种新商品，出现了垄断竞争局面，但成功的仿制者不多，还没有构成对创新企业的威胁。在商品成熟期，新技术开始定型，其他厂商可通过各种技术传播途径比较容易地获得新商品技术知识，并能生产出异质商品，这使原来的创新企业失去垄断优势地位。在衰退期，新商品成为标准化商品，更多的厂商进入新商品市场，技术在生产中的重要性降低，成本在竞争中占主要地位，厂商间展开激烈竞争，创新企业最初的优势完全丧失。

国际直接投资是商品生命周期四阶段更迭的必然结果。假设国际上存在三种类型的国家，即新商品的创新国、较发达国家和发展中国家。则新商品会依次经历导入、增长、成熟和衰退 4 个阶段，其生产将依次在上述三类国家之间转移。

在导入期，新商品在发达国家的创新企业产生并开始逐步进入大规模生产，这一时期商品主要满足本国市场的需求，销售量不断上升，只有少量的商品出口到较发达国家。在这一阶段，由于创新企业拥有技术垄断优势，因此没有强有力的竞争对手，基本上控制了市场，并且对技术密集型的新商品在国内生产将更为有利。这一阶段生产没有发生转移，国际直接投资也没有发生。从商品增长期开始，出现了由寡占竞争引起的对外直接投资。较发达国家的竞争厂商开始仿制创新企业的新商品，这些国家政府也可能采取限制进口的政策，以支持本国企业发展新商品，替代进口。该时期，其他跨国企业也开始进入市场，创新企业为维持国外市场份额，以对外直接投资绕过贸易壁垒，在东道国设立子公司，当地生产、当地销售。由于技术垄断局面完全打破，创新企业也可能以有限扩散技术方式获取收益，新商品产业形成垄断竞争，发达国家出口和较发达国家进口开始减少，厂商转向对发展中国家出口商品。在商品成熟期，较发达国家越来越多地仿制，发展中国家发生较发达国家前一阶段已经经历的过程。这一阶段发达国家和较发达国家厂商都开始向发展中国家进行直接投资，发展中国家由此获得生产这种商品的能力，净进口量开始减少。在衰退期，由于技术垄断优势的完全丧失，新商品的生产成为一种标准化生产，降低劳动成本成为第一要旨。因此这一时期，商品的生产完全转移到了发展中国家进行，发达国家和较发达国家有限的商品需求主要通过从发展中国家进口得以满足。

商品生命周期理论其实就是关于厂商垄断寡占行为分析及其引起的商品生产配置理论（Theory

of Commodity Production Allocation)。它把跨国企业定义为寡占者，并把它们分为三个类型，即技术创新期垄断者、成熟期寡占者、开始衰退的寡占者。处在第一类型时，在生产新商品上拥有技术垄断优势，由此获得垄断利润。处在第二类型时，在出现技术扩散情况下，技术优势有可能减弱，并由于贸易壁垒等因素引起出口成本增加的情况下，进行对外投资。这种对外投资同时又是一种技术转移，技术优势企业通过自己控制的技术扩散获得寡占利润。最后的一种情况是，技术创新优势和技术传播优势相继丧失，从而寡占利润逐渐消失。

商品生命周期理论实际上是从微观的角度阐述了 FDI 的动态演进，为 FDI 理论增添了动态分析或时间因素，具有将同一企业利用其技术优势不同方式的对外直接投资和出口统一起来加以分析的优势。但是，该理论忽略了 FDI 与经济发展水平的联系，未能从宏观方面考察对 FDI 的动态演进。

三、国际投资的综合理论模型

在国际投资理论当中，具有代表性的国际投资综合理论模型，主要有邓宁的国际生产折中理论和理查德森的综合动因模型理论。而就综合动因模型理论来说，它是一种典型的国际投资动态模型理论。

1. 国际生产折中模型

国际生产折中理论（Eclectic Theory of International Production）由邓宁（John H. Dunning，1976）提出，该理论认为，跨国公司要进行 FDI 必须同时具备三种优势，即所有权优势（O）、内部化优势（I）和区位优势（L）。否则就只能选择其他方式参与国际经济活动，如出口、许可证等。因此，所有权优势+内部优势+区位特定优势=国际直接投资。其中所有权优势即企业所拥有的各种垄断竞争优势，是进行直接投资的必要条件，包括专有技术、管理、市场和财务上的技能、商标或商誉等无形资产；内部化优势来自于内部化理论，企业用自己的控制来配置资源，是商品的全部生产过程，包括中间商品都在企业内部完成，这才能使企业的垄断优势发挥最大效用，由此导致企业的国际直接投资；区位化优势，包括自然资源、劳动成本、生产力水平、贸易障碍、政府政策等，它决定了对外直接投资的流向。该理论通常也被称为 OIL 模式。

如果企业具有了所有权优势和内部化优势，企业就可以将其内部化了的所有权优势与区位特定优势组合，从而产生更大的经济效益。所以企业如果不具有所有权优势，它将无法抵销跨国经营的成本；如果具有所有权优势，则既可以自己利用该优势，也可以出售其特有优势；两者的选择取决于内部化优势。并且，企业可以在国内也可以在国外利用其优势，如何选择取决于区位特定优势。

在给定的某一时点，国际生产的水平、方式由 OIL 结构和公司对 OIL 结构的战略反应之间的连续相互作用决定。对于给定的 OIL 结构，公司将采取合适的战略，反过来，公司的战略行为又会影响后一时期的 OIL 结构。这里，邓宁把策略定义为，为了达到其长期目标企业行为的变化，企业长期目标 G 在此期间内假设保持不变。用 OIL_t 表示 t 时期 OIL 的结构，S_{ot}、S_{It} 和 S_{Lt} 分别表示企业在 t 时期根据目标 G 关于所有权优势、内部化优势和区位优势所作的策略决定。$S_{it\to t+1}$ 表示变量 i 在 t 到 $t+1$ 时期的策略变化，$EXN_{it\to t+1}$ 表示 t 到 $t+1$ 期间除策略 S 以外其他所有影响变量 i 的内生变量、外生变量的变化（i=O，I，L）则：

$$O_{t+1} = O(OIL_t, S_{Ot}, S_{Ot\to t+1}, EXN_{Ot\to t+1}) \tag{4.1}$$

$$I_{t+1} = I(OIL_t, S_{It}, S_{It\to t+1}, EXN_{It\to t+1}) \tag{4.2}$$

$$L_{t+1} = L(OIL_t, S_{Lt}, S_{Lt\to t+1}, EXN_{Lt\to t+1}) \tag{4.3}$$

由式（4.1）、式（4.2）和式（4.3）可知：

$$OIL_{t+1} = f(OIL_t, S_{OILt}, S_{OILt\to t+1}, EXN_{OILt\to t+1}) \tag{4.4}$$

则$t+1$期国际生产的水平、方式（FDI）由OIL_{t+1}结构和目标G决定：

$$FDI_{t+1} = R(OIL_{t+1}, G) \tag{4.5}$$

这里的$R(\bullet)$表示企业的策略反应函数。附加策略的动态 OIL 模型的核心思想在于，在给定的某一时刻，国际生产的水平、方式（FDI）由 OIL 结构和企业基于目标 G 对 OIL 结构的策略反应之间的相互作用决定。

上述 OIL 模型不仅可以直接将商品生命周期理论、跟随领先者模型作为特例纳入其中，并且事实上推进了投资发展周期理论，把企业目标 G 通过策略变量S_{it}整合进了FDI_{t+1}，弥补了 FDI 理论中动机分析的不足；另外，根据该模型还可以解释发展中国家对发达国家的逆向投资问题。

2. 综合动因模型

综合动因模型（Comprehensive Motivation Model）是由理查德森于 1971 年提出来的。他认为企业的跨国直接投资活动不能完全由经济变量解释，预期前景良好、投资机会的存在未必导致国外企业的直接投资。在企业的跨国直接投资决策变量中，非经济因素也常常起重大的作用。并且，非经济诸因素的投资效应可以用空间偏好（Spatial Preference，SP）来表示，以此为核心结合其他有关的投资理论，他提出了一般动态模型理论（General Dynamic Model Theory）。

理查德森认为，企业管理人员对于外国市场具有一种心理距离感（Psychological Sense of Distance），主观上对国外政治制度、社会环境、法律体系以及语言文化疏远。在通常情况下，经理们具有偏好于在充分熟悉的市场地域进行经营活动的倾向。要打破这种心理上的距离偏好（Psychological Distance Preference），必须用雷同于消费理论（Consumption Theory）中针对时间偏好给予利息刺激的方法，也使企业获得足够的利润收益水平，从而降低空间偏好率。空间偏好率的大小不仅反映各国投资环境的差异，而且还随时间的延长而逐步递减。所以，投资地点越接近，各种环境差异平均就越小，经理人员的空间偏好度就越低，反之则越高。

所以，跨国经营厂商对外国市场投资机会的评价主要取决于两类变量，即经济因素和反映管理者空间偏好的主观因素，用函数表示为：

$$U_j = F(\pi_j, V) \tag{4.6}$$

其中，π_j指第j个市场投资项目的预计平均收益；V为反映经营管理者空间偏好或者抵触惯性的主观变量；U_j表示按管理者空间偏好率调整的预期投资收益，并可以简化表示为：

$$U = \pi^V \tag{4.7}$$

其中$0 < V \leqslant 1$。空间偏好这一主观变量意味着在国际上即使不同的市场存在相同的利润机会，或者经济上利润预期水平相同，但厂商基于空间偏好对这种机会的评价往往是不同的。当$V=1$时，$U_j - \pi_j$即预期利润可以用投资价值来度量，意味着对现有外国投资项目的再投资收益而言，没有必要按空间偏好对其加以调整；当$V<1$时，意味着厂商进入的是一个新市场，空间偏好导致进入新市场的投资必须支付“学费”$(\pi - \pi^V)$，以克服管理人对新投资地点的厌恶，当V接近于 0 的时候，说明市场或者区域因某种原因完全处在厂商对外投资计划区之外。通常V值低的厂商不会主动对外

直接投资。不过这并不意味着厂商的低 V 值不能改变。东道国政府可以通过一些措施来改变投资企业的空间偏好程度。这些措施包括：提高东道国市场的信息质量；改善国内市场环境，强化投资气候，完善生产要素流动配置机制；通过逐步放开市场来改善跨国公司对开拓国外市场潜力、市场占有率稳定性的事前估计等。

关于经济因素变量的计算，理查德森提出以厂商内部资源可获得收益作为对外投资的利润率 π_j，且影响利润率的利润可以用下列方式计算：

$$\pi_F = R_F - C_F = (P_F - AC_F)Q_F \tag{4.8}$$

其中，π_F 为国外市场利润；$R_F = P_F Q_F$ 为国外市场总收益；$C_F = AC_F \times Q_F$ 为国外生产总成本，AC_F 取决于东道国市场的要素价格和跨国公司所采用的技术，而技术本身的选择取决于东道国市场规模的大小；P_F 代表国外市场价格，Q_F 代表国外市场产量。式（4.8）对外直接投资具有两个特征。其一就是如果直接投资者是寡头厂商，它们一般拥有在东道国设置进入壁垒的优势，不仅在定价上拥有垄断势力而且还具有规模成本优势；其二是在寡头结构的东道国市场，对于直接投资企业来说，如果它在母国市场是寡头企业之一，那么它就很容易突破东道国市场的产业进入壁垒。但同时在进入之后，跨国公司又希望构筑或维持行业进入壁垒。所以，在跨国公司直接投资活跃的东道国行业市场，分支企业实际上是受当地产业进入壁垒保护的。

在上述市场结构条件下，寡头型直接投资企业在东道国市场并非以利润最大化为首要目标，而是希望在市场定价上拥有市场垄断力。因此，长期内它们在当地市场生产商品的销售价格至少要满足如下条件：

$$P_F \geqslant P_{\min} = P_d + E_c + T \tag{4.9}$$

其中，P_d 为投资企业在母国生产同样商品的国内售价；E_c 为出口成本；T 为东道国的进口关税。如果厂商在母国市场采用成本加成定价法，设 AC_d 为单位成本，m_d 为利润加成，则有：

$$P_d = AC_d + m_d \tag{4.10}$$

将式（4.10）代入式（4.9）得：

$$P_{\min} = AC_d + m_d + E_c + T \tag{4.11}$$

式（4.10）和式（4.11）意味着跨国公司在东道国的最低售价为出口到岸价与关税之和。如果东道国市场的进入壁垒比较高，或者投资厂商相对于当地厂商有明显优势，则它就可以高于 $P_{\min}$ 的价格确定其在东道国的售价。

把式（4.11）代入式（4.8）可以得到说明国际直接投资主要决定因素的方程式如下：

$$\pi_F = (AC_d + m_d + E_c + T - AC_F)Q_F \tag{4.12}$$

综合上述分析，理查德森导出了包含数理化空间偏好率的外部市场投资利润 U 的函数方程：

$$U_j = F(\pi_j, V) = [(AC_d + m_d + E_c + T - AC_F)Q_F]^V \tag{4.13}$$

厂商对外直接投资决策一般要经过三个阶段。第一阶段是企业根据国外市场供求条件对投资期望利润 U 的估计阶段。在给定信息量下，期望利润高低间接反映了跨国公司决策层的投资偏好大小。第二阶段是企业根据内部资源余缺状况对投资目标利润 U^* 的设定阶段。一般来说，目标利润的高低与内部资源的拥有量、质量成反比。东道国市场上直接竞争对手的市场行为对目标利润水平的设定也有很大的影响。第三阶段为对外直接投资的实施阶段。在这一阶段中，投资与否的临界值为预期利润 U 和目标利润 U^* 之间的平衡。

令 $U = U^*$，$U^* = \pi^V$ 可得：

$$U^* = \pi^V = [(P_F - AC_F)Q_F]^V \tag{4.14}$$

或者

$$U^{1/V} = (P_F - AC_F)Q_F \tag{4.15}$$

当 $P_F = P_{\min}$，则有 $AC_F = P_{\min} - (U^{1/V} / Q_F)$；当 $AC_F = 0$，则 $Q_F = (U^*)^{1/V} / P_{\min}$。对于 $AC_F = P_{\min} - (U^{1/V} / Q_F)$ 通过 AC_F 对 Q_F 求偏导可得：

$$\partial AC_F / \partial Q_F = (P_{\min} - AC_F) / Q_F \tag{4.16}$$

式（4.16）的经济意义包括：一是如果厂商是一个拥有自主定价权的寡头厂商，它在国外市场所谓定价确定在 $P_F = P_{\min}$，同时，厂商的空间偏好和目标收益给定，则厂商在东道国市场的收益只是生产成本及销售额的函数；二是空间偏好对投资影响明显，V 值越小，厂商因对东道国市场的更大疏远感导致在该地区投资的可能性就下降。

第三节 国际投资的宏观分析

关于国际直接投资的宏观理论不是根据厂商行为来解释国际直接投资的，而是根据不同国家的经济发展水平和生产要素或者生产环境差别来分析和解释国际直接投资的。主要包括资本化率理论（Capitalization Rate Theory）和边际产业扩张理论（Theory of Marginal Industry Expansion）以及发展阶段理论（Development Stage Theory）和双缺口模型理论（Two-Gap Model Theory）。

一、资本化率理论

资本化率理论是 C. P. 金德尔伯格于 1970 年提出的。资本化率是指使收益流量资本化的程度，即

$$K = C / I \tag{4.17}$$

其中，K 为资本化率；C 为资产价值；I 为资产收益流量。资本化率越高，表示可使同量收益流量形成较高价值的资产，也意味着资本预期收益的较快增长；反之，则表明同量收益流量只能形成较低价值的资产，并意味着资本预期收益的较慢增长。

资本化率理论认为，强市国的资本化率高于弱市国。因此，跨国公司对外直接投资是强市国向弱市国流动的。在以投标形式购买东道国有收益资产的竞争条件下，强货币国即强市国的外国厂商由于具有相对较低的筹资成本可以出较高的价格，因而通常由资本化率高的国家厂商而不是东道国当地厂商接管现有产权。这种直接投资的实现过程中，外国厂商是以较高的资本化率 K 将同量收益流量 I 资本化的，资本化率 K 的差异起决定性作用。在其他条件不变的情况下，强货币国家里具有较高资本化优势的厂商向弱货币国进行直接投资。

资本化率理论认为，强货币国所有厂商和弱货币国家所有厂商相比，在股权资本成本（Cost of Equity Capital）上有普遍优势的原理的成立要基于这样的假设前提，即国外子公司获得的收益应根据投资来源国的资本化率重新转化为投资资本，而不是以东道国的资本化率来确定。因此，该理论关注的是由不同国家货币差异而不是由厂商融资能力差别所造成的资本化率差异。

不过，该理论有一定的局限性，它无法解释发达国家之间和发达国家与发展中国家之间的交叉性投资。

二、边际产业扩张理论

边际产业扩张理论中的“边际产业”（Marginal Industry）通常是指处于比较劣势的产业，该理论也被称为小岛清模型（Kiyoshi Kojima Model），其代表人物是日本的小岛清。该理论运用比较优势原理立足于对宏观的国家优势分析，从不同国家在不同产业上存在的比较成本差异方面解释了日本企业按照比较优势原理进行对外直接投资的行为。

如图 4-9 所示，Ⅰ线为本国生产从 a 到 z 商品的费用序列线。由于该线是一条水平线，所以生产每一商品的费用为 100 单位本国货币，Ⅲ—Ⅱ线为外国生产从 a'' 至 z' 商品的费用序列线，且每一商品的生产费用均不相同。如果假设两个国家的汇率为 1 单位外国货币=100 单位本国货币，则两个国家生产费用序列线的重合处为 m 商品，以此处为界，本国具有劣势的产业在Ⅱ线 m 点的左边，a、b 和 c 的生产费用均大于 a'、b' 和 c'，本国具有优势的产业在Ⅱ线 m 点的右边，因为 x、y 和 z 的生产费用小于 x'、y' 和 z'。

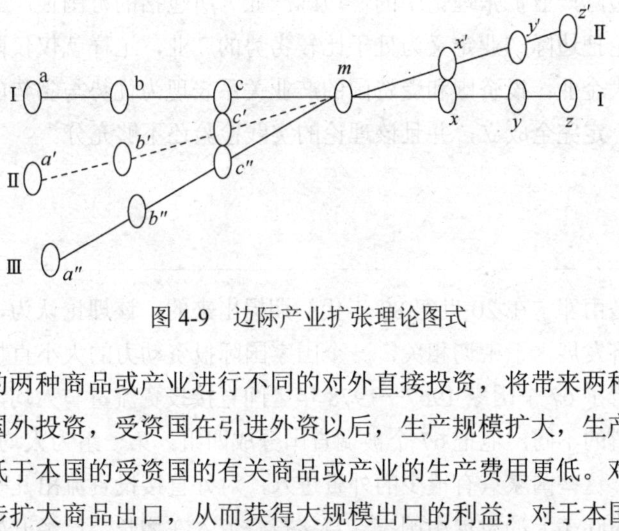

图 4-9　边际产业扩张理论图式

对于劣势和优势的两种商品或产业进行不同的对外直接投资，将带来两种完全不同的影响与后果。如果劣势产业向国外投资，受资国在引进外资以后，生产规模扩大，生产率提高，其结果必定会使本来在费用上就低于本国的受资国的有关商品或产业的生产费用更低。对于受资国来说，由于价格更便宜，会进一步扩大商品出口，从而获得大规模出口的利益；对于本国来说，其直接投资的效果就在于能以更便宜的价格从外国进口。因此，资本化率理论从以技术和资本为主的投资对东道国具有优势的产业和商品生产费用的影响出发，阐述由于东道国生产成本变化对东道国和投资国产生的贸易影响。该理论认为，投资国具有比较优势产业的企业，其商品在对外出口方面缺乏竞争力，如果将企业的经营资源转移到具有潜在或者明显比较优势的东道国以后，东道国劳动生产率将会得到改善和提高，原来已经较低的生产成本会进一步下降。比较成本差距进一步扩大的状况，既有利于东道国以较低的价格向投资国出口返销原投资国相对劣势的商品，使东道国成为投资国在海外廉价的原材料、零部件供应基地，从而也使得东道国对投资国的贸易得到补充与完善。同时又有利于企业站在与投资国比较的角度，从东道国向第三国出口贸易条件得到改善的商品，即“顺贸易型对外直接投资”。

其次，若投资国将具有优势的尖端产业或者商品投资到国外生产，其商品的生产费用将处在 xyz

与x'y'z'之间。这是因为外国同类商品的生产费用虽会下降，但投资国对外直接投资后商品的生产费用却又会高于本国。具体来说，当投资国具有比较优势产业的企业经营资源转移到具有比较劣势的东道国产业中去以后，东道国具有比较劣势的产业部门由于劳动生产率得到改善，该部门的生产费用会相对下降。由此缩小了东道国与投资国的比较费用之差。因而，妨碍投资国向东道国出口这类商品。在投资国出口减少的情况下，贸易利益也随之变小。这种因为对外直接投资形成的东道国生产成本下降，对于原来具有比较优势的投资国生产的贸易反向效果是：一方面，投资国的出口被就地生产形式所替代；另一方面又造成资源的浪费，不利于成本的节约。这种投资方式一般被称为“逆贸易型的对外直接投资”或“美国型的对外直接投资”。

总之，边际产业扩张理论认为，在本国所有趋于比较劣势的生产活动，为了继续维持其生产规模，就需要通过直接投资顺序向比较劣势更大的国家转移，而在本国内集中发展比较优势更大的产业，使国内的产业更加合理。国际贸易是按既定的比较成本进行的，而对外直接投资，由于是按照从趋于比较劣势的产业开始投资的原则，所以可以扩大两国的比较成本差距，创造出新的比较成本格局。对外直接投资应当促进直接投资双方比较优势的发展，从而可以扩大两国的贸易，直接投资不是替代关系，而是互补关系。发达国家的劣势产业向发展中国家的优势产业投资，其转让的技术更适合于东道国的吸收、采用，而母国则更能够进一步加强优势产业的发展。

需要指出的是，边际产业扩张理论中的“边际产业”所包括的范围很广。同时，该理论也存在有很多局限性。该理论把边际产业定义为处于比较劣势的产业，这样就仅仅限于中小企业的产业和商品，而不应该包括大企业；投资国和受资国的产业关系表现为优势与劣势的相反假定和实际是有出入的，在实际上不一定完全成立，并且该理论的实践检验还不够充分。

三、发展阶段理论

发展阶段理论也是由邓宁在20世纪80年代初期提出来的。该理论认为，一个国家的对外投资流量与这个国家的经济发展水平密切相关，一个国家国际投资动力的大小直接取决于人均国民生产总值的高低。邓宁分析了67个国家1967—1978年之间直接投资流量与人均国民生产总值的联系。根据人均国民生产总值的不同，他把67个被调查国分成四组。第一组为人均GNP低于400美元的最贫穷的发展中国家，这些国家只有很少的外资进入，对外直接投资流出几乎没有。第二组为人均GNP在400美元～2 500美元的发展中国家，直接投资流入在增长，已经开始有对外投资流出，但投资净流量是负值。第三组是人均GNP在2 500美元～3 999美元的国家，尽管在非加权平均情况下，净投资流量仍为负值，但数值在变小，表明该组国家直接投资流出的速度上升快于投资的流入。第四组是人均GNP在4 000美元以上的发达国家，这些国家的人均投资净流出为正值，表明资本流入小于流出，它们是国际资本的主要输出国。

发展阶段理论把不同的国家按照一定的标准划分成4个不同的发展阶段，处在不同发展阶段的国家，其经济发展状况和水平对本国企业所有权优势和内部化优势的实现，以及本国区位优势的状况，都将产生重大影响。处在第一发展阶段的国家，没有直接投资流出，因为这些国家缺乏所有权优势，并且内部化优势能力也不适应；同时，直接投资流入也很少，因为它们的区位优势比较少。处在第二阶段的国家，由于实施进口替代政策，基础设施有所改善，区位优势有所增加，造成直接投资流入增加。但该国的企业所有权优势增长很有限，不足以克服在国外生产的障碍，直接投资的流出仍很少，并且主要集中在邻近国家。处在第三阶段的国家，由于本国企业所有权优势和内部化能力大大增强，对外直接投资流出大大增加，该国开始真正成为对外投资者。与此同时，国内企业竞争力的增强使外国投资进入者的所有权优势和区位优势地位下降，外国企业必须更多地利用和增强自身的内部化优势。处在第四阶段的国家，是直接投资的净流出者，投资流出量超过投资流入量。这些国家的企业具有很强的所有权优势和内部化能力，也善于发现和利用国外的区位优势。

对外直接投资的发展阶段理论从企业三类优势的微观经济因素出发，通过引入直接投资流入流出以及人均 GNP 等宏观经济变量，阐述了 FDI 发展阶段顺序转移的内在机制，提出了 FDI 的动态性，从宏观上构建了一国 FDI 的演进模型。但由于在分析中只适用人均 GNP 这个单一的指标来反映不同国家的经济发展阶段，并据此来判断企业整体所具有的优势状态和对外直接投资规模，不可能全面正确解释发展中国家的国际投资。

四、国际投资的双缺口模型理论

在开放经济中，总供给和总需求的恒等条件一般可以描述为：

$$\begin{aligned} & C+S+T+M=C+I+G+X \\ \Rightarrow\ & (S-I)-(G-T)=X-M \end{aligned} \tag{4.18}$$

其中，C 为国内消费；S 为国内储蓄；T 为税收；I 为投资；G 是政府购买支出；X 为出口；M 为进口。假设政府的收支相等，即不存在财政赤字或盈余，则可以得到：

$$I-S=M-X \tag{4.19}$$

式（4.19）是在政府收支平衡的假定下，根据总需求和总供给的恒等关系建立的国民经济恒等式。左边是投资和储蓄之差，称为“储蓄缺口（Saving Gap）”；右边是进口和出口之差，称为“贸易缺口（Trade Gap）”，也称“外汇缺口（Foreign Exchange Gap）”。在国民经济核算中，储蓄缺口在事后必然等于贸易缺口。也就是说，如果储蓄不能满足国内的投资需求，需要进出口有一个规模相等的赤字予以平衡，这时，需要从国外引进资本；如果国内储蓄大于国内投资，则需要进出口有一个规模相等的盈余予以平衡，这时需要国内资本输出。简而言之，对于一个正常运行的国民经济来说，上述两个缺口必然是相等的。

双缺口模型（Two-Gap Model）是由美国的 H. 钱纳里和 A. 斯特劳特创立的，是用来分析国内和国际经济关系的基本工具。该模型理论认为，从大多数国家经济发展历程来看，其经济发展主要受三种形式的约束：①储蓄约束，即国内储蓄水平较低，不足以支持投资需求的扩大，影响经济的发展；②外汇约束，有限的外汇收入不足以支付经济发展所需要的资本品和消费品进口，阻碍了经济的发展；③吸收能力约束，即由于缺乏必需的技术和管理，无法吸引并有效地使用外资和各种资源，从而影响生产率的提高和经济发展。这里的吸收能力是指一国在新吸收一定量外资的同时，能保持这些资本的边际收益率不发生大幅度下降的能力。

对于吸收能力来说，如果生产中所使用的资本增长速度快于工人和管理人员技术的提高速度时，这些新资本的生产率就会下降，说明该国存在吸收能力不足问题。其中的原因主要包括：①东道国对自身的自然资源、技术水平及基本经济参数缺乏了解；②生产力水平不能满足先进技术的要求；③在公共或私人部门中存在管理能力低下和经验缺乏的问题；④组织机构的缺陷，缺乏一个好的政府所应拥有的品质；⑤文化和社会的限制等。这一切不仅使发展中国家缺乏优良的项目识别、建设和配套能力，并且即使项目建成后，投产的效率也不会令人满意。所以，钱纳里认为，成功地利用外资可以克服储蓄、外汇和技术的约束，增加国民总储蓄和投资，从而促进经济增长。

如果一国一年中所创造的总产出等于该国自身对其总产出的需求或消耗，则净出口为零。亦即，该国既不从外国借入也不对外国借出资源。如果一国的总产出小于国内吸收力时必将出现贸易逆差。贸易逆差的存在意味着某种借贷关系的成立或者外汇储备的减少。贸易逆差额的变化与国际资本流动的变化关系可用式（4.20）表示：

$$LTC + STC - \Delta F = M - X \tag{4.20}$$

其中，LTC 表示长期资本流入；STC 表示各种形式的短期资本流入；ΔF 表示官方外汇储备的增加。

式（4.20）表明：贸易逆差必须用资本的流入或外汇储备的减少两者同时发生来弥补。为简化分析，在此舍弃利息、利润的汇入、汇出和单方赠予等，在这里贸易逆差等于经常项目逆差。式（4.20）可以改写成：

$$LTC + STC - [\Delta F + (M - X)] = 0 \tag{4.21}$$

该式可以理解为外资的流入必须通过外汇储备或贸易逆差的增加或者两者的同时增加来实现。需要注意的是，在此并没有考虑黄金储备的变化，并且这里的资本流动是净流动。当贸易差额为零时，由于相互输出资本，两国之间资本的总流动额可能十分巨大。

如果一国经济存在不利于本国的缺口，引进外资就绝对必要。外资流入的作用首先是弥合双缺口。外资的进入通常有两种方式，一种是进口的增加，另一种就是资金的流入。在第一种方式下，进口的增加直接体现为国外储蓄来源的增长，不需要动用当期的国内储蓄。第二种方式比较复杂。外国资金引入以后，将对国内输出的商品和服务产生需求，这有可能通过价格变化及一些其他因素对国内储蓄产生影响。但是，由于影响国内储蓄的价格、利率、工资等多方面因素客观上能够相互抵销，外资流入对国内储蓄的副作用是比较小的，总体上会使总储蓄增加。引进外资对发展中国家来讲十分重要，目前已经成为发达经济的许多国家，在其经济发展的初期均依靠外国资本的流入使经济持续增长。

假定生产过程中有些使用的资本投入品在国内难以找到，且不能为国内其他投入品所替代，必须以固定比例投入生产。设 K_d 和 K_f 分别为来自国内和国外的两类资本投入品，Y 为总产出，资本产出比率分别为 a 和 b，根据短边法则，总产出受两类资本品中供应量相对较少的那种限制，即

$$Y = \min(K_d / a, K_f / b) \tag{4.22}$$

若初始时经济处于充分就业，两类资本品的供给量与固定的投入比例相符，处于适当的平衡，没有供给过剩，则有：

$$Y = K_f / b = K_d / a \tag{4.23}$$

若一国的目标经济增长率为 g，即 $g = \Delta Y / Y$，预期产出增加 ΔY，则必须同比例增加两种资本品的投入：

$$\Delta Y = \Delta K_f / b = \Delta K_d / a \tag{4.24}$$

由于 $\Delta K_f = a\Delta Y$，$\Delta K_d = b\Delta Y$，则需要的总投资为：

$$I = \Delta K_f + \Delta K_d = (a+b)\Delta Y \tag{4.25}$$

在开放经济条件下，投资的资金供给可以来自国内储蓄，也可以来自外资。假设国内的储蓄是

收入的一定比例s_d，那么国内储蓄水平为$S_d = s_d Y$。国内储蓄可以由国际资本流入或国外援助补充。外资流入额从国际收支平衡表角度可以表示为$S = M - X$，其占总产出的比例为 s_f，国内外储蓄对产出增加的约束就可以表述为：

$$Y \leqslant S/(a+b) = (S_d - S_f)/(a+b) \tag{4.26}$$

经济增长率也受到以下约束，该约束就是双缺口模型的储蓄约束，并表明外国资本的流入及其增加可以提高经济增长率。

$$g = \Delta Y / Y \leqslant (s_d - s_f)/(a+b) = (s_d + s_f)Y/(a+b) \tag{4.27}$$

进一步假设生产需要使用一定数量的中间投入品，中间商品的进口占总产出的比重为m。若本国货币不能自由兑换外币，外来生产要素的进口需要用外汇结算，则一国就必须运用其出口收汇和流入外资来购买外国生产要素。令出口占总产出比例为 r，在不考虑国际储备变动时，国际收支平衡可以表示为：

$$X + S_f = mY + \Delta K_f \tag{4.28}$$

或者

$$rY + s_f Y \geqslant mY + a\Delta Y \tag{4.29}$$

整理以后可以得到经济增长的外汇约束方程如下：

$$g = \Delta Y / Y \leqslant (r - m + s_f)/a \tag{4.30}$$

式（4.27）和式（4.30）就是双缺口模型。该模型揭示了外资流入对一国经济的增长可产生两种正效应，即放松储蓄约束和外汇约束提高经济增长率。这里的资本流入对经济增长有促进作用隐含如下限定条件：资本流入全部用于生产性投资或投入；资本流入对国内储蓄不产生副作用；抽象了长期还本付息和利润返还对经济增长的不利影响；引进的技术是适宜的或不存在技术吸收能力上的限制。在这些条件满足时，双缺口模型表明引进外资可以促进东道国的经济增长。

托达罗（Todaro）等在双缺口模型的基础上，又提出了四缺口模型（Four Gap Model），即在储蓄和外汇缺口的基础上，增加了税收缺口（Tax Gap）和生产要素缺口（Production Factor Gap），分析了引进外资的特殊作用。

税收缺口是指东道国政府的预期税收任务目标和实际实现的税收数量的差距。其实，东道国政府可以通过对国际投资企业的利润和工资征收公司所得税和个人所得税，参与和支持外国在当地的跨国投资经营活动等措施，来增加税收收入。生产要素缺口是指企业经营管理、企业家才能、技术技巧、信息等资源方面的缺口。外国投资不但给东道国带来了资金，也带来了经营管理、技术技巧和信息等一揽子资源。这些是通过外资企业对东道国员工的培训和东道国员工“边干边学”的过程逐步传授的。此外，外国投资还可以教会东道国企业如何利用国际资本市场融资，如何建立国际营销体系等。

四缺口模型从双缺口模型的宏观缺口发展到企业的结构性职能缺位，对指导发展中国家吸引外资具有十分重要的意义。特别是四缺口模型的动态化以后，充分表明了引进外资具有比国内资金积累更高的效率，即比国内资本积累高的资本产出率，这对于发展中国家在引进外资的决策上提供了非常具有说服力的理论依据。

复习思考题

1. 什么是国际投资的比较优势理论？

2. 简述国际生产折中模型的核心“三优势模式”的具体内容。

3. 结合发展中国家吸引外资的双缺口模型，谈谈发展中国家吸引国际直接投资的方式有哪些？

4. 简述外国直接投资对东道国的技术进步效应和对投资国产业结构的影响。

5. 简述垄断优势理论的主要内容。

6. 试结合重叠需求理论和商品生命周期理论，解释为什么美国始终是汽车生产和出口大国。

7. 试用内部化理论说明为什么那些具有大规模研究和开发能力且能连续推出创新成果的企业，比那些研究与开发能力较低偶尔有创新成果的企业具有更强的内部化动机。

8. 2010 年 4 月 13 日，中国公布了《关于进一步做好利用外资工作的若干意见》，继续扩大对外资开放的领域，鼓励优秀的外资来到中国。强调：坚持以我为主、择优选资，促进“引资”与“引智”相结合，不断提高利用外资质量。自 2010 年 12 月 1 日起，中国统一内外资企业及外籍个人征收城市维护建设税和教育附加费。至此，内外资企业税制实现了全面统一，外资企业在税收政策上享受的“超国民待遇”被彻底终结。“中国投资环境恶化论”不时被外媒炒作。在中国宣布将终结外企“超国民待遇”后，甚至有人认为这是一项“过河拆桥”政策。中国这些“外资新政”对吸引外资而言，利好还是利空？

第五章 开放经济下的国民收入核算与国际收支

【格言】

在有些情况下，如果我们不以国际经济的眼光来探讨政策问题的话，我们告诉学生的就会是一些“错误”的答案。

——Joseph E.Stiglitz

【学习目标】

（1）了解开放条件下国民收入账户的基本内涵；

（2）掌握国际收支和国际收支平衡表的含义；

（3）正确理解和掌握国际收支平衡表的主要内容和结构；

（4）了解国际收支失衡的原因、影响和调节措施；

（5）理解并掌握国际收支的弹性分析法、吸收分析法和货币分析法。

【引导案例】

人民币升值与中美贸易顺差

自2005年7月21日中国启动新一轮人民币汇率制度改革至2014年10月底，人民币对美元累计升值幅度超过35%。按照国际收支相关理论，一国货币贬值（或升值）能改善（或恶化）该国贸易收支。除了受金融危机影响比较重的2009年，美国对中国贸易逆差有所下降，其他各年份美国对中国的贸易逆差不仅没有减少，反而有上升的趋势。

针对“人民币升值与中美贸易顺差”这一情景，需要认真思考的问题是：

（1）应当如何理解一国的货币贬值与改善贸易收支问题？

（2）根据国际收支调节理论，就美国对中国的贸易逆差可以做出哪些解释？

（3）单就美国的贸易逆差问题来说，具有什么样的特殊性？

（4）如何正确看待和分析美国长期的贸易逆差问题？

考察分析国际经济中各国在开放的宏观经济方面的联系，需要掌握两个重要的基本分析工具，即国民收入的核算和国际收支平衡分析。其中用以反映国民收入核算的国民收入账户，可以帮助分析和了解对一国收入和产出做出贡献的所有支出的有关情况，而国际收支平衡分析中所使用的国际收支平衡账户，则有助于了解和分析追踪一国对外负债、出口以及进口竞争产业的状况与变动。

第一节 开放经济下的国民收入核算

国民收入核算是进行宏观经济分析的基础。国民收入是反映一国一定时期内投入的生产资源所产出的最终商品和服务的市场价值或由此形成的收入的一个数量指标。反映国民收入核算的一般形式就是被称为国民收入账户的统计报表。在封闭经济条件下，国内的供求即收入与支出一定要保持相等，为了保证其相等，客观经济活动的社会投资要等于社会储蓄，即国民收入账户中的国民储蓄与投资要相等，否则国民经济的发展将会出现失衡。而在开放条件下，一国国民收入的等式构成、国民收入的含义以及宏观经济变量之间的关系都发生了深刻的变化。

一、国民收入账户

国民收入账户（National Income Account），就是通过各类总量指标及其组成部分，系统地反映一个国家在一定时期内投入的资源所生产出来的商品和劳务的价值或由此形成的收入状况的统计报表（Statistical Statement），是分析一个国家宏观经济的基本依据。

国民收入账户的常用分析方法主要有收入法和支出法等。支出法是从商品和劳务使用或消费的角度出发，把一国一年内生产出来的商品和劳务，按照各类购买者支出的金额加总得到的。用支出法计算得到的总量指标一般称为国内生产总值，即 GDP。GDP 在封闭经济下包括消费、投资和政府购买三个部分。收入法是从生产要素的角度，通过加总各类生产要素因参与生产所取得的相应报酬而成，相应的数值通常称为国民收入（National Income），即 NI。在封闭经济下，NI 包括各类生产要素所得的收入，如工资、租金、利息和利润等。由于购买者的任何一项支出都将同时成为销售者的等量收入，因而，GDP 和 NI 在理论上是等价的，即

$$Y = C + I + G = C + S + T \tag{5.1}$$

其中，C、I、S、G、T 分别表示消费、投资、储蓄、政府购买和税收；Y 表示国民生产总值或国民收入。式（5.1）就是国民收入恒等式。对式（5.1）进行变换可得：

$$I = S + (T - G) \tag{5.2}$$

如果将 $T-G$ 看成是政府储蓄，则投资与国民储蓄即私人储蓄与政府储蓄之和必然相等。

尽管国内生产总值和国民收入在理论上是恒等的，但这种恒等关系在实际中的完全成立还需要一些调整。通常这些调整主要有：第一，GDP 衡量的是最终商品和劳务的销售总额，没有扣除折旧，在计算国民收入时必须将折旧扣除出去；第二，各种单方面转移支付构成国民收入的一部分，但不是一国商品的组成部分，因此在计算国民收入时必须将它加上；第三，国民收入取决于生产者获得的价格，国内生产总值取决于购买者支付的价格，间接商业税的存在使得这两种价格出现差额。因此，必须将国内生产总值减去折旧、加上单方面转移支付净值，再减去间接商业税，才能得到国民收入。GDP 和 NI 之间的差额在实际中不可忽视，但它在理论研究中的作用不大，一般不予考虑。

二、开放经济的国民收入账户

在开放经济下，本国居民可以通过进口购买国外生产的商品和劳务，外国居民可以通过本国的出口购买本国生产的商品和劳务。本国出口额和进口额之差表示外国居民对本国生产的商品和服务的净购买。这样，本国生产要素所生产的商品和劳务可分为国内购买和国外购买两部分。如果分别用 X 和 M 表示出口和进口，那么开放经济下的国民收入恒等式就变为：

$$Y = C + I + G + (X - M) \tag{5.3}$$

在式（5.3）中，消费、投资和政府购买构成国内总支出，常被人们称为国内“吸收”；净出口

表示国外对本国商品和劳务的净支出，一般称为贸易差额。如果用 A 和 B 分别表示国内吸收和贸易差额，式（5.3）可表示为：

$$B = Y - A \tag{5.4}$$

式（5.4）表明，开放经济下的国民收入和国内支出不必相等，二者的差额构成净出口。当国内支出低于国民收入水平时，意味着国外对本国商品和劳务的净购买，即本国出口大于进口；反之，如果国内支出超过国民收入，就意味着本国对国外商品和劳务的净购买，即进口大于出口。在国际宏观经济学中，上述恒等式具有重要的作用，因为它揭示了对外贸易与一国产出、就业等宏观经济变量的内在联系。

一国出现贸易赤字，意味着本国的支出超过了本国生产水平，因而必须通过净进口购买国外生产的商品和劳务。为了支付国外市场的商品和劳务，本国必须对外举债或减少本国的海外净资产。反之，如果一国出现贸易盈余，就意味着本国向相应的贸易赤字国提供了资金。贸易差额也同时反映了国际资本流动的规模和方向。

第二节 国际收支与国际收支平衡表

在现实中由于社会生产的发展和国际交通、通信的发达，各国间的经济、政治、文化等方面的交往日益密切，因此就会产生国际间的债权债务（Credit and Debt）关系。这种国际债权债务关系必须在一定时期内结算，债权国应收入货币，了解其对外债权，债务国应支付货币清偿其对外债务，这样就涉及国际间的货币收支问题。因此，在国际经济生活中，各国对自己的国际收支都很重视。

一、国际收支与国际收支平衡表

国际收支表示一个国家在一定时期的对外经济交往的综合情况，它是一国掌握其对外经济交往全貌的分析工具。每个国家都有自己的国际收支状况，不同的收支项目对一国经济的意义不同，各国都希望保持有利于自己的国际收支。

（一）国际收支

国际收支（Balance of Payments，BOP）是指一国居民在一定时期内与外国居民之间的全部经济交易的系统记录（System Record）。进行国际收支统计的主要目的是使政府当局了解本国的国际债权债务地位从而为制定对外经济政策提供信息。根据 IMF 的解释，它反映：

（1）一国与他国之间的商品、劳务和收益等交易行为；

（2）该国所持有的黄金、特别提款权的变化，以及与他国债权、债务关系的变化；

（3）凡不需偿还的单方转移项目和相应的科目，用于会计上必须用来平衡的尚未抵销的交易。

此外，国际收支这一概念的内涵十分丰富，在把握时应注意以下几个方面。

第一，国际收支是一个流量概念。当提及国际收支时总是需要指明是属于哪一段时期的。这一报告期可以是一年、一个月、一个季度等，可以根据分析的需要和资料来源的可能来确定，各国通常以一年为报告期。若不弄清国际收支概念的流量内涵往往容易与国际借贷混淆起来。国际借贷是指一定时点上一国居民对外资产和对外负债的汇总，是一个存量概念。

第二，国际收支所反映的内容是国际经济交易。国际经济交易是指一国居民与外国居民之间的商品、服务和资本所有权的交换。

根据转移的内容和方向，经济交易划分为5类：

（1）金融资产与商品和劳务之间的交换即商品和劳务的买卖；

（2）商品和劳务与商品和劳务之间的交换即物物交换；

（3）金融资产和金融资产之间的交换；

（4）无偿的、单向的商品和劳务的转移；

（5）无偿的、单向的金融资产转移。

第三，一国国际收支所记载的经济交易必须是在该国居民与非居民之间发生的。判断一项经济交易是否应包括在国际收支的范围内所依据的不是双方的国籍，而是依据交易双方是否有一方是该国居民。只有居民与非居民之间的经济交易才是国际经济交易。居民不同于公民，公民是一个法律概念，居民则以居住地为标准包括个人、政府机构、非营利团体和企业。个人居民是指那些长期居住在本国的自然人。即使是外国公民只要他在本国长期从事市场、消费行为也属于本国居民。按照这一原则国际货币基金组织作了如下规定：移民属于其工作所在国家的居民，逗留时间在一年以上的留学生、旅游者也属所在国居民。身在国外但代表本国政府的个人（包括军队）一般属于所代表国家的居民。所有派驻国外的政府机构无论其在国外时间多长都属于本国居民，就法人组织而言它在哪国成立、注册就属于哪国居民，但它在国外的分支机构和分公司属于国外居民。因此，跨国公司的内部贸易只要是跨国界的贸易都属于国际贸易。国际性机构如联合国、国际货币基金组织、世界银行、世界贸易组织等是任何国家的非居民。

（二）国际收支平衡表

在现代经济中，一国居民在一定时期内从事的国际经济交易是大量的、多种多样的，为了对本国国际收支状况及其变化有一个系统的了解，必须对这些交易信息进行收集、整理，并编制国际收支平衡表（Balance of Payments Account）。国际收支平衡表是以复式记账法系统记录一国居民在一定时期内所从事的全部国际经济交易的统计表格。

按照复式记账原理（Double Entry Bookkeeping Principle），每一笔国际交易都要分别记录在国际收支平衡表的借方（Debit）和贷方（Credit）。记入借方的国际收支称为借方项目；记入贷方的国际收支称为贷方项目。原则上，贷方项目总和最终必须与借方项目总和一致，即平衡表中所有记录的净差额应等于零。凡是涉及外国居民向本国居民支付的交易（包括商品和服务的出口、获取收益、资产的减少以及负债的增加）属于贷方项目，记入国际收支平衡表的贷方；反之，凡是涉及本国居民支付的交易（包括商品和服务的进口、支付收益、资产的增加以及负债的减少）属于借方项目，记入国际收支平衡表的借方。

二、国际收支平衡表的主要内容

国际收支平衡表（The Balance of Payments）主要包括经常项目（Current Account）、资本项目（Capital Account）、金融项目（Financial Account）以及净误差和遗漏（Net Errors and Omissions or Statistical Discrepancy）等项目。

（一）经常项目

经常项目（Current Account）是国际收支平衡表中最基本的项目，它记录的是一国国际经济交易的主体，它影响和制约着其他项目的变化。经常项目包括居民与非居民间发生的所有涉及经济价值的交易，主要包括商品和服务、主要收益、次要收益等账户。

（1）商品（Goods）主要包括一般商品、转口贸易商品和非货币黄金。一般商品是指居民与非居民之间发生所有权变更的商品，但不包括转口贸易商品、非货币黄金以及归入旅游、建筑和政府提供的商品和服务中的商品。

转口贸易商品是指居民从非居民处购买而又转售给其他非居民的商品。

非货币黄金包括所有官方作为储备资产持有的货币黄金之外的黄金。非货币黄金可以是金块、金条、金粉以及其他未加工的或制成品的形式。但镶金的首饰、手表等属于一般商品，而不是非货币黄金。

（2）服务（Services），也称无形贸易收支服务项目，内容比较复杂，主要包括加工贸易服务，维修保养服务，运输，旅行，通信、计算机和信息服务，建设服务，保险和养老金服务，金融服务，知识产权使用费和特许费，其他商业服务，个人文化和娱乐服务，政府服务等 12 个方面的内容。随着国际无形贸易的迅速发展，它在一些国家的国际收支中占据着重要地位并对这些国家的国际收支平衡起着重要作用。例如美国的国际贸易账户中出现了较大的逆差，但其服务贸易却保持着较大的顺差，这样一来两项相抵大大地减轻了商品贸易逆差对美国国际收支平衡的影响。

其中，知识产权使用费是指居民和非居民因使用知识产权而发生的费用，包括使用诸如商标、版权、专利、工序设计等知识产权和经过授权许可而复制或分销诸如书稿、计算机软件、电影胶片、唱片及相关权利而发生的费用。

其他商业服务是指居民与非居民间相互提供的研发服务、专业和管理咨询服务、技术性服务以及与贸易有关的商业服务等。

政府服务包括所有与政府部门（诸如使馆、领事馆、军事基地及相关人员）、国际组织有关的、不能列入上述其他项目的服务。

（3）主要收益（Primary Income）。主要收益账户记录居民与非居民之间主要收益的状况，具体包括：

雇员报酬是指居民和非居民间雇佣劳动力获取的现金或类似现金形式的工资、薪金和其他利得；

投资收益包括直接投资、证券投资、其他投资以及储备资产投资所获取的利息和收益；

其他主要收益主要包括租金、商品和生产的税收及补贴等。

（4）次要收益（Secondary Income）。次要收益账户记录居民和非居民之间的经常转移，包括收入和财富的税收、社会保障和福利、个人转让以及政府之间国际合作的转移支付等。该账户具体分为政府，金融公司、非金融公司、家庭以及服务家庭的非营利组织，养老金权益变化的调整 3 个子账户。

（二）资本项目

资本项目（Capital Account）记录居民和非居民之间非生产性和非金融性资产的转移以及资本转移，具体包括：

非生产性、非金融性资产的获取或放弃，是指自然资源（土地、矿权、林权、水等）、无形资产（作为经济资产的契约、租约、许可协议等）以及营销资产（商标、品牌、标志、域名等）的交易。

资本转移包括债务豁免、（数额非常大的）非寿险索赔、固定资产投资的补贴、一次性无偿担保以及资本转移税等。

（三）金融项目

金融项目（Financial Account）主要包括直接投资、证券投资、金融衍生品（除官方储备外）和员工股票期权、其他投资以及储备资产等账户。

直接投资（Direct Investment）是指直接投资者与直接投资企业间进行的所有交易，也包括两者间的初始交易、加上后来两者间及其附属企业间（既包括合作的，也包括非合作的）进行的所有交易。直接投资交易又可细分为股权资本、再投资收益和其他资本（公司间交易）三种。就股权资本和其他资本而言，附属企业和直接投资者的债权和债务关系是截然不同的。此外，附属银行与其他附属金融中介之间的交易只限于股权和永久债务资本，属于直接投资项目。

证券投资（Portfolio Investment）包括股票和债务、票据等债务凭证的交易。与直接投资不同，证券投资者对所投资企业不能施加控制，没有企业管理决策权。

金融衍生品（除官方储备外）和员工股票期权（Financial Derivatives and Employee Stock Options）记录除官方储备（Official Reserve）之外的金融衍生品（如远期合同（Forward Contract）、期权（Option）等）的交易。金融衍生品和员工股票期权以市场价格估值计入，若市场价格不可得，则使用其他合理估值方法，如期权定价模型（Option Pricing Model）和现值法（Present Value Approach）。

其他投资（Other Investment）包括短期和长期贸易信用、贷款（包括使用基金信用、基金贷款及与租赁金融有关的贷款）、货币和存款（可转移的存款，以及诸如储蓄和定期存款、储蓄和贷款股份、信用合作社的股份等）及其他可收支项目。

储备资产（Reserve Assets）是指一国货币当局可用于平衡国际收支或其他用途的资产，包括货币黄金、特别提款权（SDR）、在基金中的储备头寸、外汇资产（现金、存款和证券）及其他债权。

（四）错误和遗漏净额

按照复式记账原则，国际收支平衡表的借贷双方的净差额应该等于零，但在实际中并非如此。原因是在统计国际收支有关数据时会发生遗漏；存在走私商品、民间货币收付以及携带现钞出入境等官方监控以外的国际交易；资料来源和口径不同造成的误差。以商品进口为例，其数据来源于海关根据通关的商品数额记录，而与之相对应的货币支付数据很可能不同。这种现象在延期付款或预付货款的商品贸易中有时发生。货款预付后，这笔交易在银行中便有了记录，从而增加了本期国际收支贷方数额，而海关要到下一个时期商品入关时才会将它记录下来，从而增加下一期国际收支借方数额。为了解决这一问题，就人为地设立了这一平衡项目，即错误与遗漏净额（Net Errors and Omissions）。当经常项目、资本和金融项目总计贷方数额大于借方数额，从而出现贷方余额时，则在错误与遗漏净额项下的借方记入与该余额相同的数额；反之，当出现借方余额时，则在错误与遗漏净额项下的贷方记入相同数额。

三、国际收支平衡表的分析

一国的国际收支平衡表反映该国一定时期对外资金的流量与流向的变动，这种变动不仅受到本国政治、经济等因素的影响，而且还要受到国际上及其他国家各种因素的影响；另一方面，一国的国际收支状况不仅会影响本国而且也会影响到有关国家。通过对本国国际收支状况的经常分析结合对相关国家的国际收支状况的分析能找到造成本国国际收支不平衡的具体原因，从而为一个国家制定内外经济政策提供依据。

对国际收支平衡表的分析（Approach to the BOP）通常可以分为两个部分：一般性分析和项目分析。

（一）一般性分析

对国际收支平衡表的一般性分析由以下几个方面组成。

（1）整体分析。国际收支平衡表由大大小小许多项目组成，其中某一个或某些项目的平衡并不等于全部项目都是平衡的；某个大项目平衡并不等于下面的各子项目、小项目也是平衡的。因此，要弄清一个国家国际收支的全部情况必须对整个国际收支平衡表进行全面分析。全面分析的目的是为了找出某些项目的顺差或逆差，为下一步的深入分析做准备。

（2）纵向分析。一国在一定时期的国际收支状况并不是孤立存在的，要受到过去的国际收支状况的影响，同时也将影响今后的国际收支。分析国际收支平衡表时应该对其进行历史分析，对所涉及项目在报告期之前几年的有关情况进行分析。

（3）国别分析。一国国际收支平衡表中某个项目的平衡并不意味着世界上所有国家在这个项目上都是平衡的。随着国际间政治、经济和军事关系的变化，各国的国际收支也会发生变化，因此必须对相关国家的国际收支平衡表进行横向的比较分析。

（4）国内经济、金融政策对该国国际收支的影响分析。一国的经济、金融政策与该国的国际收支之间有着十分密切的关系。有些政策可能会直接影响到该国的国际收支，大部分政策则是通过各种转换机制间接地影响该国的国际收支，因此，分析一国的国际收支状况必须考虑政策的作用。

（5）有关国家的经济、金融政策以及重大国际事件对国际收支状况的影响分析。由于国际关系日益密切，国际经济金融一体化的进程日益加快，有关国家采取的一些经济、金融政策必然会影响到其他国家国际收支状况的变化。同时还要考察分析国际间的重大事件引起的一些国家国际收支的变化。

（6）动态分析。一国一定时期的国际收支状况是过去一定时期该国经济结构态势、经济发展进程及经济政策导向的综合结果，而经济结构、经济发展及经济政策并不是一成不变的，它们将随着时间、环境的变化而不断变化，从而一国国际收支也处于一个连续不断的运动过程之中。因此，无论对顺差还是逆差都不能仅仅从静止的角度来考察，还必须考察其发展变化。

（二）项目分析

商品项目分析。主要包括商品贸易顺差与逆差的分析；商品进出口数量与价格的分析。其中后者是分析的重点。影响商品进出口数量与价格的因素很多，其主要因素如下。

（1）可供出口商品的数量主要分析出口商品的供给弹性。

（2）国外对某一商品的需求程度主要分析出口商品的需求弹性。

（3）商品输入国的外贸政策，如是否为 WTO 成员、是否存在关税壁垒和非关税壁垒等。

（4）经济周期对商品进出口的影响。

（5）商品进出口机构的变化，如新技术新发明的使用、新商品上市、新资源的开放与利用等。

（6）气候等各种自然现象对进出口的影响，如自然灾害引起某商品进出口的变化。

（7）传统市场的改变与新市场的开辟对进出口的影响。

（8）商品价格变化对进出口的影响，如汇率变化引起的价格变化、商品供求关系变化引起的价格变化、国际投机行为引起的价格变化等。

（9）国内外政治局势或重大事件对进出口的影响。

服务项目分析。服务项目包括很多细目，分析时要特别注意充分了解各个项目，了解有关项目的历史资料。服务项目有其特殊性，如运费收支。一国要有运费收入，其前提条件是必须拥有一支庞大的商船队或空运能力。商船队的建立和空运能力的积累不是一朝一夕的事，有其历史延续性，因此一般情况下变化不会太大。至于银行和保险业的收入、投资收入、旅游收入都有其特殊性，必须结合各国的具体条件进行分析。

收入项目分析。影响职工报酬的因素主要是经济周期的变化和劳务输入国对外籍工人的政策。分析投资收入要注意收支两个方面，并注意分析地区和行业的变化特点。

经常转移分析。经常转移分为政府单方面转移和私人单方面转移两个部分。其中政府单方面转移部分比较难分析，主要是因为：①平衡表上所列的数字并不是政府官方对外援助和接受援助的总量，如美国国际收支平衡表中单方面转移官方部分的数字中并不包括对外军事援助；②各国在这个项目上经常采取一些隐蔽的手法，因此，需要寻找一些其他的资料来源进行综合分析。私人单方面转移部分相对比较容易分析，但也要根据各国的具体情况进行分析。

长期资本项目分析。长期资本项目的分析可分为以下四个小项目：直接投资、借款、证券和延期付款信用。分析长期资本移动时必须注意，如果一国某一时期基本国际收支差额平衡。经常项目的逆差是由长期资本的流入来弥补的，那么该国的国际收支就潜伏着发生逆差的可能性。因为长期资本的流入必然会增加利润、利息和股息的支出；同时，长期资本的流入其主动权不在于该国而在于外国投资者的意向。

短期资本项目分析。当前短期资本的国际流动不仅数量大，而且非常频繁。造成这种情况的主要原因有：随着国际间贸易的日益扩大，相互间提供的与贸易有关的贷款也随之增加；由于国际金融市场上黄金价格、汇率、利率变化频繁，造成了国际上对黄金、外汇及其他有价证券的大量投机，从而导致大量资金在国际间频繁移动；由于受经济周期的影响，经济不景气，导致投资者对资金的长期运用丧失热情，从而使大量资金成为国际游资。由于这些游资的存在处所及游动方向要受到种种错综复杂的因素所支配，因此仅仅从贸易的角度进行分析是不够的，还必须分析逆差国家采取哪些措施吸引短期资本流入以及当时的国际金融形势及重大事件的发生等。

另外，国际游资为了逃避有关国家对资金流出入的监督和管制，其流出入的方式十分隐蔽，因此对短期资本的移动进行统计十分困难，统计数字往往也并不能代表真实的情况，分析时必须参考错误和遗漏项目进行综合分析。对短期资本的分析必须注意：如果一定时期一个国家的基本国际收支逆差是通过短期项目来弥补的，那就意味着该国的国际收支存在着随时出现逆差的危险性。

对官方储备资产项目变动的分析。由于官方储备资产中国际货币基金组织的储备头寸和特别提款权两项受到上限的限制且所占比重不大，因此分析时可以省去。应着重分析黄金和外汇储备的变化尤其是外汇储备的变化。因为外汇储备的变化体现了该国经常项目和资本项目的平衡情况，外汇储备增加说明该国当年外汇收入超过外汇支出；外汇储备减少则说明该国当年外汇收入不足以抵补其外汇支出。黄金外汇储备持有过多或过少都会给经济带来不利的影响。

错误和遗漏项目分析。错误和遗漏项目是人为设立的而且有其存在的客观原因，因此在分析时不仅要考察数字的大小而且必须考察其原因。

总之，一国的国际收支平衡表是一国某一时期对外各种关系的综合反映，是一个完整的整体。对国际收支平衡表的分析不仅仅是对其各项数字进行简单的加减分析或比较分析，而且要透过这些数字的分析找到其后面隐藏着的各种经济关系及其作用后果，服务于相关政府部门的管理决策。

四、国际收支平衡与失衡

国际收支平衡表是按照复式记账法则编制的，其借方总额必定等于贷方总额，因此国际收支平衡表是一张名副其实的平衡表。即使存在局部差额，只要统计资料精确完备，各局部差额也将相互抵销，如经常项目差额可以由资本与金融项目弥补，全部自主性交易的差额可以通过动用官方储备来弥补。但是，这种人为调整的平衡只是一种形式上的平衡，而未必是真正的平衡。

1. 国际收支平衡与失衡的含义

所谓国际收支平衡，一般是指自主性交易本身就能实现，而不必依赖于调节性交易事后弥补的平衡；如果必须通过调节性交易才能维持平衡，就是国际收支平衡。也就是说，如果一个国家在国际经济交往中，其自主性交易能够自动维持平衡，就说明该国的国际收支是平衡的，否则就是不平衡。如果自主性交易的贷方总额大于借方总额，表明该国的国际收支出现了盈余或顺差；如果借方总额大于贷方总额，表明国际收支出现了赤字或逆差。一国的国际收支不论处于逆差还是处于顺差，都是国际收支失衡，会对该国经济造成不利的影响。

2. 国际收支差额

通过不同的国际收支差额指标可以了解一国不同交易项目的收支平衡状况。较常使用的国际收支差额指标包括以下几种：

贸易差额=商品出口-商品进口

经常项目差额=贸易差额+无形贸易差额+单方面转移差额

基本收支差额=经常项目差额+长期资本流动净值

官方结算差额=基本差额+短期资本流动净值

综合差额=官方结算差额+官方借贷差额=官方储备的变化

（1）商品贸易差额，是一定时期内一国商品出口总额与进口总额之差。如果出口大于进口则称贸易收支顺差，如果进口大于出口，则称贸易收支逆差。海关可以迅速收集汇总商品进出口数据上报，因此商品贸易差额在新闻报道中能经常看到。

（2）经常项目差额，是一定时期内一国商品、服务、收入和经常转移项目上借方总值和同期商品、服务、收入和经常转移项目上贷方总值之差。当贷方总值大于借方总值时，经常项目顺差；反之，则为经常项目逆差。经常项目差额是国际收支平衡表中最重要的收支差额。如果出现经常项目顺差，则意味着由于有商品、服务、收入和经常转移的贷方净额，该国的国外财产净额增加，也即经常项目顺差表示该国对外净投资。

（3）基本收支差额，是一定时期内经常项目与长期资本金融项目借方总额与贷方总额之差。由于经常项目差额和长期资本流动主要受该国生产率长期变化、生产要素有效配置、消费者偏好以及预期资本利润率等基本经济因素的影响，因此基本收支一般表示的是一国国际收支的长期趋势，顺差则表示国际收支有长期加强的趋势。基本收支差额表示一国可能处于“基本”不平衡。

（4）官方结算差额，是政府用于平衡自发收支项目总差额的项目，因此官方结算差额等于经常项目和资本金融项目的借、贷总值之差。

根据一国国际收支失衡产生的不同原因，国际收支不平衡可分为四种不同的类型。

第一，周期性不平衡。经济周期对一国国际收支有着重要影响，在经济衰退阶段，收入减少，有效需求下降，从而导致进口下降，因此可能引起国际收支顺差。相反，在经济景气阶段，由于收入迅速上升，有效需求增加，从而导致进口需求扩张，同时部分出口商品转向内销，由此可能引起国际收支逆差。国际收支周期性不平衡会使各国之间相互传播景气和衰退。

第二，结构性不平衡。即因国内生产结构变动不能适应国际市场的变化而引起的国际收支不平衡。例如，大多数发展中国家出口以初级商品为主，进口以制成品为主。由于国际市场上制成品价格大幅度上扬，而初级商品价格增长缓慢，导致这些国家的贸易条件趋于恶化，从而导致国际收支上的困难。

第三，价格性不平衡。在一定汇率下，一国物价普遍上升高于其他国家，必然导致出口下降，进口增加，国际收支发生逆差；反之，如果一国物价普遍低于其他国家，则会发生相反的情形，导致国际收支顺差，这就是价格性不平衡。它表明在货币对外比价一定的情况下，通货膨胀和通货紧缩会导致收支不平衡。

第四，收入性不平衡，即由于国民收入的变动引起国际收支失衡的情形。国民收入变化包括周期变化和长期增长。周期变化引起的国际收支失衡实际上就是周期性不平衡。而收入长期增长则会导致持久性的不平衡，如果一国收入增长速度长期高于其他国家，则可能导致进口需求的增长超过出口需求的增长，从而使该国国际收支出现逆差，造成国际收支收入性不平衡。

3. 国际收支失衡的经济影响

如果一国的国际收支持续出现逆差，那么该国的官方储备必然持续下降，从而造成官方储备和国际清偿能力的不足，国际融资成本上升。这一方面将迫使该国压缩进口，从而影响国内经济的发展；另一方面，如果该国靠持续的海外举债来弥补逆差，会造成债台高筑，容易陷入债务危机的窘境。此外，由于贸易逆差是造成国际收支逆差的主要原因之一，这意味着该国商品的国际竞争力下降，不利于本国民族经济的发展。

一国国际收支的持续顺差，同样会造成各种负面影响。首先，国际收支顺差将造成国内货币供给量的持续增加，从而产生通货膨胀的压力。其次，国际收支顺差导致官方储备的增加，造成资源的闲置和浪费。最后，一国持续的国际收支顺差容易与贸易伙伴产生摩擦，招致其他国家的报复等。

因此，一旦国际收支出现顺差或逆差，就必须对其原因进行分析，采取有针对性的适当措施进行调节。

4. 国际收支失衡的调节措施

由于国际收支失衡对本国经济发展具有明显的负面影响，必须根据国际收支失衡的类型和起因采取有针对性的调节性措施。国际上经常使用的调节性措施主要包括货币政策和财政政策、外汇政策和外贸政策等。

（1）货币政策和财政政策。当一国出现国际收支逆差时，政府可以通过紧缩性的货币政策或财政政策来降低国民收入和消费水平、减少进口需求，从而改善国际收支状况；反之，当一国出现国际收支顺差时，可以通过扩张性的货币政策和财政政策来增加进口需求，减少国际收支顺差。其中，财政政策主要通过对收入水平的影响来调节经常项目差额；货币政策一方面能够通过对收入的影响调节经常项目差额，另一方面可以通过调节利率对国际资本流动的影响，调节资本与金融项目差额。

（2）外汇政策和外贸政策。外汇政策主要包括汇率政策和直接的外汇管制两方面，前者运用市场手段，通过影响汇率和贸易收支来调节国际收支；后者则运用法律法规手段，对外汇交易进行干预和控制。外贸政策则是通过鼓励出口和限制进口来改善国际收支状况。

值得指出的是，运用法律法规对外汇或外贸进行管制是一种简单、直接和有效的改善国际收支的方法，但它们同时具有很大的弊端。各种管制手段会造成汇率和本币的实际价值、进出口商品的国内价值和国际价格的长期背离，不利于资源的最优配置和国内经济的发展；同时，各种贸易管制很容易引起贸易伙伴的报复。但是，一国在特定发展阶段或面临特定金融环境时，为了消除国际收支失衡对国内经济的冲击，在某些时期未尝不可采用适当的管制手段。

第三节 国际收支调节理论

国际收支调节理论按照分析国际收支调节的主要方法来划分，主要有弹性分析法（Elasticity Approach）、吸收分析法（Absorption Approach）和货币分析法（Monetary Approach）等。其中，弹性分析法以传统的微观经济学的供求弹性为基础，吸收分析法以凯恩斯主义的收入和支出分析为基础，货币分析法以货币主义的"货币存量—流量"的论述为基础，分别从不同角度对国际收支调节问题进行考察。

一、弹性分析法

弹性分析法（Elasticity Approach）是由英国经济学家马歇尔提出，后经英国经济学家罗宾逊和美国经济学家勒纳加以发展而形成的一种国际收支调整理论，研究的是在收入不变条件下汇率变动对国际收支调整的影响。它是在 20 世纪 30 年代初，各国竞相实行竞争性的货币贬值导致汇率变动频繁、国际金融市场动荡、金本位制面临崩溃的现实背景下提出的，采用马歇尔的局部均衡方法和供求弹性理论，分析汇率变动对国内外商品以及本国贸易品和非贸易品之间的相对价格、从而对一国国际收支的影响。其基本假定包括：经济处于充分就业状态，收入不变；忽略国际间的资本流动，国际收支等于贸易收支；相关商品的供给弹性不变；不考虑汇率变动的货币效应。

1. 弹性的概念

弹性描述的是，在其他条件不变的情况下，一个变量 A 对另一个变量 B 变化的敏感程度。在数值上，它反映的是变量 B 变动一个百分点导致变量 A 变动多少个百分点，即 $e=\dfrac{\Delta A/A}{\Delta B/B}$。这里如果 $e<0$，则一般使用其绝对值表示弹性。弹性越大表示 B 对 A 的影响效果越明显。在进出口方面，就有 4 个弹性，它们分别是：

E_m=进口商品需求量变动率/进口商品价格变动率

E_x=出口商品需求量变动率/出口商品价格变动率

S_m=进口商品供给量变动率/进口商品价格变动率

S_x=出口商品供给量变动率/出口商品价格变动率

2. 马歇尔—勒纳条件

本币贬值（Domestic Currency Devaluation）会引起进出口商品价格变动，进而引起进出口商品的数量发生变动，最终引起贸易收支变化。贸易收支额的变化，最终取决于两个因素，第一个是贬值引起的进出口商品单位价格的变化，第二个是由于进出口商品单位价格变化引起的进出口商品量的变化。

考虑本国货币贬值的情形。当本国货币贬值时，本国出口商品的外币价格下降，且下降幅度等于货币贬值幅度（这里隐含使用一价定律）。外币表示的出口商品价格下降会使出口量增加，但只有当出口量增加的幅度大于价格下降的幅度时，出口额才会增加。这一情况取决于外国对本国出口品的需求价格弹性 E_x。对于进口商而言，进口商品的外币价格不变时，本币贬值使得以本币表示的进口商品价格上升，进口量下降。类似地，只有当进口量下降的幅度大于进口商品价格上升的幅度时，进口额才会减少，这又取决于国内对进口商品的需求价格弹性 E_m。

以上分析表明，在进出口商品供给价格弹性无穷大的条件下，本币贬值对贸易收支的作用取决于进出口商品的需求价格弹性的综合效应，当 $E_m + E_x > 1$ 时，货币贬值将改善贸易收支，这就是所谓马歇尔—纳勒条件（Marshall—Lerner Contion），只有在这个条件下，本币贬值才具有改善贸易收支的效果。此外，当 $E_m + E_x = 1$ 时，货币贬值不影响贸易收支；当 $E_m + E_x < 1$ 时，货币贬值使贸易收支恶化。

3. 货币贬值的时滞及“J 曲线”效应

弹性分析法给出了汇率变动能够影响贸易收支的条件。现实生活中，供求两方面的因素使得净出口对汇率变动的反应是渐进的，从货币贬值到贸易收支改善之间常常存在如下几种原因：

（1）贬值之前签订的贸易合同仍然且必须按原来的数量和价格执行（除非合同上有针对货币贬值的条款）。贬值后，凡以外币定价的进口，折合成本币后的支付将增加；凡以本币定价的出口，折合成外币的收入将减少。

（2）即使在贬值后签订贸易合同，交易数量的变化仍存在滞后，进而影响贸易收支。一方面是因为本国购买者消费行为的调整有一个过程，如偏好难以短期改变；另一方面是因为出口商品生产商增加投资、扩大生产也需要时间，出口数量难以迅速增加。

（3）除此之外，还存在以下时滞。货币贬值后，本国出口商的新价格的信息还不能立即为需求方所了解，即存在认识时滞；供求双方都需要一定时间判断价格变化的重要性，即存在着决策时滞；供给方和需求方都需要一定时间处理以前存货，即存在取代时滞；把商品、劳务运往国际市场需要一段时间，即存在着交货时滞。

图 5-1 描述了从货币贬值到贸易收支改善的过程。一国国际收支原本处于逆差状态，对应 t_0 时刻的点 A。为改善国际收支，本币发生一次性贬值，由于价格和数量调整的时滞，贸易收支反而恶化，在 t_1 时刻恶化到顶点。此后，出口供给和进口需求开始向改善贸易收支的方向调整，贸易收支得到改善。以时间为横轴，贸易收支余额为纵轴，贸易收支变化的曲线呈 J 字形，因此贬值对贸易收支改善的时滞效应被称为 J 曲线效应（J Curve Effect）。

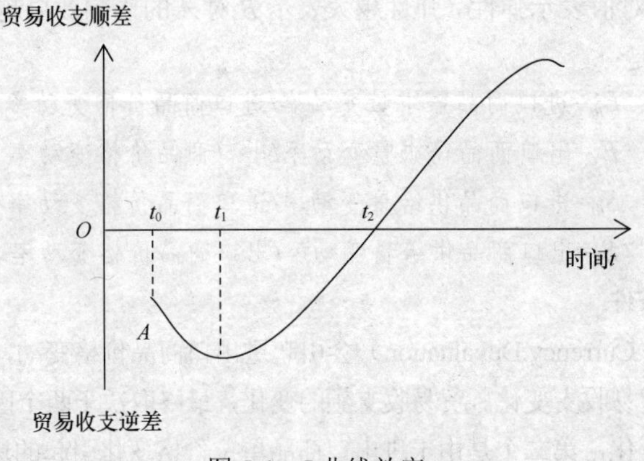

图 5-1　J 曲线效应

4. 弹性分析法的评价

弹性分析法是出现最早也是最重要的国际收支调节理论之一，它否定了货币贬值一定能够改善贸易收支的片面看法。弹性分析法简洁、严谨的定量分析特征，易于人们理解和掌握，有利于进行计量检验。因此，该分析法具有一定的参考价值和现实意义。

但是，弹性分析法也存在一些不足之处，主要表现为：

（1）弹性分析法是一种局部均衡分析，只考虑货币贬值对贸易收支的影响，而假设其他条件不变。但在现实中，收入和支出水平等经济变量会对国际收支产生不容忽视的影响。

（2）弹性分析法将国际收支等同于贸易收支，没有考虑到贬值对资本流动的影响。如果说，这种处理在弹性分析法提出的当时不失为合理的近似，但在国际资本流动不断加速、规模不断扩大的现代社会，难以全面地反映贬值的实际效果。

（3）弹性分析法是一种比较静态分析，没有对货币贬值后的动态调整机制进行说明。大量的经验证据证明，即使马歇尔—勒纳条件成立，贬值对国际收支的影响仍需一段时间，即存在“J 曲线效应”。

（4）弹性分析法假定进出口商品的供给弹性无穷大。这个假定只有在劳动力市场存在大量失业的情形下方可成立。若在经济接近充分就业时，需求上升的直接后果就是要素价格的上涨，而最终成交的供给量和需求量变化不大，甚至没有变化，即本币贬值只是导致价格上升，贸易收支变化很小甚至没有变化。

二、吸收分析法

国际收支的吸收分析法（Absorption Approach to the Balance of Payments）是西德尼·亚历山大（Sidney Alexander）于 1952 年任职于国际货币基金组织时提出的。该分析方法提出只有当一国商品、劳务产出的增加超过其吸收能力的增加时，该国的国际收支才能得以改善。这里“吸收”是指国内居民在商品和劳务上的支出。

弹性分析法的缺陷之一是假定收入水平不变，因而不考虑国民收入变动对国际收支的影响。而事实上，货币贬值所引起的进出口的变化，不仅直接影响到贸易收支，同时还影响国民收入，而国民收入的变化又会进一步影响到贸易收支。国际收支调节的吸收分析法就比较全面地考察了货币贬值对国民收入和贸易收支产生的这种综合影响。

1. 基本原理

根据凯恩斯开放经济下的国民收入恒等式：

$$Y = C + I + G + (X - M)$$

可以得到：

$$B = X - M = Y - (C + I + G) = Y - A$$

即贸易差额是国民收入和国内吸收的差额，式中 $A = C + I + G$ 代表国内吸收，它是国内消费、投资和政府购买之和。这一简单公式清晰地表明：如果一国经济处于充分就业水平，那么改善贸易差额的唯一途径就是减少国内吸收量；如果一国经济处于非充分就业状态，那么只要吸收的增加不超过收入的增加，就能够改善贸易差额。

假定国内吸收是国民收入的增函数：

$$A = A_0 + aY \tag{5.5}$$

式中 A_0 为自主吸收，a 为边际吸收倾向。将式（5.5）代入式（5.4）并微分得：

$$dB=(1-a)\ dY-dA_0 \tag{5.6}$$

式（5.6）表明，贬值对贸易差额的影响取决于：①dY，即贬值对收入的直接影响；②贬值对自主吸收的直接影响；③a，即贬值通过收入变化对吸收的间接影响。

只有当 $(1-a)dY>dA_0$ 时，贬值才能改善贸易收支。

2. 货币贬值的收入效应和吸收效应

货币贬值的效应可通过对收入的直接效应和吸收效应两方面分析入手。前者包括了分析货币贬值对闲置资源的影响效应、对贸易条件和国际收支的影响以及资源的配置效应等；后者则着重于分析货币贬值对实际现金余额、收入再分配、货币幻觉、预期以及替代对吸收的影响效应等。

（1）货币贬值对收入的直接效应（dY）。闲置资源效应（Idle Resources Effect）。在一国存在尚未得到充分利用的闲置资源的情况下，贬值能够通过促进出口和抑制进口，增加该国产出和国民收入水平、改善国际收支状况；另一方面，国民收入的增加会导致国内吸收水平的上升，从而导致国际收支状况的恶化。国际收支最终是得到改善还是恶化，取决于边际吸收倾向。由式（5.6）可以看出，假定自主吸收不变，只要边际吸收倾向 $a<1$，贬值引起的国民收入增加就会大于国民收入增加所导致的吸收的增加，国际收支就能得到改善。

贸易条件效应（Terms of Trade Effect），即贬值对贸易条件及国际收支的影响。大多数经济学家认为，贬值将使该国的贸易条件恶化，理由是：一国出口商品的品种一般比其进口商品的品种更为集中，贬值将使得出口商品国外价格的下降大于进口商品国内价格的上升。贸易条件的恶化将导致国际收支的恶化和国民收入水平的减少。当然，收入水平的减少同时还会降低国内吸收，减弱国际收支恶化的程度。

资源配置效应（Distribution of Resources Effect），即贬值通过国内资源的重新配置对国民收入和国际收支状况产生的影响。如果贬值能够使得资源从国内生产率较低的部门转移到生产率较高的部门，那么就可以提高本国的总体生产率水平，从而引起实际收入的增加和国际收支的改善。尤其是在汇率高估的情况下，汇率高估实际上是补贴了非贸易品的生产，因此贬值所引起的资源从非贸易品向贸易品的转移意味着国内资源向生产率更高的部门流动。

（2）货币贬值对吸收的直接效应（dA_0）。实际现金余额效应（Real Balance Effect）。如前所述，一国采取货币贬值政策将导致本国出现通货膨胀，在货币供给不变的情况下，物价水平上涨使人们持有的实际现金余额下降。在这种情况下，人们或者减少对商品和劳务的支出，或者变现手中持有的金融资产，前者直接降低了国内消费，后者则通过促进利率水平的上升降低投资水平，它们都会减少国内吸收。因此，实际现金余额效应通过减少国内总吸收而使得国际收支得到改善。

收入再分配效应（Income Redistribution Effect）。由于工资调整一般滞后于物价变动，贬值所造成的物价上涨会产生收入再分配的效果，引起收入从雇员向雇主的转移。如果雇主将实际收入的增加用于增加消费，由于其边际消费倾向低于雇员，必然降低该国的总实际消费水平和吸收水平；如果用于增加投资，则会增加该国的吸收水平。此外，由于所得税一般是累进的，因此物价水平的上涨会引起所得税的增加，导致收入向政府转移。在发达国家，政府的边际支出倾向一般低于私人的边际支出倾向，这种转移因此会降低国内吸收水平。

货币幻觉效应（Money Illusion Effect）。如果贬值使得人们的收入和价格同比例上涨，那么人们的实际收入并未发生变化。这时，如果人民对价格存在货币幻觉，就会减少消费，导致总吸收水平的下降；反之，如果人们对收入存在货币幻觉，就会增加消费，导致总吸收水平的上升。

预期效应（Expectation Effect）。当货币贬值引起物价上涨时，如果人们预期物价由于惯性会进一步上涨，就会增加当前消费，提高吸收水平，从而使国际收支恶化。另一方面，通货膨胀预期也可能会使投资下降，减少吸收，从而使国际收支改善。

替代效应（Substitution Effect），即贬值所引起的人们对不同商品的替代对吸收的影响。贬值使得进口品的价格高于国商品的价格，必然引起消费者用国商品替代进口品；同样，贬值也会对出口品和国商品的价格产生影响，导致生产者在国内销售和出口之间的代替。国内供求的变化和资源的转移必将引起相对价格的变动，从而对吸收和进出口水平产生影响。

综合以上分析，国际收支调整的吸收分析法认为货币贬值会通过多种渠道和机制对国民收入和吸收产生影响，而对国际收支的最终影响取决于各种效应综合作用的结果，提高国民收入相对于本国吸收的水平有利于国际收支改善，这一点对于一国政策的制定具有指导意义。在采用货币贬值政策的同时，如果辅以提高收入、限制吸收的货币政策和财政政策，则更易于达到改善国际收支的目的。

吸收分析法虽然对货币贬值影响效果的分析比弹性分析法更为全面，但仍存在很大的局限性。具体表现为：吸收分析法中的国际收支仍指贸易收支，忽略了资本流动等在国际收支中的重要作用。伴随着国际游资的急剧增长，资本流动大量增加，资本账户在国际收支中的作用日益重要；吸收分析法是在以充分就业作为主要经济政策目标以后出现的，它把弥补国际收支逆差的希望寄托于货币贬值和减少国内吸收的紧缩性财政政策和货币政策上，而紧缩性经济政策的实施会与充分就业目标产生冲突；吸收分析法和弹性分析法一样，没有考虑国内货币供给和信用创造对国际收支产生的影响。

三、货币分析法

弹性分析法和吸收分析法都是分析经常项目收支的国际收支调节理论（International Balance of Payments Adjustment Theory），基本没有涉及资本项目。随着国际金融市场的高度发达和大规模的国际资本流动，资本和金融项目已成为国际收支的重要内容，这在客观上要求一种对国际收支问题进行全面分析的经济理论，美国经济学家罗伯特·蒙代尔（Robert Mundell）和哈里·约翰逊（Herry Johnson）等人将传统的封闭经济下的货币主义理论拓展到国际经济领域，提出了国际收支调节的货币分析方法（Monetary Approach to the Balance of Payments），阐述了国内货币供求关系对国际收支的影响。

1. 货币分析法的基本内容

国际收支的货币分析法是一种强调货币供求在决定一国国际收支状况中作用的方法，是货币主义经济学在开放经济下的应用。它假定：①在充分就业均衡状态下，一国的实际货币需求是收入和利率等变量的稳定函数。②从长期看，货币需求是稳定的，货币供给变动不影响实物产量。③贸易商品的价格是由世界市场决定的，从长期来看，一国的价格水平和利率水平接近世界市场水平。

货币分析法强调货币供给存量对国际收支的影响，该方法可以简单地概括为：

$$M_d = KPY \tag{5.7}$$

$$M_s = m(R + D) \tag{5.8}$$

$$P = EP^* \tag{5.9}$$

其中，M_d 和 M_s 分别为名义货币需求量和名义货币供给量；P 和 P^* 分别表示本国和外国的价格水平；Y 为国际收支水平；K 为常数，代表 P 和 Y 的变化引起货币需求的变化程度，$K > 0$，即随 P 或 Y 的上升，货币需求将增加；R 和 D 分别表示一国基础货币的国际和国内两部分，即官方储备资产和国内信贷；E 为汇率。式（5.7）是货币需求函数；式（5.8）为货币供给函数，它由国内货币供给和国外货币供给两部分组成，m 为货币乘数，为分析方便，假设 $m=1$；式（5.9）为国内价格和国外价格之间的关系，即一价法则成立。

假设货币市场均衡，则

$$M_s = M_d \tag{5.10}$$

$$M_d = R + D \text{ 或 } R = M_d - D \tag{5.11}$$

式（5.11）就是货币分析理论的最基本方程式，该式说明如下内容。

第一，国际收支的一种货币现象。

第二，国际收支逆差实际上就是一国国内的名义货币供应量超过了名义货币需求量。由于货币供给不影响实物产量，在价格不变的情况下，多余的货币就会外流，即表现为国际收支逆差；反之，当一国国内的名义货币供应量小于名义货币需求量时，在价格水平不变的情况下，短缺的部分就会由外国流入本国，即表现为国际收支顺差。

第三，国际收支调节的过程实际上是实际货币余额对名义货币供应量的调整过程。当国内名义货币供应量 D 与实际经济变量（国民收入、产量等）所决定的实际货币余额需求相一致时，国际收支就处在均衡状态。

对式（5.7）～式（5.9）取对数得：

$$\ln M_d = \ln K + \ln P + \ln Y \tag{5.12}$$

$$\ln M_s = \ln(R + D) \tag{5.13}$$

$$\ln P = \ln E + \ln P^* \tag{5.14}$$

对时间求导，并用各自的小写字母表示相应的变化率，得：

$$m_d = k + p + y \tag{5.15}$$

$$m_s = \frac{\mathrm{d}R/\mathrm{d}t + \mathrm{d}D/\mathrm{d}t}{R + D} = \frac{R}{M_s}\cdot r + \frac{D}{M_s}\cdot d = ar + (1-a)d \tag{5.16}$$

$$p = e + p^* \tag{5.17}$$

式中，$a = R/M_s$ 和 $1-a = D/M_s$ 分别表示官方储备和国内信贷占货币供给的比例。因为 k 由社会习俗、商业惯例等因素决定，通常比较稳定，其变化率可视为零，即 k=0。当货币市场实现均衡时，货币需求和货币供给及其变化率相等，将式（5.17）代入式（5.15）并让式（5.15）等于式（5.16）得：

$$e + p^* + y = ar + (1-a)d \tag{5.18}$$

在货币分析法中，国际储备的变动就是国际收支的变化，式（5.18）揭示国际收支变动、汇率变动与国内实际收入、价格水平和国内信贷之间的关系，它是货币分析法的核心。

在固定汇率条件下，货币当局必须将汇率维持在某一固定水平上，因此 e=0 而 $r \neq 0$，式（5.18）变为

$$r = \frac{1}{a}\left[p^* + y - (1-a)d\right] \tag{5.19}$$

假定价格和收入水平不变，国内信贷的扩张将导致国际储备的减少，二者成反向变化。这是因为国内信贷的扩张会引起货币的过度供给，使得人们持有的实际货币余额超过其合意水平，人们通过扩大支出来降低多余的现金余额，引起人们对外国商品或金融资产的购买，从而造成国际收支出现逆差，国际储备流失；反之，国内信贷紧缩会引起超额货币需求，导致国际收支的顺差和国际储备的增加。总之，在固定汇率条件下，货币当局要减少国际收支逆差就必须降低国内信贷增长率。

在浮动汇率条件下，货币当局不承担维持汇率稳定的义务，因此 $e \neq 0$，而 r=0，式（5.18）变为

$$e = (1-a)d - p^* - y \tag{5.20}$$

式（5.20）表明了浮动汇率条件下国外价格水平、国内收入和国内信贷之间的关系。容易看出，外国通货膨胀率、本国收入增长率和汇率反方向变化，而国内信贷和汇率则同方向变化。如果价格和收入水平不变，国内信贷的扩张将导致本币贬值；同样，假如国内信用保持不变，那么汇率的变动就能够抵销国外价格变动对本国经济的冲击。

现实世界往往处于以上两种极端情况之间，即很多国家采取的是有管理的浮动汇率制。理论上由市场供求决定汇率，但中央银行会不时地干预外汇市场使汇率保持在某种意愿的水平。这样，中央银行既可以通过外汇市场影响汇率，又可以允许官方储备发生变化，从而兼有固定汇率和浮动汇率的特征。

2. 对货币分析法的评价

货币分析法是关于国际收支调整的长期理论，它把一个国家国际收支的失衡和货币余额的增减紧密联系起来。货币分析法的主要贡献在于唤醒了人们在国际收支研究中长期忽视的货币因素，它强调了国际收支差额可以诱导货币存量变化，而货币存量的变化至少在短期内将影响经济行为。但是，也有不少经济学家持不同意见。

（1）货币分析法假定世界市场的运行是高效率的，这并不符合实际情况。此外，由于这种国际收支自动调整方式以牺牲内部稳定来取得对外均衡，所以一些发达国家的政府因担心需要为此付出相当大的代价（持续的失业和社会动乱）而不愿采纳货币论者的建议。

（2）货币分析法以购买力平价为理论前提，而购买力平价的种种缺陷不可避免。

（3）该理论假定货币需求是稳定的，这在理论上仍存在着争议，且对于哪些变量应列入货币需求函数，也存在不同的看法。

复习思考题

1. 国际收支平衡的含义是什么？何为国际收支的不平衡？国际收支失衡的原因有哪些？

2. 什么是官方结算余额？

3. 政府可能会关注大规模的经常项目赤字或盈余，你能找出其中的理由吗？政府为什么会关注该国的官方结算余额（即该国的国际收支平衡）？

4. 宏观经济分析最关心的经济生活的主要方面是什么？

5. 根据弹性分析法，货币贬值在什么情况下能有效改善贸易收支？贸易收支调整如何进行？

6. 试解释 J 曲线效应的成因和政策含义，并结合实例加以说明。

7. 试分析货币分析法与弹性分析法、吸收分析法的区别。

8. 等式 $S^p = I + CA - S^g = I + CA + (T - G) = I + CA + (G - T)$ 表明，为了减少经常项目赤字，一国必须增加私人储蓄，减少国内投资或削减政府预算赤字。但是，正如 20 世纪 80 年代美国与日本经常项目的实际情况所显示的那样，一个长期存在逆差，一个则存在顺差，因此，许多人建议以限制从日本和其他国家的进口来减少美国的经常项目赤字。那么，针对美国设立较高的进口壁垒来说，对美国的私人储蓄、国内投资和政府财政赤字到底有什么影响呢？是否可以认为对进口限制一定会削弱美国经常项目赤字？

9. 在进入 21 世纪以来的几次中美战略经济对话中，人民币汇率一直是会谈关注的焦点之一，但却没有达成任何共识。美国把中国对美国的巨额贸易顺差作为它要求人民币升值的理由。人民币升值对中国贸易收支会产生什么影响？通过人民币升值来减少中美之间的贸易差额，需要满足什么条件？

第六章 外汇市场与汇率决定理论

【格言】

在多数文明国家的交易中还保留着如此多的原始风尚，以致几乎所有独立的国家都选择一种它们自己特有的货币来昭示它们的民族性，这给它们自己和它们的邻国都带来了不便。

——John Stuart Mill

【学习目标】

（1）掌握外汇、汇率和汇率制度的概念和种类；

（2）掌握汇率的标价方法；

（3）了解外汇市场的分类及其功能；

（4）了解外汇管制的原因和成本；

（5）正确理解和掌握购买力平价理论、利率平价理论、货币模型和资产组合模型各种汇率决定理论的具体内容及其局限性，正确理解这些理论之间的区别与联系。

【引导案例】

俄罗斯的“卢布汇率风波”

回顾2014年，俄罗斯国内最引人注目的经济事件莫过于岁末爆发的卢布汇率风波了。这场风波的最终结果是卢布汇率大幅下挫，对于时下经济不振的俄罗斯来说它不啻于一场严重的危机。该事件本身以及由此引发的一系列连带效应，对俄罗斯社会的政治经济形势，产生了重大影响。自2014年开始，油价暴跌加上西方经济制裁加剧，俄罗斯的经济危机一步步加剧。2014年12月15日，卢布兑美元的汇率下跌13%，16日早盘一度创下1美元兑80卢布的历史新低。截至2014年12月16日大幅加息，俄罗斯央行把基准利率调高650个基点，从10.5%提高至17%，以期遏制卢布暴跌之势。17日开盘后，汇率小幅回升，美元兑卢布汇率略高于65。俄罗斯央行数月来5次小幅加息，投放800亿美元外汇储备购买本币。

从俄罗斯的“卢布汇率风波”中值得引起深入思考的问题是：

（1）汇率大幅下跌会给俄罗斯带来哪些危机？

（2）俄罗斯政府需要采取的相应对策有哪些？其国际经济学的理论依据是什么？

（3）如果运用汇率决定的相关理论来分析的话，哪种措施较为适合俄罗斯的情景？为什么？

在现代国际经济生活中，大到一个国家或地区，小到厂商或消费者，在特定的条件下，都会产生对外汇的需求，而外汇的需求同时又取决于外汇的价格或相应的供给状况。因此，本章主要阐述外汇、汇率与外汇市场的基本知识，重点介绍汇率决定理论及其发展。

第一节 外汇、汇率与外汇市场

在现实的国际经济活动中，外汇、汇率和外汇市场是理论研究和实际外汇操作关注的重要内容之一，本节重点介绍外汇以及汇率和外汇市场，这是了解汇率决定理论的基础。

一、外汇与汇率

世界上的每一个国家都有自己独立的货币和货币制度，各国货币之间不能直接流通使用。国际间债权债务的清偿，必然要产生国际间的货币兑换。由于“国际主义的贸易与国家主义的货币”的共存，于是产生了外汇。

1．外汇

外汇（Foreign Exchange）的概念有动态和静态两种，而静态的外汇又有广义和狭义之分。

外汇的动态含义是指，一个国家的货币借助于各种国际结算工具（International Settlement Instrument），通过特定的金融机构，兑换成另一个国家的货币，以清偿（Clear or Pay Off）国际间债权债务关系的一个交易过程。

广义的静态外汇是一国拥有的一切以外币表示的资产，是指货币在各国间的流动以及把一个国家的货币兑换成另一个国家的货币，借以清偿国际间的债权、债务关系的一种专门性的经营活动。实际上，就是货币行政当局以银行存款、财政部库券、长短期政府债券等形式所保有的在国际收支逆差时可以使用的债权。事实上，这一定义指的是外汇储备（Foreign Reserve），并不完全等同于一般所说的外汇，因为除货币行政当局以外的个人或机构持有的上述资产也是外汇。狭义的静态外汇是指，以外国货币或以外国货币表示的、为各国普遍接受的、可用于国际间债权债务结算的各种支付手段。

外汇有 3 个特点：国际性、可偿性和可兑换性，即外汇必须是以外币表示的国外资产，必须是在国外能得到清偿的债权，拒付的汇票和空头支票不是外汇，必须能兑换成其他货币表示的支付手段。

按照不同的标准，可以把外汇分成不同的种类。根据是否可以自由兑换（Free Convertibility），外汇可分成自由外汇（Convertible Foreign Exchange）和记账外汇（Foreign Exchange of Account）。根据外汇的来源和用途可分为贸易外汇和非贸易外汇（Trade and Non-Trade Foreign Exchange）。贸易外汇是指通过出口有形商品取得的外汇；非贸易外汇是指通过出口无形商品而取得的外汇。根据外汇管理的对象可将其分为居民外汇和非居民外汇。

2．汇率

在国际经济交往中，债务人（如进口商）往往要购买外汇，而债权人（如出口商）则往往需要出售外汇，对外汇的买卖使外汇和普通商品一样有了价格，即汇率。汇率（Exchange Rate），也称“外汇行市”（Exchange Quotation）或“汇价”（Foreign Currency Price），是一种货币兑换为另一种货币的比率，是以一种货币表示另一种货币的价格。

由于汇率只是两国货币之间的折算比率，因而既可以以本国货币表示外国货币的价格，也可以以外国货币表示本国货币的价格，这就是两种不同的汇率标价方法——直接标价法（Direct Quotation）

和间接标价法（Indirect Quotation）。国际上大多数国家都采用直接标价法表示汇率，采用间接标价法的国家主要是美国和英国。在本书中，如果没有特殊说明，则采用直接标价法来表示汇率。在直接标价法下，汇率数值的下降，也就是一国货币币值的提高，称为升值（Appreciation），会使本国商品的价格折算成外币价格后上升；反之，汇率数值的上升，也就是一国货币币值的降低，称为贬值（Depreciation），会使本国商品的价格折算成外币价格后下降。升值和贬值通常是固定汇率制度下货币比值变化的术语，在浮动汇率制度下，人们常用汇率上升或下降、上浮或下浮来表示货币币值变动。

依据不同的标准，汇率可划分为不同的类别。

（1）从银行买卖外汇的角度进行划分，可分为买入汇率（Purchasing Rate or Bid Rate）、卖出汇率（Selling Rate or Offer Rate）和中间汇率（Middle Rate of Exchange）。买入汇率又称买入价，是银行买进外汇时使用的汇率；卖出汇率又称卖出价，是银行卖出外汇时使用的汇率；中间汇率又称中间价，是银行买入价与卖出价的平均值。

（2）从外汇买卖的交割期限（Delivery Date）角度，汇率可分为即期汇率和远期汇率（Spot and Forward Exchange Rate）。即期汇率又称现汇汇率，是买卖外汇的双方成交后，在两个营业日之内办理外汇交割时所用的汇率。通常所说的电汇汇率、信汇汇率等，均属即期汇率。远期汇率又称期汇汇率，是买卖双方事先约定的，据以在未来的一定日期进行外汇交割的汇率。当远期汇率高于即期汇率时，该外币的远期汇率升水（Forward Premium）；当远期汇率低于即期汇率时，该外币的远期汇率贴水（Forward Discount）；当两者相等时，则称平价（At Par）。

（3）从经济研究的角度，汇率可分为名义汇率（Nominal Exchange Rate）、实际汇率（Real Exchange Rate）和有效汇率（Effective Exchange Rate）。名义汇率又称市场汇率，是指在社会经济生活中被直接公布、使用的表示两国货币之间比价关系的汇率；实际汇率是用两国价格水平对名义汇率进行调整后的汇率，即 $e(P^*/P)$，其中 e 为名义汇率（直接标价法），P 和 P^*分别表示本国和外国的物价指数。有效汇率是一种以某个变量为权重计算的加权平均汇率指数，通常以一国的主要贸易伙伴在其对外贸易总额中所占比重作为权数，所反映的是一国货币汇率在国际贸易中的总体竞争力和总体波动幅度。用公式表示为：

$$\text{A国有效汇率}=\sum_{i=1}^{N}\left(\text{A国货币对}i\text{国货币的汇率}\times\frac{\text{A国同}i\text{国的贸易额}}{\text{A国的全部对外贸易额}}\right)$$

有效汇率的特点在于，它既可以对名义汇率加权，也可以对实际汇率加权，分别可得到名义有效汇率和实际有效汇率。

除此之外，汇率从制定汇率方法的角度可分为基本汇率（Basic Rate）和套算汇率（Cross Rates）（或交叉汇率）；根据外汇交易的支付工具（Means of Payment），汇率可分为电汇汇率（Rate of Telegraphic Transfer，T/T Rate）、信汇汇率（Mail Transfer Rate，M/T Rate）和票汇汇率（Demand Draft Rate，D/D Rate）；根据不同的汇率制度（Exchange Rate System），汇率可分为固定汇率和浮动汇率（Fixed and Floating Exchange Rate）；从银行营业时间角度，可以把汇率分为开盘汇率（Opening Rate）和收盘汇率（Closing Rate）；按照汇率决定方式的不同，汇率可分为官方汇率（Official Rate）和市场汇率（Market Rate）；根据外汇资金性质和用途的不同，汇率可分为贸易汇率（Commercial Exchange Rate）和金融汇率（Financial Exchange Rate）；按汇率是否统一划分，汇率可分为单一汇率（Unitary Rate）和多种汇率（Multiple Exchange Rates）；按照外汇买卖对象的不同，汇率可分为银行同业汇率

（Inter Bank Exchange Rate）和商业汇率（Merchant Rate）等。

二、外汇市场及其功能

国际经济往来必然会伴随着货币的清偿和支付，要实现国际清偿和货币的支付，就要进行国际货币兑换或外汇的买卖活动。外汇市场就是为了适应各种货币的兑换或买卖的需要而产生的，其实质就是一种货币商品的交换市场，市场上买卖的是不同国家的货币。

1. 外汇市场及其分类

外汇市场（Foreign Exchange Market）是个人、公司、银行买卖外币或外汇的市场，即外汇供给者、需求者以及买卖外汇的中介机构所构成的买卖外汇的交易系统。任何一种外汇市场都包括所有以别种货币买卖这种货币的场合。国际上从伦敦、苏黎世、法兰克福、新加坡到中国香港以及东京和纽约这些不同的货币中心，由电讯网络和视频互联所实现的实时联系，构成了一个单一的国际外汇市场。

外汇市场的分类可以用表 6-1 加以概括。

表 6-1 外汇市场分类表

划分标准	市场类型	市场特点
组织形式	抽象市场（无形市场）	外汇买卖没有固定的场所和规定时间，买卖双方不面对面交易，而是通过电话、电报、电传及其他通信工具进行交易。是外汇市场的主要组织形式
	具体市场（有形市场）	外汇交易者于每个营业日规定的营业时间集中在交易所进行交易。主要用于调整即期的外汇头寸，决定对顾客交易的公定汇率，所以不是外汇市场的主要组织方式
经营范围	国内市场	外汇交易仅限于国内银行之间或国内银行与国内居民之间，不允许国外银行或其他机构参与，当地中央银行的管制较严，在市场上使用的货币也仅限于本币与少数几种外币
	国际市场	各国银行或企业按规定均可参与外汇交易，而且交易的货币较多，交易规模较大，市场网络的辐射面较广。纽约、伦敦、东京、法兰克福、新加坡等就属于国际外汇市场
买卖双方性质	外汇批发市场	是指银行同业之间的外汇交易市场，包括同一市场上各银行之间的外汇交易；不同市场上各银行之间的外汇交易；中央银行同商业银行之间的外汇交易；各国中央银行之间的外汇交易
	外汇零售市场	指银行同一般客户之间的外汇交易市场
外汇所受管制程度	自由外汇市场	是指政府、机构和个人可以买卖任何币种、任何数量外汇的市场。主要特点是：买卖的外汇不受管制；交易过程公开。美国、英国、法国、瑞士的外汇市场皆属于自由外汇市场
	外汇黑市	是指非法进行外汇买卖的市场。主要特点是：在政府限制或法律禁止外汇交易的条件下产生的；交易过程具有非公开性。由于发展中国家大多执行外汇管制政策，不允许自由外汇市场存在，所以这些国家的外汇黑市比较普遍
	官方市场	是指按照政府的外汇管制法令来买卖外汇的市场。这种外汇市场对参与主体、汇价和交易过程都有具体的规定。发展中国家官方市场较为普遍

2. 外汇市场参与者

外汇市场的参与者主要包括外汇银行、外汇经纪人、中央银行、进出口商及其他外汇供求者、贴现公司、外汇交易商和外汇投机者等。

外汇银行（Foreign Exchange Bank）又称外汇指定银行，是指经过本国中央银行批准，可以经营外汇业务的商业银行或其他金融机构。外汇银行可以分为三种类型：专营或兼营外汇业务的本国商业银行；在本国的外国商业银行分行；其他经营外汇买卖业务的本国的金融机构，如信托投资公司等。外汇银行在外汇市场上既可以代客户进行外汇买卖，目的是对客户提供尽可能全面的服务并从中获得利益；也可以用自身的外汇资金或银行信用在外汇市场上直接进行买卖，目的主要在于调整本身的外汇头寸或进行外汇投机买卖，使外汇资产保持在合理的水平上，或赚取投机的利润收入。

外汇经纪人（Foreign Exchange Broker）是指为外汇交易双方介绍交易以获得佣金的中间商人，其主要任务是利用已掌握的外汇市场各种行情和与银行的密切关系，向外汇买卖双方提供信息，以促进外汇交易的顺利进行。外汇经纪人一般有三类：一般经纪人，即那些既充当外汇交易的中介又亲自参与外汇买卖以赚取利润者；跑街经纪人，即那些本身不参与外汇买卖而只充当中介赚取佣金的经纪人；经纪公司，即那些资本实力较为雄厚，既充当商业银行之间外汇买卖的中介又从事外汇买卖业务的公司。

中央银行（Central Bank）。各国政府为了防止国际短期资金大量流动对外汇市场的猛烈冲击，往往通过中央银行对外汇市场进行干预，即在市场外汇短缺时大量抛售，外汇过多时大量买入，从而使本币汇率不至于发生过于剧烈的波动。中央银行不仅是外汇市场的参与者，而且还是实际操纵者。

进出口商及其他外汇供求者。进出口商从事进出口贸易活动，是外汇市场上外汇的主要和实际的需求者和供给者。出口商出口后要把外汇收入卖出，进口商则要为进口支付而购买外汇，这些都要在外汇市场上进行。其他的外汇供求者是指银行、进出口商之外的客户，主要指由运费、保险费、旅费、留学费、赠款、外国有价证券买卖、外债本息收付、政府及民间私人贷款以及由其他原因引起的外汇供给者和需求者。

贴现公司（Discount Company），又称贴现商号，它是以买卖远期票据为主要业务的公司。在票据贴现业务中，外国汇票的贴现占主要部分。贴现商号在需要资金时，还可将此类汇票再贴现，但必须拥有自有资金，贴现公司还具有国际和国内的清算作用。

外汇交易商（Foreign Exchange Dealer）。是专门经营外汇交易的商号，其业务大多是由信托公司或银行兼营。经营方式主要有先买后卖，先抛后补，同时买入和卖出。其交易大部分是通过外汇经纪人接洽，有的直接向银行买，其经营目的是通过利用外汇汇率的时间差和空间差来赚取利润。

外汇投机（Foreign Exchange Speculation）。是指根据对汇率变动的预期，有意保持某种外汇的多头或空头（Long or Short），希望从汇率变动中赚取利润的行为。它的主要特征是，投机者在进行外汇交易时，并没有商业或金融交易与之相对应。外汇投机利润具有不确定性，当投机者预期准确时可以赚取利润，但如预期失误则要蒙受损失。

3. 外汇市场的功能

外汇市场的功能主要有国际清算（International Settlement）、授信（Credit）、套期保值（Hedging）和投机（Speculation）等。就国际清算来看，国际经济交易的结果需要债务人向债权人进行支付，若债务人以债务国货币支付，则债权人需要在外汇市场上兑换成债权国货币；若债权人只接受债权国货币，则债务人需要先将债务国货币在外汇市场上兑换成债权国货币再进行支付。外汇市场为这种国际清算提供了便利。在授信方面，由于银行经营外汇业务，它就有可能利用外汇收支的时间差为进出口商提供贷款。外汇市场的套期保值功能，即保值性的期货买卖，具体就是通过卖出或买入等值远期外汇，轧平外汇头寸来保值的一种外汇业务。进出口商从签订进出口合约到实际支付或收款，通常都要经过一段时间。由于外汇市场中汇率的波动性，外币债权人和债务人都要承担一定的风险，计价货币汇率下跌会使收款人遭受损失，而计价货币汇率上升则会使付款人蒙受损失。外汇投机则是指根据对汇率变动的预期，有意保持某种外汇的多头或空头，希望从汇率变动中赚取利润的行为。“多头”是预计某种外汇的汇价将上涨，即按当时价格买进，而待远期交割时，该种外币汇价上涨，按“即期”价格立即出售，就可牟取汇价变动的差额。相反，“空头”是预计某种外币汇价将下跌，即按当时价格售出远期交割的外币，到期后，价格下降，按“即期”价买进补上。外汇投机利润具有不确定性。

第二节 汇率制度与外汇管制

一国货币汇率的高低，不仅体现了本币对其他货币购买力的相对强弱，而且还涉及资源分配等利益问题。因此如果没有必要的制度约束，各国在确定本币汇率时，常从本国利益出发，趋利避害，损害别国利益，进而引发货币战、贸易战，不利于世界经济和贸易的发展。为了维护各国的共同利益，促进国际贸易和国际金融的持续发展，有必要在世界范围内对汇率的变动做出一些合理的规定，形成各国共同遵守的汇率制度，即国际汇率制度。国际汇率制度反映了国际间交易结算的需要和世界经济稳定发展的需要。同时，它与国际政治经济格局的变化密切相关。

一、汇率制度

所谓汇率制度（Exchange Rate System or Regime），是指一国货币当局对本国货币汇率水平的确定、汇率变动方式等问题所做出的规定。按照汇率变动幅度的大小，汇率制度可分为固定汇率制（Fixed Exchange Rate Regime）和浮动汇率制（Floating Exchange Rate Regime）。

1. 固定汇率制

固定汇率制是指各国货币当局首先对本币规定一个金平价，然后根据本币与其他货币之间的金平价之比来确定本币的中心汇率。值得注意的是，固定汇率不是永远不能改变的：首先，本币的市场汇率能够围绕确定下来的中心汇率做小幅波动；其次，在经济形势发生较大变化时，也可以对法定汇率水平进行调整，但是这种调整因涉及制度和法律问题很少发生。因此，固定汇率通常表现为可调整的钉住制度（Adjustable Peg System）。

固定汇率制可分为国际金本位制（International Gold Standard System）下的固定汇率制和布雷顿森林体系（Bretton Woods System）下的固定汇率制。固定汇率制是在国际金本位制下形成的，因此，国际金本位制下的固定汇率制是典型的固定汇率制。

2. 浮动汇率制

在浮动汇率制下，一国货币当局不再规定金平价，本币汇率随外汇市场的供求状况自由浮动，货币当局没有维持本币汇率在一定范围内波动的义务。1973 年布雷顿森林体系崩溃，世界各主要工业国家开始实行浮动汇率制。

浮动汇率制按照不同的标准，又可分为以下几类。

（1）以货币当局是否干预本币汇率为标准，可分为自由浮动（Free Floating）和管理浮动（Managed Floating）。自由浮动又称清洁浮动（Clean Floating），是指一个国家货币的汇率完全由外汇市场的供求关系决定，货币当局不采取任何干预本币汇率的措施。自由浮动只是一种理论假设的需要，现实中没有一个国家采用。管理浮动又称肮脏浮动（Dirty Floating），是指一国货币当局对外汇市场采取一定的干预措施，使本币朝有利于本国的方向浮动。目前，世界上实行浮动汇率制的国家大都属于管理浮动汇率制。

（2）以汇率的浮动形式为标准，可分为独立浮动（Independent Floating）和联合浮动（Joint Floating）。独立浮动是指一国货币对其他任何货币的汇率都根据外汇市场的供求关系进行浮动。目前，美国、日本、澳大利亚、加拿大和少数的发展中国家实行独立浮动汇率制。联合浮动是指在一个利益集团内部，各成员国货币之间保持固定汇率，而对集团外国家的货币统一实行共同浮动。

另外，按照国际货币基金组织的分法，国际汇率制度可分为钉住汇率制（Pegged Exchange Rate System）和弹性汇率制（Flexible Exchange Rate System）。在钉住汇率制下，一国货币与其他某一种或某一揽子货币之间保持比较稳定的比价，即钉住所选择的货币。本国货币随所选货币的波动而波动，但相互之间的比价相对固定或只在小范围内浮动，一般幅度不超过 1%。被钉住的一般是主要工业国家的货币或 IMF 的特别提款权（Special Drawing Rights）。大部分发展中国家实行的是钉住汇率制。按照钉住货币的不同，钉住汇率制可分为钉住单一货币和钉住一揽子货币。除钉住汇率制外的其他汇率制度，包括浮动汇率制，统称为弹性汇率制。弹性汇率制的主要特点是本币汇率可在一定范围内自由浮动。大部分工业国家实行的是弹性汇率制。还有一些国家实行的汇率制度兼有钉住汇率制和弹性汇率制的特点。如有的国家虽实行钉住某种平价的汇率制，但允许本币汇率对钉住的平价有较大的波动幅度，一般可达 2.5%；有的国家在短期内实行钉住某种平价的汇率制，但可根据一组选定的指标频繁的小幅度的调整所钉住的平价；有的国家则不但允许本币汇率在短期内对平价可以有较大幅度的波动，而且还需经常调整平价。

二、外汇管制

外汇管制（Foreign Exchange Control）是指一国政府为了防止资金外流或流入，改善本国的国际收支和稳定本国货币汇率，授权有关货币金融当局，对外汇买卖和国际结算所采取的限制性措施。

1. 外汇管制的目的和对象及主要措施

外汇管制的主要目的一般有如下几个方面：一是加强黄金和外汇储备，这通常是战时外汇管制的主要目的；二是维持国际收支平衡防止资本外逃；三是稳定外汇和金融市场，维持汇率稳定，增强本国货币信用；四是保护本国国内市场和本国的经济发展。

外汇管制的对象一般分为人和物。其中，人包括自然人和法人，根据法人和自然人居住或营业地的不同，划分为居民和非居民。一般来说，对居民的外汇管制较严，对非居民的外汇管制较宽松。物，是指外汇及外汇有价物，包括纸币、铸币、外币支付凭证、外币有价证券等。有些国家还包括黄金、白银和一些贵金属。

外汇管制的措施主要有对经常项目的管制和对国际资本流动的管制。对于经常项目的管制措施，通常主要包括直接的数量限制和间接的价格管制。对经常项目采取的直接数量管制，包括规定进口数量限额，对无形贸易或转让（如汇款）进行数量限制，规定出口收入全部上缴，要求出口商的所有交易均用可兑换外币来计价结算等手段。而间接的价格管制一般有进口附加关税、预付进口存款制、多重汇率和出口补贴等。对于国际资本流动的限制措施，一般包括对国际商业银行资本流动的限制和对银行以外的资本流动限制。对国际银行业资本流动的限制主要是对银行业资本流入的管制和对银行业资本外流的管制。而对银行以外的资本流动限制则主要包括了对居民（非居民）购买外国（本国）证券的管制、对外国直接投资的管制、对银行之外的居民向非居民借款的限制、对与贸易有关的资本流动的管制、对公司间交易的管制、对资本汇出国外的管制和双重外汇市场等。

2. 实行外汇管制的主要原因

首先，从各国实行外汇管制的一般性成因来看，外汇管制在世界范围内的存在，很大程度上是由经济的发展水平所决定的。在经济发展水平较低时，政府通常面临着周期性可兑换外汇的短缺问题，因而倾向于实行较为全面的外汇管制。而经济发展水平较高的国家出于对国内经济政策有效性的考虑，往往也实行部分项目的外汇管制（如资本项目），特别是在经济增长速度放慢的情况下更是如此。

当然，外汇管制的实行也并非是不受限制的，最明显的表现就是，国际货币基金组织的有关条款规定了其成员国在对经常和资本项目交易实行限制方面必须遵守的义务和原则。其中，第一条明确阐述了国际货币基金组织的目标，即帮助在成员国之间建立多边支付体系和消除阻碍世界贸易增长的外汇管制。

其次，从发展中国家实行外汇管制的成因分析来看，不出口石油的发展中国家，由于出口只集中于某些初级商品，其出口收入的增长不足以适应对进口的用汇需求，结果造成外汇短缺，成为经济增长的障碍。这些国家较之工业发达国家而言，其潜在的国际收支压力更为严重，这种压力来自国际收支的长期性或周期性失衡，因而这些国家就不得不依赖广泛的外汇管制措施来管理其国际收支，力求使国际收支恢复平衡。

但是，对于长期性或周期性的国际收支失衡，最根本也是最有效的解决方法应是调整国内经济，而实际上发展中国家仍然在普遍实行外汇管制。一方面是因为调整国内经济需要一个长期的过程，而外汇管制可以在短期内见效，为长期调整赢得时间；另一方面，调整国内经济会导致严重的经济社会问题，如失业等，为了给市场一个明确的信号，调整的程度甚至要超过政府的意愿，这些都是政府难以承受的。但使用外汇管制，政府可以防止在货币大幅度贬值或经济衰退时人们对其政策丧失信心。还有，外汇管制抑制了对进口商品的消费，因而鼓励了国内进口竞争产业的发展，这会促进本国的经济增长和就业。由于维持经济增长和就业需要资金，对资本外逃的限制就能保证国内的资金用于国内投资。如果上述措施辅以温和的通货紧缩政策，就可以在不对国内经济带来更大损害的情况下改善国际收支。因而，大多数发展中国家对长期性或周期性的国际收支失衡更倾向于采用外汇管制。

最后，从工业化国家实行外汇管制的成因分析来看，相对经常项目和资本项目交易都进行广泛严厉限制的发展中国家而言，多数工业化国家不需要限制经常项目，然而却保留了对跨越国境的资本流动限制的权利。原因在于以下几个方面：一是随着货币和资本市场的国际化发展，一国中央银行制定货币政策的有效性和独立性可能会被利率或汇率预期的微小变动所破坏，因此，工业化国家要借助对资本流动的限制来达到其政策目标；二是数额巨大的投机性国际流动资本会导致其所进攻的货币的汇率异常波动，而中央银行抛出大量外汇储备干预外汇市场的努力往往也是收效甚微，对资本项目的外汇管制可以有效地防止这种情况出现；三是货币政策工具（公开市场业务、法定准备率、贴现率）可能不足以抑制进口性通货膨胀，由此要求采取资本管制以把国内的货币供给同潜在的大规模资本流动分开；四是各国利率水平不尽相同，对资本项目实行外汇管制可以防止资本大量流向利率水平较高的国外市场；五是对经常项目的限制往往会引起本国进出口商的批评和其他国家的报复，而对资本项目的管制所招致的反对意见可能要少得多。

3. 外汇管制的成本

第一，外汇管制干扰了外汇市场功能的有效发挥，从而带来了经济活动的扭曲和资源配置的不当，这是外汇管制所付出的最主要的代价。

官方确定的汇率与实际均衡汇率偏离的程度越高，经济扭曲现象就越严重。图 6-1 显示了外汇管制所造成的扭曲。横轴表示外汇的数量，纵轴表示外汇的价格（即汇率），外汇需求曲线表示对进口支付的外汇需求，供给曲线表示出口收入的供给。由于对外汇的供给来源于出口，需求来源于进口，因此国际收支的均衡就等同于外汇市场的均衡。反之，国际收支失衡就会导致外汇市场的失衡，但在没有外汇管制的情况下，过度的外汇供给或需求都是暂时的，这是因为汇率将会自动调整，以消除外汇市场和国际收支的失衡。

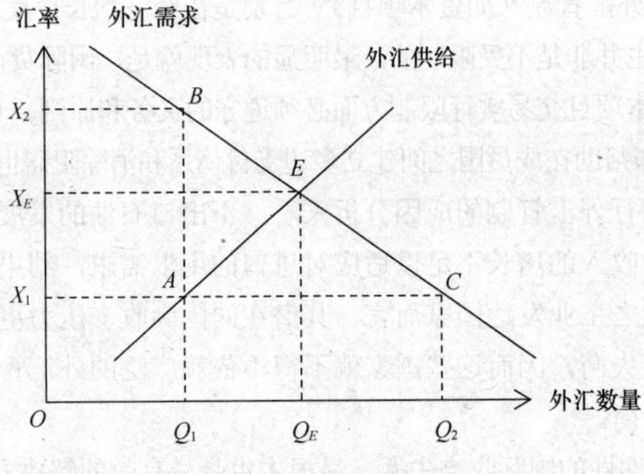

图 6-1　外汇管制对经济的扭曲

在图 6-1 中，假定存在外汇管制，政府把官方汇率维持在 X_1 的水平，在这一点上，存在外汇的过度需求 AC，政府或者限制居民个人购买外汇，或是限制进口商购买外汇。假定外汇需求来自进口需求，则这里只能通过限制进口商购买外汇来解决 AC 部分的过度外汇需求。由于在 X_1 的汇率水平上，出口商只愿提供 Q_1 数量的外汇，而进口商则愿意以 X_2 的汇率水平买进 Q_1 数量的外汇，因此政府可以提高外汇的卖出价格至 X_2，以使外汇供求相等。对此进行福利分析，可以发现，相对于均衡汇率水平而言，消费者剩余减少了 X_2BEX_E 部分，生产者剩余也减少了 X_1AEX_E 部分，而政府通过外汇的买卖差价可以获得 X_1ABX_2 部分的利润，综合到一起，社会福利净损失是三角形 ABE 部分。所以，出口商所面临的较低汇率水平使其减少出口，影响了国内的生产和就业；进口商面临的较高汇率水平又使其减少了进口，这就导致了国内一些效率较低的与进口相竞争的生产得以进行，从整体上看是不经济的。

第二，与外汇管制相伴而生的是走私、伪造发票和黑市交易等非法交易手段，只要其收益率超过逃避管制所付出的成本或代价，就会大量滋生。

第三，为了监督外汇管制的执行需要有一整套的官僚机构，这会带来巨大的管理成本。而对于进出口商而言，要遵守或逃避外汇管制，也要支付十分昂贵的法律和会计费用。

第四，外汇管制还容易导致其他国家的报复，这对于世界贸易的发展和国际间的资源优化配置都是不利的，因而降低了世界整体的福利。

第三节　汇率决定理论

汇率决定理论是国际经济学中最为活跃的领域之一。随着世界经济的变化和国际货币体制的变迁，汇率决定理论也在不断地发展。在比较有代表性的汇率决定理论中，最有影响的主要是购买力平价理论，以及在汇率决定理论领域中的某些新发展，如货币分析法、资产组合平衡模型等。

一、购买力平价理论

购买力平价理论（Theory of Purchasing Power Parity，PPP），是西方汇率理论中最具影响力的理论之一。Gustar Cassel（1922）提出了以国内外物价对比作为决定汇率依据的购买力平价理论，并指出，新的均衡汇率应以最初的均衡汇率为基础，通过两国相对通货膨胀率调整而得到。这一理论强调经常项目即商品、劳务贸易流量对汇率的决定作用，它将商品、劳务的价格与汇率联系在一起。其基本思想是货币的价值在于其购买力，因此不同货币之间的兑换率取决于它们各自的购买力之比，也就是说汇率与各国的价格水平之间具有直接的联系。

1. 购买力平价的基础

假设在经济活动中存在这样一类商品：位于不同地区的该商品同质，且能自由交易，跨国移动也不存在障碍。则若该商品在不同地区价格存在差异，套利者（Arbitrageur）就可以低买高卖从中谋利，而这样不断的套利行为（Arbitrage）将改变两个地区的价格差异，最终使两地区的价格接近。在开放经济条件下，若不考虑运输成本和贸易壁垒，同样商品在不同国家出售，按同种货币表示的销售价格应该是一样的，这一关系被称为一价定律（Law of One Price），是购买力平价理论的基础。用公式表示为：

$$e = P_i / P_i^* \tag{6.1}$$

其中，e 是直接标价法的汇率；P_i 和 P_i^* 是本国和外国可贸易品 i 的标价。

2. 购买力平价理论的主要内容

购买力平价说有两种形式，即绝对购买力平价（Absolute PPP）和相对购买力平价（Relative PPP）。前者指出两国货币的均衡汇率等于两个国家的价格比率，说明在某一时点上汇率决定的基础；而后者指出汇率的变动等于两国价格指数的变动差，说明了某一段时间里汇率变动的原因。

（1）绝对购买力平价。把单一商品的一价定律推广到所有商品时，一价定律就扩展为购买力平价。绝对购买力平价理论认为，汇率是两国货币在各自国家里所具有的购买力之比。因为任何国家的货币都是按照其各自能代表的价值来进行交换的，而货币的价值是由这种货币的购买力（即单位货币所能购得的商品和劳务的数量）决定的。所以，两种货币的购买力之比，代表其价值量之比，构成两国货币交换的基础。而一国货币购买力的大小是通过该国物价水平的高低表现出来的。货币购买力水平是某一时期物价水平的倒数，因此，绝对购买力平价可用两国物价水平来表示：

$$e = \frac{P_t}{P_t^*} \tag{6.2}$$

其中，P_t 为 t 时期本国物价水平，则 $1/P_t$ 为本国单位货币的购买力；P_t^* 表示 t 时期外国物价水平，同样 $1/P_t^*$ 就是外国单位货币的购买力。因此，e 就是购买力平价决定的汇率水平（直接标价法），即本国购买力与外国的购买力之比，事实上就是两国的相对物价水平。

对于绝对购买力平价，卡塞尔曾做出几点重要的解释：首先，购买力平价是现实汇率水平运动的趋势，尤其在自由贸易情况下，这一假设更为有效；其次，如果一国对进口和出口的管制程度基本相同，绝对购买力平价仍然适用；最后，由于购买力平价是由两国货币的购买力决定的，因此，在计算货币的购买力时，应以反映所有商品和劳务的总体价格水平为基础。从这种意义上说，并不需要一价法则在每一种情况下都成立，只要一价法则在某一种物品上的偏差能与另一种物品上的偏差相抵销就行了。这样就可以放宽要求所有商品价格水平中的权重都相同这一限制。

（2）相对购买力平价。绝对购买力平价的成立需要严格的条件，如交易成本为零、各国价格指数中的商品和服务及其权重都相同，在实际生活中很难完全满足。卡塞尔又将汇率变动的幅度与物价变动的幅度联系起来，提出了相对购买力平价的概念，用 P_t 表示本国在时间 t 的价格指数，P_t^* 为外国在相同时间的价格指数。假设基期的时间为 0，P_0 和 P_0^* 分别表示基期的国内外价格水平，e_0 为基期的汇率水平，相对购买力平价的公式可写成：

$$e_t = \left(\frac{P_t / P_0}{P_t^* / P_0^*}\right) e_0 \tag{6.3}$$

这样，P_t / P_0 与 P_t^* / P_0^* 就分别表示本国与外国的价格指数。显而易见，如果基期汇率水平已知的话，那么即期的购买力平价汇率可以从两国价格指数的变化中推算出来。为了更清楚地表示汇率同物价水平之间的关系，可以将式（6.3）通过对数求导表示成：

$$\dot{e}_t = \dot{P}_t - \dot{P}_t^* \tag{6.4}$$

符号“*”表示变量变动的变动率，则 $\dot{P}_t$ 与 $\dot{P}_t^*$ 分别是两国的通货膨胀率。式（6.3）与式（6.4）都说明了这样一个理论：汇率同两国价格水平的变化保持一致，汇率的变动等于两国通货膨胀率之差。若本国的相对价格水平上升，或本国通胀率超过外国，则本币将贬值，反之则升值。

综上可见，卡塞尔在一定程度上将一国货币的对内价值和对外价值联系起来，其理论比较合理地体现了汇率所代表的两国货币价值的对比关系，因此具有广泛的适用性；且物价指数比较容易得到，相对购买力平价计算起来就容易很多，实用性也大大提高。在实际应用中，绝对购买力平价多用于理论模型的分析，付诸实施和统计验证的多为相对购买力平价。

3. 对购买力平价理论的检验和评论

针对购买力平价的有效性，西方学者进行了大量的统计检验，许多研究结果表明，用购买力平价来预测短期汇率变动很难得到实际数据的支持，对此现象的解释主要有如下几个方面。

（1）购买力平价的实证检验存在技术上的困难。第一，物价指数的选择不同可以导致不同的购买力平价；第二，商品分类的主观性可能会扭曲购买力平价；第三，相对购买力平价说中要求基期汇率 e_0 应为均衡汇率，在实证检验时，研究人员很难选择基期。

（2）从短期来看，汇率会因为各种原因而暂时偏离购买力平价。例如，如果存在价格黏性，物价水平在短期内很难调整，汇率就会暂时偏离购买力平价。

从长期来看，一些学者认为购买力平价对长期汇率的决定还是有一定解释能力的，且在通货膨胀十分严重的时期，特别是恶性通货膨胀的情况下，汇率和价格的变化较为明显地趋于一致，购买力平价的有效性较为显著。而另一些学者认为，实际因素的变动会引起实际汇率以及相应名义汇率的调整，从而使名义汇率与购买力平价产生长久性的偏离。主要的实际因素包括生产率的变动、消费偏好的变动、自然资源的发现、各国自然禀赋和经济禀赋的不同、经济政策的不同、对国际贸易管制的变动等。

但总体而言，购买力平价理论在西方汇率理论中有着相当重要的地位。

二、利率平价理论

现实生活中，许多国家金融市场之间的联系较为紧密，而国际资本流动的发展使汇率与金融市场上的价格——利率也存在密切的关系。利率平价理论（Interest Rate Parity Theory）由凯恩斯等人于 1923 年在《货币改革论》中完善，核心思想是，在国际资本自由流动的条件下，两国货币的远期汇率变动率等于两国利差。利率平价理论可分为无抛补利率平价（Uncovered Interest-Rate Parity，UIP）和抛补利率平价（Covered Interest-Rate Parity，UIP）两种。

1. 无抛补利率平价

投资者的投资策略是根据自己对未来汇率的预期来计算预期收益，在承担一定的汇率风险情况下进行投资活动。即这里假设投资者是风险中性，对于风险中性者来说，投资者的收入效用曲线是线性的。投资者的效用由预期收入的期望值决定，预期收入的期望越高，投资者所获得的效用就越大。如果两种资产组合的预期收入的期望值相同，而风险不同，投资者对两种资产组合的偏好相同。根据以上假定就可以对比本国居民持有本国货币与持有外国货币的收益。

用 r 表示以本币计价的资产收益率（年率），r^*表示外币计价的相似资产的平均收益率，e 表示即期汇率（直接标价），E_e^f 表示预期将来某个时点（如年末）的预期汇率。本国居民持有 1 单位本国货币，既可以将其存放于国内银行按国内利率取得收益，也可以将其按即期汇率 e 兑换成外国货币投放国外银行，按外国利率取得收益。

投资于本国金融市场，每单位本国货币到期本利和为：

$$1+(1\times r)=1+r \tag{6.5}$$

将 1 单位本币即期兑换为 $1/e$ 单位的外币，投资于外国金融市场，期满时本利和为：

$$1/e+(1/e\times r^*)=1/e(1+r^*) \tag{6.6}$$

预期 1 年后汇率为 E_e^f，则投资于外国的预期本利和以本币表示：

$$1/e(1+r^*)\times E_e^f=E_e^f/e(1+r^*) \tag{6.7}$$

具体流程可以用图 6-2 来表示。

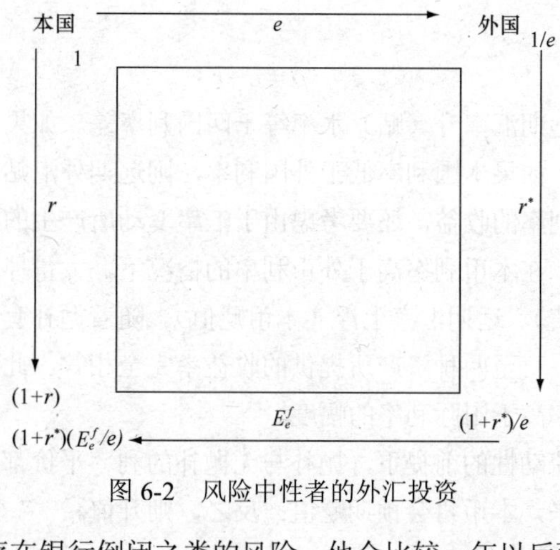

图 6-2　风险中性者的外汇投资

对投资者来说，若不存在银行倒闭之类的风险，他会比较一年以后两种资产的价值。在年终若持有单位本币的存款与收益额大于持有外币存款与收益额按预期汇率 E_e^f 折算成的本币款，即 $(1+r)>(1+r^*)(E_e^f/e)$，则在本国存款；反之，若 $(1+r)<(1+r^*)(E_e^f/e)$，则在外国存款；若 $(1+r)=(1+r^*)(E_e^f/e)$，则在任何一国存款均可。这样，在风险中性的前提下，投资者只需比较一下两种资产的收益。如果收益不等，投资者就会涌向一种资产，资本涌入国会因投资的增加而收益率递减，而流出国的收益率则可能会抬高，最终两者的收益趋于相等：

$$(1+r)=(1+r^*)(E_e^f/e)$$

即

$$\frac{E_e^f}{e}=\frac{1+r}{1+r^*} \tag{6.8}$$

记远期汇率升（贴）水率为E_ρ，即

$$E_\rho=\frac{E_e^f-e}{e} \tag{6.9}$$

再将式（6.9）代入式（6.8），化简得

$$E_\rho+E_\rho r^*=r-r^* \tag{6.10}$$

由于E_ρ和r^*都是很小的数值，它们的积$E_\rho r^*$可以忽略不计，于是式（6.10）转变为：

$$E_\rho=r-r^* \tag{6.11}$$

这就是无抛补利率平价的表达式。其含义为：预期的汇率变动等于两国货币利率之差。即如果本国利率高于（低于）外国利率，则意味着市场预期本国货币在未来将贬值（升值）。

2. 抛补利率平价

与无抛补利率平价相比，抛补利率平价并未对投资者的风险偏好做出假定。因为远期外汇市场的出现使套利者可以免于承担由于汇率波动而产生的汇率风险。套利者在套利的时候，可以在期汇市场上签订与套利方向相反的远期外汇合同（掉期交易），确定在到期日交割时所使用的汇率水平。由于套利者利用远期外汇市场固定了未来交易时的汇率，即避免了汇率风险的影响，使整个套利过程可以顺利实现。抛补的利率平价表达式是：

$$(1+r)=(1+r^*)f/e \tag{6.12}$$

其中，f表示在即期公布的在1年后交割的远期汇率。它实际上是替代了式（6.7）中的E_e^f。若令ρ表示远期的升水（或贴水），即一国的远期汇率超过（低于）即期汇率的比率，则抛补的利率平价可更为清楚地表达为：

$$\rho=r-r^* \tag{6.13}$$

抛补利率平价表明：远期汇率升（贴）水率等于两国利率差。如果本国利率高于外国利率，则远期外汇升水，本币贴水；如果本国利率低于外国利率，则远期外汇贴水，本币升水。抛补利率平价中，套利者不仅要考虑利率的收益，还要考虑由于汇率变动所产生的收益变动。套利与掉期业务的结合可以避免汇率风险。在本币利率高于外币利率的情况下，大量掉期外汇交易的结果是，本币的现汇汇率下浮（本币升值），远期汇率上浮（本币贬值）。随着抛补套利不断进行，远期汇率与现汇汇率的差额会不断减少，直至两种资产所提供的收益率完全相等。此时抛补套利活动停止，本币远期贴水恰好等于国内利率高于国际利率的幅度。

在资本具有充分国际流动性的前提下，抛补与无抛补的利率平价都表明，如果本国利率上升，超过利率平价所要求的水平，本币将会预期贬值；反之，则升值。

3. 对利率平价理论的评价

自利率平价被首次提出后，受到西方经济学家的普遍重视。它与购买力平价所不同的是考察资本流动与汇率决定之间的关系，从一个侧面阐述了汇率变动的原因——资本在国际间的流动。此外，有学者认为，利率平价说不是一个独立的汇率决定理论，即不仅利率的差异会影响到汇率的变动，汇率的改变也会通过资金流动影响不同市场上的资金供求关系，进而影响利率。但是，利率平价同样并非是一个完善的汇率决定理论，对其的批评主要有以下内容。

第一，利率平价的实现依据是国际金融市场上的“一价法则”，其先决条件是：

① 有效的且处于完全自由竞争状态的外汇市场，即需要一个有组织的即期和远期外汇市场，市场的信息能够非常有效地流通，从而消除可能出现的机会利润；

② 无市场壁垒，资本在国际间的流动不受任何限制；

③ 交易成本很低或可以基本忽略不计。然而，现实中，不仅完善的外汇市场没有普遍存在，而且许多国家实际既对外汇实行管制也对资本流动进行限制。

第二，在利率平价的关系式当中，未能表明到底是利率平价决定汇率，还是即期汇率与远期汇率的差距决定了利率。即在利率平价的关系中，三个变量谁是内生的，谁是外生的，决定了利率平价是一个汇率决定理论还是一个利率决定理论。虽然，多数人认为利率的差异是引起资金流动以及外汇供求的重要原因，因而远期外汇的变动由利率差异所决定；但当发生货币危机时，货币的预期贬值同样可以使本国的资产收益率发生变动。这实际上表明，利率平价理论在定义上也存在模糊之处，并未能说明汇率决定的基础，而仅仅解释了在某些特定条件下汇率变动的原因。

第三，忽视利率结构问题。一国利率结构本身是比较复杂的，其变动也是由多种因素引起的。比如本国与外国的债券若不具有完全替代性，那么国与国之间的利率就会出现差异。而且，很难凭借名义利率的变动迅速判断出市场利率的变动到底是实际利率水平的变化（名义利率-通货膨胀率），还是因为通货膨胀预期心理的改变引起的。

三、货币模型

货币模型（Monetary Model）假定本币资产和外币资产可完全替代，即非套补的利率平价成立。两个市场的供求平衡可以同时达到。其中也有两种分析模型：一个是弹性价格货币模型（Flexible-price Monetary Model），另一个是黏性价格货币模型（Sticky-price Monetary Model），又称“超调模型”（Overshooting Model）。

1. 弹性价格货币模型

弹性价格货币模型是现代汇率理论中最早建立，也是最基础的汇率决定模型。其主要代表人物有弗兰克尔（J. Frenkel）、穆莎（M. Mussa）、考霍（P. Kouri）、比尔森（J. Bilson）等人。

弹性货币法的一个基本思想是，汇率是两国货币的相对价格，而不是两国商品的相对价格，因此汇率水平应主要由货币市场的供求状况决定。它的三个重要假设是：①垂直的供给曲线；②稳定的货币需求方程，即货币需求同某些经济变量存在稳定的关系；③购买力平价持续有效。

首先考虑以下一国货币市场的需求函数，它取决于实际收入（Y），价格水平（P）和利息率水平（i）。即货币需求 $L^D = L(i,Y)$，而实际货币供给为 M/P，货币供给等于货币需求：

$$M/P = L(i,Y) \tag{6.14}$$

假设货币需求函数可以卡甘（Cagan）的货币需求函数来表示：

$$M/P = Ke^{-\lambda i}Y^{\eta} \tag{6.15}$$

其中，η 代表货币需求的收入弹性；λ 代表货币需求的利率准弹性；K 为参数，为简便起见，假定 K=1。这一方程转换成对数形式，可得：

$$m = p + \eta y - \lambda i \tag{6.16}$$

其中，$m = \ln M$；$p = \ln P$；$y = \ln Y$。

假设国外货币需求参数与本国相同，用上标*表示外国变量，对于国外则有：

$$m^* = p^* + \eta y^* - \lambda i^* \tag{6.17}$$

其次，国内货币市场和国外货币市场满足购买力平价，将汇率表示成对数形式：

$$s = \ln e = \ln(P / P^*) = p - p^* \tag{6.18}$$

其中 $p = \ln P, p^* = \ln P^*$，将式（6.16）和式（6.17）代入式（6.18）可得：

$$s = (m - m^*) - \eta(y - y^*) + \lambda(i - i^*) \tag{6.19}$$

式（6.19）是弹性价格货币模型的基本形式，它将汇率的决定主要归于三组变量：相对货币供给量、相对实际收入和相对利率。

（1）相对货币供给变化。在假定国外的货币供给、实际收入和利率水平不变，由式（6.17）可知国外的价格 P^* 不变。

图 6-3 的第一象限反映的是国内货币市场达到均衡时货币供求与价格之间的关系 $P = M / L(Y,i)$。在某一假定的收入和利率水平 (Y_0, i_0) 下，货币均衡线 $P = M / L(Y_0, i_0)$ 是一条从原点出发的直线。当货币供给从 M_0 增加到 M_1 时，国内价格水平同比例上升，由 P_0 上升到 P_1。图 6-3 的第二象限反映的是购买力平价线。由于 P^* 被假定不变，则 $e = P / P^*$ 是一条从原点出发的斜率为常数的直线。当国内货币扩张 $M_0 \to M_1$ 使得价格上升到 $P_0 \to P_1$ 时，汇率就会相应地由 e_0 提高到 e_1，本币贬值。

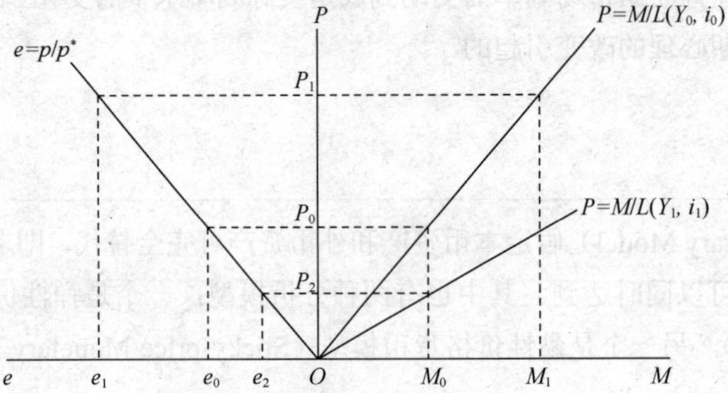

图 6-3　弹性价格货币模型分析

（2）相对实际收入水平变化。假定式中其他变量不变，国内实际收入水平的提高会带来货币需求的增加，由于货币供给和利率不变，要保持货币市场均衡，必然要求国内价格下降，而本国价格的下降又会通过购买力平价关系，造成汇率下跌，本币升值。

（3）相对利率变化。本国利率的上升（下降）将导致本币贬值（升值）。因为利率上升（下降）将引起货币需求的下降（上升），从而导致国内价格的上升（下降），最终导致本币贬值（升值）。

由图 6-3 中可以看出，当国内的实际因素同时发生变化时，即收入由 Y_0 增加到 Y_1，利率由 i_0 下降到 i_1，使实际货币需求从 $L(Y_0, i_0)$ 增加到 $L(Y_1, i_1)$。超额的货币需求使价格从 P_0 下降到 P_2。在第二象限的购买力平价关系上则表现为货币的升值，汇率由 e_0 下降到 e_2。

弹性价格货币模型的不足之处主要体现在：①购买力平价。因为购买力平价在 20 世纪 70 年代西方实行浮动汇率制以来一般是失效的，使得弹性价格货币模型建立在非常脆弱的基础之上；②货币需求函数。许多研究显示，主要西方国家的货币需求极不稳定，以收入和利率为基础的需求函数不能全面反映实际的货币需求变化；③假定价格水平具有充分弹性。大量研究表明，商品价格的调整相对于金融资产市场上的价格调整要慢，在短期内显示出黏性。

相对于弹性价格货币模型，黏性价格货币模型与资产组合平衡法的发展都在不同程度上对以上的不足进行了弥补和修正。

2. 黏性价格货币模型

汇率的黏性价格货币分析法简称“超调模型”（Overshooting Model），是由美国经济学家多恩布什（Dornbucsh）于 20 世纪 70 年代提出的。与弹性价格货币模型相比，这一模型的最大特点在于认为商品市场与资产市场的调整速度是不同的，商品市场上的价格水平具有黏性的特点，这使得购买力平价在短期内不能成立，经济存在由短期平衡向长期平衡过渡的现象。这里所说的短期平衡，是指价格还来不及发生变动时的经济平衡。由于在一段时期后，价格才开始调整，所以长期平衡就是价格充分调整后的经济的平衡。可以看出，弹性价格货币模型中所得出的结论实际上是超调模型之中长期平衡的表现。

这一理论的基本原理是：当市场受到外部冲击时，货币市场和商品市场的调整速度存在很大的差异。这主要是由于商品市场因其自身的特点和缺乏及时准确的信息。一般情况下，商品市场价格的调整速度较慢，过程较长，呈黏性状态，称为黏性价格。而金融市场的价格调整速度较快，因此，汇率对冲击的反应较快，几乎是即刻完成的。汇率对外冲击做出的过度调整，即汇率预期变动偏离了在价格完全弹性情况下调整到位后的购买力平价汇率，这种现象称为汇率超调。由此导致购买力平价短期不能成立。经过一段时间调整后，商品市场的价格到位，汇率则从初始均衡水平变化到新的均衡水平，由此长期购买力平价成立。

图 6-4 对汇率超调全过程给出了一个简要描述。

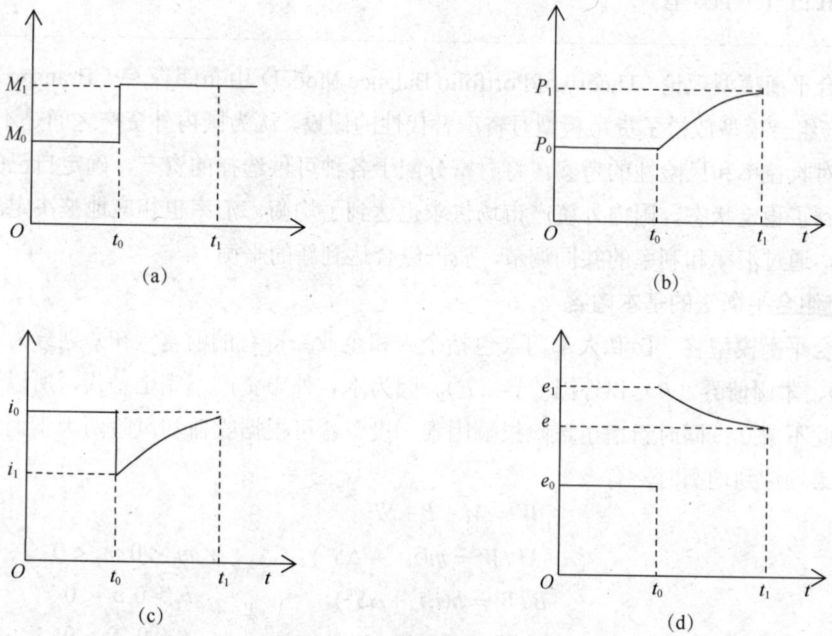

图 6-4　汇率超调模型的图示

假设长期均衡汇率由购买力平价决定，一开始国内经济处于充分就业的均衡状态，国内利率与国外利率相同，开始国内货币供应量为 M_0，对应的国内价格和汇率分别为 P_0 和 e_0。假设到了 t_0 时刻，货币当局决定将货币供应量提高 20%，由原来的 M_0 提高到 M_1。从长期看，货币量的增加将导致国内价格同比例上涨 20%，由原来的 P_0 升至 P_1，由于长期情况下购买力平价是有效的，因而本国货币将贬值 20%，汇率由 e_0 升至 e。

但短期情况并非如此，短期内由于价格黏性的存在，国内价格将保持在原来水平 P_0，此时货币供应量的增加意味着货币供给过剩，从而导致国内利率下降。由原来的 i_0 下降到 i_1。在无抛补利率平价有效的前提下，国内利率低于国外利率，将导致本币贬值。如图 6-4 所示，汇率在 t_0 时刻由 e_0 跳升至 e_1，超过了长期均衡汇率 e。显然，汇率发生超调是因为国内利率下降导致的本币贬值幅度超过了货币供应量的增加幅度（20%）。

随着时间从 t_0 到 t_1，本国的价格水平逐渐上升，其原因是货币的超额供给使人们手中的货币余额超出他们愿意持有的水平，为恢复适当的货币余额水平和通货膨胀预期，人们会增加支出，造成价格水平上升，与此同时，利率水平也逐步提高；而利率的相对提高又引起国际资本的流入，进而使货币的超额供给得到缓和，本国货币逐渐升值。时间从 t_0 到 t_1，汇率从超调状态点 e_1 到达长期均衡的购买力平价汇率 e，价格水平也从 P_0 上升到 P_1。因此，汇率、价格、利率、产出和货币存量重新达到新的均衡状态，完成了整个调整过程。

超调模型的主要贡献在于，首先合理地解释了现实世界中广泛存在的汇率超调现象，且该模型是对货币主义和凯恩斯主义的一种综合，为研究开放经济下的汇率问题提供了一种新的分析方法。其次，超调模型首次涉及汇率的动态调整问题，并由此创立了汇率动态学。但是，超调模型除了具有与弹性价格模型类似的缺陷外，还将汇率变动完全归因于货币市场，从而忽略了商品市场对汇率的冲击。

四、资产组合平衡模型

资产组合平衡模型理论（Theory of Portfolio Balance Model）由布朗森（W. Branson）最早于 1975 年提出。资产组合模型放松了货币模型对资产替代性的假设，认为国内外资产之间是不完全替代的。投资者根据对收益率和风险性的考察，将财富分配于各种可供选择的资产，确定自己的资产组合。资产组合达到了稳定状态，国内外资产市场供求也达到了均衡，汇率也相应地被决定。当财富总量发生变化时，通过汇率和利率的共同调节，资产组合达到新的平衡。

1. 资产组合平衡法的基本内容

资产组合平衡模型将一国私人部门（包括个人和企业）持有的财富（W）划分为三种形式：本国货币（M）、本国债券（B）和外国债券（F）。因为本、外币资产不完全替代，所以无抛补的利率平价条件在此不成立；同时新增了风险报酬因素。投资者可根据收益和风险两因素调整资产组合，则当各资产市场达到均衡时，有：

$$W = M + B + SF \tag{6.20}$$

$$M / W = m(i, i^* + \Delta S^e) \qquad m_1 < 0, m_2 < 0 \tag{6.21}$$

$$B / W = b(i, i^* + \Delta S^e) \qquad b_1 > 0, b_2 < 0 \tag{6.22}$$

$$SF / W = f(i, i^* + \Delta S^e) \qquad f_1 < 0, f_2 > 0 \tag{6.23}$$

其中，第一个等式为财富的定义等式，后三个等式为三个资产市场的均衡条件；S 为直接标价法下的外汇汇率，小写字母代表各资产的需求函数，带下标的小写字母代表偏导数，如 m_1 代表货币需求函数 m 对第一个变量本国债券收益率 i 的偏导数，m_2 代表对第二个变量（按本币计算的外币债券收益率 $i^* + \Delta S^e$，一般假定 i^* 为外部给定）的偏导数，其他依次类推；后三个等式的左边代表资产供给，右边代表资产需求，需求是两个收益率的函数。由于两种债券不完全替代，$i \neq i^* + \Delta S^e$，两者之差是风险报酬：$\lambda = i - i^* - \Delta S^e$。由于三个等式的左边相加等于 1，则意味着任何两个资产市场达到均衡，第三个市场也必定趋于均衡。

用图形来表示资产组合平衡模型的基本内容如图 6-5 所示。

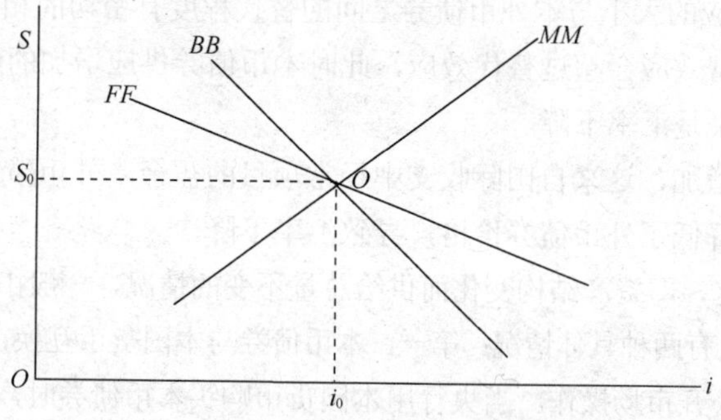

图 6-5　资产组合平衡模型

在短期内，假定本国货币、本国债券和外国债券的供给量为既定，则各资产市场的均衡由相应资产的需求决定；需求是两个收益率（i）的函数，若 i 已给定，汇率（S）就由第二个收益率决定。根据式（6.21）、式（6.22）和式（6.23），在图 6-5 的（i）的坐标系中得到三条不同的曲线：货币市场均衡曲线 MM、本国债券市场均衡曲线 BB 和外国市场均衡曲线 FF，三条曲线的斜率分别由每种资产需求的两个偏导数决定。三条曲线的斜率的不同是由于：对 MM 线来说，在某一既定的资产组合水平下，如果汇率（S）上升（本币贬值），则以本币表示的外国资产价值（SF）上升，财富总量（W）上升，W 上升导致对国内货币和债券的需求上升以保持资产组合的均衡。在货币供给不变的条件下，对货币的需求上升导致利息率的提高，国内货币市场才得以均衡。故 MM 线的斜率为正。对 BB 曲线来说，在本国债券供给既定的情况下，对本国债券的需求上升将导致债券的价格上升，利息率下降，故 BB 线斜率为负。而对于 FF 线，汇率的上升意味着国外资产收益率上升，在国外资产供给既定的情况下，将导致对国外资产的超额需求，为了平衡外币资产市场，国内利息率必然下降，以将对国外资产的超额需求转移到国内。故 FF 线的斜率为负。BB 线之所以比 FF 线要陡峭些，是因为本国债券对国内利息率的反应要灵敏些 $b_1 > f_1$，外国债券对汇率的反应要灵敏些 $f_2 > b_2$。在三个市场中，只要任意两个市场达到均衡，第三个市场也将处于均衡，即三条线交于一点（O 点）。由此得出短期内的均衡利率 i_0 和均衡汇率 s_0。

2. 资产供给的变化对均衡汇率的影响

以上分析了在短期内，当资产供给为既定时，通过对不同资产的调整，使各个资产市场实现均衡，资产组合达到均衡，由此决定出一个均衡汇率。那么，当资产供给发生变化时，均衡汇率如何被决定呢？对此，对资产组合平衡模型做了详细的分析，认为汇率是在资产市场上的动态调整中由资产组合的动态平衡过程决定的。当资产供给变动时，通过资产市场和资产组合的重新调整，汇率也随之发生变化。具体来说，资产供给的变化有两种情况：一是资产供给总量的变化，二是资产存量结构上的变化。前者对汇率产生的影响称为财富效应，后者的影响则称为替代效应。

资产供应总量变化又细分为三种情况，它们对汇率产生影响的结果是各不相同的。

（1）货币供应量增加，这是由于政府增发货币引起的。货币供应量增加后，投资者持有的货币存量上升，为了使资产组合重新达到平衡，投资者将增加对本币债券和外币债券的购买，从而抬高本币债券的价格，使国内利率下降，汇率水平提高（本币贬值）。

（2）本币债券供应量增加，这是由于政府增发债券弥补财政赤字的结果。其一，本币债券供应量的增加会增加对外币债券的需求，其结果是汇率上升（财富效应）；其二，本币债券供应量增加使本币债券价格下降，国内利率上升，国内收益率的上升会相对削弱对外币债券的需求，导致汇率下降（替代效应）。替代效应的大小与本外币债券之间的替代程度有密切的相关关系，当本外币债券的替代程度较低时，则财富效应会超过替代效应，此时本币债券供应增加的结果是汇率上升；反之，当替代程度较高时，结果是汇率下降。

（3）外币债券供应增加，这来自国际收支中经常项目的盈余。外币债券供应的增加使外币债券市场出现超额供给，这降低了外币债券价格，导致汇率下降。

另一种资产供给变化，即资产结构变化而供给总量不变的情况，一般由中央银行的货币政策，即公开市场业务引起，这又有两种具体情况：第一，本币债券与本国货币互换，即 $\Delta M+\Delta B=0$，这是央行在国内货币市场上的公开市场操作。当央行用本国货币购买本币债券时，货币供给量的增加使得利率下降以出清货币市场，对本币债券形成的超额需求将导致本币债券价格上升，也使利率下降。利率下降的结果使外币债券需求上升，通过替代效应导致汇率上升。第二，外币债券与本国货币互换，即 $M+\Delta SF=0$，这是央行在外汇市场上的公开市场操作。当央行用本国货币购进外币债券时，货币供给量的增加导致利率下降，通过替代效应使汇率上升；同时对外币债券形成的超额需求也使汇率上升。

上述考察的是资产市场上短期均衡汇率的决定及其变动，而没有涉及商品市场，此时当汇率处于均衡时，经常项目可能为顺差，也可能为逆差。在完全自由浮动汇率制度下，经常项目顺差意味着资本项目逆差和外币资产存量的增加，而外币资产存量的变动反过来又影响到汇率，从而形成资产存量——流量相互作用的动态调整过程。直到外币资产存量不再变动，经常项目差额为零，此时的汇率水平代表了长期均衡汇率。那么，资产市场的选择是否能使短期均衡汇率接近长期均衡汇率呢？这里的关键在于，外币资产增加能否减少经常项目盈余。根据前述分析，当外币资产增加时，汇率将下降（本币升值），在满足马歇尔—勒纳条件的前提下，本币升值将减少经常项目盈余。由此可得出结论，资产市场对短期均衡汇率的动态调节能使它最终接近于长期均衡汇率。

3. 对资产市场分析法的评价

（1）资产市场分析法视汇率为一种资产价格，把分析的焦点置于资产市场均衡，改变了传统汇率理论把研究重心置于国际收支差额特别是经常项目收支差额的局限性，从根本上改变了研究视角，也使理论研究更加贴近西方经济的现实。伴随着西方各国金融自由化政策的实施，大规模的国际资本流动成为国际经济的一大特征，国际资本流动的原因不仅仅是为弥补国际收支中的经常项目差额而出现的对应变动，更重要的是，它直接产生于对国外货币资产的需求。国际资本市场上普遍出现的证券化发展趋势，使证券投资成为重要的国际投资形式，这进一步促成了国际资本的迅速成长。这使得资本流动无疑成为影响汇率的重要因素。因此，资产市场分析法把汇率决定的理论分析的重心转向资产市场，反映了现实经济的变化，是西方汇率决定理论研究方向上的一次重大转变。

（2）资产市场分析法体现的是一般均衡分析，这克服了传统理论局部均衡分析的局限性。传统汇率理论或者从商品市场的角度来分析汇率，如购买力平价说；或者从资本市场的角度来分析汇率，如利率平价说，它们基本上都属于局部均衡分析。根据这些理论得出的结论，往往对现实汇率的实际变动无法作出满意的解释。资产市场分析法以资产市场为分析重点，同时将商品市场结合起来进行分析，在一定程度上避免了传统汇率理论的片面性，因而能对现实汇率作出一定的解释。

（3）资产市场分析法第一次正式将存量分析方法引入汇率决定理论中，同时结合流量分析方法，对传统单纯的流量分析法是一个重大突破。资产市场分析法从资产这一存量范畴的角度来考察汇率，而存量是即时变动的，那么，资产市场的即时调整，就迅速地表现在汇率的动态变化上。相反，流量是对应于某一时期内的变量，它在考察期内是确定的，因而流量分析法下的汇率必定带有相对稳定性的特征。实行浮动汇率制度以来，汇率的波动性成为国际经济活动中的突出现象。从理论上说，资产市场分析法的存量分析能更好地解释汇率的波动性，这显示了资产市场分析法在研究方法上的进步。

（4）资产市场分析法带有强烈的政策特征，直接为西方国家政府的宏观经济政策提供理论依据。货币分析法把目光关注在货币市场的均衡上，货币政策自然对汇率产生重要影响，因此货币模型十分强调货币政策以及各国货币政策的相互协调在影响汇率和稳定汇率上的作用。同样，资产组合平衡模型也为货币政策的实施提供了十分有力的理论依据：在资产组合平衡模型的分析中，可以清楚地看到，央行在货币市场上的公开市场活动对汇率的影响是明确而有效的；相反，政府通过增发债券而实施的财政政策，对汇率的影响却是不确定的。

（5）资产市场分析法中尽管存在不同分支，但它们在基本分析方法和理论思想上是一致的。不同分支只是表明它们是从不同的角度来考察汇率的决定，各自分析的侧重点有所区别，相应地在某些假定上有所不同而已。它们之间不是相互排斥的，而是相互补充的，在很多观点上，趋于相互融合。很多经济学家，既是货币模型的支持者，又是资产组合平衡模型的研究者。

复习思考题

1．外汇市场的功能有哪些？

2．固定汇率制和浮动汇率制各有哪些特点？

3．结合实际，说明一国外汇管制的根源。

4．什么是开放经济下的一价定律？它成立的条件有哪些？

5．请从利率平价角度解释汇率与利率之间存在的关系。

6．假设美元利率和英镑利率均为每年 5%。当前的美元/英镑均衡汇率与预期美元/英镑汇率之间有什么联系？假设预期美元/英镑汇率为每英镑 1.52 美元并保持不变，英国的年利率升至 10%。如果美国的利率仍然保持不变，新的均衡汇率是多少？

7．面对如下汇率及利率：即期汇率：0.01 美元/日元。90 天期美元债券年利率：4%。90 天期日元债券年利率：4%。

（1）如果未抛补利率平价成立，投资者预期 90 天后的汇率应为多少？

（2）美国的一次大选刚刚结束，国际投资者们认为，在大选中获胜的新总统会更加强有力地支持企业界，因此，投资者们预期，90 天后的汇率将是 0.009 5 美元/日元。此时外汇市场将发生何种事情？

8．如果今年美元存款的年利率为 5%，日元存款的年利率为 10%，那么根据利率平价理论，两国货币的汇率应该如何变化？如果利率平价理论和购买力平价理论同时成立，美国今年的通货膨胀率为 3%，那么日本今年的通货膨胀率应该为多少？

9．某国货币的汇率值（外币的本币值）已在数年中保持稳定。该国现在大幅度减少货币供给，该国的商品价格水平并未立即受到影响，但会在今后几年中逐渐降低（相对于减少货币供给的情况）。

（1）当宣布和实施减少货币供给时，汇率会为何发生大幅度的变化？

（2）在今后几年当中，汇率的走势将如何？为什么？

第七章 开放经济条件下的宏观经济内外均衡

【格言】

稳定经济的任务，要求我们能够控制住经济、使之不至于偏离持续高就业之路太远。就业率过高将导致通货膨胀，而过低又意味着衰退。灵活审慎的财政政策和货币政策，能够帮助我们在这两条路中间穿过一条“狭窄的通道”。

——John F . Kennedy

【学习目标】

（1）了解国际经济的非均衡传导机制；

（2）熟悉贸易乘数及其政策含义；

（3）熟悉宏观经济的内外均衡及经济政策；

（4）掌握蒙代尔—弗莱明模型的内容。

【引导案例】

资本完全流动下的国际经济非均衡传导

在国际资本完全流动下，如果只存在A和B两个国家，A国由于国内经济衰退失业增加并且国际收支赤字，政府采取了扩张的货币政策，以增加国内货币供给并同时采取紧缩的财政政策大规模减少政府的国内基本建设投资，而B国为了维持本国的固定汇率制度也大量抛售本币，一段时间后B国国内出现了通货膨胀，最终导致两国的经济均受到了更严重的影响。

该案例中，尽管A和B两个国家的政府各自为了维持本国经济的内外均衡采取了一系列政策，但出现更加严重的国内经济后果则说明了两国的政策有误。那么，需要进一步思考的问题是：

（1）A国的国内经济失衡是如何影响到B国的？

（2）假设分别作为两个国家具有宏观经济政策最终决策权的当局者，你会怎么调整国家的经济呢？

（3）一国在开放经济条件下的宏观经济应当如何实现对内对外的均衡？

开放经济条件下，一个国家宏观经济政策（Macroeconomic Policy）的均衡是将内部经济和国际收支结合在一起的均衡，国内经济没有出现严重的通货膨胀（Inflation）或经济萧条（Economic Depression），同时国际收支状况又能够保证该国维持充分的开放性。经济失衡（Economic Imbalance）是指一个国家内部经济出现了严重的通货膨胀、经济萧条或者国际收支状况严重恶化（Seriously Deteriorated），以至于该国无法维持其开放性。随着全球经济的联系越来越紧密，一个国家出现的经济失衡，又会通过各种渠道迅速地传导到另外一个国家，导致其他国家也发生经济失衡。

第一节 国际经济的非均衡传导机制

机制是指有机系统的构造、功能及其相互关系。在经济学研究中，通常使用“经济机制”一词来表示一定经济系统内各构成要素之间相互联系和作用的关系及其功能。在开放经济条件下，一国的宏观经济运行机制则主要是指影响充分就业、物价稳定、经济增长和国际收支平衡等主要因素变量之间的相互联系、相互作用的关系及其功能。分析认识国际经济的非均衡传导机制，就是要明确宏观开放经济条件下，一国经济的非均衡问题是通过什么样的因素之间的相互联系及其功能作用于他国经济导致非均衡的过程，是进一步学习和研究宏观开放经济政策国际协调的重要基础。

一、国际经济非均衡传导机制的理论基础

所谓国际经济中的非均衡传导机制（Economic Imbalance Conduction Mechanism）指的就是，在开放经济条件下，一个国家的通货膨胀、经济萧条、国际收支逆差等非均衡状态是如何通过国际贸易、资本流动、技术和劳动力的输入输出等有形和无形的主要因素渠道影响他国经济系统使其出现非均衡的作用过程。

令 Y 代表国民收入，C、I、G、X、M 分别表示消费支出、投资、政府购买、出口和进口，根据宏观经济学理论可知，开放经济下的国民收入账户存在如下的恒等关系即：

$$Y \equiv C + I + G + X - M$$

若忽略政府对私人的转移支付（Transfer Payment），政府的购买（Government Purchases）就是政府的支出（Government Expenditure）。由于国民收入又可以分私人可支配收入（Disposable Income）YD 和税收 T，私人可支配收入又分别被用于消费支出 C 和储蓄 S，则有如下恒等关系成立：

$$Y \equiv YD + T \equiv C + S + T$$

将上述恒等关系式进行合并整理以后，就可以得到开放经济条件下的宏观经济收入恒等式（Macroeconomic Income Identity）如下：

$$(I - S) + (G - T) \equiv M - X \tag{7.1}$$

恒等式（7.1）的第一项（$I-S$）反映的是国内投资与私人储蓄的差额，第二项（$G-T$）反映了财政收支差额，若把政府财政盈余看作是政府储蓄，则恒等式左边就是国内投资和储蓄的差额，它反映的是国内经济是否均衡。恒等式右边是进出口差额，反映了对外贸易的均衡与否。所以，式（7.1）表明，一个国家的内部均衡（Internal Equilibrium）和外部均衡（External Equilibrium）是紧密联系在一起的。内部均衡必然伴随着外部均衡，反之，两者必然同时处于失衡状态（Inequilibrium）。同时，贸易差额的存在，必然对应着相应的资本流动或外汇储备的变化。

在“经常项目余额+资本项目余额=0”条件下，忽略政府间转移支付，则可以得到如下关系式：

$$经常项目余额=X-M+Y_a+W_a$$

$$资本项目余额=LTC+STC-\Delta F$$

其中，Y_a 为本国收到的国外投资收益减去外国从本国得到的投资收益；W_a 为本国居民从国外取得的工资收入减去外国居民从本国取得的工资收入；LTC 为长期资本流动；STC 为短期资本流动。长期资本流动包括直接投资、长期证券投资和银行长期贷款等，短期资本流动包括向外国银行借入

的进口信贷和投机性的短期资本流动等，其中后者被称为游资，是国际金融市场上一个力量很大的不稳定因素。ΔF 代表本国官方外汇储备的变化量。将以上两个等式代入式（7.1）可以得到：

$$M - X \equiv LTC + STC + Y_a + W_a - \Delta F \tag{7.2}$$

该式表明，贸易逆差必须用资本净流入、对外投资收益净汇入、工资收入净汇入或者外汇储备的减少或者四者同时发生来弥补；反之，贸易顺差则必然对应着资本净流出、外国在本国投资净收益汇出或者外汇储备的增加等。

合并式（7.1）和式（7.2），即可得到分析国际经济中的非均衡传导机制的基本恒等式如下：

$$(I - S) + (G - T) \equiv M - X \equiv LTC + STC + Y_a + W_a - \Delta F \tag{7.3}$$

二、国际商品流动中的非均衡传导机制

在短期内导致进出口出现波动的诸多因素当中，最主要的宏观经济因素有三个，即汇率和本国的国民收入水平以及世界的国民收入水平。如果一个国家的进出口满足马歇尔—勒纳条件（Marshall-Lerner Condition）的话，当该国货币相对于外国货币发生贬值（升值）（Depreciation or Appreciation），即以直接标价法计算的汇率上升（下降）时，在国内价格水平基本不变或者变动幅度低于汇率变动幅度的条件下，本国出口会增加进口会下降，相应地，外国的进口会增加出口会下降。也就是说，一国货币相对于外国货币贬值（升值）即汇率上升（下降）会导致该国净进口减少（增加）。一国的国民收入变动会在短期内直接影响其进口，但对其出口的影响较弱，本国国民收入增加（减少），会导致进口特别是消费品进口增加（减少），相应地，外国国民收入增加会导致本国出口增加。因此，本国国民收入的增加（减少）在短期内会导致本国净进口增加（减少），外国国民收入的增加（减少）会导致本国净进口减少（增加）。如果用 R 表示本国以直接标价法表示的汇率，用 Y^*表示除本国以外的外国国民收入，则以下关系式成立：

$$M - X = -\alpha R + \beta Y - \gamma Y^* \tag{7.4}$$

其中的参数 $\alpha > 0$、$\beta > 0$ 和 $\gamma > 0$，分别为本国净进口（$M-X$）对于汇率和本国国民收入以及外国国民收入的敏感系数（Sensitivity Coefficient）或弹性系数（Elasticity Coefficient）。其中的汇率 R 指的是实际汇率。在名义汇率给定的情况下，外国物价水平与本国物价水平之比越高，本国商品的竞争力就越大。作为反映商品竞争力的实际汇率可以被定义为：

$$R = eP_f / p \tag{7.5}$$

其中的 e、P_f 和 p 分别表示名义汇率、外国物价水平和本国物价水平。

根据式（7.1）、式（7.4）和式（7.5），假设本国经济原本已经达到了内外均衡，国内经济实现了充分就业和物价稳定，国际贸易收支平衡。若外国出现了明显的通货膨胀，由于滞后效应，短期内名义汇率不会发生变化，根据式（7.5）可知，本国实际汇率上升，本国商品竞争力上升，国外商品竞争力下降，短期内导致本国出口增加进口减少，如果外国通货膨胀会伴随着国民收入的增加，则本国出口还会有更大的增加。对于本国来讲，出口是需求的一部分，进口是国内市场供给的一部分。出口增加就意味着本国的总需求增加，进口的减少就意味着国内市场上的总供给减少，短期内本国的消费需求不变。投资需求和政府的支出不变，那么本国国内市场上就由过去的供求相等变成了供不应求。因为，本国经济已经达到充分就业水平，已经基本上没有闲置生产能力，那么国内市场上的供不应求就会转化为物价上涨。如果物价上涨持续一段较长时间的话，就会造成通货膨胀。

相反，如果国外出现了经济衰退，失业增加、国民收入下降，则会导致外国的进口下降，出口下降意味着本国总需求下降。此前国内市场上供求相等，因出口下降会首先导致本国国内市场出现供过于求，进而会导致本国产出下降，失业增加。

在浮动汇率制度条件下，外国的通货膨胀在较短时间内会导致名义汇率的变动，e 最终会下降，本币会升值，最终名义汇率 e 一直下降至使实际汇率 R 恢复到原来的水平，本国的商品和外国商品的竞争力恢复到原来的水平，本国的进出口也逐步回落到原来的水平，本国国际贸易重新恢复均衡，国内市场也随之恢复均衡，而短期内净出口的增加导致的国内物价上涨也会加速这一调整过程。当国外出现经济衰退本国出口下降时，本国外汇市场上就出现了外汇供给下降，从而出现供不应求局面，导致本币贬值，名义汇率和实际汇率会上升，本国出口竞争力提高，出口增加。因此，国际贸易和国内经济会逐步恢复均衡。所以，只要国内经济的基本层面没有发生变动，汇率浮动可以很迅速地使本国经济恢复内外均衡。从这样的意义上讲，实行浮动汇率制度可以在很大程度上隔离外国经济的非均衡向国内的传导。这种自动调整机制又被称为浮动汇率的自动稳定器功能。

在固定汇率制度条件下，本国经济内外均衡的恢复需要由中央政府的主动调节来实现。如外国的通货膨胀以及由此导致的本国净出口增加会导致名义汇率出现下降趋势，为了维持固定汇率，本国中央银行就要在国内外市场上抛售本币买入外币以消除本币升值趋势，这样就导致本国国内市场上的货币供给增加，短期内货币的增加会导致国内市场上的总需求增加，如果本国已经实现充分就业，基本上没有闲置生产能力，总需求的增加最终会导致国内物价水平的上升，一直升至国内市场重新恢复均衡为止。另外，本国物价水平的上升会导致由 $R = eP_f / p$ 计算的实际汇率下降，一直降至原来水平时，本国的出口又重新恢复到原来的水平，重新恢复均衡。和浮动汇率制度不同的是，在固定汇率制度下，外国物价上涨最终会传导到本国。因此，固定汇率制度不能隔离外国经济失衡对本国的经济影响。

通常一个国家的所有经济部门可以划分为开放部门和非开放部门。开放部门是指那些和市场存在直接联系的经济部门。非开放部门是指那些与国际市场没有直接联系的经济部门。国际经济中的一般传导过程通常是，和国际市场存在直接联系的部门首先受世界经济的波动影响而产生变化，然后是和国际市场没有直接联系的非开放部门会因间接受到影响而发生变化，进而国内的开放部门和非开放部门就会在新的基础上进行调整，逐步达到一个新的均衡。

在国际商品流动中影响传导机制发生作用的主要因素通常包括如下几种。

第一，一国经济的开放程度。开放程度越高，国际经济波动对该国经济的影响幅度就越大，经济波动的传导速度就越快。

第二，一个国家在国际市场上的贸易地位。地位越高，国际经济波动通过商品流动渠道对该国的影响越大。

第三，一国的贸易区域结构。如果贸易伙伴或贸易商品过于单一，国际经济波动对该国经济的冲击就越大。

第四，一个国家的经济体制和经济政策。不同的汇率制度下，国际经济波动对一国经济的冲击有很大的不同；在一定范围内，一国政府可以利用宏观经济政策对本国的利率、汇率和国民收入的影响来影响国际收支，经济政策对国际经济的传导机制和过程有一定的影响。

三、国际资本流动中的非均衡传导机制

在国际资本市场上（International Capital Market），资本总是力图流向那些收益高风险低的市场。当一个国家出现经济失衡时，总会引起国内利率水平的变化，在开放条件下，特别是在该国资本项目也实现了自由兑换时，该国利率水平的变化会引起资本流入流出的变化。当资本的流动达到一定规模时，必然会影响国际资本市场的利率水平，从而使其他国家的经济受到影响。国际资本市场利率水平的变化，会影响世界各国的资本流入流出，如此会使各国的外汇市场发生失衡，导致各国货币出现贬值或者升值压力。对于实行固定汇率制度的国家来说，为了保持汇率的固定，中央银行需要通过抛售外汇买入本币来消除本币贬值趋势，这种操作等于缩紧了本国货币的供给，有可能会导致经济的衰退；若本币出现升值趋势时，中央银行就需要抛售本币买入外汇，增加本币的供给，本国在已经实现充分就业时，这种操作会导致本国物价上涨，进而持续下去则会引发通货膨胀。对于实行浮动汇率制度的国家来说，中央银行可以不实行干预，让汇率自由浮动，但是汇率的变动会影响一国的进出口状况，引起一国国际贸易出现失衡，并通过进出口的变化影响国内市场的总供求，进一步导致国内市场总供求的失衡。如果一个国家的经济失衡导致该国货币出现贬值趋势，其产生的效应和上述效应类似。

所以，一个国家出现经济失衡会通过影响国际市场利率水平而引起国际资本流动的变化，进而影响各国经济，并将经济失衡传导给其他国家。

从一国的国际收支失衡来看，也常常会导致其他国家的经济失衡。当一国出现大规模的国际收支顺差的时候，会有大量的外汇流入，进而产生本币升值压力。如果本国放任汇率自由浮动，本币升值会使本国进口增加出口减少。这一方面可能会引起国内市场总供求失衡，另一方面可能会引起其他国家出现通货膨胀。假设本国抛售本币吸纳外汇消除本币升值压力，将会增加本国货币的供给，如此通常会导致本国出现通货膨胀。相反，如果一国出现了大规模的国际收支逆差，就意味着本国出现了大量的资金外流，本国外汇出现明显的下降，此时该国往往会实行紧缩政策，提高利率紧缩信贷，这样就会影响国际资本市场的供求状况，进而对其他国家的经济产生不利的影响。通常来说，国际收支失衡的影响主要集中于通货膨胀的传导和国际资本市场资金的供求变化上。对于发展中国家来说，经济失衡还会通过债务危机来影响其他国家。许多发展中国家为了发展经济形成了大量的外债，一旦经济出现问题，这些国家往往会无法按时还本付息并出现债务危机。若拖欠债务数额较大，就会引起债权国家的资金紧张，导致债权国出现经济失衡。大规模的债务危机还会引起世界性的债务危机，导致国际资本市场的混乱，影响诸多国家的经济稳定。

从国际资本流动中的非均衡传导机制上看，认识影响国际资本流动的主要因素是至关重要的。这些主要因素通常包括一国的国内外利差和对于一国利率水平的预期以及对一国汇率的预期等。在其他条件相同的情况下：第一，一国利率高出国际资本市场利率越多，本国资本净流入越多，反之，资本净流出就越多。即便是资本项目不能自由兑换，只要经济具有较大的开放性，为了保持国际收支平衡，国内利率和国际资本市场利率的差异也不能太大。第二，一旦预期利率水平提高，资本净流入就会增加。若预期一国利率水平会下降，资本净流出会增加。第三，如果预期一国货币会贬值，就会导致资本净流出增加，反之，会引起资本净流入增加。特别是，预期因素中包含了国际国内经济形势和国际收支状况等因素，即使一国还没有发生经济衰退，但普遍预期会发生经济衰退，国际资本市场同样会预期该国利率水平会下降货币会贬值。预期因素对于短期资

本流动的影响尤其明显，由于国际资本市场中存在一些规模庞大的游资，游资的大规模流入/流出通常会在一个很短的时间内对一个国家的国际收支产生极大的压力。对于那些资本项目实现了自由兑换的国家来说这种压力就更为明显。上述这些因素往往会将一个国家的经济失衡通过提高资本流动迅速地传导到其他国家。

四、国际劳动力流动中的非均衡传导机制

劳动力国际间流动主要分为两种情况，一种是发展中国家向发达国家的永久性劳动力迁移；另一种是以临时赚取较高工资收入为目的的劳动力国际流动，即所谓的“劳务输出”。

劳动力的不同流动模式对国际经济失衡的传导情况是有所区别的。从整体上来看，和国际商品流动及资本流动相比，劳动力的国际间流动和经济周期的关系不是非常密切，受某些重大突发性政治、军事事件的影响很大。

国际劳动力流动中存在的非均衡传导机制大致有如下几种情况：

（1）A 国流向 B 国的是一些高素质人才，这些人在本国受过高等教育或者具有特殊技能，这些人才不仅将自己的技能从A国带到了B国，而且还将他们身上所凝结的A国为他们支付的教育和培训费用带到了B国，增加了B国的人力资本的同时还节约了该国这方面的投资，从而将A国的投资对经济增长的促进效果输入到了B国。

（2）A国有大量的劳动力流入B国工作，并且A国通过这种劳动力输出实现了经济的内外均衡。如果此时B国出现经济衰退，本国工人出现了大量失业，在本国工人的压力下，B国往往不得不解雇来自A国的工人，以使本国失业工人找到工作，这样A国工人在B国失去了工作，无法维持生计，可能就不得不回到A国，这必然会恶化A国的就业形势，导致A国的外汇收入也会减少，国际收支状况恶化，这等于将B国的经济衰退和失业通过劳动力国际间流动传递到A国。

与商品流动及资本流动造成的影响相比，通过劳动力的国际间流动导致的经济失衡传导还比较有限。但是，对于许多发展中国家来说，高素质人才的大量外流，尤其是当这些人作为永久性移民输出时，意味着一部分教育投资的损失。而且这部分人在发展中国家往往相当短缺，具有很大的不可替代性，将对本国经济的发展产生一定的不利影响。而对于发达国家来说，这种高素质人才的流入显然会对本国经济发展具有很大的促进作用。对于许多发展中国家来说，由于经济体制和政治体制存在的弊端，在人才利用方面存在一些较大的缺陷，这在一定程度上也加剧了人才外流。因此，对于发展中国家来说，在努力发展本国经济的同时，大力改革国内的政治经济体制，尽快形成完善的、自由流动的、充分竞争的劳动力市场是一件非常关键的工作。

此外，在国际经济中，除了以上所讲的商品流动、资本流动和劳动力流动所形成的传导机制以外，还存在一些其他的传导机制，譬如说技术输出输入、技术扩散、信息交流等无形的传导渠道。

第二节 国际经济均衡中的贸易乘数理论

贸易乘数（Trade Multiplier）是贸易理论在国际经济研究中的应用。出口是总需求的一个组成部分，当国内市场的总需求小于充分就业产出水平时，出口的增加，可以带来总需求的增加，进

而使国民收入增加，国民收入的增加会导致消费支出的增加和进口的增加。消费支出增加意味着总需求的增加，而进口的增加意味着国内市场总供给的增加，其中前者会促进国内产出的增加，而后者会抑制国内产出的增加。最终国内商品市场重新达到一个新的均衡，实现一个新的均衡国民收入。

一、贸易乘数与宏观经济均衡

所谓的贸易乘数就是指均衡国民收入的变化量与导致均衡国民收入发生变化的出口的变化量之比。

在开放经济条件下，均衡国民收入满足$Y \equiv C + I + G + X - M$。其中的消费支出和进口是国民收入的增函数，如上所述，投资支出和政府支出在短期内不受国民收入的影响。利用该式可以推导出出口变化对均衡国民收入的影响，将该式两边对出口求导得：

$$\frac{dY}{dX} = \frac{dC}{dY}\frac{dY}{dX} + 1 - \frac{dM}{dY}\frac{dY}{dX}$$

整理后得：

$$\frac{dY}{dX} = 1/(1 - \frac{dC}{dY} + \frac{dM}{dY}) \tag{7.6}$$

其中，dM/dY被称为边际进口倾向（Marginal Propensity to Import），它反映了当国民收入增加一个单位时进口的增加量。上式即为贸易乘数，用边际储蓄倾向（Marginal Propensity to Save）dS/dY代替$1-dC/dY$，贸易乘数也可以相应地表示为：

$$dY/dX = 1/(dS/dY + dM/dY) \tag{7.7}$$

由该式可以看出，如果边际储蓄倾向和边际进口倾向之和小于一，在经济尚未实现充分就业时，出口增加可以导致均衡国民收入的更大增加。边际储蓄倾向和边际进口倾向越小，贸易乘数越大，出口增加带来的均衡国民收入的增加量就越大。但需要指出的是，只有在经济尚未实现充分就业时，这种乘数效应才可能得到充分发挥，如果经济已经实现了充分就业，出口增加只会导致物价上涨，均衡国民收入不会增加。

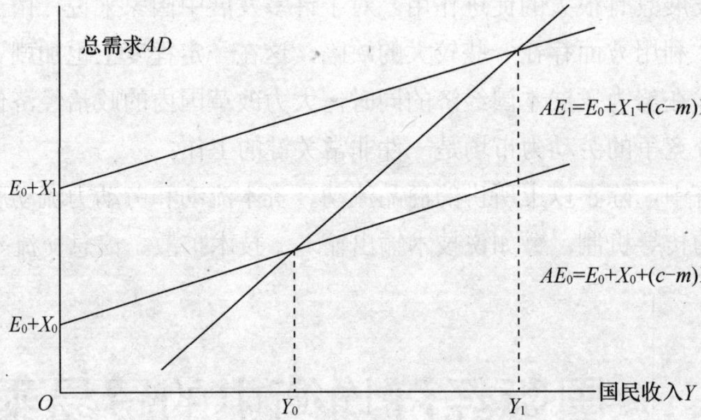

图 7-1　出口量和国民收入决定

对于贸易乘数的理解可以用图 7-1 来进行描述。假设边际消费倾向和边际进口倾向均为常数，

分别为 c 和 m，相应地边际储蓄倾向也是常数，用 s 表示。在此可假设 $c>m$ 成立，事实上该假设是符合现实的。图 7-1 中，AD 表示总需求。E_0 表示短期内不由国民收入决定的总需求，由自主消费支出、投资支出和财政购买组成。图 7-1 说明，当出口由 X_0 增加到 X_1 时，均衡国民收入由 Y_0 增加到 Y_1。很容易计算出：

$$Y_0=\frac{1}{1-c+m}(E_0+X_0)$$

$$Y_1=\frac{1}{1-c+m}(E_0+X_1)=Y_0+\frac{1}{1-c+m}(X_1-X_0)$$

由此可知贸易乘数为：

$$\frac{\Delta Y}{\Delta X}=\frac{Y_1-Y_0}{X_1-X_0}=\frac{1}{1-c+m}=\frac{1}{s+m} \tag{7.8}$$

从不同的边际进口倾向对均衡国民收入的影响来看，可以用图 7-2 来进行几何解释。

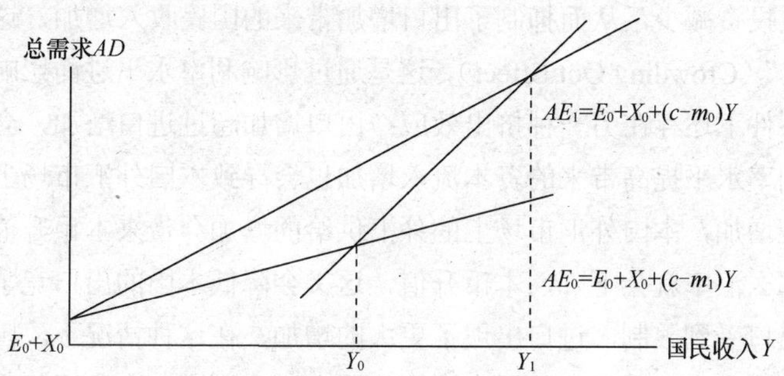

图 7-2　不同的边际进口倾向对均衡国民收入的影响

在此可取两个边际进口倾向并分别用 m_0 和 m_1 表示，且 $m_1>m_0$。图 7-2 表明，在其他条件完全相同的情况下，边际进口倾向越小，均衡国民收入越大；边际进口倾向越大，均衡国民收入越小。

二、回弹效应

如果甲、乙两国互为贸易伙伴，甲国首先发生自发性的出口增加，由于贸易乘数效应的作用甲国国民收入呈倍数增加；而甲国国民收入的增加会导致其进口的增加，这样，乙国的出口也出现了增加，同样由于贸易乘数效应的作用，乙国的国民收入出现倍数增加。乙国的国民收入增加又会带来其进口的增加，这样导致甲国的出口进一步增加，贸易乘数效应再次发生作用，甲国的国民收入再次呈倍数增加，如此经过若干次循环，甲国自发性出口增加带来的扩张效应逐渐趋向于零，而两国的国民收入均发生较大的增加，各自的国民收入增加总量超过各自的出口总量。这就是所谓的回弹效应（Rebound Effect），也被称为回应的贸易乘数概念。

三、贸易乘数的政策含义及其评价

贸易乘数理论隐含的结论是，一个国家的边际进口倾向越低，出口增加带来的国民收入增加就越多，也就是说，一个国家的居民应该尽可能地多消费本国的商品，这样，出口增加对本国的国民收入和就业的促进作用就大。其实，更一般地讲，按照相同的分析方法，不仅对于出口增加，对于投资增加和财政支出增加，结论是完全一样的。实际上，按照相同的分析方法，在开放经济条件下，财政支出乘数、投资乘数和贸易乘数是完全一样的，均为式（7.6）或式（7.7）。贸易乘数理论对于理解进出口与国民收入的关系很有意义。但是，用式（7.6）、式（7.7）或其简化式（7.8）计算贸易乘数显然是过于简单了。

事实上，至少有以下两种情况会导致实际的贸易乘数不同于上述三式给出的结果。

（1）上述贸易乘数的推导是以经济尚未实现充分就业，存在闲置资源为前提条件的，如果经济已经达到了充分就业或者是接近于充分就业，出口增加就不会对国民收入有什么倍增效应，贸易乘数将接近于零。

（2）即使经济尚未实现充分就业，存在闲置资源可供增加产出，在货币供给没有相应增加的情况下，实际的贸易乘数也很难符合上述三式的结果，其原因在于，总需求增加带来国民收入增加，国民收入增加会导致货币需求增加，在货币供给没有相应增加时，货币需求的增加会导致利率水平提高，这会导致私人投资减少，从而抑制了出口增加带来的国民收入增加，这种情况在宏观经济学中被称为“挤出效应”(Crowding Out Effect)，这是通过影响利率水平进而影响投资支出所产生的挤出效应。开放经济条件下还存在另一种挤出效应：出口增加超过进口增加，会导致本国外汇市场上的外汇供给增多，利率水平提高带来的资本流入增加也会导致本国外汇市场上的外汇供给增多，由于本国货币没有相应增加，本国外汇市场上的外汇供给的增加会带来本币升值的压力，如果本国允许汇率自由浮动，那么汇率就会下降，本币升值，这又会降低本国的出口竞争力，提高外国的出口竞争力，那么本国出口受到限制，进口出现了更大的增加，在这种情况下，国民收入的增加量绝没有上述三式所反映的那么大。当然，如果本国实施固定汇率制度，中央银行通过抛售本币，买入外汇消除本币升值压力，与此同时也将利率水平维持在原来的水平，那么这两种挤出效应就可以予以消解。不过，不仅增加出口会产生这两种挤出效应，扩张财政支出和增加投资支出也会产生这两种挤出效应。

第三节 宏观经济的对内与对外均衡

在了解和掌握了国际经济的非均衡传导机制以及国际经济均衡中的贸易乘数理论的基础上，即可针对开放经济条件下宏观经济的对内对外均衡问题展开分析和讨论。

一、宏观经济的内外均衡及宏观经济目标

对一个国家而言，一般要力争宏观经济达到如下两个均衡：宏观经济的对内均衡和对外均衡。所谓宏观经济的对内均衡（Internal Equilibrium of Macroeconomy）简单地讲是指实现物价稳定条件下的充分就业，也就是说，国内市场上要达到总需求等于总供给，并且是等于充分就业水平下的总供给，这样国内的资源实现了有效配置，并且物价水平保持稳定，此外，还需要保持一个可持续的稳定的经济增长速度。所谓经济的对外均衡（External Equilibrium of Macroeconomy），简单地讲是指使国际收支保持平衡状态，商品和劳务的进出口以及资本的流入流出均达到一种平衡状态。如果能

够实现宏观经济的内外均衡，那么就可以认为这个国家的经济处于一种有效的、平稳的、良性的运转状态。

为了实现宏观经济的内外均衡。一般认为宏观经济需要实现 4 个目标：可持续的经济增长（Sustainable Economic Growth）、充分就业（Full Employment）、物价稳定（Stabilization of Price）和国际收支平衡（Balance of Payments）。如果能够同时实现这 4 个目标，一个国家的经济就同时达到了内外均衡，经济就处于一种最佳状态。

二、分析宏观经济政策的基本框架

在开放经济条件下，决定一国国民收入的因素不仅有各种封闭经济状态下的宏观经济变量（Macroeconomic Variable），而且还要包括国际收支这个新的变量。通常将包括了国际收支在内的宏观经济模型称为开放条件下的宏观经济模型，该模型的一般形式就是常见的 *IS—LM—BP* 模型，它是分析宏观经济政策的基本框架。事实上，*IS—LM—BP* 模型就是在 *IS—LM* 模型中加入国际收支均衡之后的修正模型。

1. 国际收支均衡线——*BP* 曲线

一国的国际收支达到平衡，即指该国官方储备（Official Reserve）差额等于零，也就是指经常项目收支差额与资本项目收支差额之和为零，用公式表示为：

$$BP=(X-M)+(AM-AX)=0 \text{ 或 } M-X=AM-AX \tag{7.9}$$

其中，X 表示出口；M 表示进口；AX 表示金融资产流出；AM 表示金融资产流入；$(M-X)$ 为经常项目的逆差；$(AM-AX)$ 为资本项目的净流入。式（7.9）表明两值相等时，国际收支达到平衡。

由于进口量的大小主要取决于本国实际国民收入的高低，即 M 是本国实际国民收入 Y 的递增函数，函数表达式可写成：$M=M(Y)$；出口 X 则主要由外国实际收入决定，与本国收入水平无关，因此，这里出口变量 X 可视为不变；资本项目则主要受利率变量 i 的影响，本国利率水平相对越高，金融资产的流入就越多，而流出则越少，表示成函数形式，即：$AX=AX(\bar{i})$ 及 $AM=AM(\overset{+}{i})$。从而可以得到经常项目的逆差 $NM=M(\overset{+}{Y})-X$，可见 NM 是本国国民收入的递增函数（Increasing Function）；而资本项目的净流入 $NF=AM(\overset{+}{i})-AX(\overset{-}{i})$ 是本国利率的增函数。于是，式（7.9）可改写成：

$$M(\overset{+}{Y})-X=AM(\overset{+}{i})-AX(\bar{i}) \tag{7.10}$$

由式（7.10）可确定满足国际收支平衡的各种可能的 i 与 Y 的组合。将满足式（7.10）条件的 i 与 Y 的组合的轨迹称为国际收支平衡线，简称 *BP* 曲线。*BP* 曲线的推导过程如图 7-3 所示。

图 7-3（a）中的曲线表示 *NM* 与实际国民收入之间的函数关系，因为 *NM* 是实际国民收入的增函数，故曲线斜率为正；图 7-3（c）则是表示金融资本的净流入 *NF* 与本国利率之间的关系，图中的曲线斜率也为正。图 7-3（b）则显示了国际收支的均衡条件：*IM−EX=AM−AX*，在 45° 线上的所有点均表示国际收支均衡，即 *BP*=0。这样根据图 7-3（a）、（b）、（c）即可推导出图 7-3（d）中的国际收支均衡线，即 *BP* 曲线的形状。对于 *BP* 曲线上任何一点均代表国际收支平衡；而在 *BP* 曲线之下或之上的区域内任何一点，与 *BP* 曲线上的均衡点相比，则表示国际收支处于逆差或顺差状态。例如，图中 *E'* 点表示，与均衡点 *E* 相比，实际国民收入相同，但利率较低，于是金融资产的净流入比 *E* 点要少，也就是说，金融资产的净流入小于商品和劳务的净进口，这意味国际收支处于逆差；

同样的，E''点与 E 点相比，利率相同，但国民收入水平更低，于是净进口 NM 比 E 点要小，这意味着 NM 小于 NF，即国际收支处于顺差。

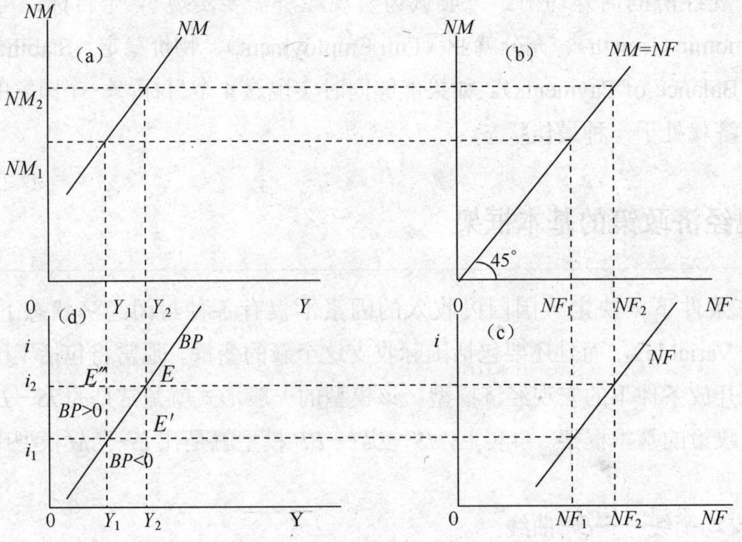

图 7-3 国际收支均衡曲线——BP 曲线

在通常情况下，BP 曲线向上倾斜，即斜率为正，利率与实际国民收入同方向变动。BP 曲线的形状取决于内生变量之间的关系。如图 7-3（d）所示，假设起始的均衡点在 E 点，这时国际收支是均衡的。如果国内利率提高，那么利率提高到 i_2 之后，国际收支如何仍能保持平衡？利率提高会吸引更多国外资本流入，从而使国际收支出现盈余。此时，只有通过增加净进口才能抵销资本净流入的增加，而净进口又取决于实际国民收入。所以，只有在实际国民收入也提高的情况下，才能使进口增加，经常项目出现逆差，进而抵销资本项目的盈余，使国际收支重新恢复平衡。同样，如果利率下降，引起的资本项目逆差必须由实际国民收入的下降而带来的经常项目顺差来抵销，从而保持国际收支平衡。由此可见，要保持国际收支平衡，利率与国民收入一定要同方向变动，因此 BP 曲线向上倾斜。

从函数关系上来讲，由于 NF 是利率 i 的递增函数，而 NM 是实际国民收入 Y 的递增函数，如果要实现国际收支均衡 $NM=NF$，利率 i 和实际国民收入 Y 显然必须同方向变动，即 BP 曲线的斜率为正。

2. 影响 BP 曲线移动的因素

在上述确定 BP 曲线的时候，假定国内价格水平不变（这一点与 IS、LM 曲线的前提条件是一致的）。另外，把汇率（e）作为外生变量看待，所以在推导 BP 曲线时并没有将汇率考虑进去。汇率作为一个重要的参数，对国际收支状况有实质性的影响，汇率的变化会引起 BP 曲线的移动，因此汇率是影响 BP 曲线变动的一个基本因素。

在此基础上，凡能影响汇率的因素诸如利率、实际国民收入、价格水平等都会使 BP 曲线移动。

以利率变动为例，如图 7-4 所示。假定最初外部均衡实现于 BP 曲线上的 A 点（Y^*，i_1），由于外部已经达到均衡状态，所以必然有一均衡汇率 e_1 与（Y^*，i_1）相一致。假定利率由 i_1 下降到 i_2，而实际国民收入仍为 Y^* 不变，由于利率下降，导致金融资产流出增加，流入减少，资本项目出现逆差，另一方面由于假定 Y^* 不变，则经常项目余额不变，因此总的国际收支出现逆差，这时外汇市场上本国货币的供给大于需求，本币将贬值，汇率下跌。汇率下跌有利于本国出口增长，抑制进口，从而出现经常项目顺差，直到汇率下跌使经常项目顺差与资本项目逆差完全相抵时，国际收支重新实现均衡，这时新的均衡汇率 e_2 出现。与已降低的利率 i_2 和 Y^* 的组合点 B 相比，这时 BP_1 曲线移到 BP_2。如果利率上升，将出现完全相反的情况。由此可见，使得汇率下降的因素能够使 BP 曲线右移，而汇率上升使 BP 曲线左移。

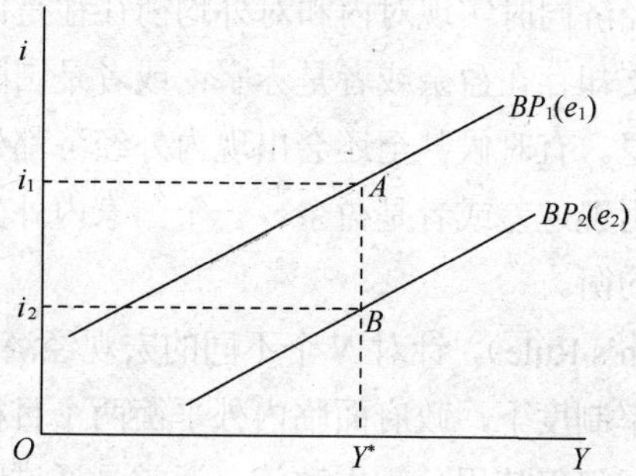

图 7-4　利率变化与 BP 曲线移动

3. *IS—LM—BP* 模型

在描述商品市场与货币市场同时均衡的 *IS—LM* 模型中加入国际收支均衡曲线即可形成一个开放的宏观经济模型。在开放经济下的一国经济均衡要求三个市场即商品市场、货币市场和国际收支同时达到均衡。

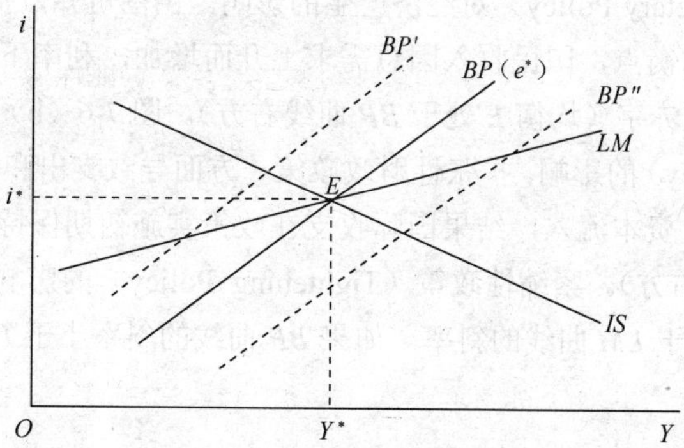

图 7-5　*IS—LM—BP* 模型

如图 7-5 所示，当 *IS* 曲线、*LM* 曲线和 *BP* 曲线恰好交于 *E* 点的时候，便会有唯一的一组利率 i^*、实际国民收入 Y^*和汇率 e^*，使得商品市场均衡、货币市场均衡以及国际收支均衡这三种均衡同时实现。三条曲线的共同交点是这一 i—Y 平面上的唯一三重均衡点。而 i—Y 平面的其他任何点都是非三重均衡点。如果 *BP* 曲线位于 *IS* 与 *LM* 的交点 *E* 之左方，如 *BP'*曲线，由于表示 i^*与 Y^*的组合点 *E* 位于 *BP'*右边，根据上述讨论可知，在商品市场与货币市场共同达到均衡时存在国际收支逆差；如果 *BP* 曲线位于点 *E* 之下，如 *BP''*曲线，则意味着商品市场与货币市场同时达均衡时存在国际收支顺差。

三、宏观经济总需求政策的困境

在现实中，经济大致会呈现以下 4 种状态：一是宏观经济内外均处于均衡状态，在这种状态下，实现了充分就业、物价稳定、国际收支平衡。这种状态是一种理想的状态。二是宏观经济内部达到了均衡，实现了充分就业和物价稳定，但是对外失衡，国际收支存在顺差或者是逆差。三是宏观经济实现了对外均衡，国际收支保持平衡，但是内部却发生了失衡，出现了经济衰退，失业增加，通货紧缩或者是通货膨胀。四是宏观经济内外均处于失衡的状态，如内部出现经济衰退，国际收支又出现逆差等。一般来说，一个经济同时实现对内和对外均衡往往是比较困难的。大多数情况下，内部经济达到了均衡，但国际收支却存在盈余或者是赤字；或者是国际收支保持了平衡，但内部经济却存在通货膨胀或者是经济衰退。有时候甚至还会出现内外经济都处于失衡的状态。内部经济存在通货膨胀经济衰退，国际收支出现逆差或者是盈余。一个国家内外失衡一旦达到一定的限度，就需要进行调整以恢复经济的内外均衡。

根据丁伯根法则（Tinbergen's Rule），针对 N 个不同的宏观经济目标，政府当局一般至少需要 N 个独立的政策工具。在固定汇率制度下，政府面临内外平衡两个目标，则政府至少需要两个政策工具。但在现实中，战后政府当局仅仅使用总需求政策，通常是通过财政政策和货币政策，来干预经济，结果形成了一个宏观经济政策的两难困境，即仅仅使用总需求政策不可能既改善国内需求水平又改善国际收支。正如英国经济学家米德所指出的那样，单独使用一种政策来追求内部和外部均衡，将会导致一国内部均衡和外部均衡的冲突。如果一个国家希望同时达到内部均衡和外部均衡，就必须同时运用支出调整政策和支出转换政策，即两种目标两种工具。

对此，可利用 *IS—LM—BP* 模型来分析其中的原因。图 7-6（a）说明了政府采用扩张性货币政策（Expansionary Monetary Policy）对经济产生的影响。由图可知，扩张的货币政策会导致 *LM* 曲线右移，结果在新的均衡点，国民收入因总需求上升而增加，利率下降又促使资本外流，支出增加，最终导致国际收支赤字（均衡 E' 处于 *BP* 曲线右方）。图 7-6（b）则反映了扩张性财政政策（Expansionary Fiscal Policy）的影响。扩张性财政政策一方面导致支出和收入增加，贸易收支恶化，另一方面又使利率上升，资本流入，结果国际收支在政策实施初期保持平衡，但最终将出现赤字（新均衡 E' 处于 *BP* 曲线右方）。紧缩性政策（Tightening Policy）的影响则一切刚好相反。上述分析中假定 *BP* 曲线斜率大于 *LM* 曲线的斜率。如果 *BP* 曲线的斜率小于 *LM* 曲线的斜率，则会得出不同的结果。

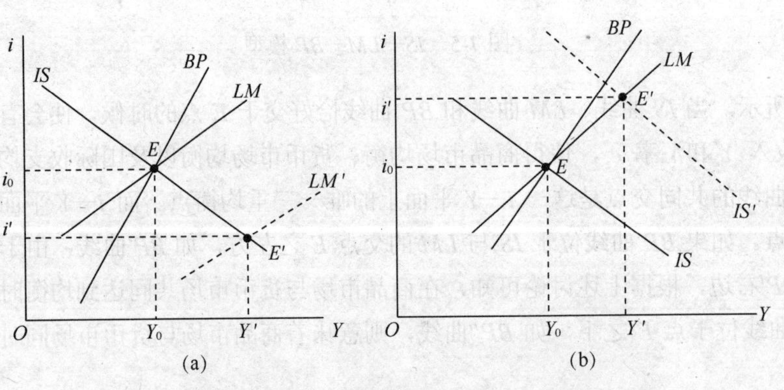

图 7-6　扩张性货币政策与财政政策对经济的影响

在国内经济处于高失业状态下，采取扩张性货币政策和财政政策以期刺激总需求增加就业。但采取扩张性政策同时会导致国际收支赤字，若国际收支状况处于盈余状态，扩张政策将使国际收支趋于均衡；但若国际收支最初存在赤字，则扩张政策将进一步恶化国际收支。而当国内经济处于高通胀状态下时，采取紧缩性政策以抑制总需求增长，缓解通胀压力。而采取紧缩政策同时会导致国际收支盈余。若最初国际收支为赤字，紧缩政策有利于国际收支的调整，但若国际收支最初为盈余，则紧缩政策将进一步恶化国际收支的不平衡状态。综上可见，仅靠总需求政策一种工具不可能令人满意地解决内外平衡两个经济目标，必须针对不同的目标确定适当的工具。

四、宏观经济对内与对外均衡的政策配合理论

罗伯特·蒙代尔提出："一种工具应同目标相配，它才能对目标产生最大的相对影响。"蒙代尔和马库斯·弗莱明在对需求政策两难困境进行更深入的研究时发现，货币政策和财政政策对国内平衡和国外平衡有相对不同的影响。其主要差异在于较松的货币政策趋向于降低利率，而较松的财政政策则趋向于提高利率，这种差异正好意味着确实有两种政策工具可供选择，将其搭配使用则可以解决总需求政策解决不了的问题。

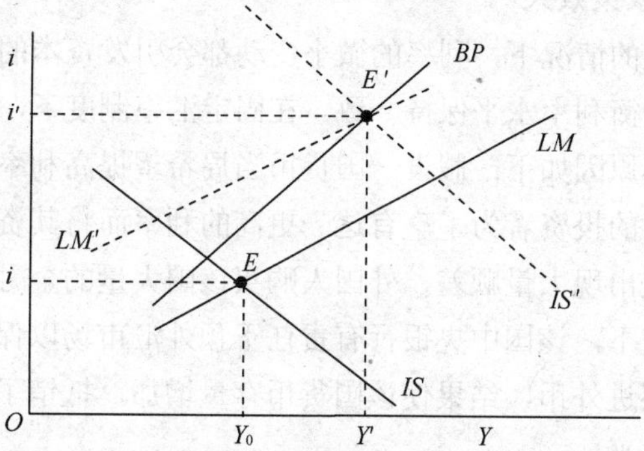

图 7-7　高失业与国际收支赤字下的政策配合

以高失业与国际收支赤字同时存在的非均衡状态为例，如果政府配合使用紧缩的货币政策和扩张的财政政策（Tightening Monetary Policy and Expansionary Fiscal Policy），则如图 7-7 所示，当政策强度适当时，经济会刚好处于充分就业的国民收入水平（Y'），同时也达到国际收支平衡。

而在高通胀与国际收支顺差共存的情况下，政府则可采取扩张的货币政策和紧缩的财政政策相配合的方法，解决这一总需求政策束手无策的困境，如图 7-8 所示。

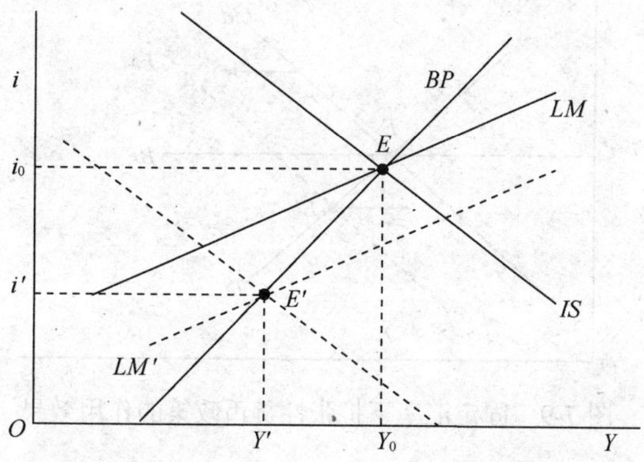

图 7-8　高通货膨胀和国际收支顺差下的政策配合

上述这种搭配措施是蒙代尔、弗莱明及其他经济学家提供的政策处方，他们针对财政政策与货币政策对经济的不同作用，指派给货币政策与财政政策不同的任务，从而形成一种有用的法则——分配法则：将稳定国内经济使其在没有过度通货膨胀的情况下达到充分就业之均衡的任务分配给财政政策，而将稳定国际收支的任务分配给货币政策，让每一种政策工具集中于一项任务，从而免去了部门间不必要的协调甚至妥协。

五、蒙代尔—弗莱明模型

蒙代尔—弗莱明模型（Mundell—Fleming Model），是以资本具有完全流动性（Perfect Capital Mobility）为假设前提的开放经济模型，由美国哥伦比亚大学经济学教授蒙代尔和国际货币基金组织研究员弗莱明所创立。尽管其分析后续被不断地修正，但最初有关解释资本具有高度流动性情况下政策如何起作用的部分被完整地保留了下来。

1. 固定汇率制度下的政策效果

在资本具有完全流动性的情况下，利率的微小变动都会引发资本的无限量流动。在这种假定条件下，各国利率均与世界均衡利率水平保持一致。在固定汇率制度下，任何国家的中央银行均不可能独立地操纵货币政策，其原因如下：假设一国货币当局希望提高利率，因而采取紧缩性货币政策使利率上升，很快世界各国的投资者为了享有这一更高的利率而将其资金转入该国，结果由于巨额资本流入，该国的国际收支出现大量顺差，外国人购买该国大量的金融资产会造成该国货币升值的巨大压力。在固定汇率制度下，该国中央银行有责任干预外汇市场以保持汇率稳定，因此中央银行将在外汇市场上抛售本币买进外币，结果使该国货币存量增加，抵销了最初紧缩货币政策的影响，最终国内利率退回到最初水平。

如图 7-9 所示，假设经济的初始状态为 E 点，这时国内利率水平 i 与国际均衡利率水平 i^*一致，国际收支达到平衡。假设资本具有完全流动性，所以 BP 曲线为一条水平线，即 $BP=0$。现在假定中央银行执行扩张性货币政策，LM 曲线右移到 LM'，经济处于 E'点。但在 E'点由于资本大量外流存在国际收支逆差，这样对国内货币产生贬值压力，中央银行必须干预市场，抛出外汇，收回本币，使汇率保持固定，与此同时国内货币供给减少，LM'曲线又向左移，这一过程将一直继续，直到重新达到均衡点 E 为止。

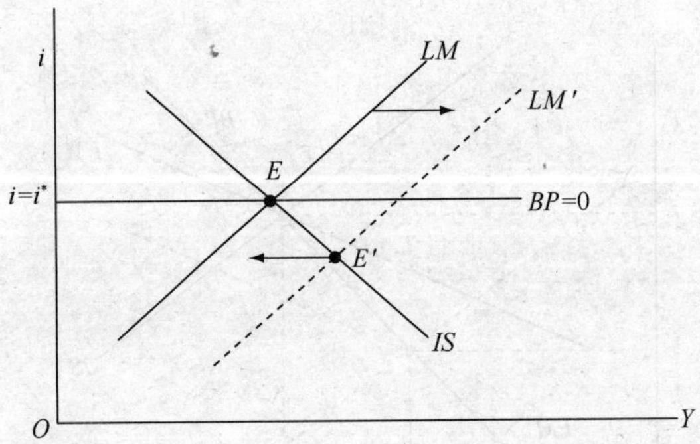

图 7-9　固定汇率下扩张性货币政策的作用效果

实际上，在资本完全流动的情况下，国民收入水平不会达到 E'点所对应的水平。因为资本流动数量巨大且非常迅速，在经济达到 E'点以前，中央银行就已被迫取消扩大货币存量的企图了。

所以，在固定汇率制度下，如果资本具有完全的流动性，任何国家都不可能独立地执行货币政策，不可能偏离世界市场通行的利率水平，任何独立执行货币政策的企图都将引起资本的大量流入或流出，并迫使货币当局增加或减少货币供给，从而使利率回到世界市场上通行的水平，经济重新恢复到原来状态。

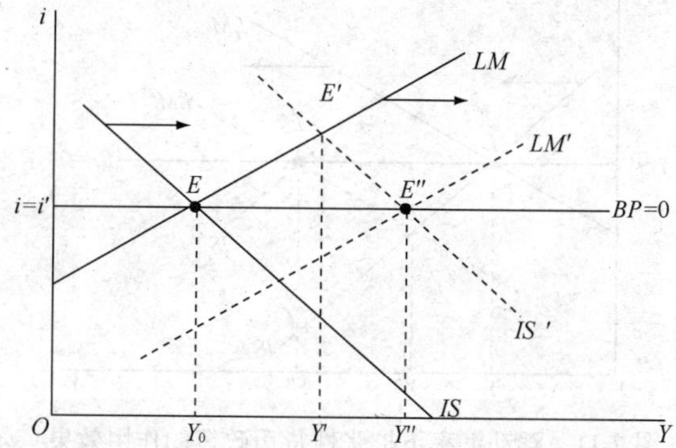

图 7-10　固定汇率下扩张性财政政策的作用效果

对于扩张性财政政策的作用效果来说，如图 7-10 所示，假定经济最初处于均衡点 E。在货币供给不变的情况下，执行扩张的财政政策会使 IS 曲线右移至 IS'，经济达到 E'点，利率 i 与国民收入 Y 都有所增加。这时利率高于国际均衡水平 i^*，吸引大量国际资本流入本国，造成巨额国际收支顺差，本币汇率面临升值的压力。为保持固定汇率，中央银行必须在外汇市场上买进外汇，抛出本币，结果本国货币供给增加，LM 曲线发生右移，这一过程将一直持续到经济达到新的均衡点 E''，使利率恢复到原来的水平，国际收支恢复平衡。但这时收入进一步增加，由 Y'上升到 Y''。这说明在固定汇率和资本完全流动下，财政政策是有效的。

由上述分析可见，在固定汇率制度下，如果资本具有完全流动性，则一国不可能执行独立的货币政策，任何扩张或紧缩货币供给的企图都将被资本的迅速巨额流动及央行保持固定汇率的承诺相抵销；而财政政策则会收到意想不到的效果，同样由于上述原因而使国际收支恢复均衡，对国民收入的影响却进一步扩大了。

2. 浮动汇率制度下的政策效果

在完全浮动汇率制度下（Floating Exchange Rate System），财政政策与货币政策的效果则完全不同。完全浮动汇率制度的主要特征是通过汇率变动来维持外汇供求的平衡，从而使国际收支总是处于均衡状态。如果一国贸易收支由于某种原因出现逆差，那么外汇市场上外汇的需求大于供给，于是导致本币贬值，从而使本国的出口增加，贸易收支得到改善，直到国际收支再次恢复均衡；反之，如果一国出现贸易收支顺差，那么本币的需求大于供给，这将导致本币升值，从而使本国的进口增加，结果贸易顺差减少，最终重新恢复到均衡。于是，在浮动汇率制度下，汇率调节的自动完成使得政府的政策目标只剩下维持内部均衡，即通过宏观经济政策的实施实现充分就业和物价稳定。

浮动汇率制下，扩张性货币政策的作用效果，如图 7-11 所示，假定经济最初处于均衡点 E。如果货币当局增加货币供给，扩张的货币政策会使 LM 曲线右移至 LM'，货币供给增加造成利率下降，这样会刺激国内投资，提高国民收入水平，所以经济达到 E'点。这时利率低于国际均衡水平 i^*，导致大量资本流出，造成国际收支逆差，于是本币贬值。本币贬值导致本国出口增加，使 IS 曲线右移。

出口的增加一方面拉动了收入水平的上升，另一方面导致了货币需求的增加和利率的回升，直至国际收支恢复均衡为止，最终经济的均衡点到达 E''。在这一点，国内利率与世界均衡利率相等，国内收入水平较初始时提高。扩张性货币政策有助于通过本币贬值改善经常项目收支。

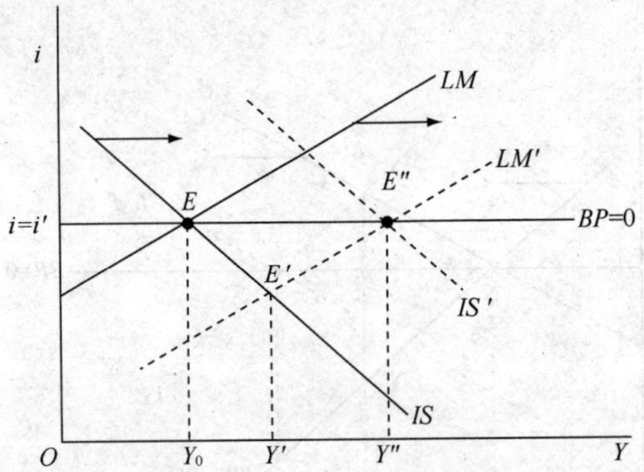

图 7-11　浮动汇率下扩张性货币政策的作用效果

浮动汇率制下，假设政府采取扩张性财政政策，会导致 *IS* 曲线右移至 *IS'*，经济达到 *E'*点。此时收入的增加导致对货币需求的增加，从而使利率上升。但在资本完全流动的条件下，财政扩张引起的利率上升会造成大量资本流入国内，从而使国际收支出现顺差。反映在外汇市场上，对本币的需求超过了本币的供给。由于在浮动汇率制度下汇率可以自由调整，于是本币升值，进而本国出口随之减少而进口增加，又使得 *IS'*左移，直到净进口的增加完全抵销掉国际收支顺差为止，经济重新回到初始的均衡点。在点 *E* 处，国内利率与世界均衡利率相等，同时收入水平也没有发生变化，这意味着在浮动汇率制下，汇率的调整对扩张性财政政策产生一个完全的挤出效应，财政政策对实际经济变量没有任何作用。这一过程如图 7-12 所示。

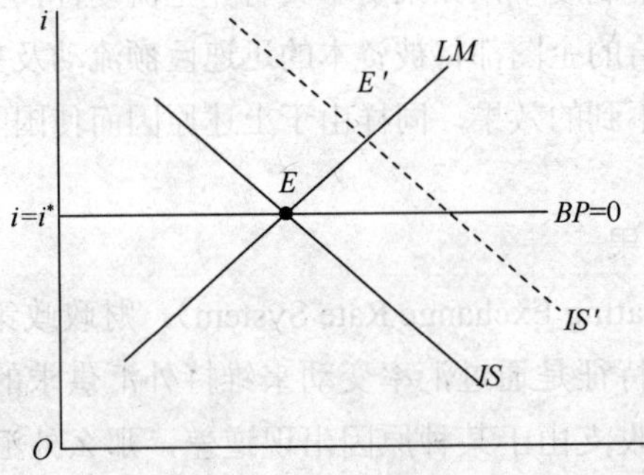

图 7-12　浮动汇率下扩张性财政政策的作用效果

上述分析表明，在浮动汇率制度下，中央银行可以通过控制货币存量来调节内外均衡，而财政政策会由于资本的完全流动性而不能实现影响均衡产出的目的，其政策效应为零。

复习思考题

1. 一国的内部失衡会通过哪些传导机制影响别国？

2．贸易乘数是怎样发挥作用的？发挥作用的条件是什么？

3．请分析说明在浮动汇率制下如何运用货币政策和财政政策来维持内部平衡和外部平衡。

4．在资本完全流动情况下，分析说明蒙代尔—弗莱明模型在不同汇率制度下的政策效果。

5．如果英镑的汇率保持不变，更为紧缩的货币政策对英国国内产出与收入的影响如何？对英国的通货膨胀率又有何影响？更为紧缩的货币政策对英镑的汇率会产生何种压力？英镑汇率变化对英国的产出及通货膨胀率会发生何种影响？汇率的变化会增强还是减弱英国货币政策的收缩效应？

6．某国实行浮动汇率制。现在，该国政府为减少失业而增加支出，这一政策变化对该国货币汇率的影响如何？在何种条件下，汇率的变化会削弱财政扩张的作用？

7．如果一个国家同时存在通货膨胀和国际收支赤字，财政政策和货币政策应如何组合？试设计一种解决高通货膨胀与国际收支盈余并存的办法，如果同时存在总需求不足和国际收支盈余，应该采用什么样的解决办法？

第八章 开放经济中的财政与税收

【格言】

一个民族的精神风貌、文明程度、社会结构，以及政策可能酿成的行为方式，所有这些甚至更多，都记录在它的财政史上。那些明白怎样读懂这个历史所蕴含的信息的人们，在这里比其他任何地方都更能清醒地预感到震撼世界的惊雷。

——Joseph A. Schumpeter

【学习目标】

（1）了解和掌握开放条件下财政宏观调控的主要任务、原理与过程；

（2）正确了解开放经济中财政宏观调控对FDI的作用；

（3）掌握外债的功能、种类与结构，并了解发展中国家的外债问题；

（4）掌握半开放、半封闭条件下和开放条件下宏观财政政策的效应及其之间的区别；

（5）掌握国际税收和经济全球化的基本内涵以及国际税收协调的含义和主要方式；

（6）熟悉解决国际重复征税的基本方法。

【引导案例】

前“联邦德国”的扩张性财政政策

1989年的秋天，就在柏林墙倒下不久德国还处于统一进程之时，联邦德国政府开始转移大量资源到民主德国。财政项目包括大规模投资于民主德国的基础设施，投资于手工业，以及大范围地为失业者与亏损企业工人实施收入支持方案等。大量财政扩张有助于缓和民主德国的经济崩溃，但这需要以大规模的预算赤字为代价。扩张性财政政策，正如蒙代尔—弗莱明模型预示的那样，使它的经常账户恶化，利率提高以及德国马克升值。在世界市场上，联邦德国以前一直是净贷款国，但从1991年开始，经常账户出现赤字。联邦德国资源从供应世界转向于改造民主德国。联邦德国财政扩张不仅对其欧洲伙伴国产生了副作用（这些国家与联邦德国实行的是固定汇率制度），而且由于民主德国绝大部分的需求针对联邦德国商品，导致联邦德国的经济发生了过热现象。

从前联邦德国的这一扩张性财政政策案例中，值得引起思考的问题是：

（1）开放条件下德国实施扩张性财政政策对国际收支有何影响？

（2）德国实行财政政策对其欧洲伙伴国会产生哪些副作用？

（3）一国的财政政策如何通过影响国际间的资源流动而影响到伙伴国的经济运行？

开放体系是指一个国家和外界发生要素或服务交换关系的具有特定功能的系统，实际上就是国际间的资源流动。国民经济是要解决资源配置（Resource Allocation）、收入分配（Income Distribution）和经济稳定增长（Steady Economic Growth）问题的一个系统，而且在市场经济条件下，一国必须要和国外发生资源配置、收入分配和经济稳定增长方面的交换关系。交换是增进社会总福利的基本手段，也是市场经济体制的基本条件。因此，不论是系统内还是系统外，交换都是市场经济体制的基本要求。

第一节 开放经济中的财政宏观调控

在开放体系中，要获得国外的资源，就要用国外的货币来支付。外国货币简称外汇，包括外国的纸币、支票以及一切有价证券。两国之间发生交换关系，相互之间都要获得外汇。两国货币之间的比价关系或一国的货币用另一国的货币来表示称为汇率。由货币供求关系决定的汇率称为自由汇率；由一个国家政策限定的汇率称为固定汇率。一个国家的对外开放程度（Openness），不仅取决于国际收支的数量，而且取决于决定汇率的方式。对于一个国家来说，资源的流入和流出在货币形态上就表现为外汇的支出和收入。外汇收支也就是国际收支，在一定时期内，反映国际收支情况的账户体系称为国际收支平衡表。如果总收入大于总支出，表示国内在当年使用的资源 GDP 小于国民生产总值 GNP，但有外汇净收入；如果总收入小于总支出，表示国内当年使用的资源 GDP 大于国民生产总值 GNP，但有外汇净支出。这表明，在开放体系条件下，可以利用国际收支关系来调节国内经济，干预宏观经济问题。

一、开放经济中的财政宏观调控的一般理论

针对一国开放经济中的财政宏观调控一般理论分析，必须要首先明确财政宏观调控的主要任务是什么，进而针对开放经济的财政宏观调控主要任务，熟悉调控的一般原理，掌握调控的一般过程。

1. 开放条件下财政宏观调控的主要任务

开放条件下财政宏观调控的主要任务就是实现国际收支平衡。国际收支平衡表通常设置三个项目：经常项目（Current Account）、资本项目（Capital Account）和国际储备（International Reserve）。这可视为国际收支关系的结构，对于宏观调控作用有重要的影响。

经常项目是反映国际之间商品和劳务交换关系的收支平衡表。通常包括商品和劳务的进出口，一国在国外的财产所得和国际组织或外国的赠与收入等。商品和劳务的进出口是影响国际经常收支平衡的主要项目。显然，进口减少外汇收入，出口增加外汇收入。

资本项目是反映国际之间资产变化情况的平衡表。如果一国在国外增加资产，如在国外直接投资、购买有价证券，就要增加外汇支出；如果在国内增加外国资产，则增加国内的外汇收入。

平衡项目是根据会计定义恒等式设置的项目。在国际收支平衡表中，每一个项目都有外汇收支。收入大于支出称为顺差（Surplus），支出大于收入称为逆差（Deficit），收支相等称为平衡（Balance）。但收支正巧相等的情况是极其罕见的，所以一般总存在差额。经常项目的差额和资本项目的差额综合起来，称为国际支付差额。平衡能力取决于一个国家的黄金、外汇和债券的官方储备（Official Reserve）状况。对于发展中国家来说，商品贸易引起的收支关系在国际收支平衡表中有举足轻重的地位，但资本项目的作用也不容忽视，而且它在国际收支平衡表中的作用将会越来越重要。

一般习惯于把经济增长（Economic Growth）、充分就业（Full Employment）、物价稳定（Stabilization of Price）和国际收支平衡（Balance of Payments）看作是宏观调控的四大目标，当然对财政宏观调控

也不例外。在开放经济条件下，实现国际收支平衡是财政宏观调控的主要任务或目标。

2. 调节国际收支的财政宏观调控原理与过程

国际收支平衡是财政政策所追求的目标之一。当商品市场均衡、货币市场均衡以及国际市场平衡没有相交于同一点时，就必须以财政政策进行调节。

如图 8-1 所示，当经济运行没有在 E_0 点达到完全均衡时，政府要采取两种措施：第一，移动 *BB* 曲线，使 *IS* 曲线、*LM* 曲线和 *BB* 曲线相交于同一点，移动 *BB* 曲线的政策称为贸易政策（Trade Policy）。第二，移动 *LM* 曲线和 *IS* 曲线，使这三条曲线相交于同一点。移动 *LM* 曲线的政策称为货币政策（Monetary Policy）；移动 *IS* 曲线的政策称为财政政策（Fiscal Policy），在本章，主要讨论财政政策对国际收支平衡的调节。

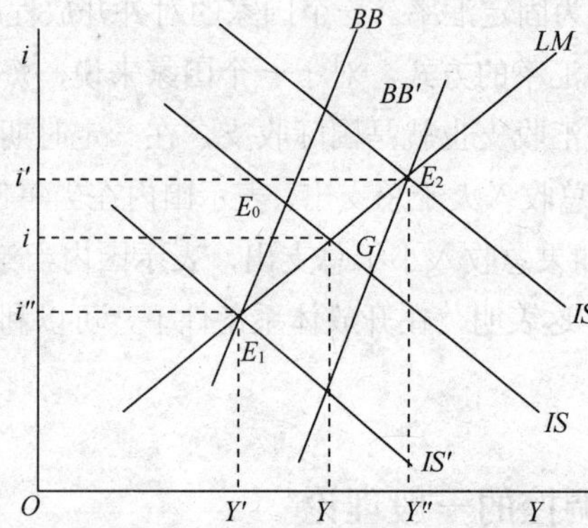

图 8-1 调节国际收支的财政政策

如果国际收支发生赤字，*IS* 曲线和 *LM* 曲线的交点 *G* 在 *BB* 曲线的右边。在不改变 *BB* 曲线和 *LM* 曲线的情况下，只有通过 *IS* 曲线的降低才能实现这三条曲线相交于同一点。而使 *IS* 曲线下降的财政政策一般是紧缩性财政政策（Tightening Fiscal Policy），即降低财政支出，或增加税收，或两者并举。这种措施的效果是降低本国的需求，减少进口，限制外汇需求量，最终减少逆差。

调节国际收支赤字的财政政策作用过程如下。

（1）出现国际收支赤字时，采取紧缩性财政政策，即增税或减支，从而导致社会总需求减少，社会总需求减少必然导致进口减少，进口的减少将有利于逆差的减少。

（2）采取了紧缩性财政政策以后，*IS* 曲线下降，成为 *IS′*曲线，实现这三条曲线相交于同一点，即 E_1 点。均衡点为 E_1 的均衡国民收入水平 *Y′*低于 *G* 点的国民收入水平 *Y*，因此，利用财政政策来消除国际收支赤字的政策，将降低国民收入水平。

相反，当 *IS* 曲线和 *LM* 曲线的交点 *G* 在 *BB* 曲线的左边，即 *BB* 曲线是 BB′曲线时，利用财政政策来消除国际收支盈余，只能通过把 *IS* 曲线向右上移动来实现。这时，财政政策一般是扩张性财政政策，即增加财政支出，或降低税收，或两者并举。这种措施的效果是通过增加社会总需求，刺激进口增加，顺差减少。

调节国际收支盈余的财政政策作用过程如下。

（1）出现国际收支顺差时，采取扩张性财政政策（Expansionary Fiscal Policy），即减税或增支，从而导致社会总需求增加，社会总需求增加必然导致进口增加，进口的增加将有助于顺差的减少。

（2）采取了扩张性财政政策之后，*IS* 曲线向上方移动，成为 *IS″*曲线。当经济的总体均衡点实现均衡时，在新均衡点 E_2 下的国民收入水平一般来说是上升的，由原来的 Y 上升到 Y''。但需要注意的是，如果在经济已经处于充分就业的情况下，国民收入水平不可能再增加，财政政策使得 IS 曲线向右移动，只表示物价上涨。当经济实现充分就业时，如果要在稳定物价的情况下消除国际收支盈余，一般只能利用贸易政策；如果国际收支盈余是经济结构本身所造成的，可以采取调整汇率的政策，即本币贬值或汇率上升政策。

二、开放经济中财政宏观调控对外国直接投资的作用

维持国际收支平衡，一是靠对外贸易，二是靠资本流动。外国直接投资（Foreign Direct Investment，FDI）是资本流动的重要内容，作为财政宏观调控体系重要内容的税收政策对吸引外国直接投资有着重要的影响，当然，它不是唯一的影响因素。

外国直接投资即 FDI 会对其产生的所得征税会做出反应。若 FDI 的规模与征税呈负相关，那么，东道国（Host Country）就必须在通过征税来增加税收收入与抑制 FDI 所产生的经济成本之间进行权衡。

一般认为，东道国的税收对 FDI 的影响主要通过三个变量来实现：外国投资者在东道国实现的税后收益率、东道国资本的总体税后收益率以及对外国人拥有的东道国资本课征的税率与对东道国投资者拥有的本国资本课征的税率的相对高低。前两个因素实质上就是新 FDI 的预期收益。需要注意的是，东道国税收对 FDI 的影响，虽然也是通过对其收益率的影响来实现的，但与上一节讨论税收对国内投资的收益率影响有所差别，即影响 FDI 收益率的税收，不仅包括东道国的税制，还包括居住国税制。最终，可以归结为两个问题：一是外国投资者在东道国从事的边际投资项目的实际税负是多少；二是东道国鼓励外商投资的税收优惠措施，其效果如何取决于居住国的税制状况。

从国际税收上看，税收楔子（Tax Wedge）是指边际 FDI 项目的税前实际收益率和为此项目提供资金所用的居住国储蓄的税后收益率之差。因此，实际税率定义为税收楔子除以税前收益率，即

$$t_e=(\rho-s)/\rho \tag{8.1}$$

其中，t_e 为实际税率；ρ 为某边际 FDI 项目的税前实际收益率；s 为居住国储蓄税后实际收益率。

税收楔子一般分为两个部分，即公司税收楔子和个人税收楔子。公司税收楔子是指某边际 FDI 项目的税前实际收益率和公司税后实际资金成本之差，个人税收楔子是指公司税后实际资本成本和居住国储蓄税后实际收益率之差。就 FDI 的决定因素来说，FDI 的实际税率仅与公司税收楔子有关。

假定公司的资金来源是股本资金，股本的名义收益率与股本的实际收益率、通货膨胀率之间的关系可表示为：

$$\gamma=i-\pi \tag{8.2}$$

其中，γ 为股本的实际收益率；i 为股本的名义收益率；π 为通货膨胀率。

因此，式（8.1）可改写成下式：

$$t_e=\left[\rho-(i-\pi)\right]/\rho \tag{8.3}$$

众所周知，投资的税前收益率是减去了经济折旧 δ 后的资本成本。如果用 q 和 c 分别表示购置成本和资本租金价格，则

$$\rho=c/q-\delta \tag{8.4}$$

最后，FDI 的实际税率决定式可写成：

$$t_e=(c/q-\delta-i+\pi)/(c/q-\delta) \tag{8.5}$$

从上述公式可以看出，FDI 实际税率的高低还受到通货膨胀率以及汇率高低的影响。在对 FDI 所得没有实行指数化的情况下，通货膨胀率对应税所得有很大影响，从而会提高实际税率水平；而且，通货膨胀率还会影响汇率，汇率变化将直接冲击实际税率水平。

假定汇率不变，通货膨胀率提高会使 FDI 实际税率有一定程度的上升。这是由于折旧是基于历史成本计算的，通货膨胀率提高将使税务折旧现值减少，从而会提高投资的实际税负。

假定通货膨胀率不变，汇率变动（如东道国的通货贬值）将使 FDI 实际税率大幅度提高。这不仅因为折旧扣除的现值大幅度降低，而且还大大减少了投资者的租金收入。

可见，为了吸引外资，政府不能光从基本税率及税收优惠措施上来考虑，还必须努力减轻通货膨胀压力，保持一般水平稳定；同时，从影响 FDI 实际税率角度看，更重要的是稳定本币的币值。

第二节 政府外债分析

政府外债是指以政府为债务人，与外国政府、企业、金融机构、居民个人以及国际机构所形成的债权债务关系。政府外债以国家主权信用为基础，通常又称为主权外债，包括国际金融组织贷款、外国政府贷款和境外发行的主权外币债券等。一国特别是发展中国家的政府外债是弥补国内投资资金不足，促进经济增长的有效途径。但是，如果一国对外举债规模在一定时期内控制不当就会引起债务危机，进而又会对一国的经济增长起阻碍和破坏作用。

一、政府外债的一般分析

从弥补财政赤字和筹集财政资金以及调节经济的角度来说，政府外债是开放经济中财政宏观调控的主要政策工具之一。充分分析和认识政府外债的主要功能与特点以及政府外债的种类与结构，是合理确定一国政府外债负担和限度的理论基础。

1. 外债的功能与特点

外债（Foreign Debt）的功能可以概括为弥补财政赤字（Financial Deficit）、筹集建设资金（Funds for Construction）和调节经济（Regulating Economy）三方面。

外债功能的发挥具有如下几个方面的特点。首先，外债弥补财政赤字的功能表现为平衡政府的国际收支。任何参与国际政治经济活动的国家都有国际收入和支出。国际收入和支出的关系有平衡、盈余和赤字三种状态。国际收支是用外币核算的，国际收支出现逆差也必须用外币来弥补。当国家拥有外汇储备时，可以动用外汇储备弥补当年国际收支逆差，而当外汇储备拮据时，就需要举借外债来弥补，外债的这一功能与内债弥补国内财政赤字的功能是相同的，只是运动形式不同而已。其次，筹集建设资金是外债的主要功能。举借外债的首要目的是弥补国内建设资金的不足，加速本国的经济建设。这种功能表现在两个方面：一是通过举借外债，购入本国短缺的原材料和设备；二是通过举借外债，引进先进设备和先进的科学技术，促进本国生产效率的提高。比较起来，后一个方面则更为重要，也是世界各国特别是发展中国家举借外债的主要目的。最后，外债的经济调节功能是“增量型”的。外债首先表现为资金的流入，也就是国内资金的增加，同时反映社会可支配商品量的增长。当社会总需求超过总供给时，举借外债使外国商品流入可以缓解供求关系；当社会产业结构或商品结构失调时，举借外债使薄弱的环节得到加强，而又不影响其他产业和商品生产的正常发展。

外债的总量调节不是压而是补，外债的结构性调节不是递减而是加强，是一种“增量”的或“注入式”的调节，与内债通过对社会资源再分配进行的“消长式”调节是不同的。

外债功能上的特点赋予外债以特殊的吸引力，所以国际上都普遍利用外债发展本国经济。从20世纪中叶开始，发展中国家的外债总额以异乎寻常的速度增长。但是外债毕竟是一种债务，利用外债是要付出代价的，有的外债实际上是难以偿还的高利贷。20 世纪 80 年代爆发的发展中国家债务危机（Debt Crisis）证明，运用债务不仅要考虑必要性，更要考虑可能性。正确认识外债的功能，科学安排外债种类和结构，如实评价本国使用外债的负担能力和限度，加强对外债的直接和间接管理，是进一步有效运用外债的必要条件和可靠保证。

2. 外债的种类与结构

外债由政府借款（Government Borrowing）和在国外发行外币债券（Foreign Currency Debentures）两部分组成。政府借款包括向外国政府借款、向国际金融机构借款、国外商业银行借款以及出口信贷（Export Credit）等形式。发行外币债券包括委托国外金融机构发行和直接发行两种类型。

外债也有长、中、短期之分，形成与之相适应的外债期限结构。外债又有币种之分和币种结构。与币种选择相适应，外债还有持有者上的差别，并形成外债的来源结构或持有者结构。

正确选择外债种类和结构是合理运用外债的重要环节。从外债种类选择上看，国际金融机构和外国政府的贷款条件一般比较优越，即低息或无息，偿还期限较长，但贷款用途往往受到一定限制。外国商业银行贷款的利息较高，但限制条件较少，资金来源比较充裕。向国外发行债务的限制条件最少，但利息高发行费用大，发行国政府必须具备较高的国际信誉。各国政府在举借外债时，必须根据资金用途和偿还条件，权衡利弊，对各类外债加以选择。

外债币种结构合理与否的主要标准是看是否避开强势货币，尽量不要单纯采用一种外币计价，而以“硬币”与“软币”搭配为好。外债持有者结构或外债来源结构的合理化，应是资金来源分散，持有者广泛。这种结构可以扩充外债渠道，币种容易搭配，不至于受某一个国家的控制。

3. 外债的负担与限度

外债也有一个负担与限度问题。由于外债收入来源于国外，是债权国和债务国（Creditor Country and Debtor Country）国家之间的债务关系，各国政府必须从本国偿债能力的角度来全面考虑负担问题，因而外债负担实质是政府的负担问题。外债的限度来源于外债的负担，合理的外债负担和限度是通过具体的相对指标确定的。国际上通用的指标主要有三个：负债率（Debt Ratio），即当年债务余额占 GNP 的百分比；偿债率（Debt Servicing Ratio），即当年债务还本付息额占商品和劳务出口总额的百分比；债务率（Debt Rate），即当年债务余额占商品和劳务出口总额的百分比。其中，负债率是一项综合指标，全面反映本国偿债能力与外债规模的应对关系；而债务率和偿债率则是衡量外债负担的专门指标，反映本国实际偿债的可能性。按照国际惯例，有关外债风险指标的国际公认安全线是：负债率为 25%，偿债率为 30%，债务率为 100%。

外债的负担可以通过本国有关外债的统计数据计算，但外债的限度却没有精确的数量指标，有关国家一般只能根据本国具体国情并与其他国家横向比较确定一个大概的数值作为举借外债的限制性指标。依照某些国际性金融组织的统计分析，一个国家的偿债率超过 20%即为进入债务危机时期，这一限制指标已被很多国家所接受。不过，各个国家的政治、经济条件并不相同，而政治经济条件又是难以量化的，过于精确的数量指标很难适应各个国家的情况。所以，本国外债负担是否过重或是否超过了限度还应由债务国自己做出分析和判断。

二、发展中国家政府的外债问题

外债是发展中国家政府融资的重要来源之一。在发展中国家，外债的大部分主要是政府外债，而政府外债是利用外资的重要组成部分，包括政府借款和以政府为主体在国外发行外币债券。政府借款包括向外国政府借款、国际金融结构借款、国外商业银行借款以及出口信贷等形式；以政府为主体发行外币债券包括政府委托国外金融机构发行和直接发行两种类型。

关于外资对经济增长的贡献，经济学家历来有不同看法。刘易斯“两缺口模型”认为，外国资本流入会弥补发展中国家的“外汇缺口”和“储蓄缺口”，提高国内储蓄率和经济增长率。新古典经济学的观点则认为，资本流动会引起技术扩散，从而引起发展中国家与发达国家的“经济趋同”。外国直接投资对出口导向型的发展中国家具有特别重要的意义。小岛清认为，直接投资应该被理解为向接受投资的国家传播资本、经营能力、技术知识的经营综合体，因而对该国的影响是巨大的。从需求方面看，外资流入对发展中国家的宏观调控体系提出了严峻的挑战。从供给方面看，外资流入为发展中国家的经济增长注入了急需的资本，作为一种稀缺资源，外资和内资的技术含量和边际生产率是不同的。从外资流入还有巨大的外部效应来看，引进外资可以推动发展中国家社会经济改革的进程，提升发展中国家改革的质量，使旧有的不符合国际惯例的规章制度得到了更新。另外，外资进入的示范效应也是相当显著的，大批外企雇员和国内企业家通过“干中学”迅速成长起来。在引入市场竞争意识和提升经济增长质量以及引导发展中国家企业走集约化经营方面所起的作用是巨大的。

对于发展中国家来说，构建科学有效的政府外债融资机制强化外债管理，十分必要。并且，要正确选择外债种类和结构。通常，国际金融机构和外国政府的贷款条件比较优越，利息较低，偿还期限也较长，但贷款用途有明显的限制；而向国外发行外币债务限制条件很少，但利率较高，对发行国政府的信誉要求也较高。所以，发展中国家政府在举借外债时要权衡利弊，谨慎选择。外债的期限结构也是至关重要的，亚洲金融危机的国家在很大程度上就是因短期负债太多。外债期限结构合理有利于均衡分担债务压力，有利于债务的还款和使用，在可能的情况下应该尽量扩大长期债务，减少短期债务，短期外债占全部外债的 25%以下是国际公认的合理外债期限结构。外债币种的合理选择则要求尽可能地避开强势货币，尽量不要单纯采用一种外币计价，而应以“硬币”和“软币”搭配为好。同时还要合理分布外债的国别和地区结构。

针对发展中国家的外债管理来说，要吸取 1998 年亚洲金融危机的教训，把握好外债的负担和限度，避免陷入外债危机。由于外债收入来源于国外，是债权国和债务国国家之间的债务关系，因而外债是一种实实在在的政府负担问题。合理的债务负担和限度是通过具体的相对指标来确定的。要努力保证使外债规模及风险负担的安全性，既在国力可承受限度之内，又在公认的国际安全线以内，即偿债率、负债率和债务率力争低于 25%、30%与 100%。在防范金融债务风险的前提下，可以适度地增加对外举债规模，以提升经济增长速度和效率。

发展中国家的外债管理上还要争取做到与国家产业政策相衔接，优化外债的投向结构。只要外债的使用效益总是高于外债的发生产本，产生于经济发展中的外债风险就会自动地在经济发展中消失。加强外债的管理和使用，是政府外债政策最核心的问题之一。

第三节 经济开放与财政政策效应

宏观财政政策作为一国政府调控经济的重要政策工具，在不同的经济开放程度下其调控的效果是不同的。经济开放使一国经济真正和世界经济融为一体，对一个国家的贸易政策（Trade Policy）、利率政策（Interest Rate Policy）和资本流动的政策（Capital Flow Policy）会产生重要的影响。

一、半开放、半封闭条件下的宏观财政政策效应

从世界经济一体化（Global Economic Integration）的角度看，发展中国家和发达国家的差距主要表现在以下三点：一是贸易没有实现自由化。一般来说发展中国家的平均关税率很高，各种关税和非关税壁垒阻碍着自由贸易的发展，特别是发展中国家对一些行业和商品存在较多的限制或补贴。二是利率没有实现市场化。一些发展中国家的利率水平不是由市场决定的，通常都是由央行制定、管理的，央行制定的各种利率都是法定利率，其他任何单位和个人均无权变动。因此，发展中国家的利率水平与世界利率水平存在差距。三是资本流动没有实现自由化。通常发展中国家在货币的兑换上存在资本管制。

在开放经济下，按照市场机制的规律，对本国商品的总需求不仅取决于本国居民的消费支出 C、投资支出 I 和政府支出 G，而且还取决于外国对本国商品的净需求 $(X-M)$，即本国的贸易余额。若将 $C+I+G$ 称为国内吸收，则总需求是国内吸收和贸易余额之和。国内吸收是政府支出的增函数，是利率水平的减函数；贸易余额是国内吸收的减函数，是国外吸收的增函数，是外国商品价格对本国商品价格的增函数。当一个国家处在一种半开放、半封闭式的经济状态下的时候，其宏观财政政策的效应是不能用市场机制的规律来衡量的，其宏观财政政策的效应往往是扭曲的、复杂的。

如果用 $IS-LM$ 模型来分析宏观财政政策的效应，经济的初始均衡为 E_0，需求为 Q_0^D，利率为 R_0，发展中国家的利率水平与世界利率水平一样。如果政府实行扩张性的财政政策，如增加支出或减税，使得 IS 曲线 IS_0 右移到 IS_1，在货币供给量不变的情况下，市场利率水平应该上升。当发展中国家的利率水平由央行制定时，实际借贷中所执行的法定利率水平上升、不变和下降的可能性都有，具体利率水平为多少，就要看央行的调控意图如何。如果央行制定的利率水平高于 R_0，则利率水平将高于世界利率水平。假设实行资本管制政策，那么这种政策将阻止国际套利行为，这将使得央行制定的高利率能够维持。一般情况下，扩张性财政政策会增加社会总需求，但是由于利率升高，将抑制私人消费和投资，使得扩张性财政政策产生挤出效应。在极端情况下，如果央行制定的利率水平高于 R_1，从图 8-2 中可以看出高利率将完全挤出私人消费和投资，这时社会总需求不但没有增加反而会减少。

如果央行制定的利率没有上升甚至下降，则资本管制政策将限制资本外逃，这也使得这种低利率能够维持。在这种利率水平下，如果私人消费和投资不受影响或影响不大，则扩张性财政政策（Expansionary Fiscal Policy）对私人消费和投资没有挤出效应（Crowding Out Effect）或挤出效应很

小。如果法定利率不变甚至下降，但在法定利率水平下，企业和个人向银行很难贷到款，很难通过借贷进行投资和消费，这时扩张性的财政政策对私人消费和投资也将产生挤出效应，只不过这时的挤出效应是一种“隐性的”挤出效应。

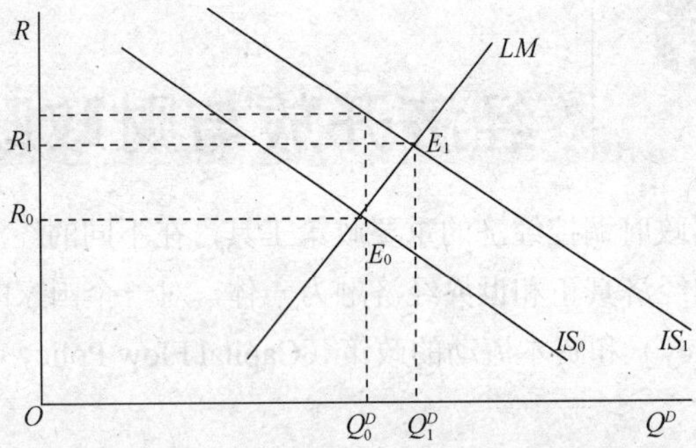

图 8-2　半开发、半封闭条件下的宏观财政政策效应

扩张性财政政策对贸易余额的影响也是复杂的。扩张性的财政政策增加了国内总吸收，从而也增加了本国对外国商品的需求，并且同时使得本国商品的价格上升。如果实行的是自由贸易政策，当国内吸收增加和国内商品相对比较昂贵时，进口将增加，出口将减少，贸易余额将出现逆差。如果进口存在过多壁垒，而出口额作为衡量政府“业绩”的一个主要指标，出口可能不减反增，所以贸易顺差可能不会下降甚至进一步增大。

因此，在发展中国家中，由于受其采取的贸易政策、利率政策和资本流动政策的影响，宏观财政政策对市场的影响往往会被这些政策扭曲，对进口、私人消费和投资的影响没有通过市场机制“显性化”，使得政府在利用宏观财政政策对经济进行调控时，很难确定宏观财政政策的效应到底如何，增加了宏观调控的难度。

二、开放经济的宏观财政政策效应

在现实的发展中国家里，往往会存在这样一种情况，即经济是开放的，但由于一些国家所处的特定历史和社会政治制度条件不同，在利率、资本项目等领域仍然会存在一定程度的管制而不会马上放开，特别是在资本完全的自由流动上尤其如此。在经济开放的同时，对资本项目仍然实施一定时期的管制，时期成熟以后再逐步放开。这种情况下，财政的政策效应会有不同。

对于一个发展中国家来讲，在实现了贸易自由化、利率市场化的条件下，对资本实施管制的政策下，如果政府实行扩张性财政政策，使得 IS 曲线从 IS_0 右移到 IS_1，如图 8-3 所示，初始均衡点仍为 E_0，R_0 为初始利率。如果假定初始利率水平与世界利率水平相同，在短期内，扩张性财政政策将导致总需求由 Q_0^D 增加到 Q_1^D，同时市场利率水平将从 R_0 上升到 R_1，均衡点变为 E_1。扩张性财政政策虽然使得市场利率水平上升，但是资本管制政策将限制外国资本流入进行国际套利行为，市场利率无法回复到世界利率水平。短期内财政政策是有效的，总需求将从 Q_0^D 增加到 Q_1^D，扩张性财政政策对私人消费和投资的挤出效应只是部分的。但是，在长期内，由于国内吸收的增加，在贸易自由化条件下，发展中国家的进口增加，出口减少，贸易余额将出现逆差。如果发展中国家实行的是固定汇率的话，当货币的经常性项目可以自由兑换时，央行必须卖出外汇，买入本国货币。因此，贸易余额逆差将使得政府外汇储备减少，货币供给也将减少，从而使得 LM 曲线将向左上方移动，这一过程将一直继续下去，直到 LM 从 LM_0 左移到 LM_1，利率水平从 R_1 上升到 R_2，新的均衡点为 E_2。利率水平的上升进一步抑制了私人消费和投资，国内需求进一步下降，贸易余额的逆差逐渐消除，这时总需求水平又回到初始水平。

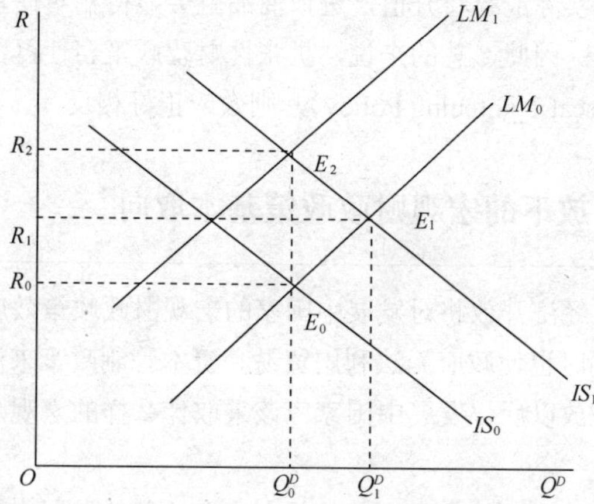

图 8-3　资本管制下财政政策效应

所以，在贸易自由化、利率市场化和存在资本控制条件下，长期内扩张性财政政策对扩张总需求是无效的，扩张性财政政策所引起的利率水平的升高将完全挤出私人消费和投资，这时的挤出效应是完全的，总需求水平没有发生改变。

对于某一发展中国家来说，在实现了贸易自由化、利率市场化的条件下，实现了资本自由化以后，这时的财政政策效应与资本控制下的财政政策效应将又有所不同。因为资本是可以自由流动的，国际套利行为（Arbitrage）将使该发展中国家的利率水平与世界利率水平接近，这时的市场利率水平对该国家来讲是一个内生变量（Endogenous Variable）。假定政府实行扩张性的财政政策之前，该国利率水平和世界利率水平都为 R_0^*。如图 8-4 所示，CM 称为资本流动线，指在国际资本可以自由流动情况下的利率水平。初始条件下，CM、IS 与 LM 三条曲线交为一点，交点为 E_0。如果政府实行扩张性财政政策使得 IS 曲线从 IS_0 右移到 IS_1，在货币供给量不变的情况下，市场利率将从 R_0^* 上升到 R_1，本国利率将高于世界利率，国际套利行为将使得外国资本大量流入。中央银行必须按照某一汇率水平购入外汇，卖出本国货币，从而增加了货币供给量，国际资本的流入将一直持续到使得 LM 曲线从 LM_0 右移到 LM_1，这时经济中新的均衡点将是 E_1。

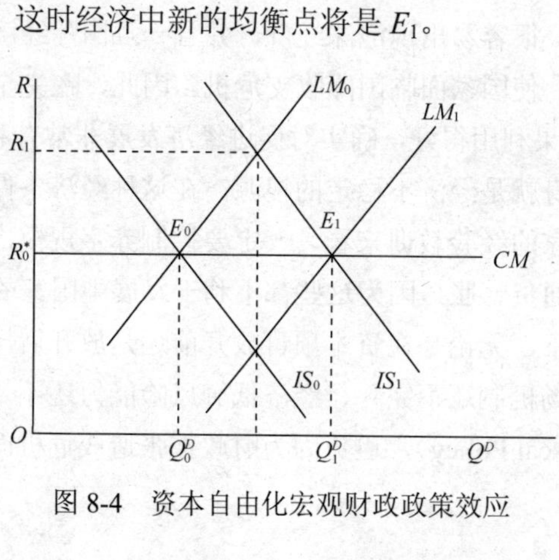

图 8-4　资本自由化宏观财政政策效应

在新的均衡点上，利率水平不变，但是总需求却从 Q_0^D 增加到 Q_1^D。这种扩张性的财政政策对私人消费和投资不会产生挤出效应，或者即使有挤出效应也很小，财政政策扩张效应是明显的。扩张性财政政策对贸易余额的影响也很明显，扩张性的财政政策使得国内吸收增加，也增加了本国对外国商品的需求，进口将增加，出口将减少。扩张性财政政策增加了总需求，总需求的扩张将使得国内商品价格上涨，从而使得实际汇率将升值，进口商品就会显得相对便宜，进口将增加，出口将减少，贸易余额将进一步减少。因此，总的来说，扩张性财政政策会使得贸易余额减少。如果政府实行的是紧缩性财政政策（Fiscal Tightening Policy），则效应正好相反。

三、发展中国家经济开放下的宏观财政政策基本取向

从上述分析可以看出，经济开放将对发展中国家的宏观财政政策效应产生重要影响，财政政策的效应将是"显性化"，但同时也使政府无法利用贸易和资本管制政策来消除财政政策对宏观经济的不良影响。因此，在经济开放以后，发展中国家应该采取什么样的宏观财政政策将是一国政府所面临的一个重要难题。

一般情况下，对于一个经济开放但资本项目没有完全放开的发展中国家来说，虽然在短期内扩张性财政政策对增加总需求是有作用的，但在长期内扩张性财政政策将产生完全的挤出效应，并且使得国际贸易余额减少，从而减少国家外汇储备。如果同时采取扩张性的货币政策，使利率水平保持不变，虽然可以解决扩张性财政政策的挤出效应问题，但是这种双松的财政货币政策极易引起通货膨胀，通货膨胀使得实际利率上浮，国内商品与国外商品相比价格相对比较昂贵，这会引起贸易余额减少，也会使国家外汇储备减少，不利于维持其货币汇率的稳定，不利于早日开放资本性项目。因为开放资本性项目需要一个稳定的宏观经济环境，需要国内经济达到一定的规模和具有较强的竞争力，需要消除国家外汇短缺的状况。所以，在资本项目没有开放之前，一般来说，发展中国家不宜实现过度扩张性的财政政策，财政赤字应保持适度的规模，重点应加强国内企业的竞争力，提高其经济的竞争力。

在资本项目完全开放之后，扩张性的财政政策能够有效地增加总需求，同时也可以改善国际收支状况。但是扩张性财政政策也会使发展中国家在国际经济环境中面临更大的风险。扩张性的财政政策会使得国内市场利率水平上升，由于国际套利行为，外国资本将大量涌入国内，虽然经常性项目也许会出现赤字，但是整体上国际收支仍将是盈余的。如果外国资本寻找不到合适的投资机会，而大量流入股市和房地产业，很容易出现泡沫经济，并且一旦国际经济形势出现逆转或出现国际投机行为，外币又会大量流出，使国家面临国际收支危机。因此，在完全开放的经济条件下，宏观财政政策是一柄"双刃剑"，如果利用得好，确实对促进经济发展非常有利，但是如果利用得不好，会加剧经济的不稳定，甚至本身就是经济不稳定的根源。在这种经济条件下，可以实行适度扩张性的财政政策，但是从发展中国家的经验教训来看，一定要控制赤字规模，并且注意赤字的弥补方式，防止形成债务危机或者引发通货膨胀，因为这些都不利于发展中国家的宏观经济稳定。

总之，在经济开放条件下，无论是在资本项目放开前还是放开后，除非在经济萧条时期，一般情况下，如果发展中国家市场机制还不完善、经济抵御风险能力还不是很强的话，都应该采取谨慎的宏观财政政策（Prudent Fiscal Policy），避免因为财政扩张造成危机而影响经济的稳定和发展。

第四节 经济全球化与国际税收协调

世界已经变成了一个“地球村”，经济全球化已经成为不可阻挡的国际经济潮流。特别是，随着全球经济一体化程度的不断加深，主权国家开放经济中包括国际税收在内的各项制度，都将需要进行不断的调整和协调，从而适应全球化的经济特征。

一、国际税收与经济全球化以及税收国际协调

国际税收（International Tax）是指：两个或两个以上的国家在凭借政治权力对同一从事跨国活动的纳税人（Taxpayer）征税（Impose or Tax Collection）时所形成的国家与国家的税收权益（Tax Rights and Interests）的分配关系。依据广义国际税收的观点即将由于跨国活动征税引起的国家之间的经济关系都称之为国际税务关系，则国际税收所包括关系有两类：一类是关税的国际关系，另一类是所得税的关系。而狭义的国际税收则是指由于各国对从事跨国投资活动和其他经营活动取得的所得征税引起的国家间的关系。

国际税收实质上体现的是一种税收权益的分配关系，而不是泛泛而谈的经济关系。关税尽管会影响国家的贸易及其他经济关系，但并不涉及国家间的税收权力和利益的分配。因此，将关税引起的一般经济关系归纳为国际税收是不妥当的。不仅如此，由关税涉及的征税对象、关税纳税人以及历史考察等因素决定，关税国际关系与所得税截然不同。所以，国际税收指的是狭义国际税收。

国际税收协调（International Tax Coordination）的狭义定义是指围绕两个或两个以上的主权国家，对跨国纳税人行使的各自税收管辖权（Jurisdiction）所产生的冲突进行协调的行为。它的前提是以国家主权（National Sovereignty）为根据的税收管辖权。而从广义上说，国际税收协调应延伸至各国之间税种和税制要素之间乃至相关税收政策的全方位协调，这种所谓“税制国际协调”（International Coordination of Tax System）概念，其广义延伸除税收管辖权的协调之外，还应该包括各国税收制度在国际范围内的趋同乃至某种形式的一体化。随着经济全球化进程的深入，商品、要素的跨国流动以及跨国公司的生产一体化已经相对弱化了国家主权的实施力度，并且使一国的税制结构也更具有国际化，实践也证明税制的差异性正逐渐减少，其趋同性特征愈加明显。因此，经济全球化的国际税收协调已不仅是各国税收管辖权的协调，同时也相应扩展到各国税制结构的自发协调，即逐渐趋同。既然税制结构的协调本身就具有国际化特征，那么广义的国际税收协调就基本上反映了当前经济全球化下的税收国际关系的主要特征。

经济全球化（Economic Globalization）的内涵很宽泛，基本上包括了 4 个层次的内容：一是各种市场的国际一体化；二是经济活动的国际化；三是经济活动载体的国际化，如跨国公司的发展和国际经济协调结构的出现；四是各国经济相互依赖性的增强。随着“冷战”的结束，东西方两大阵营的隔绝状态被打破，世界上几乎所有的国家和地区都已经先后被卷入经济全球化的范围之中；新技术进步极大地降低了运输、通信和交易成本，使经济意义上的时空距离大为缩短；全球日益变成一个“地球村”，全世界的文化、知识及生活方式越来越具有全球性；跨国投资成为经济全球化的重要动力；与世界范围内的经济市场化进程相适应，经济全球化从实体经济领域逐步渗

透到经济领域。

全球化背景下，国际经济的发展亟须加强税收的国际协调。由于商品和生产要素的跨国流动，各国的纳税人和课税对象出现了国际化，政府的征税权开始越出国界，税收负担也有可能向他国转嫁，这样一国就不可避免地要与他国发生一定的税收利益关系和经济利益关系。随着国与国之间经济一体化程度的提高，各国的税收政策很容易影响到他国，一国将很难独立地制定自己的税收政策。为了进一步消除国际经济发展的税收障碍以及防止税收竞争给各国利益造成损害，一国与他国之间有必要开展一定的税收协调。所以，在开放的经济中，在经济全球化背景下，加强税收的国际协调已成为了一个国际经济问题。

二、国际税收协调的主要方式

在各国无法让渡税收主权的前提下，国际协调方式主要有以下几种。

1. 非正式国家间税收合作协调

两个国家或几个国家通过定期或不定期的税收官员的接触和互访来交换各自国家的税制结构和税收改革的信息，并试图建立关于跨国纳税人的信息互换的机制，以防止和打击国际逃税的产生。这种方式的协调程度最低，往往缺乏对合作国的约束机制。

2. 税收协定合作协调方式

有关国家之间通过签订国际税收协定，寻求解决税收制度之间相互冲突引起的重复征税等问题。其基本特征是不触动缔约国各自的税收制度，缔约国可在相当程度上保留各自的财政主权，可自主决定各自税收制度的一些基本要素，不必要求各缔约国限制其税收制度之间的差异特征。由于不要求各国税制限制其税收制度的差异，此方式易为国际社会广泛接受。目前，国家税收协定的发展也日趋成熟。税收协定的内容也扩展到赠与税、遗产税、社会保障税及某些消费税的跨国来源问题；同时其规范化和多边化的趋势也正在加强。

3. 税收趋同协调方式

经济发展水平、政治体制相近的国家通过某些共同规则或国际惯例的约束作用，使各自的税收制度具备某些相同或相似的特征，消除各自在税收制度方面的某些差异。因此这是某些国家适应经济全球化税收发展的自主调整行为，也是在税收竞争压力下，一国消除其外部性影响的被动选择。

4. 区域税收一体化安排

区域经济全球化组织成员国之间通过部分主权的让渡，相互协调其税收制度，其目标是到达到成员国税收制度的无差异。这是区域经济全球化发展的较高层次，也是国际税收协调的较高形式。其进展是阶段性的，因为税收制度的无差异是一个缓慢的过程，在较低的阶段，区域税收一体化只要求部分税种及其税基、税率和计税方法上达成完全相同，但不要求整个税收制度完全相同。

区域税收一体化安排的建立是基于各成员国经济发展水平、政治体制相近的基础之上的。就其本身来说，完全消除各成员国税制的差异也只是一个目标。从世界范围来说，让所有国家采用统一的税制结构，是不现实的。因为一个国家的税制结构是建立在各主权国家的财政收入、公共支出及国家资源配置效率基础之上的，各国税制的统一有可能取得外部平衡，但内部平衡却丧失了。同时还要考虑各国经济水平的差异和国家间的公平问题，尤其是发展中国家和发达国家的不平等。

三、所得税的国际协调

所得税是对生产要素的所得课征的税收。伴随着生产要素的跨国流动，生产要素的所得开始国际化，所得税因此也出现了国际税收问题。生产要素中资本的国际流动性最强，资本所得的国际税收问题在现实中也最为突出。

税收管辖权是一国在征税方面的主权，它表现在一国政府有权决定向哪些人征税、对什么征税以及征多少税等。所得税是一种针对人的课税，其征税权可以因纳税人取得跨国所得而扩大到境外。因此，从征税范围来看，所得税的税收管辖权主要有两大类：一是地域管辖权（District Jurisdiction），即一国政府对本国境内的一切所得征税，其中既包括本国居民所得也包括外国居民所得；二是居民管辖权（Resident Jurisdiction），即一国政府有权对本国居民的一切所得征税，其中既包括本国居民的国内所得，也包括本国居民的国外所得。

目前，世界各国的所得税管辖权类型并不完全相同，但大多数国家同时实行上述两种税收管辖权，这种情况主要是有关国家从其自身的财政权益考虑的。因为，在开放的经济条件下，一方面本国资本大量输出，另一方面又有大量的外国资本流入，这时如果只实行单一的税收管辖权，势必要有一部分税收收入流出。然而，一国并行两种税收管辖权，意味着他要对本国居民的国内所得、本国居民的国外所得、国外居民的国内所得这三类所得同时征税。而如果各国都同时并行这两种税收管辖权，国与国之间的税收管辖权就极易发生冲突，这不仅会造成国与国之间对所得的国际重复征税，阻碍国际投资活动的展开，而且还会影响国际资本市场的均衡，不利于资本进行合理的跨国流动。

各国并行两种税收管辖权会造成所得重复征税（Double Taxation）的道理是十分明显的。如 A 国居民把储蓄投资到 B 国，并在 B 国取得所得，这时 B 国要按照地域管辖权对这笔跨国所得征税，A 国也要依据居民管辖权对这笔所得征税。同样，B 国居民因到 A 国进行投资，A 国和 B 国也要分别依据地域管辖权和居民管辖权对其投资所得征税，在这种情况下，如果 A、B 两国不进行一定的税收协调，国际所得重复征税问题便在所难免。

假设世界上有 A、B 两国。A 国对资本所得税可以有三种税率：

（1）t_{rd}——对本国居民国内所得适用的税率；

（2）t_{rf}——对本国居民国外所得适用的有效税率；

（3）t_{nd}——对外国居民来源于本国所得适用的税率。

相应地，资本所得在 B 国也要面对这三种税率，分别用 t_{rd}^*、t_{rf}^*、t_{nd}^* 表示，用 r、r^* 表示 A 国和 B 国的税前资本利息率。

对于 A 国来说，在 A、B 两国资本市场完全一体化、资本可以在两国之间自由流动的情况下，要使资本市场达到均衡，必须保证不论在 A 国投资还是在 B 国投资都能够取得相同的净收益率，否则，A 国居民就会从事套税活动。故 A 国所得税的课征应当满足：

$$r(1-t_{rd}) = r^*\left[1-(t_{nd}^*+t_{rf})\right] \tag{8.6}$$

式（8.6）中 $t_{nd}^*+t_{rf}$ 是在采用抵免法和扣除法以后 A 国的所得适用的有效税率。同样，为了保证资本市场均衡，B 国的所得税应当满足：

$$r^*(1-t_{rd}^*) = r\left[1-(t_{nd}+t_{rf}^*)\right] \tag{8.7}$$

式（8.7）中$t_{nd}+t_{rf}^*$为 B 国居民来自 A 国的所得适用的有效税率。在两国税前资本利息率不为零的情况下，要使两国整体资本市场保持平衡，两国的税制应当做到：

$$(1-t_{rd})(1-t_{rd}^*)=\left[1-(t_{nd}^*+t_{rf})\right]\left[1-(t_{nd}+t_{rf}^*)\right] \tag{8.8}$$

可以证明，只有 A、B 两国统一实行一种税收管辖权，式（8.8）才容易成立。假定 A、B 两国统一实行地域管辖权，这时两国只对来自本国的资本所得征税，对本国居民的国外所得不征税。因此有：

$$t_{rd}=t_{nd}\text{，}\ t_{nd}^*=t_{rd}^*\text{，}\ t_{rf}=t_{rf}^*=0 \tag{8.9}$$

把式（8.9）代入式（8.8），式（8.8）仍然成立。如果 A、B 两国同时实行居民管辖权，两国都对本国居民的国内外一切所得征税，但对外国居民来自本国的所得不征税。因此，可以得到下列等式：

$$t_{rd}=t_{rf}\text{，}\ t_{rd}^*=t_{rf}^*\text{，}\ t_{nd}=t_{nd}^*=0 \tag{8.10}$$

将式（8.10）代入式（8.8），式（8.8）仍然成立。

但是，只要 A、B 两国实行不同的税收管辖政策权，或者 A、B 两国同时实行两种税收管辖权，式（8.8）就很难成立。例如，如果 A 国实行居民管辖权，B 国实行地域管辖权，则有等式：

$$t_{rd}=t_{nd}^*+t_{rf}\text{，}\ t_{nd}=0\text{，}\ t_{rd}^*=t_{nd}^*\text{，}\ t_{rf}^*=0 \tag{8.11}$$

将式（8.11）代入式（8.8），换算结果，只有当$t_{rd}^*=t_{rf}^*=0$，即只有当 B 国对国内和国外的所得税率为零时，式（8.8）才成立。

当 A 国实行地域管辖权，B 国实行居民管辖权时，则有：

$$t_{rd}^*=t_{nd}+t_{rf}^*\text{，}\ t_{rd}=t_{nd}\text{，}\ t_{rf}=0\text{，}\ t_{nd}^*=0 \tag{8.12}$$

把式（8.12）代入式（8.8）以后，只有当$t_{rd}=t_{rf}=0$，即 A 国所得税税率为零时，式（8.8）才成立。如果 A、B 两国同时实行两种管辖权，并且对国内外所得实行相同的税率，这时就有：

$$t_{rd}=t_{rf}=t_{nd}\text{，}\ t_{rd}^*=t_{rf}^*=t_{nd}^* \tag{8.13}$$

把式（8.13）代入式（8.8），此时式（8.8）极难成立。

通过分析可以看出，要实现国际资本市场的均衡，保证资本的合理流动，各国实行统一的单一税收管辖权是十分必要的。在各国实行多种税收管辖权的情况下，国际社会有必要进行一定的协调。

以上分析主要是结合国际间接投资进行的，因为间接投资是以营利为唯一目的，它对收益率最为敏感；而跨国直接投资除了利润目标以外有时还有其他动机，如绕过对方国家关税壁垒，占领国外市场等。但既然是投资目标就要考虑收益，所以这里的分析对跨国直接投资也有重要意义。

国与国之间所得税管辖权的冲突，主要是由有关国家同时进行两种税收管辖权造成的，为消除矛盾，国际社会有必要对各国的税收管辖权进行协调；然而，要协调各国的税收管辖权，首先必须解决一个问题，就是对跨国投资所得应按什么标准征税。跨国所得涉及所得的来源国和投资者的居住国，如果不协调两国的税收管辖权，跨国投资所得就很容易被重复征税，从而负担两国税收。但协调两国的征税权并不是不要对跨国所得征税，而是要对其合理征税，这样就有一个以哪国的税负水平进行协调的问题。按照所得来源国的税负水平进行协调，跨国投资所得与来源国当地的投资所得税负相同，这种协调原则为来源地原则。按照居住国的税负水平进行协调，使跨国投资所得的税负水平与居住国当地的投资所得相同，这种协调原则称为居住地原则。

明确了税收管辖权的协调原则，有关国家就可以采取相应的措施进行协调。为了实行来源地原则，各国在税收管辖权相互冲突的情况下可采取对国外所得免税的办法，这样互相之间的跨国投资所得就只负担来源国的税收。为了贯彻居住地原则，各国在税收管辖权相互重叠的情况下可采用外国税收抵免法，这时，来源国首先对跨国投资所得征税，居住国则在对本国居民的外国所得征税时允许其用国外已纳税款冲抵在本国应缴纳的税收，从而使跨国投资所得最终按居住国的税负水平负税。

税收管辖权的协调可以起到统一各国税收管辖权的客观效果，有利于避免对跨国投资所得的重复征税以及促进资本市场的均衡发展。然而，在各国的税收管辖权相互冲突的情况下，国际社会应按来源地原则还是居住地原则进行税收管辖权的国际协调，是国际税收领域中一个重要的理论问题，也是一个存有争议的问题。从国家的税收收益角度看，不同的协调原则可能给每个国家带来的影响不同。采用来源地原则进行协调，可能会使一些经济发达的净资本输出国丧失一部分税收利益，而采用居住地原则进行协调，则可以适当地兼顾资本输出国和资本输入国的税收利益。

税收的经济效率主要体现在税收中性。在国际资本流动方面，税收中性应该体现为税收不影响资本的跨国流动，以便使资本能够配置到使用效率高的国家。当然，这是从全世界角度考虑的税收经济效率，它与某一国家的经济效率有时并不一致。另外，在开放的经济条件下，储蓄与投资对于每个国家来说已不再一定相等，因此，储蓄的国际配置和投资的国际配置也不一定完全一致。这样，税收对资本跨国流动的中性影响就分别体现在储蓄和投资两个方面，税收管辖权的国际协调原则对资本跨国流动的影响也可以从储蓄国际配置和投资国际配置两方面进行考察。

在开放的经济中，一国储蓄者并不一定在本国投资，他可以选择在投资收益率高的国家投资。而一般来说，资本的税前收益率越高，资本的边际生产率也越高，所以储蓄者如果选择税前收益率高的国家去进行投资则有利于国际投资的有效配置。不过，真正决定储蓄者投资动机的不是税前收益率，而是税后收益率。这就要求税收制度能够做到投资者无论在哪国进行投资，其投资收益所负担的有效税率都是相同的。这样，税后收益率水平才能真正反映出税前收益率的高低，税收也才不会影响投资地点的选择。税收制度不影响投资国别的选择就是税收的资本输出中性，它有利于世界的投资在各个国家之间有效配置。

在所得税管辖权的协调原则中，居住地原则有利于实现税收的资本输出中性。根据居住地原则，投资者无论在哪个国家进行投资，其投资所得一般都要按本国的有效税率负税。换句话说，他在国内投资还是向国外投资，税负一般是相同的，而这正是资本输出中性所要求的。若外国资本所得税税率高于居住国，由于居住国允许的外国税收抵免额一般都有限额规定，它不能超过国外所得税按本国税率计算的税额，那么，这时投资者到国外投资税负就要重于在本国投资，税收的资本输出中性就不能充分实现。当然，在这种情况下，只有国外投资的税前收益率远高于本国时，投资者才会向国外进行投资。

既然居住地原则有利于实现资本输出中性，所以它对投资的国际有效配置也可以产生积极的作用。假如国际社会根据居住地原则协调各国的税收管辖权，这时，每个国家本国居民的国内和国外投资所得都要按照相同的有效税率负担税收，由于在国际资本市场均衡状况下投资者无论向哪国投资都将得到相同的税后净收益率，所以这对各国投资者在国内外所取得的税前投资收益率也必然相等。表明在居住地原则下，各国的资本所得税并不会造成国与国之间资本边际生产率的不同，税收也不会干扰投资在国与国之间的地点选择。

在各国税率存在差异的情况下，如果税收不能够做到资本输出中性，税收差异就可能扭曲投资的国际配置。根据来源地原则，各国只对来自本国境内的所得征税，对本国居民的国外所得不征税。这样，一国居民到国外去投资就只按当地的税负水平负税、与本国的税率水平无关。显然，在各国资本生产率一定的情况下，如果本国税率高于国外税率，人们就会放弃在本国投资而去税率较低的外国去投资。这样，税收就在投资地点的选择上起了作用。这种情况说明，来源地原则并不能导致有关国家的税收制度实现资本输出中性。这一点从国际资本市场的均衡公式也可以看出。根据上述分析，如果用来源地原则协调 A、B 两国的税收管辖权，则有：

$$t_{rd}=t_{nd}\text{，}\quad t_{rd}^{*}=t_{nd}^{*}\text{，}\quad t_{rf}=t_{rf}^{*}=0$$

将这些等式代入两国资本市场的均衡条件公式，就会得到：

$$r(1-t_{rd})=r^{*}(1-t_{rd}^{*})$$

显然，如果 $t_{rd}\neq t_{rd}^{*}$，则两国在资本市场均衡的条件下资本的边际生产率并不相等，即 $r\neq r^{*}$。把这种情况扩大到世界各国，这实际上意味着世界的资本并没有都投向资本生产率高的国家，其中有一部分投向了税率低但资本生产率也低的国家。

四、解决国际重复征税的基本方法：抵免法与扣除法

为了实现税收的资本输出中性，有关国家应通过外国税收抵免的办法即抵免法（Tax Credit）来协调各自的税收管辖权，解决所得的国际重复征税（International Double Taxation）问题。然而，这是站在世界经济效率（World Economic Efficiency）的角度得出的结论。世界经济效率不等于国家的经济效率，世界整体经济福利的提高也不一定等于每个具体国家经济福利的提高。资本的跨国自由流动固然有利于整个世界经济效率，但对一个具体的资本输出国来说，资本输出过多并不见得对其有利，这一点正像自由贸易一样，从世界经济效率的角度来看自由贸易是有利的，但对某一个国家来说它就不一定十分有利。既然对于一个国家来说完全无限制的资本输出并不是最优的，那么抵免法是否应该被其他方法替代作为解决国际重复征税问题的方法，就成为一个值得研究的问题。

不难证明资本输出中性（Capital Export Neutrality）对于一个国家来说并不是最优的，以扣除法解决重复征税问题对于国家福利的最大化是有利的。

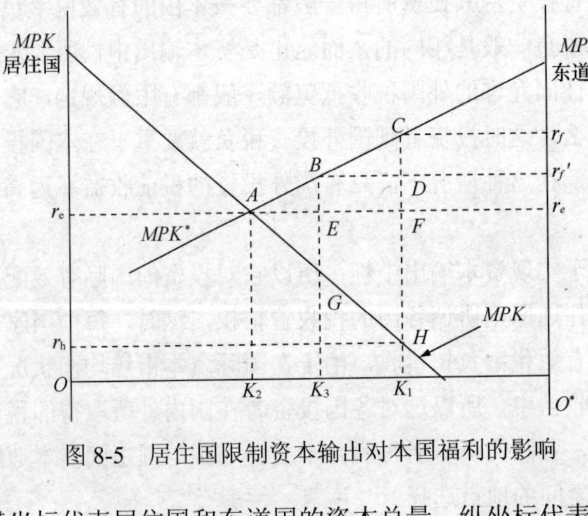

图 8-5　居住国限制资本输出对本国福利的影响

如图 8-5 所示，横坐标代表居住国和东道国的资本总量，纵坐标代表两国的资本边际商品。假如最初的资本配置为居住国 OK_1，东道国 O^*K_1，这时，由于居住国的资本量较大，故其资本收益率 r_h 低于东道国资本收益率 r_f。当然，如果两国间资本流动没有任何障碍，K_1K_2 的资本量会流动到东道国，从而使两国的资本收益率相等（r_e）。这时，从两国世界总体的角度看，资本达到了有效配置，

世界福利也达到了最大化。当然，这时居住国也有收益。从图 8-5 中可以看出，虽然资本减少 K_1K_2 给居住国造成的产量损失为 AHK_1K_2，但居住国可从其海外投资取得一部分收益，数量为 $r_e(K_1K_2)$，相当于图中面积 AFK_1K_2。扣除资本减少的损失，居住国因其海外投资而增加的净福利为三角形 AFH 面积。东道国因引进外资产量增加 ACK_1K_2，扣除交付给居住国的部分，东道国净福利为三角形 ACF 的面积。从图中还可以看出如果居住国限制资本输出，只向东道国投资 K_1K_3，居住国可得到更大的利益。因为东道国输入的资本量较少，资本收益率将只会降至 r_f'，这时，居住国的海外投资收益为矩形面积 BDK_1K_3。与限制资本输出前相比，实际输出资本（K_1K_3）给居住国带来的海外投资收益增加了矩形面积 $BDFE$，但因为资本输出量减少使居住国海外投资净收益减少了三角形 AEG 的面积。由于矩形 $BDFE$ 的面积大于三角形 AEG 的面积，所以，适当限制资本输出对居住国福利的增加是有利的。但限制资本输出给两国造成的总福利损失相当于三角形 ABG 的面积，它大于限制资本输出给居住国增加的福利，即矩形 $BDFE$ 的面积，因此，这时两国世界的整体福利水平下降了。

如果居住国关心的是世界福利最大化；显然这就应当通过抵免法来解决所得的国内重复征税问题。但如果居住国的目标是本国福利最大化，那么，这就能够充分体现税收资本输出中性的抵免法不再是理想的手段。根据居住国福利最大化的要求，海外投资的税前收益率 r_f 应当高于追求世界福利最大化时的税前收益率 r_e。从居住国的角度看，海外投资者向东道国交纳的税款（r_ft_f）是海外投资的成本；这部分要归东道国政府所有，居住国能够得到的为 $r_f(1-t_f)$；为了使居住国福利最大化，居住国投资者的海外投资规模应进行到使 $r_f(1-t_f)=r_h$；其中，r_h 为居住国的投资税前收益率，t_f 为东道国的税率。而在追求世界福利最大化的情况下，居住国的海外投资最终要进行到使 $r_f=r_h=r_e$。显然，根据 $r_f(1-t_f)=r_h$，居住国要追求本国福利的最大化，r_f 就会大于 r_h。如果再考虑居住国的税收，居住国的投资者这时应将海外投资进行到国内和国外投资的税后净收益相等，即

$$r_h(1-t_h)=r_f(1-t_f)(1-t_h)$$

式中的 t_h 为居住国的税率。该式右端实际上表明，居住国这时要对外国投资收益课税，但允许把外国税款 r_f、t_f 作为费用从应税国外所得中扣除。居住国在对本国居民的国外所得征税时，允许其将国外已纳税款作为费用从国外所得中扣除的做法称为扣除法。上述分析结果表明，居住国要想使本国的福利最大化，其应采取的避免双重征税的方法不是抵免法，而是扣除法。扣除法虽不能像抵免法那样可以有效地消除国际重复征税，但它可以防止居住国的投资者在国外过度投资，这对追求本国福利最大化的居住国而言是有积极意义的。

需要指出的是，这里的扣除法只适用于居住国一国。现实中的国家往往既有资本输出，也有资本输入。如果各国都用扣除法限制本国的资本输出，以求得本国福利的最大化，那么，不仅各国的目标不能实现，整个世界的经济福利也会因资本跨国流动受阻而受到不利影响。鉴于这种考虑，国际社会并不主张用扣除法来解决国与国之间的所得双重征税问题，联合国和经合组织也都没有把扣除法写进关于避免双重征税协定的范本。目前，只有少数国家根据以扣除法作为单边解决国际重复征税的一种手段。

复习思考题

1. 简述开放经济中的财政宏观调控的过程。

2．试分析发展中国家经济开放下的宏观财政政策取向。

3．简述国际税收的内涵及税收国际协调的必要性。

4．试分析解决国际重复征税的基本方法：抵免法与扣除法。

5. 解释为什么区分债务型融资和权益型融资有助于分析发展中国家对不可预见的经济动荡的反应，如紧急衰退和贸易条件恶化？

6．国际税收问题伴随着国际经济活动的开展而产生，半个多世纪以来，国际税收一直保持着较好的发展势头，试述国际税收的发展趋势。

7. 在某一纳税年度内，甲国总公司来自国内所得 1 000 万元，来自其设在乙国的分公司所得 500 万元，甲国所得税率为 35%，乙国税法规定的所得税税率为 30%，并给予该分公司减半征收公司所得税的优惠待遇，请问在饶让抵免下，该总公司应向甲国政府缴纳的所得税额为多少？

8．某公司 2002 年在中国境内机构经营取得应税所得额 300 万元，税率为 33%；其在 A 国的分公司当年取得应税所得额折合人民币为 150 万元，A 国规定的公司所得税税率为 40%，当年该公司还从 A 国取得特许权使用费所得 50 万元，A 国规定的预提所得税税率为 15%；当年该公司从 B 国取得应税所得额折合人民币 100 万元，其中租金收入 30 万元，利息所得 50 万元，特许权使用费所得 20 万元，B 国课征的预提所得税税率为 20%。该公司的境外所得均已在当地纳税。请计算该公司当年的外国税收抵免限额。

9．甲国母公司在乙国设立一子公司，子公司所得为 1 000 万元，乙国公司所得税率为 30%，甲国为 35%，子公司缴纳乙国所得税 300 万元，并从其税后利润 700 万元中分给甲国母公司股息 100 万元，计算母公司实缴甲国所得税为多少？

第九章 开放经济条件下的货币政策

【格言】

货币与财政政策的最终目标是实现经济增长和提高人民生活水平，本质上不是为了汇率稳定和经常项目余额。尽管如此，合理稳定的汇率水平和可长久维持的外部余额是正常经济运行的重要表现。特别是，当这些变量偏离它们的合理水平时，它们就应该成为政策制定者关心的对象。

——Council of Economic Advisers

【学习目标】

（1）熟悉开放经济下的货币政策主要内容；

（2）了解外汇储备规模理论；

（3）熟悉外汇储备及冲销政策理论；

（4）熟悉蒙代尔—弗莱明模型中的各变量效果分析；

（5）掌握不同汇率制度和资本管制情况下货币和财政政策的灵敏度分析。

【引导案例】

来自中国的货币政策案例

中国的货币政策操作在1997年前，是一种典型的相机抉择货币政策（Discretionary Monetary Policy）操作。但是，从1998年起正式确立货币供应量为唯一中介目标，确立了以公开市场操作（Open Market Operation）、法定准备金率（Required Reserve Ratio）和再贴现（Rediscount）为主货币间接调控机制，逐渐有了规则性的成分。研究发现我国货币政策操作顺周期（Pro-cyclicality）特征明显，加大了经济波动，因此采用规则型货币政策可以真正起到稳定经济运行的作用，但由于中国实行的强制结售汇制度及其特殊的国情影响，中国的外汇占款在基础货币供应渠道中所占比例呈现出了明显的上升趋势，货币供应量因为外汇占款上升而被动地增加。对此有人提出，必须要应用开放经济条件下的货币政策规则来进行调控。作为一名国际经济学的专业分析人员，值得思考的是：

（1）应当如何认识这一问题？

（2）外汇储备与货币政策之间到底是怎样的关系？

（3）在中国的特殊国情下，应当如何使用货币政策才是合理的？

在一个开放经济的环境里，货币政策赖以产生和存在的条件发生了根本变化，而同时在全球化趋势之下的各国经济又存在相互融合的趋势，对一国货币政策的影响因素也不仅仅局限于本国的经济因素，汇率、外国利率等主要开放经济因素通过国际资本市场的资金流动、国际进出口贸易中的商品和服务流动以及汇率对价格的传导等途径影响国内的货币供给，相应地，货币政策的制定和执行就有更复杂的传导机制，也具有了更大的不确定性。开放经济环境下的货币政策需要考虑开放经济因素的影响。

第一节 开放条件下的货币供给

在开放经济中，实际产出能否收敛于潜在水平（Converge to a Potential Level），很大程度上取决于国内经济调控和国际收支平衡的共同作用。调控货币供给是货币政策的核心，它与国际收支状况有着十分密切的联系。为了正确把握货币政策取向，促进经济持续增长，就必须要充分考察宏观经济运行中的国际因素和开放条件。

一、开放的宏观经济模型

令 Y 表示实际产出，A 为总吸收，$(X-M)$ 表示净出口，则在开放条件下宏观经济平衡的基本关系式为：

$$Y=A+X-M \tag{9.1}$$

对式（9.1）移项，得到：

$$Y-A=X-M \tag{9.2}$$

式（9.2）表明，国内产出减去国内支出，等于净出口。如果国内产出大于国内支出，则净出口为正，即有经常项目盈余。反之，则有经常项目赤字。国内支出是由消费需求 C、投资需求 I、政府对商品和服务的需求 G 组成，即 $A=C+I+G$。如果按照式（9.2）展开，两端同减去国内税收 T，则有国内居民储蓄：

$$S=Y-T-C \tag{9.3}$$

移项整理后得：

$$I=S+(M-X)+(T-G) \tag{9.4}$$

均衡条件可以表述为国内投资等于国内居民储蓄、国外净储蓄和政府净储蓄之和。如果其中一项为负，比如政府有财政赤字，则必须由其他项目为正加以弥补。当净进口为正时，表示国家对外举债；当国内储蓄为正时，表示居民储蓄中的一部分为政府债券。这些基本均衡联系，都是事后均衡，即经济有着内在的调节机制，使之趋于某种均衡状态。在经济收敛于这些基本均衡状态以前，现实经济的常态是非均衡的。从国际收支角度分析，经常项目与资本项目总会保持下列关系：

$$M-X=\Delta FX \tag{9.5}$$

式（9.5）表明，经常项目余额 $M-X$ 等于国外净资产变动 ΔFX，如果国外储蓄为正，意味着有经常项目赤字，则需要增加国外资本流入，或官方外汇储备资产净减少加以弥补。这里，影响基础货币变动的因素主要是外国净资产变动 ΔFX，它是平衡经常项目差额和其他部门国外净资产变动的调节性项目。从银行体系的资产负债表分析，得到：

$$\Delta FX=\Delta MB-\Delta DC \tag{9.6}$$

式（9.6）中的 DC 为国内信贷，MB 表示基础货币，式（9.6）表明中央银行持有的国外净资产变动等于货币创造大于国内信贷创造的余额。这种联系与汇率政策和汇率调整机制选择有很大关系。国内许多因素都可能造成国内信贷膨胀（Credit Expansion）。中央银行为保持基础货币（Monetary Base）稳定，必须减少其国外净资产。而当外汇储备减少到一定程度时，政府就必须对国内经济做出调整。

二、国际收支与货币供给

国际收支逆差（Balance of Payment Deficit）会造成货币紧缩（Monetary Deflation）压力，因为逆差首先会造成国家储备资产的外流，从而造成货币供应的减少。一般情况下，外汇逆差可以使国内总供求得到一定的缓冲。在国内总需求大于总供给的前提下，从国外进口商品大于向国外输出商品，实际上等于利用国外资源来增加国内的有效供给。这些进口商品无非包括两部分，一部分是最终消费品，另一部分是中间商品。这些进口商品一方面可以直接增加社会总供给，另一方面也可以增强本国生产能力，提高潜在的产出水平，为国内货币稳定创造了有利条件。

国际收支逆差在对国内供求矛盾产生一定缓解作用的同时，还潜伏着对货币稳定的不利因素。首先，外汇储备流出使未来货币稳定的基础发生动摇。一旦储备资产减少，货币稳定的基础就受到削弱。其次，在储备资产不足的情况下，外汇收支逆差只能从国外借款进行弥补，这样就产生了资本流入。资本流入从短期看有利于增加资源供给，但从长期看，国际资本流动要严格按照有借有还、借贷有息的原则进行，眼前的资本流入意味着将来偿还负担的增加，这可能成为货币不稳定的重要因素。

国际收支逆差会产生本币贬值压力。当进口大于出口时，外汇储备减少，市场上外汇价格就会提高。但国际收支逆差会造成外汇供给减少，企业用汇需求得不到满足，导致外汇黑市价格上涨。一旦这种涨势达到一定程度，中央银行就可能为了缓解本币高估的压力而调整外汇牌价。通常，货币贬值包括对内贬值和对外贬值。货币的对外贬值将会推动货币的对内贬值，使国内货币膨胀进一步加剧。因为货币贬值不仅使进口商品价格上涨，抬高国内物价总水平，而且会产生对国内货币的不信任感，加快支出速度，在其他条件不变的情况下，国内通货膨胀将进一步加剧。与上述过程相反，国际收支顺差会使货币供应趋于扩张，金融市场上外汇供给增加，外汇价格存在向下压力；从实体经济看，这种顺差意味着一部分社会总供给流往境外，实际外国储蓄为负数。

三、实际汇率和外汇储备及货币政策

多重目标的货币政策往往是不能实现的。为保持长期经济增长，政府的中央银行必须坚持单一货币规则，把稳定通货（Stabilize Currency）作为货币政策的唯一目标。在现实经济中，名义汇率、通货膨胀率以及货币供给增长率等主要经济变量，往往是不能同时把握的。它们之间存在密切联系，在许多情况下有可能相互冲突。用一个简单的模型可以将这些关系表示为：

$$M = kPY \tag{9.7}$$

$$P = P^{*}e \tag{9.8}$$

$$M = kP^{*}eY = m(FX + DC) \tag{9.9}$$

$$FX = (kP^{*}eY / m) - DC \tag{9.10}$$

$$\dot{FX} = \alpha(e - E) \tag{9.11}$$

$$\dot{FX} = \dot{e} + \dot{Y} - \dot{DC} \tag{9.12}$$

其中，m 是货币乘数；P^{*}为外国价格水平；e 为名义汇率；k 为货币周转速度；E 是汇率均衡水平。式（9.7）是费雪货币方程；式（9.8）是购买力平价表达式，式（9.9）是货币供求均衡表达式，式（9.10）是外汇储备变动和汇率调整之间的关系式，式（9.11）是利率抛补型模型的简化形式，式（9.12）是外汇储备增长率的函数表达式。

上述方程组是建立在货币数量论（Quantity Theory of Money）基础上的，它更适宜描述经济增长的长期趋势。外汇储备水平的变化与汇率偏离其均衡值的调整速度有关。名义汇率水平高于其均衡水平，会导致出口增长而进口减少，经常项目得以改善，外汇储备增加，货币供给扩张，使汇率逐步向其均衡值调整；反之，名义汇率低于其均衡水平，则经常项目恶化，外汇储备减少导致货币供给收缩，汇率也会逐步向其均衡值调整。

如果汇率失衡后，其调整速度较快，则汇率重新收敛于均衡点所需的时间就较短。由此，外汇储备变动对货币供给的影响就小。影响汇率调整速度的主要因素是外汇市场的运作效率和资本流动性。如果外汇市场的进入门槛低，外汇交易人对价格变动反应灵敏，市场信息是公开和可获取的，货币当局有严格监督，则汇率对其偏离的调整迅速。在这种情况下，外汇储备可以保持不变，货币供给因此受到影响。反之，如果外汇市场是低效率和非竞争性的，则汇率对其均衡值的偏离可能很大，并且调整速度缓慢。汇率偏离均衡值，对经常项目的影响最终会反映到外汇储备变化。由此可能带来货币供给变动，最终造成宏观经济波动。在这种情况下，货币当局可以通过降低调整系数来避免积累过多的外汇储备。在实际操作中，可以改善结售汇制度，逐步降低中央银行干预性入市的次数，使汇率更多地反映市场供求变动，这样外汇储备对货币供给的压力就大大减轻。

通过上述模型关系式，可以证明，开放经济条件下，国际收支平衡与货币供给增长率保持稳定是互为充要条件的。

第二节 外汇储备规模与外汇占款冲销政策

在开放经济条件下，外汇储备（Foreign Exchange Reserve）是货币政策和国际收支相互联系的重要环节。保持合理的外汇储备规模对于把握货币政策取向（Monetary Policy Orientation）、维持经济稳定增长有着尤为重要的意义。作为一个存量概念，界定外汇储备合理规模的基本原则是：外汇储备数量应该能够保持国际收支的动态平衡。

一、确定外汇储备规模的理论和经验

布雷顿森林体系（Bretton Woods System）瓦解后，各国普遍实行了有限浮动的汇率制度。由于浮动汇率受外汇市场供求关系影响，波动频繁，这就迫使各国进一步提高了对外汇储备规模的重视程度，从而促进了相关理论的发展。当前有关外汇储备规模（Size of Foreign Exchange Reserves）的主要理论有以下几种：①储备/进口比例法（Reserve/Import Ratio Method）。美国经济学家 Robert Triffin 于 1960 年提出。他指出：一国外汇储备与其贸易进口额应保持一定的比例关系。这个比例以 40%为标准，以 20%为低限，60%为高限。②机会成本理论（Opportunity Cost Theory）。阿洛沃尔于 1968 年提出。他认为：持有外汇储备的机会成本就是国内投资收益率。一国持有的外汇储备超过国家的需要，就意味着一部分投资和消费的牺牲。适度的外汇储备规模应该是所持有外汇储备的边际成本和边际收益达到均衡时的数量。③货币供给决定论（Decision Theory of Money Supply）。由约翰逊等提出。该理论认为，国际收支不平衡本质上是一种货币现象，当国内货币供应量超过需求量时，多余的货币就会流向国外，从而引起超现金余额的减少。所以，外汇储备需求主要由国内货币供应量的增减来决定。④定性分析法（Qualitative Analysis）。卡鲍尔于 1976 年提出。他认为，影响一国外汇储备需求量的因素有 6 个方面，即储备资产质量；各国经济政策的合作态度；国际收支调节机制的效力；政府采取调节措施的谨慎态度；所依赖的清偿力的来源及稳定程度；国际收支的动向及其经济状况等。⑤储备比例法（Reserve Ratio Method）。该理论认为外汇储备规模与外债规模之间应保持一定比例关系。对各国统计资料表明，这一比例应基本保持在 40%左右，即外汇储备应近似等于全部外债余额的 40%。

二、外汇储备合理规模的确定

假设一国外汇储备的变动主要来源于 3 个项目：贸易、外债和外国直接投资。相应地，用汇需求也集中体现于这 3 个方面：（1）维持正常进口的用汇需求（DF_1）；（2）偿还外债本息的用汇需求（DF_2）；（3）外资企业汇出利润的用汇需求（DF_3）；（4）汇率稳定不仅直接影响国际收支状况，而且还关系到国内宏观经济能否正常运行。为此，国家还需要保留一定数量的外汇储备，以便在必要时对波动的外汇市场进行干预，该项用汇需求记作 DF_4。上述 4 个因素构成了外汇储备需求的基本内容。因此，外汇储备合理规模的界定方程：

$$FR^* = DF_1 + DF_2 + DF_3 + DF_4 \tag{9.13}$$

$$FR^* = \alpha_1 \operatorname{Im} P + \alpha_2 Deb + \alpha_3 FDI + A \tag{9.14}$$

其中，FR^*为外汇储备的合理规模；ImP 为全年贸易进口额；Deb 为累计外债余额；FDI 为外国直接投资的累计余额；A 为国家干预外汇市场的用汇需求；α_1 为进口支付周转率，即一国为了维持一定时期（通常为 1 年）正常进口所需要的外汇占 ImP 的比例；α_2 为外债还本付息比例；α_3 为外国直接投资企业汇出利润比例。按照国际惯例，各项参数的取值标准通常为：$20\% \leqslant \alpha_1 \leqslant 30\%$；$8\% \leqslant \alpha_2 \leqslant 12\%$；$8\% \leqslant \alpha_3 \leqslant 12\%$；$50\% \leqslant A \leqslant 100\%$。

但是，外汇储备的合理规模是一个动态概念，它随宏观经济状况的变化而变化。每年进口额、外债余额和 FDI 累计余额各不相同，导致外汇储备规模的基准值相应变动。按上述方法算出的结果不是一个固定的数值点，而是一个数值区间，具有上限和下限。它表明国家外汇储备的合理规模应位于该区间的范围内。由于随机扰动因素的存在，真实值与合理值之间会经常发生偏离，但如果这种偏离过大，就会对宏观运行和经济增长产生不利影响。同时要注意，在对外汇储备合理规模的确定过程中，要针对界定方案中各种因素进行具体分析，只有进行科学的分析界定以后所确定的规模，才是符合国家经济发展要求的理想规模。

外汇储备的合理规模是一个动态概念，它与国家的经济开放程度和国际收支结构密切相关。考虑到各种不确定性因素的存在，在一段时间内维持较充足的外汇储备是有必要的；但若一味追求外汇储备的高增长，势必会对宏观经济运行造成消极影响。通常在经济萧条时期，一个国家应采取积极的宏观政策，减少贸易顺差；同时，优化引进外资结构，适度增加外债和其他外资所占比重；争取将外汇储备规模调整到合理水平。

三、外汇占款冲销政策的理论分析

从国际收支角度看，外汇储备的增加等于资本净流入和贸易顺差之和，即：

$$\Delta F = LTC + STC + X - M \tag{9.15}$$

其中LTC表示长期资本流入，STC表示短期资本流入。当外汇市场供求因某种原因出现不均衡，外汇储备面临增加或减少的压力时，政府所必须做出的第一个抉择，就是对外汇市场进行干预还是不干预。在浮动汇率制度下，政府一般不对外汇市场进行干预。国际收支盈余将引起本币升值。本币升值导致贸易状况恶化。如果国际收支盈余是贸易顺差造成的，随着贸易状况的恶化，国际收支盈余将消失，外汇储备最终不会增加。如果国际收支盈余是国际资本净流入造成的，流入的国际资本将被用于支付因本币升值造成的贸易逆差。这样，外汇储备最终也不会增加。在通货膨胀的条件下，上述调整过程可能进行得更快。一方面，物价上升削弱了出口竞争力，另一方面，由于非外贸商品的物价上涨程度大于外贸商品的物价上涨程度，国内资源将发生由外贸商品生产部门向非外贸商品生产部门的转移。其结果是外贸逆差将以更快速度出现。在固定汇率制度下，政府必须进行干预，以维持汇率的稳定。在国际收支盈余时，中央银行在外汇市场上买进外汇。相反，在国际收支亏损时，中央银行卖出外汇，收购本币以维持现行汇率。

当中央银行买进外汇时，中央银行必须增发等值的基础货币。由于基础货币的增发，流通中的货币供应量按乘数增加。基础货币、外汇储备以及其他经济变量之间的关系可用公式表示：

$$\Delta MB = DF - \Delta B + \Delta DL + \Delta F \tag{9.16}$$

其中，ΔMB为基础货币；DF为财政赤字；ΔB代表新发行的国债；ΔDL代表中央对银行体系的新增贷款。外汇储备的增加将导致基础货币的等量增加。通过货币乘数作用，导致货币供给量的增加。由此物价水平上升，通货膨胀形势恶化。政府在选择对外汇市场进行干预以维持名义汇率的稳定之后，还需要进一步做出选择；采取冲销政策以抑制物价上涨而逐步升值，出口竞争能力将逐步下降，外贸也将最终从顺差转变为逆差。其最终结果同政府采取不干预政策是类似的。所不同的是，采取干预政策，名义汇率得到维持，但汇率的稳定是以宏观经济中其他变量的不稳定为代价而取得的。如果决定采取冲销政策，政府又有几种不同方法可以选择：①增发国债券。即ΔB抵销ΔF；②减少中央银行给银行系统的贷款。ΔDL为负以抵销ΔF；③提高准备率以降低乘数m；④严厉的信贷控制；⑤紧缩财政，增加税收，减少政府开支，即用DF的减少来抵销外汇储备增加。

冲销政策（Sterilization）可以降低因外汇储备增加而对经济产生的通货膨胀压力，以维持原有的宏观经济政策不变。但是冲销政策也可能使国家付出沉重代价。如果政府通过增发国债券来冲销外汇储备的增加，政府为销售国债券所必须支付的利息可能大大高于中央银行持有国债所得到的利息。如果政府通过减少中央银行再贷款来冲销外汇储备，中央银行给各银行原有的贷款计划被打乱，许多企业将得不到应得到的贷款，整个经济的正常运行将受到破坏。如果政府通过提高准备率的办法来冲销外汇储备的增加，利息率将提高。一方面，整个经济运行将受到高利率的不利影响；另一方面，高利率很可能进一步刺激外资流入，使外汇储备进一步增加。如果对利率同时加以管制则整个金融体系的效率将会降低。如果政府采取更严厉的信贷控制来冲销外汇储备，其消极影响可能比采用前两种方案更严重。

四、外汇占款冲销工具选择

事实上，当外汇占款过多时，中央银行通常对此进行干预，根据是否引起货币供应量变化，可分为冲销式干预和非冲销式干预（Sterilized Intervention and Non-Sterilized Intervention）。如果中央银行在外汇市场进行干预时不采取其他的金融政策与之相配合，即不改变因外汇干预而造成的供应量的变化，这种干预称为非冲销式干预；反之，如果中央银行在干预外汇市场的同时，采取其他的金融政策与之配合，如在公开市场上进行逆向操作等，改变因外汇干预而造成的货币供应量的变化，这种干预称为冲销式干预。

发达国家经过长期实践确认，非冲销干预具有较高的有效性；而冲销式干预虽然不具有持续效果，但对市场交易的不稳定或突发性原因产生的外汇市场混乱，具有缩小短期波动幅度的效果。因此从短期看，冲销式干预也是有效的。由于冲销式干预能有效消除因外汇占款带来的货币供应增加，因此经常被一些工业发达国家采用。

在国际收支盈余（International Balance of Payments Surplus）条件下，冲销工具的选择同各国的金融体系和金融结构密切相关。在开放经济下，中央银行必须更多地利用间接调控工具，才能有效地实现货币政策目标。在管理浮动汇率（Managed Floating Exchange Rate）下，国际收支变动对基础货币的影响加大，而中央银行无法直接控制这种变动因素，实际汇率的稳定必须通过内外部经济的均衡来实现。

假定其他宏观经济政策不变，通常可供中央银行选择的货币政策有 3 种：①增大汇率的浮动区间；②提高间接调控工具在货币政策中的作用；③限制新的金融工具和金融结构的产生，扩大贷款规模在金融体系中的作用范围。假如政府仍然坚持稳定汇率的政策，同时又无法扩大信贷规模管理的范围的话，货币政策工具的调整方向应当转为加强银行流动性管理，逐渐以公开市场业务代替再贷款作为冲销政策的主要手段。不过需要注意的是，一般情况下单纯依靠冲销政策来消除巨额外汇占款对币值稳定压力的做法是十分困难的。并且，在不同的情况下，冲销政策会使一国的经济发生扭曲，导致资金供应紧张，引发经济结构性失衡和结构性通货膨胀。

第三节 基于蒙代尔—弗莱明模型的货币政策效果分析

在现实的宏观经济分析中，汇率政策、资本管制、贸易政策、财政政策和货币政策等诸多因素共同作用在一起，使情况变得十分复杂，如果单纯依靠经验和直觉，很难把握问题的本质和内在联系。在理论分析上借助于数学模型对政策变量以及外定条件进行深入分析以达到对问题的深刻认识十分必要。

蒙代尔—弗莱明模型（Mundell-Fleming model）为开放式宏观经济分析提供了一个重要的工具。蒙代尔—弗莱明模型的基本形式为：

$$\begin{cases} Y=\alpha_0+\alpha_1 Y-\alpha_2\cdot r+\alpha_3\cdot e-\alpha_4\cdot Y+\alpha_5 Y^* & (1) \\ M=\beta_1 Y-\beta_2\cdot r & (2) \\ \alpha_3\cdot e-\alpha_4 Y+\alpha_5 Y^*+\Omega(r-r^*)=0 & (3) \end{cases} \tag{9.17}$$

其中，e 为直接法表示的本币汇率；Y 为实际产出水平；r 为实际利率；M 为货币供给实际余额；Y^*表示全球产出水平；r^*为世界平均利率水平。根据经济学原理可以看出，模型中的各项系数都是正的。方程组（9.17）中的式（3）表示的是国际收支平衡状况，即 BP 曲线。方程组（9.17）中的式（1）和式（2）分别代表商品市场和货币市场的均衡。以蒙代尔—弗莱明模型为基础，就可以针对货币政策效果进行下列具体的分析。

一、货币政策的静力学分析

根据均衡系统和比较静力学原理（Equilibrium System & Comparative Statics Principle）可知：

$$\begin{bmatrix} F_a^1 & F_b^1 & F_c^1 \\ F_a^2 & F_b^2 & F_c^2 \\ F_a^3 & F_b^2 & F_c^3 \end{bmatrix} \cdot \begin{bmatrix} \partial a/\partial\theta \\ \partial b/\partial\theta \\ \partial c/\partial\theta \end{bmatrix} = \begin{bmatrix} -\mathrm{d}F^1/\mathrm{d}\theta \\ -\mathrm{d}F^2/\mathrm{d}\theta \\ -\mathrm{d}F^3/\mathrm{d}\theta \end{bmatrix} \tag{9.18}$$

设 $F^i = F^i(Y, r, e;\ \alpha_0, M, \Omega)$，则可以得到：

$$\begin{bmatrix} 1-\alpha_1+\alpha_4 & \alpha_2 & -\alpha_3 \\ -\beta_1 & \beta_2 & 0 \\ -\alpha_4 & \Omega & \alpha_3 \end{bmatrix} \cdot \begin{bmatrix} \partial Y/\partial M \\ \partial r/\partial M \\ \partial e/\partial M \end{bmatrix} = \begin{bmatrix} 0 \\ -1 \\ 0 \end{bmatrix} \tag{9.19}$$

要考察分析货币政策对宏观经济主要变量的影响，可以根据克莱姆法则（Cramer's rule）得到如下方程：

$$\Delta = \alpha_3(\beta_2 - \beta_2\alpha_1 + \beta_1\alpha_2 + \beta_1\Omega) \tag{9.20}$$

$$\partial Y/\partial M = (\alpha_2 - \Omega)/(\beta_2 - \beta_2\alpha_1 + \beta_1\alpha_2 + \beta_1\Omega) > 0 \tag{9.21}$$

由于边际消费倾向（Marginal Propensity to Consume）小于 1，所以 $\beta_2 - \beta_2\alpha_1 + \beta_1\alpha_2 + \beta_1\Omega$ 大于 0，即判别式恒为正。

$$\partial r/\partial M = (\alpha_1 - 1)/(\beta_2 - \beta_2\alpha_1 + \beta_1\alpha_2 + \beta_1\Omega) < 0 \tag{9.22}$$

$$\partial e/\partial M = [(1-\alpha_1+\alpha_4)\Omega + \alpha_2\alpha_4]/\alpha_3(\beta_2 - \beta_2\alpha_1 + \beta_1\alpha_2 + \beta_1\Omega) > 0 \tag{9.23}$$

由于在封闭经济体系中的货币政策与主要经济变量的关系是下列方程：

$$\partial Y^c/\partial M = \alpha_2/(\beta_2 - \beta_2\alpha_1 + \beta_1\alpha_2) > 0 \tag{9.24}$$

$$\partial r^c/\partial M = (\alpha_2 - 1)/(\beta_2 - \beta_2\alpha_1 + \beta_1\alpha_2) < 0 \tag{9.25}$$

其中的 Y^c 和 r^c 分别表示封闭条件下的实际产出和利率水平，和开放经济体系中的对应项目相比，不难看出：

$$\begin{aligned} &\partial Y/\partial M = (\alpha_2 + \Omega)/(\beta_2 - \beta_2\alpha_1 + \beta_1\alpha_2 + \beta_1\Omega) \\ &> \partial r^c/\partial M = (\alpha_2 - 1)/(\beta_2 - \beta_2\alpha_1 + \beta_1\alpha_2) \end{aligned} \tag{9.26}$$

上述数理分析中的主要关系表明，经济增长速度和货币供给增长率呈正向相关，实际利率和本币币值分别与货币供给增长率呈负向相关。分析还表明扩张的货币政策可以在一定时期内促进产出的增加，同时也有加剧货币贬值的倾向，并扩大国内资金市场上供求缺口。所以，通过对算式：

$$\partial Y/\partial M = (\alpha_2 + \Omega)/(\beta_2 - \beta_2\alpha_1 + \beta_1\alpha_2 + \beta_1\Omega) > \partial r^c/\partial M = (\alpha_2 - 1)/(\beta_2 - \beta_2\alpha_1 + \beta_1\alpha_2)$$

进行判断认识可知，货币政策在开放条件下比封闭条件下的作用效果更强。如果对于一个发展中国家来说，从发展的角度来看，随着经济开放程度的不断提高，一个国家的货币政策必将在宏观经济调控中占据越来越重要的地位。

二、财政政策与各项变量的基本关系分析

在上述模型的分析框架下，财政政策与各项变量的基本关系可以表达如下。

$$\begin{bmatrix} 1-\alpha_1+\alpha_4 & \alpha_2 & -\alpha_3 \\ -\beta_1 & \beta_2 & 0 \\ -\alpha_4 & \Omega & \alpha_3 \end{bmatrix} \cdot \begin{bmatrix} \partial Y/\partial\alpha_0 \\ \partial r/\partial\alpha_0 \\ \partial e/\partial\alpha_0 \end{bmatrix} = \begin{bmatrix} 1 \\ 0 \\ 0 \end{bmatrix} \tag{9.27}$$

相对应的各主要关系就可以分别表述为如下形式：

$$\partial Y/\partial\alpha_0 = \beta_2/(\beta_2-\beta_2\alpha_1+\beta_1\alpha_2+\beta_1\Omega) > 0 \tag{9.28}$$

$$\partial r/\partial\alpha_0 = \beta_1/(\beta_2-\beta_2\alpha_1+\beta_1\alpha_2+\beta_1\Omega) > 0 \tag{9.29}$$

$$\partial e/\partial\alpha_0 = (-\beta_1\Omega+\alpha_4\beta_2)/\alpha_3(\beta_2-\beta_2\alpha_1+\beta_2\alpha_2+\beta_1\Omega) > 0 \tag{9.30}$$

上述关系事实上表明了这样一种思想，即通常在均衡状态下，扩张的财政政策可以推动产出的增加，并相应提高实际利率水平，但是，财政支出与实际汇率的变动关系往往是不确定的。一般在资本流动性足够强的时候，财政支出扩张会导致本币升值；相反，当Ω取值很小的时候，事实上就意味着资本项目是受到严格控制的，这时如果财政扩张就会导致本币贬值。因为在政府扩大支出的同时，会造成净进口增加，在资本项目受到严格控制变化比较小的情况下，外汇储备就会相应减少，货币的供给量趋于紧缩，从而会引起利率爬升，并且国内外的利差不能通过资本流动得到平衡，那么就主要取决于经常项目的变动状况。扩张的财政政策往往会扩大贸易逆差，从而使本币趋于贬值。

三、资本管制变量的影响效果分析

政府对于国际资本流动的限制程度，是影响宏观经济运行的重要因素。把资本管制（Capital Control）作为变量来考察，并以蒙代尔—弗莱明的基本模型为基础，就可以作出关于资本管制对主要宏观经济变量产生的影响效果分析。因此，由蒙代尔—弗莱明模型可以得到如下关系形式：

$$\begin{bmatrix} 1-\alpha_1+\alpha_4 & \alpha_2 & -\alpha_3 \\ -\beta_1 & \beta_2 & 0 \\ -\alpha_4 & \Omega & \alpha_3 \end{bmatrix} \cdot \begin{bmatrix} \partial Y/\partial\Omega \\ \partial r/\partial\Omega \\ \partial e/\partial\Omega \end{bmatrix} = \begin{bmatrix} 0 \\ 0 \\ r^* \end{bmatrix} \tag{9.31}$$

$$\partial Y/\partial\Omega = \beta_2(r^*-r)/(\beta_2-\beta_2\alpha_1+\beta_1\alpha_2+\beta_1\Omega) \tag{9.32}$$

$$\partial r/\partial\Omega = \beta_1(r^*-r)/(\beta_2-\beta_2\alpha_1+\beta_1\alpha_2+\beta_1\Omega) \tag{9.33}$$

$$\partial e/\partial\Omega = (r^*-r)[(1-\alpha_1+\alpha_4)\beta_2+\alpha_2\beta_1]/\alpha_3(\beta_2-\beta_2\alpha_1+\beta_2\alpha_2+\beta_1\Omega) \tag{9.34}$$

在资本管制条件下，发展中国家的实际利率通常是低于国际水平的，所以$r^*-r>0$，政府增加国际资本流动性是有助于经济增长的。如果政府增加国际资本流动性（Capital Mobility）的话，就有$\partial Y/\partial\Omega>0$。但是，资本管制的放松也能够使本国的实际利率逐渐提高，并趋近于均衡水平r^*。由于存在国内外利率的差异，本币在此期间会出现一定程度的贬值，但是通常是短期的，币值的长期走势最终取决于货币购买力。相反，如果国内实际利率高于国际市场平均利率，此时政府放松资本管制的话，就会出现大量的资本流入，进而导致利率水平降低，使本币汇率趋于上升。

四、开放经济中的政策综合效果分析

即使国际资本管制相当严格金融压抑相当严重的国家，随着经济开放程度的提高，货币政策的效力总是趋于增强的。根据蒙代尔—弗莱明模型，可以得到产出水平对于货币政策和财政政策的敏感度分析式（Sensitivity Analysis Equation）如下：

$$\Delta Y / \Delta M = (\alpha_2 + \Omega) / (\beta_2 - \beta_2\alpha_1 + \beta_1\alpha_2 + \beta_1\Omega) \tag{9.35}$$

$$\Delta Y / \Delta \alpha_0 = \beta_2 / (\beta_2 - \beta_2\alpha_1 + \beta_1\alpha_2 + \beta_1\Omega) \tag{9.36}$$

可以看出，当判别式$\alpha_2 + \Omega > \beta_2$时，货币政策比财政政策具有更高的效力。但是，在封闭经济条件下的判别式通常是：如果$\alpha_2 > \beta_2$，则货币政策对于经济的增长作用大于财政政策。因此，二者对比，在开放经济条件下，条件判别式中要加入资本流动性比率（Capital Liquidity Ratio），使货币政策的优势区间显著（Significant）扩大。所以，当资本流动的自由度（Degree of Freedom）足够大，总可以得到$\alpha_2 + \Omega > \beta_2$，从而使货币政策比财政政策具有更高的宏观调控效率。当$\Omega \to +\infty$时

$$\underset{\Omega \to +\infty}{Lim} \frac{\Delta Y}{\Delta M} = 1/\beta_1 \text{ 且 } \underset{\Omega \to +\infty}{Lim} \frac{\Delta Y}{\Delta \alpha_0} = 0$$

意味着在汇率灵活可变、资本是处在完全可以自由流动的状态之下，货币的政策效力达到最大而财政政策则完全失去作用。

第四节 考虑外汇储备的蒙代尔—弗莱明模型分析

从宏观经济模型的机理上分析（Mechanism Analysis），通常在固定汇率条件下，本币汇率是外生变量（Exogenous Variable），它是事前给定的，而外汇的储备则为模型的内生变量（Endogenous Variable），是由模型本身决定的。所以，国际收支并不是总能够达到平衡的，它的差额通过外汇储备的增加或减少来进行调节。

令$\bar{e}$表示固定的实际汇率，R表示国家外汇储备，D表示国内总信贷量，则可以得到如下函数：

$$F^i = F^i(Y, r, R;\ \alpha_0, M, \Omega)$$

其对应的具体表达式为：

$$\begin{cases} Y = \alpha_0 + \alpha_1 Y - \alpha_2 \cdot r + \alpha_3 \cdot e - \alpha_4 \cdot Y + \alpha_5 Y^{\bullet} \\ D + R = \beta_1 Y - \beta_2 \cdot r \\ \alpha_3 \cdot \bar{e} - \alpha_4 Y^{*} + \alpha_5 Y^{\bullet} + \Omega(r - r^{\bullet}) = R \end{cases} \tag{9.37}$$

方程组（9.37）即为蒙代尔—弗莱明模型的转化形式。对之进行静态比较分析即可得到如下结果：

$$\begin{bmatrix} 1-\alpha_1+\alpha_4 & \alpha_2 & 0 \\ -\beta_1 & \beta_2 & 1 \\ -\alpha_4 & \Omega & -1 \end{bmatrix} \cdot \begin{bmatrix} \partial Y / \partial D \\ \partial r / \partial D \\ \partial R / \partial D \end{bmatrix} = \begin{bmatrix} 0 \\ -1 \\ 0 \end{bmatrix} \tag{9.38}$$

$$\partial Y / \partial D = \alpha_2 / [(1-\alpha_1+\alpha_4)(\Omega+\beta_2) + \alpha_2(\alpha_4+\beta_1)] > 0 \tag{9.39}$$

$$\partial r / \partial D = (\alpha_1 - \alpha_4 - 1) / [(1-\alpha_1+\alpha_4)(\Omega+\beta_2) + \alpha_2(\alpha_4+\beta_1)] < 0 \tag{9.40}$$

$$\partial R / \partial D = [\Omega(\alpha_1 - \alpha_4 - 1) - \alpha_2\alpha_4] / [(1-\alpha_1+\alpha_4)(\Omega+\beta_2) + \alpha_2(\alpha_4+\beta_1)] < 0 \tag{9.41}$$

如果要考察分析资本流动性的变动对各项经济变量的影响效果，根据上述模型分析的结果，可以得到如下静态比较矩阵（Static Comparison Matrix），即

$$\begin{bmatrix} 1-\alpha_1+\alpha_4 & \alpha_2 & 0 \\ -\beta_1 & \beta_2 & 1 \\ -\alpha_4 & \Omega & -1 \end{bmatrix} \cdot \begin{bmatrix} \partial Y / \partial \Omega \\ \partial r / \partial \Omega \\ \partial R / \partial \Omega \end{bmatrix} = \begin{bmatrix} 0 \\ 0 \\ r^{*} - r \end{bmatrix} \tag{9.42}$$

从而可以得出：

$$\partial Y/\partial\Omega=[-(r^{*}-r)\cdot\alpha_2]/[(1-\alpha_1+\alpha_4)(\Omega+\beta_2)+\alpha_2(\alpha_4+\beta_1)] \tag{9.43}$$

$$\partial r/\partial\Omega=(r^{*}-r)\cdot(1-\alpha_2+\alpha_4)/[(1-\alpha_1+\alpha_4)(\Omega+\beta_2)+\alpha_2(\alpha_4+\beta_1)] \tag{9.44}$$

$$\partial R/\partial\Omega=\frac{-(r^{*}-r)\cdot[(1-\alpha_2+\alpha_4)\beta_2+\alpha_2\beta_1]}{(1-\alpha_1+\alpha_4)(\Omega+\beta_2)+\alpha_2(\alpha_4+\beta_1)} \tag{9.45}$$

由此可以分析，在市场均衡条件下放松资本项目管制对国民经济运行所产生的重要影响。

一般来说，在大多数发展中国家由于金融压抑和资本的管制，其国内的实际利率往往会低于国际平均利率水平。在固定汇率时，增强资本流动性会加快本国资本外逃的速度，外汇储备将因此减少，相应地对实际利率产生向上拉力。这在短期内会使国内投资受到抑制，从而引起产出水平的下降。所以，大多数经济学家都持这样的观点，即发展中国家在固定汇率条件下迅速放松资本项目限制并非明智之举。

所以，下列关系是成立的：即

$$\begin{aligned}&\partial Y/\partial\Omega<0\\&\partial r/\partial\Omega>0\\&\partial R/\partial\Omega<0\end{aligned} \tag{9.46}$$

事实上，从国际上各个国家政策的实施结果的检验上不难看到，就货币的政策效果而言，灵活的汇率政策明显优于固定汇率政策。

在浮动汇率条件下，实际产出水平对货币供给变化的敏感度为如下形式：

$$\Delta Y/\Delta M=(\alpha_2+\Omega)/(\beta_2-\beta_2\alpha_1+\beta_1\alpha_2+\beta_1\Omega) \tag{9.47}$$

在固定汇率条件下，实际产出水平对货币供给变化的敏感度为如下形式：

$$\Delta Y^{f}/\Delta D=\alpha_2/[(1-\alpha_1+\alpha_4)(\Omega+\beta_2)+\alpha_2(\alpha_4+\beta_1)] \tag{9.48}$$

根据式（9.47）和式（9.48）可以得出敏感度差分方程如下：

$$\begin{aligned}&(1-\alpha_1+\alpha_4)\Omega^2+(\alpha_2\beta_1+\alpha_2\alpha_4-\alpha_1\beta_2+\alpha_4\beta_2+\alpha_2\alpha_4\\&-\alpha_1\alpha_2+\alpha_2+\beta_2-\alpha_2\beta_2)\Omega+\alpha_2^2\alpha_4+\alpha_4\beta_2\alpha_2=0\end{aligned}$$

根据上述关系和差分方程，即可证明判别式恒小于 0，所以

$$\Delta Y^{a}/\Delta M>\Delta Y^{f}/\Delta D$$

说明实行浮动汇率货币政策具有更为显著的效果。

基于上述分析结果，如果将各种条件下的货币政策与财政政策灵敏度进行比较，就可以得出如下综合分析。

当汇率浮动而没有资本管制的时候，货币政策的灵敏度是 $1/\beta_1$，财政政策灵敏度为 0。

在汇率浮动有资本管制的条件下，货币政策和财政政策的灵敏度分别为：$(\alpha_2+\Omega)/(\beta_2-\beta_2\alpha_1+\beta_1\alpha_2+\beta_1\Omega)$ 和 $\beta_2/(\beta_2-\beta_2\alpha_1+\beta_1\alpha_2+\beta_1\Omega)$。

当汇率浮动资本完全管制时，货币政策和财政政策的灵敏度分别为：$\alpha_2/(\beta_2-\beta_2\alpha_1+\beta_1\alpha_2)$ 和 $\beta_2/(\beta_2-\beta_2\alpha_1+\beta_1\alpha_2)$。

在汇率固定无资本管制时，货币政策和财政政策的灵敏度分别为：0 和 $\frac{1}{1-\alpha_1+\alpha_2}$。

当汇率固定有资本管制的时候，货币政策和财政政策的灵敏度分别为：

$\alpha_2/[(1-\alpha_1+\alpha_4)(\Omega+\beta_2)+\alpha_2(\alpha_4+\beta_1)]$ 和 $(\beta_2+\Omega)/[(1-\alpha_1+\alpha_4)(\Omega+\beta_2)+\alpha_2(\alpha_4+\beta_1)]$。

在汇率固定资本完全管制的情况下，货币政策和财政政策的灵敏度分别为：

$$\alpha_2/[(1-\alpha_1+\alpha_4)(\beta_2)+\alpha_2(\alpha_4+\beta_1)] \text{和} \beta_2/[(1-\alpha_1+\alpha_4)(\beta_2)+\alpha_2(\alpha_4+\beta_1)]。$$

总而言之，在开放经济条件下，宽松的资本管制和灵活的汇率政策是充分发挥货币调控功能的基本条件。实行固定汇率，会使货币政策失去其独立性，并在整体上削弱其宏观调控效果。

复习思考题

1．一个实行固定汇率制的国家已经实现了外部均衡，政府为减少失业而增加支出，这一政策对官方结算余额的影响如何？如果中央银行利用未冲销的干预来维持固定汇率，这种干预是否会减少财政政策的扩张效果？

2．货币供给是如何维持国际收支与汇率稳定的？

3．比较外汇冲销干预与非冲销干预对一国货币供给量的影响。

4．请描述在浮动汇率制中，国内货币供给的增加对本国产出及收入的影响。与固定汇率制条件下相比，本国产出及收入的变化会更大还是更小？

5．某国通货膨胀率在不断上升，其国际收支也在向赤字方向变化，由此引致的汇率变化会使该国更为接近还是偏离内部均衡？

6．越来越多的国家放弃固定汇率制而采取浮动汇率制，请说明这种做法的原因。

7．假定中央银行在公开市场上购买债券。利用货币分析法考察这一扰动对贸易余额、资本流动及短期和长期国际收支的影响。

8．简述在固定汇率制度下，国际收支失衡对本国货币供应量的影响。

9．一个实行固定汇率制的国家已经实现了外部平衡，政府为减少失业而增加了支出。这一政策变化对官方结算余额的影响如何？如果中央银行利用未冲销的干预来维持固定汇率制，这种干预是否会减少财政政策的扩张效果？

第十章 宏观经济政策与国际协调

【格言】

可变汇率制是一类把各国通过贸易而产生的相互依赖性与一国内部货币政策的最大独立性结合起来的汇率制度；这类汇率体制可允许各国根据自己的标准尽力追求货币稳定，其政策错误不会影响到邻国，邻国的错误也不会涉及本国。

——Milton Friedman

【学习目标】

（1）了解宏观经济政策分析的基本框架；

（2）熟悉商品市场、货币市场及国际收支的均衡条件；

（3）掌握宏观开放经济政策的运行机理，熟悉不同汇率制度下宏观经济政策效果；

（4）了解国际经济政策协调的内容及模型；

（5）熟悉宏观经济政策效应分析原理。

【引导案例】

来自“上海G20财长和央行行长会议”的案例

受国际经济大萧条影响，截至2015年年底，世界经济仍处于深度调整期，经济复苏艰难，面临下行风险和不确定性，国际货币基金组织（IMF）和世界银行在2015年前后都下调了全球经济增长预测。为应对困难的局面，各国推出一系列政策，这些政策对本国经济有很多好处，但溢出效应对全球经济可能体现为负面。此外，各经济体的经济政策出现分化也导致世界经济复苏形势继续分化。2016年2月，在上海举办的G20财长和央行行长会议上，李克强总理发表视频讲话时明确指出：全球经济金融形势越是严峻复杂，就越是需要各国同舟共济，共克时艰。G20成员国在制定本国宏观经济政策时，既要考虑促进自身增长，也要考虑外溢性影响，加强相互的沟通和协调，共同维护和促进国际金融市场稳定。

针对这一案例请思考：

（1）在开放经济条件下，特别是在出现国际经济大萧条背景下，世界各主要国家之间宏观经济政策协调的意义何在?

（2）在开放经济条件下，大国的宏观经济政策国际协调的一般理论机制是什么？应当如何进行国际协调?

（3）如何正确看待和衡量一国的宏观经济政策效果？

一国在开放经济下和封闭经济下的宏观经济政策效应相比，会发生很大的变化，特别是由于国际贸易和资本流动的存在，经济运行机制（Economic Operational Mechanism）和宏观政策的作用机制（Macropolicy Function Machanisim），都变得非常复杂。开放经济下的各国经济既相互依赖又相互影响。一国的繁荣与萧条（Boom-and-Bust）会通过国际贸易和资本流动等渠道迅速地传递到其他国家，特别是那些国际经济中的大国，其中任何一个国家的政策变化都会非常迅速地影响其他国家的利率和汇率等经济变量，进而对各国经济产生影响。因此，开放经济下存在各国之间的政策协调问题（Policy Coordination Problem），在经济一体化日益增强的国际环境下，特别是在世界经济遇到危机或大萧条的背景下，各国在制定宏观经济政策时，不仅要考虑国内经济目标，还须考虑其国际影响。所以，开放经济条件下如何协调各国之间的宏观经济政策问题，是国际经济学所要研究的最主要的课题之一。

第一节 宏观开放经济政策分析的基本框架

假设在开放经济条件下国际收支中经常项目全部实现了自由兑换，资本可以跨国界自由流动，那么，宏观开放经济政策分析的框架即可总结如下。

一、商品市场均衡条件

在开放经济下一个国家的总需求（Aggregate Demand）由四个部分组成，即消费需求（C）、投资需求（I）、政府购买（C）、净出口（NX）。其中净出口为出口（X）和进口（M）的差额，政府购买是由政府决定的外生变量。如果用 AD 表示总需求，则：

$$AD=C+I+G+NX$$

假设一国居民的消费需求取决于居民可支配收入（Disposable Income）（Y^d），忽略转移支付，可支配收入等于国民收入 Y 减去税收 T。因此，一国居民的意愿消费函数（Function of Willingness Consumption）如下：

$$C=C（Y^d）$$

消费需求是可支配收入的递增函数（Consumer Demand is an Increasing Function of Disposable Income）。但是，由于一部分收入会用于储蓄，因此消费需求的增加幅度一般小于可支配收入的增加幅度。令 r 表示本国名义利率，在没有通货膨胀的前提下，实际利率就等于名义利率，当一个国家的投资需求主要取决于本国的实际利率水平并且是后者的递减函数（Decreasing Function）时，就存在如下投资函数：

$$I=I（r）$$

进一步令 e 表示本国的名义利率，即以本币表示的外币价格。P 表示本国物价水平，P_f 表示外国的物价水平。则本国的实际汇率（R）等于 eP_f/P。影响一个国家净出口的因素主要有本国的实际利率，本国居民可支配收入和外国居民可支配收入，在模型中，假设外国的居民可支配收入是个常数，故不再引入该变量并进一步假设马歇尔—勒纳条件成立，则实际汇率上升会导致本国出口增加、进口减少，从而导致净出口增加。本国居民可支配收入增加会导致本国进口增加，但出口不受影响，所以本国净出口会减少。因此，存在如下净出口函数：

$$NX = NX(eP_f / p，Y^d) \tag{10.1}$$

由以上分析可知，该函数是实际汇率的递增函数，本国居民可支配收入的递减函数。进一步可推导出本国的总需求函数如下：

$$
\begin{aligned}
AD &= C + I + G + NX \\
&= C(Y^d) + I(r) + G + NX\left(\frac{eP_f}{P},\ Y^d\right) \\
&= AD\left(Y - T, r, \frac{eP_f}{P}, G\right)
\end{aligned}
$$

根据上述分析可知，总需求是实际利率的递减函数，是实际汇率和政府购买的递增函数。总需求还是本国居民可支配收入的递增函数。因为居民可支配收入增加会使居民消费需求增加，这些增加的消费需求一部分是增加对本国商品的需求，另一部分是增加对进口商品的需求，后者又体现为可支配收入对净出口的影响，也就是上面所讲的本国居民可支配收入增加会导致本国净出口减少。因此，本国居民可支配收入的增加会增加本国的总需求。换一种说法就是，居民的边际消费倾向大于边际进口倾向，可支配收入增加导致的消费需求增加中总会有一部分会被用于储蓄，所以：$0 < \frac{\partial AD}{\partial Y^d} < 1$成立。由于增加的国民收入中还有一部分会成为税收，则$0 < \frac{\partial AD}{\partial Y} < 1$也是成立的。因此，本国商品市场的均衡条件是总供给即总产出等于总需求，即：

$$Y = AD'(Y - T, r, eP_f / P, G) \tag{10.2}$$

式（10.2）中有三个内生变量，国民收入 Y、利率 r 和汇率 e。该式的含义是，当国民收入 Y、利率 r 和汇率 e 满足该式所确定的关系，可以用 Y-r 平面上的一个曲线来表示。这条曲线即为开放经济下的 *IS* 曲线，它是和式（10.2）所对应的一条曲线，即：

$$\frac{\mathrm{d}Y}{\mathrm{d}r} = \frac{\partial AD / \partial r}{1 - \partial AD / \partial Y} < 0$$

也就是说，当商品市场处于均衡状态时，利率下降时国民收入会上升。这个结论非常直观：由于利率下降会使总需求增加，那么只有当国民收入上升时商品市场才能仍然保持均衡。因此，*IS* 曲线的斜率为负。此外，很容易证明，政府购买决定 *IS* 曲线的位置，也就是说，当商品市场处于均衡状态时，政府购买决定了对应着既定的利率水平的国民收入水平。在既定的利率水平下，政府购买越大，商品市场处于均衡状态时的国民收入就越大。也就是说，增加政府购买 G，可以使 *IS* 曲线向右移动。

二、货币市场均衡条件

由于货币需求主要取决于国民收入水平和利率水平，并且是前者的递增函数、后者的递减函数，因此货币需求函数（Money Demand Function）可以表示为：

$$L = L(Y, r)$$

名义货币供给（M）是由中央银行决定的外生变量，实际货币供给为 M/P。货币市场的均衡条件为货币供给等于货币需求，即

$$\frac{M}{P} = L(Y, r) \tag{10.3}$$

式（10.3）中包含两个内生变量，国民收入 Y 和利率水平 r，该式的含义是，只有当国民收入 Y

和利率水平 r 满足该式所确定的关系时，货币市场才能处于均衡状态。货币市场均衡条件所确定的国民收入和利率水平之间的关系可以用 Y-r 平面上的一条曲线表示，这条曲线即为 LM 曲线。根据上面的分析和式（10.3）可知：

$$\frac{\mathrm{d}r}{\mathrm{d}Y}=-\frac{\partial L/\partial Y}{\partial L/\partial r}>0$$

也就是说，当货币市场处于均衡状态时，国民收入增加会伴随着利率上升。假设目前货币市场处于均衡状态，现在国民收入增加导致货币需求增加，在货币供给不变的情况下，货币市场上会出现供不应求局面，最终通过货币市场和证券市场（Money Market and Securities Market）的相互调节，利率水平会上升最终将货币需求降至原来的水平，货币市场重新恢复均衡。因此，LM 曲线的斜率为正。此外，很容易证明，实际货币供给决定 LM 曲线的位置，也就是说，当货币市场处于均衡状态时，实际货币供给决定了对应着既定的国民收入水平下的利率水平。在既定的国民收入水平下，实际货币供给越大，货币市场处于均衡状态时的利率水平就越低。因此，实际货币供给增加会导致 LM 曲线向右移动。

三、国际收支均衡条件

如果忽略国际转移支付和投资收益汇入汇出，假设经常项目超额即为进出口超额。用 CM 表示资本净流入，即如果是资本净流入则 CM 大于零，如果是资本净流出则 CM 小于零。用 BP 表示国际收支差额，则国际收支均衡条件为：

$$BP=NX+CM=0$$

在满足这一条件时，本国外汇储备就不会发生变化。在资本能够自由流动的条件下，决定资本流动的是资本在不同国家的收益率差异以及对汇率变动的预期上。假设本国的预期名义汇率为 e^e，则本币的预期贬值率为 $(e^e-e)/e$。令 r_f 表示外国的利率水平，则两国的资本收益率差为 $r-r_f-(e^e-e)/e$。资本净流入函数为：

$$CM=CM\left[r-r_f-(e^e-e)/e\right] \tag{10.4}$$

资本净流入是其收益率的递增函数（Net Inflow Is an Increasing Function of the Rate of Return），相应的在其他条件不变的情况下，它也是本国利率的递增函数。假设资本流动的利率弹性很大，明显超过国内货币需求的利率弹性，在资本自由流动的情况下，这是一个符合现实的假设。事实上，许多实证研究表明，只有利率的短期变动对货币需求产生一定的影响，利率的长期变动基本不影响货币需求，因此货币需求的利率弹性不大。将式（10.1）和式（10.4）代入国际收支平衡条件调整可得：

$$\begin{aligned}BP&=NX(eP_f/P,Y^d)+CM\left[r-r_f-(e^e-e)/e\right]\\&=BP\left[eP_f/P,Y-T,r-r_f-(e^e-e)/e\right]=0\end{aligned} \tag{10.5}$$

式（10.5）中包含 3 个内生变量，国民收入 Y、利率水平 r 和汇率 e，该式的含义是，只有当国民收入 Y、利率水平 r 和汇率 e 满足该式所确定的关系时，国际收支才能保持平衡。国际收支平衡所确定的国民收入和利率水平之间的关系可以用 Y-r 平面上的一条曲线表示，这条曲线被称之为 BP 曲线。根据上面的分析和式（10.5）可知：

$$\frac{\mathrm{d}r}{\mathrm{d}Y}=-\frac{\partial BP/\partial Y}{\partial BP/\partial r}=-\frac{\partial NX/\partial Y}{\partial CM/\partial r}>0$$

也就是说，当国际收支保持平衡时，国民收入增加会伴随着利率上升。如果目前国际收支处于平衡状态，现在国民收入增加会导致进口增加，从而使国际收支出现逆差，为使国际收支保持平衡，相应地，需要提高利率水平以增加资本流入来消除国民收入增加导致的国际收支逆差。当国民收入增加时需伴随着本国利率水平的提高才能保持国际收支平衡。因此，*BP* 曲线的斜率为正。此外，很容易证明，汇率 e 影响 *BP* 曲线的位置，亦即，当国际收支保持平衡时，名义汇率 e 决定了对应着既定的国民收入水平的利率水平。在既定的国民收入水平下，汇率越高，进出口顺差就越大，为保持国际收支平衡，则相应的利率水平就越低。故名义汇率上升会导致 *BP* 曲线向右下方移动，名义汇率下降会导致 *BP* 曲线向左上方移动。此外，由于假设资本流动的利率弹性大于国内货币需求的利率弹性，尽管 *LM* 曲线和 *BP* 曲线的斜率为正，但 *BP* 曲线的斜率很小，小于 *LM* 曲线的斜率，在资本自由流动的条件下，这一结论是成立的。

同时需要注意的是，*BP* 曲线的斜率存在两种极端的情况。一是在资本完全不流动的情况下，利率变化对国际收支没有直接影响，也就是说资本流动对利率的弹性为零，这时 *BP* 曲线是一条位于某一收入水平上的垂直于横轴的直线。另一种情况则是资本完全自由流动的情况，资本流动对利率变动具有完全弹性，即任何高于或低于国际利率水平的国内利率都会导致资本完全流入或流出，这时 *BP* 曲线为一条位于国际均衡利率水平上的水平直线。概括而言，*BP* 曲线的斜率在零与无穷大之间，资本流动度越低，*BP* 曲线越陡峭；资本流动度越高，*BP* 曲线越平坦。正常情况而言，*BP* 曲线的斜率为正，而小于 *LM* 曲线的斜率。

开放经济下的均衡状况可以用图 10-1 中的三条曲线来描述。在式（10.2）、式（10.3）和式（10.5）三个方程式中，有三个内生变量：国民收入 Y、利率水平 r 和汇率 e。这三个方面有唯一一组解：Y_0、r_0 和 e_0，代表着开放经济下的唯一一组国民收入、利率和汇率的短期均衡值。相应地，*IS*、*LM* 和 *BP* 三条曲线必定存在一个交点 $E(Y_0, r_0, e_0)$。在二维的 $Y-r$ 平面中，当 $e=e_0$ 时，*IS*、*LM* 和 *BP* 三条曲线必定存在一个交点 $E(Y_0, r_0)$。而二维平面中的这个交点 E 在确定了 Y_0 和 r_0 的同时还确定了均衡汇率 e_0。

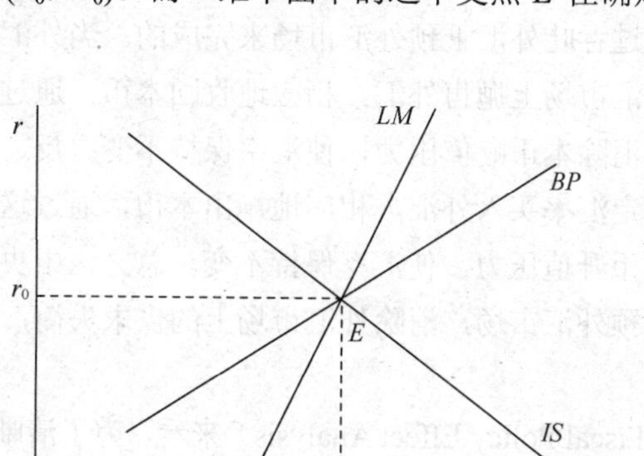

图 10-1　开放经济与蒙代尔—弗莱明模型

图 10-1 中的三条曲线反映了上面的结论，*IS* 曲线的斜率为负，而 *LM* 和 *BP* 曲线的斜率均为正，并且 *LM* 曲线的斜率大于 *BP* 曲线的斜率。根据上面的分析还可以看出，*IS* 曲线左下方的点代表着商品市场处于供不应求状态，而其右上方的点代表着商品市场处于供过于求状态。*LM* 曲线左上方

的点代表着货币市场处于供不应求的状态，而其右下方的点代表着供过于求的状态。*BP* 曲线左上方的点代表着国际收支存在顺差，而其右下方的点代表着国际收支存在逆差。三条曲线中的任意一条曲线中的任一个参数的变化均会导致均衡点的变化。蒙代尔—弗莱明模型可以用来分析在不同的汇率制度下，财政政策和货币政策的有效性问题。

假设本国的政策操作不会影响外国的国民收入和利率水平，这实际上是说，在国际经济中，本国是一个小国，因此本国的宏观经济政策对其他国家的经济影响很小。事实上，蒙代尔—弗莱明模型就是一个小国开放经济模型。

第二节 宏观开放经济政策的运行机理与效果分析

在开放经济条件下，宏观经济政策运行的目标就是要实现内部均衡和外部均衡。对内要实现经济增长和充分就业并且要保持物价稳定，对外要实现国际收支的平衡。但是，要实现内外均衡，各种变量之间的关系在宏观开放经济条件下的复杂特性，使得一国经济的内在稳定性与合理开放之间协调的难度越来越大。特别是，在内外均衡与相对应的某些调控方式存在矛盾与冲突时，单靠运用某一种政策工具，难以实现宏观经济政策运用的预期目标。所以，开放经济条件下，针对基于不同汇率制度的宏观经济政策运行机理和作用效果进行分析，对于宏观经济政策的选择和搭配，乃至国家之间的国际政策协调，具有重要的理论指导意义。

一、固定汇率制度下的宏观经济政策

所谓的固定汇率制度是指布雷顿森林体系下的固定汇率制度，在这种汇率制度下，固定汇率的维持是依靠一国中央银行通过吞吐外汇干预外汇市场来完成的。当外汇市场上汇率出现上升趋势，中央银行就以固定汇率向外汇市场上抛售外汇，相应地收回本币，通过这种操作消除外汇市场上出现的外汇供不应求现象从而消除本币贬值压力，使汇率保持不变；反之，如果外汇市场上汇率出现下降趋势，中央银行就以固定汇率买入外汇，相应地抛出本币，通过这种操作消除外汇市场上出现的外汇供过于求从而消除本币升值压力，使汇率保持不变。总之，中央银行利用自己的货币发行权和庞大的外汇储备来随时干预外汇市场，消除外汇市场上的供求失衡，以保持汇率不变。

1. 财政政策效应分析

就财政政策效应分析（Fiscal Policy Effect Analysis）来看，为了清晰地说明财政政策的作用，可借助于图 10-2 加以解释。

图 10-2 中假设政府增加财政购买，从而使 *IS* 曲线向右移动到 *IS'*，经济由原来的均衡点移到 *E'*，国民收入增加，相应地导致货币需求增加，在货币供给保持不变的情况下，国内利率水平肯定会上升。国民收入增加会恶化贸易收支，但利率水平的上升会导致出现大量资本流入，后一个效应超过前一个效应，国际收支会出现顺差，从图中也可以看出，*E'*点在 *BP* 曲线的左上方，根据上面的结论不难看出，该点处国际收支存在顺差，国际收支顺差导致外汇市场出现外汇供过于求、本币供不应

求的局面，从而本币存在升值压力。为了维持固定汇率，中央银行必须抛售本币买入外币，这种操作，一方面增加了中央银行的外汇储备，另一方面增加了国内的货币供给量，从而导致 *LM* 曲线向右移动到 *LM*′，*IS*′和 *BP* 曲线交于新的均衡点 *E*″，此时外汇市场重新恢复均衡，汇率维持在原来的水平。在 *E*″处的国民收入由 Y_0 增加到 *Y*″，如果是在封闭经济中，财政政策只能使国民收入由原来的 Y_0 增加到 *Y*′。因此，和封闭经济下相比，在开放经济和固定汇率制度下，财政政策在促进国民收入和就业增加方面的效果更为显著。也就是说，在开放经济和固定汇率制度下，财政政策有效。但是需要注意的是，财政扩张的有效性是以国内经济没有实现充分就业、经济中尚有闲置资源为前提条件的，否则财政扩张只能导致物价上涨并带来本币贬值压力。

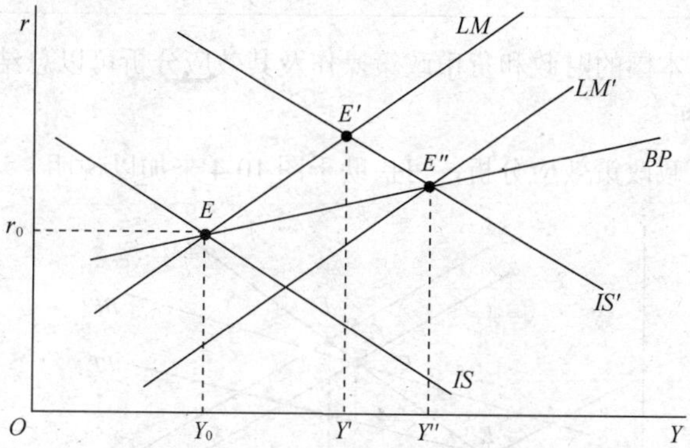

图 10-2　固定汇率制度下的财政政策

2. 货币政策效应分析

针对货币政策效应的分析（Monetary Policy Effect Analysis），可借用图 10-3 来说明货币政策的作用。

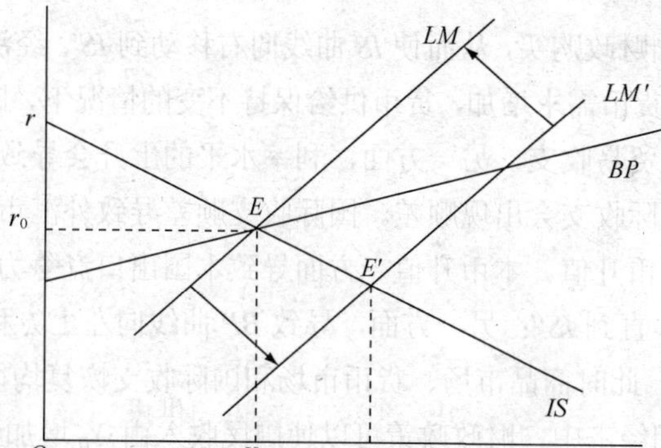

图 10-3　固定汇率制度下的货币政策

图 10-3 中假设中央银行增加货币供给，从而使 *LM* 曲线向右移到 *LM*′，经济由原来的均衡点移到 *E*′，国民收入增加利率水平下降。国民收入增加会导致进口增加，但利率水平下降会导致出现大量资本流出，这两种效应是同向的，最终导致国际收支出现逆差。

从图 10-3 中也可以看出，*E*′在 *BP* 曲线的右下方，该点处国际收支存在逆差，国际收支逆差导致外汇市场出现外汇供不应求，本币供过于求的局面，从而本币存在贬值压力。为了维持固定汇率，中央银行必须抛售外汇买入本币。这种操作，一方面，减少了中央银行的外汇储备，另一方面减少了国内的货币供给量，从而导致 LM 曲线又向左移动，直到回到原来的位置，经济又重新回到原来的均衡点 E，国民收入和利率又恢复到原来水平。因此，在固定汇率制度下，货币政策是无效的。实际上，更为准确的说法是，一旦实施固定汇率制度，就很难再拥有独立的货币政策了，在很大程度上，货币供给被固定汇率制度内生化，中央银行只能随着外汇市场上的供求变化被动地改变货币供给量。固定汇率制度使得政府在很大程度上失去了一个重要的政策工具。这一点曾经是发达国家最终放弃布雷顿森林体系下的固定汇率制度，转而实施浮动汇率制度的原因之一。

二、浮动汇率制度下的宏观经济政策

在浮动汇率制度下，本国的财政和货币政策操作及其效应分析可以总结如下。

1. 财政政策效应分析

浮动汇率制度下的财政政策效应分析，可借助于图 10-4 来加以说明。

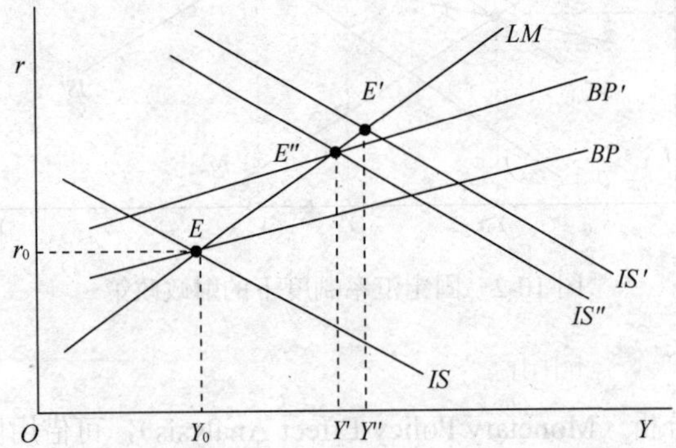

图 10-4　浮动汇率制度下的财政政策

图 10-4 中假设政府增加财政购买，从而使 IS 曲线向右移动到 IS'，经济由原来的均衡点移到 E'，国民收入增加，相应地导致货币需求增加，货币供给保持不变的情况下，国内利率水平肯定会上升。一方面国民收入增加会恶化贸易收支，另一方面，利率水平的上升会导致出现大量资本流入，后一个效应超过前一个效应，国际收支会出现顺差。国际收支顺差导致外汇市场上出现外汇供过于求，本币供不应求，从而导致本币升值。本币升值一方面导致本国出口竞争力下降，出口减少，进口增加，导致 IS 曲线向左回移，直到 IS''；另一方面，导致 BP 曲线向左上方移动，直到 BP'，最终三条曲线交在新的均衡点 E''处，此时商品市场、货币市场和国际收支恢复均衡，在 E''处，国民收入由 Y_0 增加到 Y'，如果是在封闭经济中，财政政策可以使国民收入由 Y_0 增加到 Y''。因此，和封闭经济条件下相比，在开放经济条件下，浮动汇率制度削弱了财政政策的作用。

2. 货币政策效应分析

借助于图 10-5 可以清晰地说明浮动汇率制度下货币政策的作用。图 10-5 中假设中央银行增加货币供给，从而使 LM 曲线向右移动到 LM'，经济由原来的均衡点移到 E'，国民收入增加，利率水平下降。一方面国民收入增加会恶化贸易收支，另一方面利率降低会导致出现大量资本流出，这两种效应是同向的，最终导致国际收支出现逆差。国际收支逆差导致外汇市场上出现供不应求、本币供过于求的局面，从而导致本币贬值，本币贬值一方面导致本国的出口竞争力提高，出口增加，进口减少，进而导致 IS 曲线向右上方移动，直到 IS'。另一方面导致 BP 曲线向右下方移动，直到 BP'，最终三条曲线交在新的均衡点E''处，此时，商品市场、货币市场和国际收支恢复均衡。在E''处，国民收入由Y_0增加到Y''，如果是在封闭经济中，货币供给增加可以使国民收入由Y_0增加到Y'。因此，和封闭经济下相比，在开放经济和浮动汇率制度下，货币政策的作用非常显著。和固定汇率制度下没有独立的货币政策相比，浮动制度下，货币政策的作用就显得尤为显著，这是从1973年以后许多国家尤其是发达国家选择浮动汇率制度的原因之一。

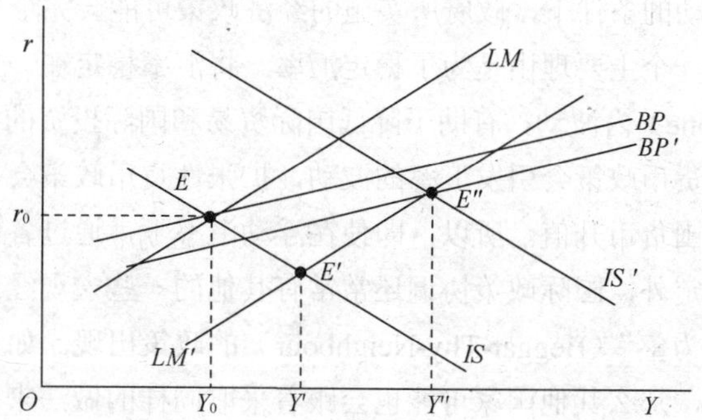

图 10-5　浮动汇率制度下的货币政策

上述所分析的开放经济下的宏观经济政策效应，是以本国的宏观政策操作不对外国经济产生影响为前提的。但是，情况往往并不如此简单，特别是对那些国际经济中的大国来说，宏观政策操作带来的本国收益常常是以外国的损失为代价的，这种宏观政策被称为以邻为壑（Beggar-Thy-Neighbour）的政策，通常会受到外国的报复，如果外国进行报复，最终是两败俱伤的结局。因此，在开放经济下，存在着政策的国际协调问题。

第三节　宏观开放经济的国际政策协调分析

宏观开放经济条件下，国际经济政策的协调就是指各国在制定宏观经济政策时，不仅要考虑国内经济目标，同时还要考虑其产生的国际影响。

一、国际政策协调的必要性与内容

随着20世纪80年代末期国际金融领域对国际宏观经济政策协调问题的不断关注，国际政策协调的必要性得到了普遍的认可，尤其是在推崇浮动汇率制度的背景下，充分认识国际政策协调的必要性和协调的内容，被认为是研究分析一国国际政策协调方式与协调效果的重要认识前提。

1. 国际政策协调的必要性

基于前述开放经济条件下的宏观经济政策分析可知，对于一个国家来说，在浮动汇率和资本高度流动的情形下，财政政策无效，而货币政策比较有效。但该结论是针对一个国家来考虑的，是在不考虑别国的影响情况下得出的。如果考虑别国经济政策的影响，一国的货币政策能否达到这样的宏观经济政策目标，非常值得怀疑。当一国经济面临有效需求不足的时候，政府应该采取比较放松的货币政策，可如果与该国经济密切相关的国家采取紧缩的货币政策，则该国增加的资金将会大量外流，从而使本国经济放松的政策会因为资金的流出被抵销，对方国家紧缩的货币政策也会因为资金的流入而变得难以发挥作用。相反，当一国采取紧缩的货币政策时又会因与之经济密切相关的国家放松的货币政策所抵销。在紧缩经济政策实施的情况下，本国利息率会上升或货币供应量的减少将由于资金的大量内流被抵销掉。

因此，各国宏观经济及其政策的相互联系和相互影响将使各国经济政策的效果大打折扣。甚至在一国的资本完全自由流动的条件下，政府所实施的经济政策可能会完全失去它应有的作用。

赞成国际政策协调的一个主要理由是为了稳定汇率。将汇率稳定在一个固定的水平或限制在狭窄的“目标区”（Target Zone）内波动，有助于降低国际贸易和国际投资的波动性。因为在浮动汇率和资本完全自由流动下，货币政策会引发汇率的波动，扩张性货币政策会导致本国货币贬值，而紧缩性的货币政策则导致本国货币升值。所以，即使在浮动汇率下，通过各国货币政策的协调可以实现汇率的稳定。除汇率稳定外，国际政策协调还常常有其他的一些宏观经济目标。其中之一就是，国际政策可以避免“以邻为壑”（Beggar-Thy-Neighbour）的政策出现。如果一国采取货币贬值的方式来促进出口、限制进口，那么其他国家可能也会跟着采取同样的做法来提高其出口商品竞争力，结果就出现“竞争性贬值”（Competitive Depreciation）这一恶果。如果各国进行政策协调就完全可以避免这种现象。

虽然国际经济政策协调十分必要，而且各国有进行国际政策协调的愿望，但是，由于在实际中各国政府的政策性目标往往并不一致，国际经济政策的真正协调在实践上总会遇到很多困难。

2. 国际政策协调的内容

国际经济政策协调的方式有双边协调和多边协调（Bilateral Coordination and Multilateral Coordination），协调的内容主要包括货币政策、财政政策和汇率政策协调。

（1）货币政策协调（Monetary Policy Coordination）。各国货币政策的协调主要包括有关国家利息率的协调。这种协调的方向主要是针对利率政策的调整。一旦一国希望通过利率的调整来干预经济，以达到控制经济过热或经济衰退时（Economic Overheating or Economic Recession），该国不仅要确定一个利率调整的方向，还要同有关国家协商，协调它们之间利率调整的基本方向。如果各国利率调整的方向大相径庭，那么其中的任何一个国家的政策目标都不能顺利实现。各国不仅要协调它们之间的利率变动方向，而且还要协调各国利率调整的幅度。但在一些经济学家看来，政府控制利率不如控制货币的增长量。因此，各国货币政策的协调还可以采取协调货币供应增长率的方式。一般而言，货币主义经济学家主张通过控制货币供应量调节经济，甚至在他们看来，在确定了稳定的货币供应增长率之后就不必干预经济的增长过程。因此，无论一国是控制货币供应量，还是控制利息率，都需要与其他国家进行协调，特别是与本国有密切关系的国家协调货币政策。

（2）财政政策协调（Fiscal Policy Coordination）。在经济关系比较密切的国家之间，不仅要协调它们的货币政策，还要协调它们的财政政策。因为货币政策协调的基础在很大程度上还依赖于财政政策的协调。如果一国的财政支出过度，政府就需要通过货币政策加以配合，这种配合意味着，货币发行量的增加，或者物价上涨率比较高，这将导致一国货币供应增长率的上升，从而会出现因没有协调财政政策使各国之间货币政策的协调难以维持。所以，成功的货币政策协调常常伴随着财政政策的协调，或者说，各国之间只有同时协调它们之间的货币政策和财政政策，一国经济政策的目标才能顺利实现。

（3）汇率政策协调（Exchange Rate Policy Coordination）。由于一国在干预经济维持自身经济的稳定和增长时，不仅可以采用货币和财政政策工具，还可以通过汇率政策加以调整。所以，当一国经济中的有效需求不足时，政府可以采取货币贬值的政策，以便刺激出口限制商品的进口。如果各国政府都这样做，就会出现各国竞相贬值本国货币的政策，结果是，各国货币之间的兑换率可能回到原来的出发点，如果任何一国的货币贬值幅度超过其他国家，各国之间的贸易风险也就随之产生。如果一些国家采取货币贬值，或预期货币贬值，而一些国家的货币采取升值，或预期升值，该国货币在外汇市场上的汇率就会发生变化，引起投机和资金的转移。这种单纯由于汇率变动引起的资金转移，不利于各有关国家经济的稳定和正常的增长。所以，在各国将内部平衡和外部平衡作为经济干预的最佳目标时，他们之间不仅要协调货币政策和财政政策，还要协调汇率政策。在开放经济条件下，尽管一国可以采取完全浮动的汇率制度，从而政府只需照顾自己的内部平衡。但是各国为了维持本国经济的稳定发展，特别是减少对外贸易的风险，各国还是趋向于采用有管理的浮动汇率。这意味着不仅要照顾本国的内部平衡，还要照顾外部平衡。

实际上，各国货币和财政政策以及汇率政策协调的最高阶段是统一各国的货币，用一种货币代替各国自行使用的本国货币。当各国使用统一货币时，各国不能自行增加或减少货币供应，也不能提高或降低本国的利息率。同样的，统一货币意味着各国必须有协调一致的财政政策，否则，统一的货币之下，不可能给财政政策的实施提供条件。因为扩张性或紧缩的财政政策有赖于信用的扩张，否则政府支出的增加，在货币供应量不变时，将引起利率的上升，从而产生“挤出效应”，同样会抵销财政政策的作用。当然，统一各国的货币以后，汇率协调将不复存在。因此统一货币是各国经济政策协调的最高形式。

然而，由于各国经济发展情况的差异，特别是各国经济波动的程度有差异，在协调经济政策方面有许多困难。因此在多边协调中，各国一般选择比较松散的协调方式，除非它们之间经济关系达到十分密切的程度。

二、国际政策协调分析模型的基本假设与框架

假设世界上只有两个国家，本国和外国。为简化分析，假设经常项目差额就是进出口差额。因为影响一国净出口的主要因素有实际汇率、本国居民可支配收入和外国居民可支配收入，假设本国的政策操作（Domestic Policy Operation）会影响外国国民收入及相应的居民可支配收入，分别用 Y_f 和 T_f 表示外国的国民收入和税收，外国的居民可支配收入为 Y_f-T_f。则本国的净出口函数为：

$$NX = NX(eP_f / P, Y-T, Y_f - T_f)$$

假设马歇尔—勒纳条件（Marshall—Lerner Condition）成立，因此本国净出口是实际汇率的递增函数，是本国居民可支配收入的递减函数，对应地，是外国居民可支配收入的递增函数。本国的总需求函数为：

$$\begin{aligned} AD &= C + I + G + NX \\ &= C(Y-T) + I(r) + G + NX(eP_f / P, Y-T, Y_f - T_f) \\ &= AD(Y-T, Y_f - T_f, r, eP_f / P, G) \end{aligned}$$

根据分析可知，本国总需求是本国国民收入、外国国民收入和汇率的递增函数。当本国商品市场上的总需求等于总供给即总产出时，本国商品市场达到均衡：

$$Y = AD(Y-T, Y_f - T_f, r, eP_f / P) \qquad (10.6)$$

式（10.6）确定了在本国商品市场处于均衡状态时，本国国民收入和外国国民收入的对应关系。在 Y-Y_f 平面上，将这种对应关系用图 10-6 所示的 *HH* 曲线表示。*HH* 曲线的斜率为正，表明在本国商品市场保持均衡时，外国国民收入的增加会导致本国国民收入也相应地增加。这个结论很直观：外国国民收入的增加会导致外国的进口增加，相应的本国的出口增加，因此本国的总需求增加，最终会带来本国总产出的增加，直到本国商品市场达到一个新的均衡。

就外国的情况来看，外国的净出口也取决于其实际汇率和两国的居民可支配收入。实际上，由于假设世界上只有两个国家，所以本国的净出口恰好对应着外国的净进口：本国经常项目的顺差恰好是外国经常项目的逆差，反之，本国经常项目的逆差恰好是外国经常项目的顺差。用 NX_f 表示外国用其产出单位表示的经常项目差额，即净出口，则有：

$$NX_f = -NX(eP_f / P, Y-T, Y_f - T_f) / (eP_f / P)$$

不难看出，NX_f 是本国居民可支配收入的递增函数，是外国可支配收入的递减函数。假设马歇尔—勒纳条件对外国也成立，该国本币贬值会改善其经常项目收支，本币升值会恶化其经常项目收支，也就是说 NX_f 是 eP_f/P 的递减函数。

相应地，外国的总需求函数为：

$$AD_f = C_f + I_f + G_f + NX_f = AD_f(Y_f - T_f, Y-T, eP_f / p, r_f, G_f)$$

所以，当外国的商品市场达到均衡时，外国国民收入和本国国民收入的对应关系如下：

$$Y_f = AD_f(Y_f - T_f, Y-T, eP_f / p, r_f, G_f) \tag{10.7}$$

相应地，在 Y-Y_f 平面上，当外国的商品市场达到均衡时，外国国民收入和本国国民收入的对应关系可以用如图 10-6 中的 *FF* 曲线表示。

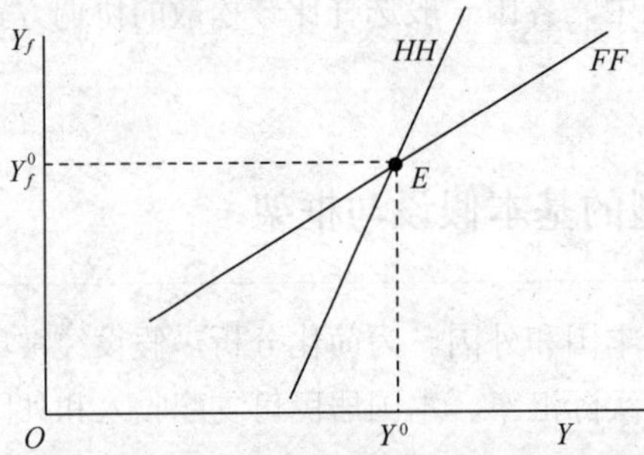

图 10-6　两国经济相互依存条件下的产出决定

HH 曲线和 *FF* 曲线的交点 *E* 对应的两国国民收入分别为 Y_0 和 Y_f^0。这是唯一的一组使两国商品市场同时达到均衡的国民收入。

图 10-6 中的 *FF* 曲线斜率为正，表明在外国商品市场保持平衡时，本国国民收入的增加会导致外国国民收入的相应增加，所以，本国的总需求增加，最终会导致外国总产出的增加，直到外国商品市场达到一个新的均衡。图 10-6 中的 *HH* 曲线代表本国的情况，其斜率大于 *FF* 曲线的斜率。在两国国家的边际储蓄倾向和边际进口倾向都为常数的时候，并且分别用 s、m 代表本国的边际储蓄倾向和边际进口倾向，用 s_f、m_f 分别代表外国的边际储蓄倾向和边际进口倾向，显然这些边际倾向都为正。所以，*HH* 曲线的斜率为：

$$\Delta Y_f / \Delta y$$

因为，外国的国民收入增加 ΔY_f，相应地，外国的进口即本国的出口增加了 $m_f \Delta Y_f$，按照本国产出单位来度量的话，事实上就是$(eP_f/P)m_f\Delta Y_f$，本国的国民收入对应也增加了ΔY，其中没有被本国消费掉的$(s+m)\Delta Y$单位商品只有全部被外国消费，亦即，全部出口到外国市场才能实现均衡，所以，式（10.6）成立，并且意味着：

$$(eP_f/P)m_f\Delta Y_f=(s-m)\Delta Y$$

所以，*HH*曲线的斜率为：

$$\Delta Y_f/\Delta y=(s+m)/(eP_f/p)m_f \tag{10.8}$$

在两国的边际储蓄倾向和边际出口倾向均为常数的假设下，*HH*曲线的斜率即式（10.8）为一条直线，其斜率是一个常数。

根据相同的原理可以确定*FF*曲线的斜率为

$$\Delta Y_f/\Delta y=m/(eP_f/p)(s_m+m_f) \tag{10.9}$$

在两国的边际储蓄倾向和边际进口倾向均为常数的假设下，*FF*曲线的斜率即式（10.9）同样为一条直线，其斜率也是一个常数。

经过对比分析，可知：

$$m/(eP_f/p)(s_m+m_f)<(s+m)/(eP_f/p)m_f$$
$$\Rightarrow\quad (s+m)(s_m+m_f)>mm_f$$

即*HH*曲线的斜率大于*FF*曲线的斜率。

三、宏观经济政策效应分析

根据上述模型框架即可分析一国的宏观经济政策对各国的经济所产生的影响。

1. 财政政策效应分析

假设本国实施扩张的财政政策，即增加政府购买*G*，则本国财政支出的增加会导致本国的国民收入增加，国民收入增加就会产生如下价格方面的效应。

（1）导致进口增加，从而恶化经常项目收支，减少本国外汇市场上的外汇供给。

（2）导致本国货币需求增加，在货币供给没有相应增加的情况下，又会导致本国利率提高，并进一步产生两种效应：一是导致投资需求下降，即财政扩张对投资的挤出效应；二是导致资本净流入增加，引发本国外汇市场上外汇供给增加。

在资本自由流动情况下，资本流入导致的本国外汇市场上外汇供给增加超过进口增加则又会进一步导致外汇供给减少，因此，本国外汇市场上的外汇供给是净增加。在汇率自由浮动的情况下，将最终导致本币升值汇率下降，降低了本国的商品竞争力，带来了进口的进一步增加和出口的下降。

财政扩张导致出口下降这种现象是开放经济下财政扩张的第二种挤出效应。投资需求和出口的下降抑制了国民收入的增加。不过，尽管如此，本国财政支出的增加最终还是导致本国的均衡国民收入的增加。这表明财政扩张会导致*HH*曲线向右移动。

根据对$Y_f=AD_f(Y_f-T_f,Y-T,eP_f/p,r_f,G_f)$的分析可以看出，本币升值即汇率$e$下降，会提高外国的商品竞争力，从而增加外国的总需求，最终导致外国的均衡国民收入增加。因此，本币升值会导致*FF*曲线向上移动。

所以，当一个国家是国际经济中的大国的时候，他的财政政策不仅影响其本国的经济，还会影响到外国经济。

通常情况下，在两国的经济形势具有同步性的时候，财政政策在两国之间会存在互利性，但是仍然存在政策的协调问题。如果两国根据本国的情况决定财政扩张的力度，没有进行相互协商，最终的结果有可能是两国财政扩张的综合力度过大，尽管两国消除了经济萧条，但是需求的过度扩张又导致两国出现通货膨胀。在治理通货膨胀过程中，如果没有进行政策协调，有可能财政紧缩的力度过大，导致两国的总需求下降过多，尽管消除了通货膨胀，但是却导致了经济的衰退。

在两国的经济形势不具有同步性的时候，政策的协调也是至关重要的。只不过在两国经济不同步的情况下，情况十分复杂而已。假设由于某种原因，本国出现了经济衰退而外国存在通货膨胀，如果本国实施扩张的财政政策来消除经济衰退，这一政策在导致本国走出衰退的同时，却加剧了外国的通货膨胀。如果外国实施紧缩性财政政策治理通货膨胀，则又会加剧本国的经济衰退。所以，在两国经济不同步的时候，各国的财政政策是一种以邻为壑的政策。此时，如果没有国际之间经济政策的协调，各国只考虑本国利益，竞相使用这种政策，甚至实施相互报复的财政政策，最终的结果将是两败俱伤。

2. 货币政策效应分析

假设本国实施扩张性货币政策使本国利率水平下降，这样的政策措施一方面会导致本国投资需求增加，另一方面又会使资本净流出增加，从而导致本币贬值汇率上升。本币贬值提高了本国的出口竞争力，本国出口增加又意味着外国出口的减少，进而导致外国国民收入下降。

在本国实施扩张性货币政策条件下，导致的本国投资需求增加量为ΔI，由于本币贬值导致的本国净出口增加量为ΔNX。假设两国的边际储蓄倾向和边际进口倾向均为常数，且分别为s和m以及s_f和m_f。根据式（10.6）并结合前述分析可知，本国的扩张性货币政策最终使本国的国民收入增加ΔY，且

$$\Delta Y = (\Delta I + \Delta NX)/(s+m)$$

也就是说，在本国实施扩张性货币政策时，HH曲线会向右移动$(\Delta I + \Delta NX)/(s+m)$。由于$HH$曲线是向右上方倾斜的，所以，向右移动也就是向下移动。根据HH曲线的斜率可以得出HH曲线向下移动的距离为$(\Delta I + \Delta NX)/[(eP_f/P)m_f]$。

在本国实施扩张性货币政策条件下，假设世界上只有两国，所以本国的净出口增加就是外国净出口的减少，其减少的量为$\Delta NX/(eP_f/P)$，根据式（10.7）并结合前述分析可知，由于净出口量的减少，会导致外国的国民收入下降，其下降的量为：

$$\Delta Y_f = \Delta NX/[(eP_f/P)(s_f+m_f)]$$

这意味着，FF曲线向下移动了$\Delta NX/[(eP_f/P)(s_f+m_f)]$，因为$FF$曲线是向右上方倾斜的，所以向下移动也就是向右移动，根据FF曲线的斜率可以得到FF曲线向右移动的距离为$\Delta NX/m$。

结合上述分析很容易证明，如果HH曲线向下移动的距离超过FF曲线向下移动的距离，本国的均衡国民收入就会增加，并且下式成立，即

$$(\Delta I + \Delta NX)/[(eP_f/P)m_f] > \Delta NX/[(eP_f/P)(s_f+m_f)]$$

同理，如果FF曲线向右移动的距离超过HH曲线向右移动的距离，则外国的均衡国民收入就会下降。如果二者相等，则外国的国民收入不变。如果前者小于后者，外国的国民收入就会增加，但是无法判断比较$\Delta NX/m$和$(\Delta I + \Delta NX)/(s+m)$的大小。这种情况下，无法判断本国实施扩张性货币政策对外国国民收入到底是何种影响。

上述分析所得出的结论对紧缩性货币政策同样也是成立的。

在分析一国货币政策对其他国家的经济影响时，由于 $\Delta NX / m$ 和 $(\Delta I+\Delta NX)/(s+m)$ 相等而一国的货币政策对外国的国民收入不产生影响的可能性很低，所以不需要考虑这一情况。

但是，一国的货币政策操作无非有两种可能：

一是本国实施货币扩张既导致本国国民收入增加，又导致外国国民收入增加，而实施货币紧缩则既导致本国国民收入下降又导致外国国民收入下降。在这种情况下，如果两国经济同步，各国宏观政策的国际协调问题仍然非常重要。否则，很可能会导致各国货币政策的综合力度过大，对经济失衡的影响就会和上述财政政策的结果相同。如果各国经济不同步，各国的货币政策就会变成以邻为壑的政策。如果没有协调，各国只是考虑自身的利益，竞相使用这种政策甚至报复性地进行政策操作，最终的结局会是两败俱伤。

二是本国实施扩张性货币政策促使本国国民收入增加的同时也导致了外国国民收入的下降，而在实施紧缩性货币政策则在引起本国国民收入下降的同时也导致了外国国民收入增加。在这种情况下，当两国经济同步时，这种宏观政策就称为以邻为壑的政策，如果没有国际间的政策协调，结局仍然是双方都受损失；当两国经济不同步时，尽管政策的实施具有互利性，但如果缺乏协调的话，仍然有可能导致各国货币政策的综合力度过大，对经济失衡矫正的效果与所预期的目标会背道而驰。

四、国际宏观经济政策协调的实践

在实践中，国际经济政策协调有两种，一种是全球性国际经济政策协调（Global International Economic Policy Coordination），另一种是区域性国际经济政策协调（Regional International Economic Policy Coordination）。前者主要由国际货币基金组织和西方一些主要发达国家参与进行的；后者是在一些区域一体化内部之间进行的。国际经济政策协调比较成功而且协调水平比较高的区域组织是欧盟。

1. 全球性国际宏观经济政策的协调实践

第二次世界大战以后，美国和英国为了避免战前国际金融秩序的混乱，积极倡导建立新的国际金融秩序。1946 年国际货币基金组织（International Monetary Fund，IMF）成立。

从汇率制度方面来看，在布雷顿森林体系（Bretton Woods System）发挥作用的时期内，各国的汇率不能随意调整。即使在浮动汇率制度普遍实施以后，国际货币基金组织仍然要对成员国的汇率政策进行全面评估。这种监督作用不仅是针对经济发达国家的，也是针对发展中国家的。因为它们的货币财政政策与汇率政策也一样会对世界经济产生影响。

国际货币基金组织的多边汇率监督（Multilateral Exchange Rate Surveillance）主要采取两种形式，一种是多边监督。它主要分析各工业化国家国际收支和汇率政策的相互作用，并评估这些政策对世界经济的影响。该组织试图在讨论和协商的基础上，促进工业化国家在国际货币金融领域的合作和加强其在宏观经济政策上的协调。另一种是个别监督。主要是检查会员国的汇率政策，要求各会员国将其汇率调整的安排通知给该组织，以利于会员国的协调。

然而由于它所涉及的成员国过多，并且它们经济发展的程度也有差别，因此从总体上看，这种协调是有限的，特别是一些国家与其他国家之间的经济联系不像另外一些国家那样大，所以各国对这种协调的重视程度是不同的。

从 20 世纪 80 年代中期开始，美国、德国、日本、法国、英国、加拿大和意大利这 7 个主要工业国家每年定期召开七大国的财政部长会议，以加强发达国家之间的经济政策协调。这 7 个国家认识到，在它们之间宏观经济政策的协调和合作不仅关系到世界经济的稳定和发展，更是关系到它们各自经济的稳定和发展。因为在它们中间的其中任何一个国家的任何一种宏观经济政策的调整都会影响到其他国家经济的稳定增长。因此它们商定，每年就其共同关心的各国经济及世界经济中的主要问题进行协商和协调。

1985年西方五个主要工业国家美国、日本、联邦德国、法国和英国的财政部长和中央银行行长一起召开了著名的“广场会议”，提出协调各国经济政策，促进汇率稳定的改革建议，并实现美元对日元的贬值。1986年，西方七国财长在东京召开会议，提出了10项具体指标来实现各国政策协调。1987年，西方七国首脑在威尼斯会议上，对实现各国经济协调做出了具体规定。同年西方七国财长在卢浮宫召开会议，提出要求美国减少财政赤字，德国、日本扩大内需，以消除汇率不稳的根源。1987年爆发股市危机后，西方七国财长联合发表声明，强调为稳定汇率进行国际干预。1994年底，西方七国财长会议协商对策以稳定墨西哥比索汇率。1998年10月，西方七国首脑和财长会议提出了一系列旨在稳定日益动荡的国际金融局势的建议。通过协调各国经济政策实现稳定汇率的建议尽管不能根本解决问题，但要是真正得到实施，仍然有助于汇率的稳定。实践表明，虽然西方七国做出了一些协调性建议，但是由于缺乏相应的约束，执行起来比较困难。

作为对国际汇率制度进行改革的重要方案，汇率目标区制度（Exchange Rate Target Zone System）正得到越来越多的国家的支持。实际上，欧洲货币体系（European Monetary System，EMS）以及美国货币当局（US Monetary Authority）自20世纪80年代起，都曾实行过汇率目标区管理。汇率目标区制度的主要内容是：在主要工业国家的货币之间确定汇率波动幅度，作为目标区，其他货币钉住目标区或随之浮动。目标区本身应随经济情况的变动及时加以调整，汇率目标区制与有管理浮动汇率制的主要区别在于前者为一定时期内汇率波动幅度设立了一个目标范围，并且要采取必要措施以防止汇率波动超出目标区。汇率目标区制度与固定汇率制的主要区别在实行汇率目标区制度的国家，其货币当局没有维持汇率稳定的义务。汇率目标区制度的特点是综合了浮动汇率制的灵活性和固定汇率制的稳定性，而且还能够促进各国宏观经济政策的协调。但具体实施起来还存在一些困难。如果把汇率目标区上下幅度定得太宽，则很难达到稳定汇率的要求；如果把汇率目标区上下幅度规定得较窄，则各国为了维持汇率稳定势必牺牲国内利益，这正是发达国家所不愿意的。

2. 区域性宏观国际经济政策的协调实践

欧洲联盟（European Union）的前身——欧洲共同体在20世纪70年代初期，针对当时出现的国际货币制度的崩溃就采取了协调各成员国汇率的政策，它们采取联合浮动的汇率制度（Joint Floating Exchange Rate Regime），即对内采取可调整的固定汇率制度，对外采取联合浮动，一个成员国货币对外升值，所有成员国一起升值，一个成员国货币对外贬值，其他成员国货币一起贬值。这种汇率的协调之所以必要，是因为成员国之间的相互贸易平均占到各国对外贸易的比重达60%以上。这种协调有助于稳定它们之间的贸易关系，减少相互之间的贸易风险。

1979年3月欧洲共同体又在汇率协调的基础上试图将这种内部协调的机制规范化、制度化，提出并正式启动了“欧洲货币体系”（European Monetary System，EMS）。按照这个体系，成员国不仅要采用可调整的固定汇率制度，还建立了保持汇率稳定的预警机制。一旦某个成员国的汇率难以维持，可以动用欧洲货币基金干预外汇市场。尽管各国采取的汇率约束不同，但是这种机制确实起到了促进成员国贸易关系发展的作用。

1985年，欧洲共同体提出了新的目标，在1992年12月31日以前建成欧洲统一大市场。为此

参考文献

1．亚当·斯密．国民财富的性质和原因的研究．郭大力，王亚南译．北京：商务印书馆，1972.

2．托马斯·孟·尼克拉斯，巴达·诺斯．论贸易．北京：商务印书馆，1982.

3．小岛清．对外贸易论．天津：南开大学出版社，1987.

4．陈彪如．国际金融论．上海：华东师范大学出版社，1988.

5．P.T.埃尔斯沃思，J.克拉克·里斯．国际经济学．北京：商务印书馆，1992.

6．唐海燕．现代国际贸易的理论与政策．汕头：汕头大学出版社，1994.

7．石士钧．国际贸易：理论·政策·环境·相关因素．北京：中国统计出版社，1996.

8．罗伯特·J. 卡博．国际经济学（第六版）．大连：东北财经大学出版社，1998.

9．丹尼斯·R. 阿普尔亚德，小艾尔佛雷德·J. 菲尔德．国际经济学（英文第 3 版）．北京：机械工业出版社，1998.

10．多米尼克·萨尔瓦多．国际经济学．北京：清华大学出版社，1998.

11．克鲁格曼·国际经济学（中译本）．北京：中国人民大学出版社，1999.

12．姜波克．国际金融学．北京：高等教育出版社，2000 .

13．戴维·B·约菲，本杰明·戈梅斯—卡斯．国际贸易与竞争：战略与管理案例及要点（中译本）．大连：东北财经大学出版社，2000.

14．刘恩专．利用外商直接投资成本—效益研究．天津：天津人民出版社，2000.

15．夏杰长，马胜杰，朱恒鹏．国际经济学．北京：中国城市出版社，2001.

16．孔淑红，梁明．国际投资学．北京：对外经济贸易大学出版社，2001.

17．冯海连．规模经济与国际贸易．北京：中国统计出版社，2003.

18．曲如晓，闫庆悦．新编国际经济学．北京：经济管理出版社，2004.

19．杜宽旗．国际经济学．北京：中国科学出版社，2006.

20．王林生．国际经济学．上海：复旦大学出版社，2007.

21．王光伟．国际收支与汇率金融学．南京：东南大学出版社，2007.

22．胡曙光．国际经济学．大连：东北财经大学出版社，2007.

23．湛柏明．国际经济学．上海：复旦大学出版社，2007.

24．冯海连，徐松．国际贸易教程．北京：高等教育出版社，2009.

25．姜文学，邓立立．国际经济学．大连：东北财经大学出版社，2009

26．王巾英，崔新．国际经济学．北京：清华大学出版社，2010.

27．李坤望，张伯伟．国际经济学．北京：高等教育出版社，2010.

28．海闻，施建淮．国际经济学．北京：高等教育出版社，2011.

29．冯德连．国际经济学（第三版）．北京：中国人民大学出版社，2015.

30．Dennis Apployard, Alfred Field, Steven Cobb. International Economics. McGraw-Hill/Irwin, 2009.

31．Robert J.Carbaugh. International Economics. Cengage South-Western, 2004.

32．Dominick Salvatore. International Economics (8ed). Westlake Village, CA, U.S.A., 2009.

33．Dornbusch,R.,Fischer,S.and Startz, R. Macroeconomics(7ed). McGraw-Hill Companies, Inc. ,1998.

34．Ethier W J. Modern International Economics. W .W. Norton & Company, 1984.

35．Frankel, Rockett. International Macroeconomics Policy Coordination When Policymakers Do Not Agree on the True Model. American Economic Review, 78(3),1988.

36．Krugman,P.R.Obstfeld,M.. International Economics :Theory and Policy (9ed). Addision-Wesley Longman,Inc., 2010.

37．Porter M E. The Competitive Advantage of Nations. Harvard business Review, March～April, 1990.

38．Pilbeam K. International Finance. NewYork: Palgrave MacMillan, 2006.

39．Varian,H.R.. Microeconomics Analysis. New York:W.W.Norton & Company, 1992.

成员国要协调它们之间的财政政策。特别是各成员国之间的征税制度和间接税的税率。尽管这种制度的协调尚不足以给各成员国的经济带来实质性的影响，但是它为成员国之间商品的自由流动创造了条件。

自1990年开始，各成员国商定，从1992年开始经过三个阶段的努力在成员国之间建立经济和货币联盟。其中包括建立欧洲联盟的统一货币“欧元”，并且建立欧洲中央银行。自1999年1月1日起，欧洲统一货币开始启动，2002年，欧洲联盟发行“欧元”代替各成员国的货币。为实现统一货币的目标，欧洲联盟要求各成员国要协调它们的财政和货币政策，使通货膨胀率、当年财政支出的增长率、政府公债的累计额占国民收入的比例不能高于欧洲联盟规定的水平。这意味着成员国要约束它们各自的财政政策和货币政策的实施权，或者说成员国将它们财政政策和货币政策的制定权上交给了超国家的经济一体化组织——欧洲经济和货币联盟（European Economic and Monetary Union）。

事实证明，成员国之间货币政策、财政政策的协调和统一货币的实施已经为各国经济的协调发展创造了良好的条件。尽管如此，它们仍然需要在更大的范围内与非成员国协调经济政策。

复习思考题

1.“浮动汇率制可以将一国经济与国际的动荡隔离开，而不需要国际政策协调。”这种说法对吗？为什么？

2．假设A国和B国经济联系紧密，均实行浮动汇率制度，A国由于遭受严重的失业问题而采取放松银根的政策，B国是否会受到影响？

3．国际经济政策协调的内容有哪些？其经济效应有哪些？

4．举例说明何为以邻为壑的经济政策。

5．既然国际政策协调会带来很多好处，为什么全球范围内的国际政策协调不够成功呢？

6．“在浮动汇率制度下，外国对本国商品需求的下降对本国产出及收入的影响比在固定汇率制度下要大。”你同意这种说法吗？为什么？

7．某国的初始状态为内外平衡。假设该国禁止国际资本流动，这种管制使该国资本项目余额永远为零。该国实行浮动汇率，现在发生某种外生冲击，即外国对该国出口需求增长。

（1）如果本币汇率保持不变，外国对本国出口品需求的增长会使*IS*、*LM*、*BP*曲线发生何种移动？

（2）该国货币的汇率实际上会发生何种变化？为什么？

（3）作为汇率变化的结果，该国将如何经过调整而回到外部平衡？这些对国家内部平衡会发生何种影响？

8．简述在可调整的固定汇率制度下，一国货币贬值对贸易收支产生的不同影响。

9．简述浮动汇率制导致国际性通货膨胀的原因。

10．简述政府采用扩张性的财政政策对平衡内外经济的影响。